## COMENTÁRIOS PARA A TERCEIRA REVOLUÇÃO INDUSTRIAL

"Uma estratégia provocativa para transformar o sistema de energia global. Este livro pode ajudar a esboçar soluções sociais e econômicas para o 1,5 bilhão mais pobre de pessoas que não têm acesso a serviços de energia eficientes, limpos, confiáveis."

—Dr. Kandeh K. Yumkella, diretor-geral da Organização de Desenvolvimento Industrial das Nações Unidas e chairman da UM Energy

"O rigor intelectual de Jeremy Rifkin, combinado à prosa animada e envolvente, produziu um trabalho importante e oportuno sobre como diversificar nossas fontes de energia a fim de criar um mundo em que as pessoas podem viver bem e dentro dos limites do planeta."

—Björn Stigson, presidente do World Business Council for Sustainable Development

"Como chairman de uma empresa global de serviços imobiliários, estou convencida de que a visão de Jeremy Rifkin ao repensar os imóveis como 'microusinas geradoras de energia' é o futuro. Mas para fazer isso, precisamos da coragem para agir rapidamente e estabelecer as bases para a Terceira Revolução Industrial. Portanto, vamos em frente."

—Bruce Mosler, chairman de Cushman & Wakefield Global Brokerage

"Contundente... enquanto muitos especialistas se concentram em como transformar nossos sistemas de energia, poucos oferecem uma visão econômica abrangente e um esquema social tão bem quanto Jeremy Rifkin. A 'Internet da energia' erguerá nosso mundo para um novo platô de crescimento econômico, ao mesmo tempo em que tratará da mudança climática e de como aumentar nossa segurança energética... Uma leitura obrigatória."

—Guido Bartels, chairman de Global Smart Grid Federation

"Uma visão empolgante para uma sociedade pós-carbono. Rifkin insere o transporte verde em uma nova infraestrutura de alta tecnologia da Terceira Revolução Industrial, reformulando o próprio conceito de mobilidade humana. Isto poderia muito bem ser o futuro dos transportes."

—Alan Lloyd, chairman do International Council on Clean Transportation

"A velha maneira de fazer fortuna simplesmente não funciona mais, e os políticos do mundo todo estão lutando para lidar com a convergência do *meltdown* financeiro, dívidas imensas, a alta dos preços de *commodities* e da energia, a aceleração das mudanças climáticas e a falta de alimento e água. A Terceira Revolução Industrial apresenta-nos uma alternativa empolgante que criará os empregos, os lucros e os avanços tecnológicos que agora precisamos com tanta urgência."

—Jonathon Porritt, fundador e diretor do Forum para o Futuro

"A Terceira Revolução Industrial de Jeremy Rifkin apresenta um modelo abrangente, realista, tecnicamente seguro e dirigido para o mercado para a transição da economia global em um futuro mais sustentável. A visão de Rifkin do 'Capitalismo Distribuído' terá um forte impacto entre os principais CEOs no *design* e construção de setores que se incumbirão da tarefa de transformar a teoria e a promessa de uma Terceira Revolução Industrial em realidade."

—Mark Casso, presidente de Construction Industry Round Table

"Erudito e extremamente interessante... Jeremy Rifkin vê a realidade da Terceira Revolução Industrial superando a teoria econômica convencional, abandonando as tradicionais ideologias políticas e redefinindo o próprio capitalismo. Este livro que nenhum pensador sério deveria deixar de ler."

—Stéphane Rambaud-Measson, presidente de Passengers at Bombardier Transportation

"Mais do que um pensamento provocador... um apelo aos formadores de políticas e líderes empresariais para que ajam de modo a aproveitar a oportunidade de uma sociedade e economia direcionada pela inovação sustentável e movida por energia renovável e distribuída."

—Rudy Provoost, Ceo da Philips Lighting

"O Sr. Rifkin descreve claramente os desafios que nossa comunidade global enfrenta e cria uma visão para líderes empresariais, governo e cidadãos."

— John Chambers, Chairman e Ceo da Cisco Systems

# A TERCEIRA REVOLUÇÃO INDUSTRIAL

# A TERCEIRA REVOLUÇÃO INDUSTRIAL

## COMO O PODER LATERAL ESTÁ TRANSFORMANDO A ENERGIA, A ECONOMIA E O MUNDO

JEREMY RIFKIN

M.BOOKS

M.Books do Brasil Editora Ltda.

Rua Jorge Americano, 61 - Alto da Lapa
05083-130 - São Paulo - SP - Telefones: (11) 3645-0409/(11) 3645-0410
Fax: (11) 3832-0335 - e-mail: vendas@mbooks.com.br
www.mbooks.com.br

**Dados de Catalogação da Publicação**

Rifkin, Jeremy – A Terceira Revolução Industrial – Como o poder lateral está transformando a energia, economia e mundo.

2012 – São Paulo – M.Books do Brasil Editora Ltda.

1. Economia 2. Energias Alternativas 3. Meio Ambiente 4. Sustentabilidade

ISBN 978-85-7680-181-8

Do original: The Third Industrial Revolution – how lateral power is transforming energy, the economy, and the world
Original publicado pela Palgrave Macmillan

ISBN original: 978-0-230-11521-7



Editor: Milton Mira de Assumpção Filho

Tradução: Maria Lúcia Rosa

Produção Editorial: Beatriz Simões Araújo

Coordenação Gráfica: Silas Camargo

Editoração: Crontec

Design da Capa: *the*BookDesigners

Ilustração da Capa: iStockphoto.com/Alexey Dudoladov

2012
M.Books do Brasil Editora Ltda.

*"A tarefa prioritária da União Europeia na primeira metade do século XXI será — para citar Jeremy Rifkin — 'conduzir a Terceira Revolução Industrial'. Reduzir as emissões de $CO_2$ é só uma parte da história: chegou a hora de mudar para uma economia de baixo carbono.*

*Isto não é Utopia, nenhuma visão futurista: no século XXI seremos capazes de construir cada imóvel como sua própria 'minigeradora de energia', produzindo energia limpa e renovável para suas próprias necessidades, sendo o excedente disponível para outros fins.*

*Estes são os pilares da 'Terceira Revolução Industrial', que Jeremy Rifkin descreveu de forma tão vigorosa: o maior uso de energias renováveis, a construção de imóveis que produzam sua própria energia e a transição para o uso de hidrogênio para o armazenamento de energia.*

*O que está em jogo é o futuro da União Europeia — e não devemos ser complacentes a ponto de entender que a palavra 'futuro' significa apenas algo que está atrás de nós!*

*Não devemos perder a oportunidade de inaugurar a Terceira Revolução Industrial: ela nos oferece uma chance de assegurar a sustentabilidade da economia europeia, voltada para a frente e, nesse sentido, garantir sua competitividade no longo prazo."*

—Hans-Gert Pöttering, presidente do Parlamento Europeu,
falando para o segundo Citizens' Agora, da União Europeia,
12 de junho de 2008

# SUMÁRIO

## PARTE III
## A ERA COLABORATIVA

# PREFÁCIO

Alguns livros são instigantes desde o seu título. É o caso da *Terceira Revolução Industrial* de Jeremy Rifkin. Em geral, os grandes movimentos por que passam a humanidade são identificados, datados e nominados décadas depois de sua ocorrência, a partir da análise histórica dos caminhos construídos pelas ações e decisões de milhares de atores políticos, econômicos e sociais. Mas alguns visionários, como Rifkin, tem a habilidade de reconhecer e antecipar tendências. No caso dele, aliado ao fôlego de uma produção intelectual invejável, capaz de escrever 15 livros de peso nos últimos 30 anos.

Nesta obra, o título poderia sugerir pretensão ou ingenuidade. Mas Rifkin é daquelas pessoas capazes de dizer, de forma consistente e empolgante, que estamos passando por uma revolução silenciosa, poderosa e irreversível. Assim como a primeira revolução industrial baseou-se na energia gerada a partir do carvão e na massificação da imprensa escrita, e a segunda revolução foi impulsionada pelo petróleo e pela grande capacidade de comunicação do telefone, do radio e da televisão, Rifkin continua identificando no binômio energia-comunicação as bases dessa nova fase da economia industrial.

Em comum nesse binômio está a ideia dos sistemas distribuídos. Na comunicação, através da internet e sua grande capacidade de democratização da informação, não só permitindo maior acesso ao que é produzido por governos, empresas e academia, mas também (e principalmente) possibilitando que todos sejam produtores de informação, ou, como prefiro dizer, novos sujeitos políticos capazes de dar continuidade à incessante necessidade de democratizar a própria democracia.

A outra base desse binômio é ainda mais instigante. As redes distribuídas de energia permitem hoje que cada um seja uma pequena usina de energia renovável. Isso está em franco desenvolvimento, principalmente na Europa. Essa nova forma de pensar o sistema motriz do desenvolvimento rompe com a ideia de grandes centrais energéticas verticalizadas,construídas a partir de fontes fósseis como petróleo, gás e carvão. É uma ideia poderosa.

O mais importante é a junção que Rifkin faz entre novas formas de cooperação humana – para as quais a sociedade da informação em rede abre caminho – e a adoção de tecnologias e estilos de vida voltadas direta e explicitamente para a sustentabilidade, principalmente as redes horizontalizadas de energia.

Lendo a Terceira Revolução Industrial é impossível não lembrar de Edgar Morin, teórico da complexidade para quem as mudanças, no começo, são apenas pequenos desvios a partir do curso principal da história. E, para quem quer construir um mundo que supere nossos grandes desafios, o importante é identificar os desvios que queremos ver prosperar. É isso que Rifkin faz com muita propriedade.

E quais são esses grandes desafios? A crise atual não é de falta e sim de excesso. Excesso de emissões de carbono, de consumo de energia, de consumo de bens e produtos e de lucros, principalmente nos países mais desenvolvidos e nas classes sociais mais favorecidas.

O interessante é que combater os excessos passa pela participação ativa das pessoas em formas de produção de riqueza apoiadas na partilha, de maneira descentralizada. Daí a ideia de poder lateral que Rifkin nos traz, uma política que não se apoia nas formas hierarquizadas de dominação.

Tive oportunidade de conhecê-lo em dezembro de 2009, quando esteve no Brasil para participar do Prêmio Eco, promovido pela Câmara Americana de Comércio. Assistia uma de suas mobilizadoras palestras e participei, com um pequeno grupo, de uma roda de conversa no Instituto Democracia e Sustentabilidade. Impressionou-me a intensidade com que transmite seus pensamentos, a ponto do tradutor ter dificuldade em acompanhar sua exposição.

Foi possível compreender porque ele hoje participa de forma ativa das principais decisões sobre os caminhos do desenvolvimento no mundo, assessorando primeiros ministros, altos executivos e parlamentos em todo o mundo. E, para ele, o desenvolvimento no futuro será sustentável.

E quais as consequências de suas ideias para o Brasil? Se Rifkin estiver certo (e acho que está), o Brasil tem grandes oportunidades, mas também grandes desafios. Pode ser uma potência nas energias renováveis, dentro desse conceito de geração distribuída, mas para isso terá que mudar conceitos, discutir ampla e profundamente sua política energética. É importante que o Brasil tenha ainda um grande potencial hídrico a ser explorado, mas tão ou mais importante será compreender que, se não investir em inovação tecnológica e diversificação de sua matriz energética, não acompanhará os aspectos centrais das transformações provocadas por essa terceira revolução industrial.

Mas é no campo da política que estão nossos maiores desafios. Seremos capazes de produzir os necessários avanços políticos que nos ajudem a transitar do imediatismo das políticas de curto prazo – feitas sob medida para alongar o prazo dos políticos– para as necessárias políticas de longo prazo, independente do governante de plantão?

*Marina Silva*
*Ambientalista, ex-ministra do Meio Ambiente e presidente do Instituto Marina Silva.*

# AGRADECIMENTOS

Eu gostaria de agradecer a Nicholas Easley, que chefia nossas operações globais, por seu trabalho brilhante na supervisão dos planos diretores da Terceira Revolução Industrial e suas valiosas contribuições editoriais para o livro. Gostaria de agradecer também a Andrew Linowes, nosso diretor de programas, por seu rigoroso acompanhamento das operações diárias e por suas várias contribuições editoriais para o livro. Sou grato ainda a nossos funcionários, Flore De Sloover, Alma Velazquez, Valbona Tika, Lauren Bush, Bart Provoost, Dvya Susarla, Bobby Samuel, Brian Bauer, Petros Kusmu e Shawn Moorhead, por sua competente assistência na preparação do manuscrito.

Meus agradecimentos à editora, Emily Carleton, por seu entusiasmo e profundo compromisso com o projeto, bem como por suas várias sugestões que ajudaram a dar a definição final do livro. Agradeço ao meu agente, Larry Kirshbaum, por suas sugestões na preparação da proposta inicial do livro e por posicionar o livro para o mercado global.

Um agradecimento especial a Angelo Consoli, que dirigiu nossas operações na Europa nos últimos nove anos. O seu talento político e a incansável dedicação têm sido instrumentais para tornar a visão da Terceira Revolução Industrial uma realidade em toda a Europa.

Finalmente, eu gostaria de agradecer a minha esposa, Carol Grunewald, por seus conselhos verdadeiros e pela defesa de meus interesses nos últimos vinte e dois anos. Nosso sonho partilhado de criar um mundo mais sustentável para todos os seres humanos, e para todas as criaturas, tem sido a inspiração que guia nossa jornada.

# INTRODUÇÃO PARA A EDIÇÃO BRASILEIRA

Como o Brasil Irá Liderar as Américas para uma Terceira Revolução Industrial e uma Sociedade Pós-carbono Sustentável

Embora os Estados Unidos tenham estabelecido o ritmo para o crescimento econômico nas Américas no século 20, é provável que o Brasil faça isso no século 21. Os Estados Unidos devem muito de seu sucesso econômico à abundância de petróleo, basta lembrarmos que durante toda a primeira metade do século 20, foram os Estados Unidos, e não a Arábia Saudita, que mais produziram petróleo no mundo e detiveram o poder dominante da Segunda Revolução Industrial. Agora, com o colapso da economia global, sua liderança está em jogo.

Desde o início da Grande Recessão no verão de 2008, o governo, a comunidade empresarial e a sociedade civil viram-se envolvidos em um forte debate sobre como recomeçar a economia global. Embora medidas de austeridade e reformas fiscais, trabalhistas e de mercado sejam necessárias, não bastarão para se retomar o crescimento econômico. Explico por meio de um caso. Meses após assumir seu cargo, a nova chanceler da Alemanha, Angela Merkel, pediu-me para ir a Berlim e ajudar a sua administração a pensar como criar novos empregos e fazer a economia alemã crescer no século 21. Comecei meus comentários fazendo-lhe uma pergunta: "Como se faz crescer a economia alemã, a norte-americana ou, nesse sentido, a economia global, nos últimos estágios da grande era da energia e de uma revolução industrial fundada nela?"

Torna-se cada vez mais claro que a Segunda Revolução Industrial está agonizando e que as emissões de $CO_2$ pelas indústrias estão ameaçando a viabilidade de vida na Terra. O que precisamos agora é de uma nova narrativa econômica capaz de nos levar para um futuro pós-carbono sustentável. Encontrar essa nova visão exige um entendimento das forças tecnológicas que precipitam profundas transformações na sociedade.

As grandes revoluções econômicas na História ocorrem quando novas tecnologias de comunicação convergem com novos sistemas de energia. Novas revoluções de energia tornam possível o comércio mais integrado e amplo. As revoluções de comunicação que as acompanham controlam as novas atividades comerciais complexas e as energias renováveis estão prestes a se fundir para criar uma nova infraestrutura poderosa para uma Terceira Revolução Industrial (TRI) que mudará o mundo. Na próxima era, milhões de pessoas produzirão sua própria energia renovável em suas casas, escritórios e fábricas e compartilharão eletricidade verde em uma "internet de energia", assim como agora criamos e compartilhamos informação on-line.

A mudança para energia renovável, coletada por edifícios, armazenada em parte na forma de hidrogênio, distribuída por uma internet de energia e conectada ao transporte plugado, sem emissão de poluentes, estabelece os 5 pilares essenciais do novo paradigma econômico. A infraestrutura da Terceira Revolução Industrial construída durante quarenta anos criará milhares de negócios e milhões de empregos sustentáveis, e posiciona o Brasil como líder da próxima Revolução Industrial. Este livro trata do desenvolvimento da infraestrutura de cinco pilares que compõe o novo cenário econômico e os novos modelos de negócio que os acompanham.

Nos próximos anos, o Brasil terá que tomar decisões críticas sobre o futuro de sua economia. Com as descobertas surpreendentes de petróleo na costa marítima, o Brasil passou a situar-se entre os primeiros países produtores de petróleo e agora é o 15º maior produtor, levando muitos observadores econômicos e políticos a sugerir que o "ouro negro" é o ingresso do país para o futuro. Ao mesmo tempo, o Brasil tem o mais avançado regime de energias renováveis do mundo. Mais de 90% da eletricidade é gerada por hidroelétricas, e todo transporte contém ao menos de 18% a 25% de etanol.

Dessa forma, o Brasil está sendo arrastado para duas direções diferentes. A atração pelos altos preços do petróleo está gerando uma forte discussão sobre a provisão de incentivos adequados para impulsionar a exploração de petróleo e o investimento de capital necessário para estabelecer uma infraestrutura de apoio, a fim de estabelecer o domínio do Brasil na América do Sul como principal produtor de petróleo.

Os defensores de energia renovável, no entanto, alegam que atrelar o futuro do Brasil ao petróleo é arriscar transformar o país em uma economia baseada em um único recurso, tornando-o cada vez mais dependente de energias de uma era passada, que estão se esgotando.

A realidade é que por maior que seja o entusiasmo em torno de novos campos de petróleo, estes perdem a relevância em comparação às fontes abundantes de energia renovável. O Brasil é a Arábia Saudita da energia renovável, e tem de longe mais potencial para energia renovável por metro quadrado que qualquer outro país no mundo.

Isto não sugere que um futuro de energia renovável venha sem problemas. Contar com usinas hidrelétricas gigantescas para gerar eletricidade já está se tornando problemático. O aumento das secas causado pelas mudanças climáticas tem criado problemas na geração de eletricidade em todo o país, ocasionando falta de eletricidade e apagões. Da mesma forma, a produção de etanol está em confronto com a questão vexatória do uso da terra. A conversão de terras cultiváveis em produção de cana-de-açúcar está forçando o plantio de lavouras como a de soja em regiões mais úmidas da Amazônia, liderando o desflorestamento do maior tanque do mundo para absorver $CO_2$ induzido pela indústria.

Ainda, outras fontes abundantes de energia renovável mal foram tocadas. A energia eólica atualmente fornece apenas 1% da eletricidade do Brasil, apesar de a linha costeira do Atlântico gerar um dos ventos mais fortes e consistentes do mundo. O Brasil também possui uma das mais altas radiações solares do mundo, mas atualmente gera menos de 0,01% de sua energia com energia fotovoltaica.

Além disso, o Brasil ainda precisa explorar o potencial da microgeração de eletricidade hídrica de rios e córregos locais. O país ainda não desenvolveu o vasto potencial de ondas do oceano e marés de sua costa atlântica como fonte de geração de energia. Também fez muito pouco para promover a conversão de dejetos sólidos e esgoto em energia em suas principais áreas urbanas. O país nem começou a explorar o reservatório de energia geotérmica sob sua superfície terrestre. Em suma, o Brasil está no ponto mais alto de uma Terceira Revolução Industrial em plena evolução.

A pergunta que os brasileiros precisam fazer é onde eles gostariam que seu país estivesse nos próximos vinte anos — em energias de combustíveis fósseis e as tecnologias e infraestrutura de uma segunda revolução industrial agonizante, ou na alvorada das tecnologias de energia renovável e da infraestrutura de uma Terceira Revolução Industrial emergente.

Se o Brasil optar por efetuar a transição de sua economia para uma Terceira Revolução Industrial, provavelmente trará o continente americano, do México ao Chile, para a próxima grande era econômica. Estabelecer a infraestrutura da Terceira Revolução Industrial pelas Américas facilitará a criação de um mercado continental integrado e irá acelerar a formação de uma união política continental. Ao se tornar uma potência da Terceira Revolução Industrial, o Brasil pode ajudar a mover as Américas para uma era pós-carbono na primeira metade do século 21.

A infraestrutura da Terceira Revolução Industrial representa uma mudança sísmica na própria natureza das relações de poder, tanto no sentido figurado quanto literal. Enquanto a Primeira e a Segunda Revolução Industrial tenham escalado verticalmente e favorecido a administração de cima para baixo da atividade econômica nas mãos de poucos participantes corporativos poderosos, a Terceira Revolução Industrial se amplia lateralmente e favorece redes de milhares de pequenas e médias empresas que operam ao lado de empresas globais formando vastas redes comerciais que se espalham por nações, continentes e pelo mundo.

A mudança do poder piramidal para o lateral irá alterar profundamente não só a vida comercial do Brasil, mas a vida política e cultural também. Para uma geração mais jovem de cidadãos brasileiros que cresceram junto à internet, com ferramentas para criar sua própria informação e compartilhá-la com bilhões de outras pessoas em redes sociais, a ideia de gerar sua própria energia renovável e compartilhar eletricidade verde por uma internet de energia com milhões de outras pessoas é muito atraente. Agora o Brasil precisa mobilizar seus talentos, recursos e know-how para a tarefa de criar uma Terceira Revolução Industrial e uma sociedade sustentável na primeira metade do século 21.

*Jeremy Rifkin*

# INTRODUÇÃO

## WASHINGTON, DC

Nossa civilização industrial está em uma encruzilhada. O petróleo e demais combustíveis fósseis que fazem parte do modo de vida industrial estão acabando, e as tecnologias que utilizam e se baseiam nessas fontes de energia tornaram-se antiquadas. Toda a infraestrutura industrial construída à custa de combustíveis fósseis está se tornando obsoleta e arruinada. O resultado é que o desemprego está atingindo níveis alarmantes no mundo todo. Governos, empresas e consumidores estão atolados em dívidas e o padrão de vida está despencando. Um recorde: um bilhão de seres humanos, quase um sétimo da raça humana, enfrenta fome e inanição.

O pior é que as mudanças climáticas decorrentes de atividades industriais baseadas em combustíveis fósseis estão aparecendo. Nossos cientistas advertem que estamos enfrentando uma mudança potencialmente cataclísmica na temperatura e na química do planeta, que ameaça desestabilizar ecossistemas do mundo inteiro. Os cientistas se preocupam que, no final do século, poderemos estar à beira de uma extinção em massa da vida vegetal e animal, colocando em risco a capacidade de sobrevivência de nossa espécie. Fica cada vez mais claro que precisamos de uma nova narrativa econômica capaz de levar-nos para um futuro mais igualitário e sustentável.

Por volta da década de 1980, muitas eram as evidências de que a Revolução Industrial movida por combustíveis fósseis estava atingindo um pico e que as mudanças climáticas induzidas pelo homem causariam uma crise planetária de proporções inimagináveis. Nos últimos 30 anos tenho buscado um novo paradigma capaz de dar início a uma era pós-carbono. Em meus estudos, percebi que as grandes revoluções econômicas da História ocorrem quando novas tecnologias de comunicação convergem com novos sistemas energéticos. Novos regimes de energia tornam possível a criação de atividades econômicas mais interdependentes em um intercâmbio comercial mais amplo, além de facilitarem relações sociais mais inclusivas e densas. As subsequentes revoluções nas comunicações se tornam o meio de organizar e conduzir a nova dinâmica temporal e espacial que surge dos novos sistemas de energia.

Em meados da década de 1990, ocorreu-me que uma nova convergência da comunicação e da energia estava para se realizar, e isso criaria uma nova e poderosa infraestrutura para uma Terceira Revolução Industrial (TRI) que mudaria o mundo. Nessa próxima era, centenas de milhões de pessoas produzirão a própria energia verde em suas casas, escritórios e fábricas, e a compartilharão entre si em uma "internet da energia", assim como agora criamos e compartilhamos informação on-line. A democratização da energia trará consigo uma reorganização das relações humanas, influindo na maneira como conduzimos os negócios, governamos a sociedade, educamos nossos filhos e nos engajamos na vida cívica.

Introduzi a visão da Terceira Revolução Industrial no Programa Avançado de Administração da Escola de Wharton, na Universidade da Pensilvânia, onde nos últimos dezesseis anos ministrei aulas sobre novas tendências em ciência, tecnologia, economia e sociedade. O programa de cinco semanas expõe aos CEOs e executivos de empresas do mundo questões e desafios emergentes que eles enfrentarão no século XXI. Logo, a ideia passou a ser comentada nos escritórios corporativos e tornou-se parte do léxico político de chefes de estado na União Europeia.

No final de 2000, a União Europeia buscava avidamente políticas que possibilitassem a redução significativa de suas emissões de carbono e a transição para uma era econômica sustentável. Os europeus preparavam metas e parâmetros, restabelecendo prioridades de pesquisa e desenvolvimento e adotando códigos, regulações e padrões para uma nova jornada econômica. Em contraste, a América estava preocupada com os mais novos aparelhos e "aplicativos geniais" que saíam do Vale do Silício, e os donos de imóveis estavam empolgados com o forte mercado imobiliário impulsionado pelas hipotecas *subprime*.

Poucos americanos estavam interessados nas previsões preocupantes do pico de petróleo, nas advertências terríveis sobre as mudanças climáticas e nos sinais cada vez mais claros de que, abaixo da superfície, nossa economia não andava bem. Havia um ar de contentamento, até mesmo de complacência, em todo o país, confirmando mais uma vez a crença de que nosso destino demonstrava nossa superioridade sobre as outras nações.

Sentindo-me um pouco como um forasteiro em meu próprio país, preferi ignorar o sábio conselho de Horace Greeley a todos os descontentes em 1850, para "Vá para o Oeste, jovem, para o Oeste", e decidi viajar na direção oposta, atravessar o oceano e chegar na Europa, onde novas ideias sobre as futuras perspectivas da raça humana estavam sendo seriamente contempladas.

A esta altura eu sei que muitos de meus leitores americanos estão revirando os olhos e dizendo: "Dá um tempo! A Europa está desmoronando e vivendo no passado. Tudo virou um grande museu. Pode ser um lugar bonito para se visitar nas férias, mas não é mais um sério competidor no cenário mundial".

Não desconheço os vários problemas da Europa, seus fracassos e contradições. Mas insultos pejorativos podem ser aplicados com a mesma facilidade aos Estados Unidos e a outros governos por suas diversas limitações. E, antes de nós, americanos, nos sentirmos tão inflados com nossa própria importância, devemos atentar ao fato de que a União Europeia, e não os Estados Unidos ou a China, é a maior economia do mundo. O produto interno bruto (PIB) de seus vinte e sete Estados-membros ultrapassa o PIB de nossos cinquenta Estados. Embora a União Europeia não tenha uma presença militar global destacada, ela constitui uma força formidável no cenário internacional. Mais ainda, a União Europeia é praticamente o único governo do mundo a fazer grandes perguntas sobre nossa futura visibilidade como uma espécie na Terra.

Então fui para o Leste. Nos últimos dez anos, dediquei mais de 40% de meu tempo na União Europeia, às vezes cruzando o Atlântico semanalmente, trabalhando com governos, com a comunidade empresarial e em organizações sociais e civis para fazer a Terceira Revolução Industrial avançar.

Em 2006, comecei a trabalhar com a liderança do Parlamento Europeu, esboçando o plano de desenvolvimento econômico da Terceira Revolução Industrial. Então em maio de 2007, o Parlamento Europeu emitiu uma declaração formal endossando a Terceira Revolução Industrial como uma visão econômica a longo prazo e o caminho a ser seguido pela União Europeia. A Terceira Revolução Industrial agora está sendo implementada pelos vários órgãos dentro da Comissão Europeia e também pelos Estados-membros.

Um ano depois, em outubro de 2008, semanas após a crise econômica global, meu escritório organizou às pressas uma reunião em Washington, DC, com oitenta CEOs e altos executivos das principais empresas do mundo sobre energia renovável, construção, arquitetura, imóveis, TI, energia e serviços de utilidade pública, além de logística e transportes, para discutir como poderíamos transformar a crise em oportunidade. Os principais empresários e associações comerciais presentes concordaram que não podiam mais tomar iniciativas isoladas e se comprometeram a criar uma rede da Terceira Revolução Industrial, capaz de trabalhar com governos, empresas locais e organizações da sociedade civil a fim de realizar a transição da economia global para a era pós-carbono. O grupo de desenvolvimento econômico que inclui Philips, Schneider Electric, IBM, Cisco Systems, Acciona, CH2M Hill, Arup, Adrian Smith + Gordon Gill Architecture e Q-Cells, entre outras é o maior desta natureza no mundo e atualmente está trabalhando com cidades, regiões e governos locais para desenvolver planos diretores que venham a transformar suas economias em infraestruturas da Terceira Revolução Industrial.

A visão da Terceira Revolução Industrial está se espalhando rapidamente para países da Ásia, África e Américas. Em 24 de maio de 2011, apresentei o plano econômico de cinco pilares da TRI na principal palestra na 15º conferência de aniversário da Organização para Cooperação e Desenvolvimento Econômico (OCDE) em Paris, com a presença de chefes de Estado e ministros de trinta e quatro nações-membro participantes. A apresentação acompanhou o lançamento de um plano econômico de crescimento sustentável da OCDE que servirá como modelo para começar a preparar as nações do mundo para um futuro industrial pós-carbono.

Este livro é o relato de um *insider* sobre a visão desenvolvida da Terceira Revolução Industrial e do modelo de desenvolvimento econômico, incluindo análises feitas por personalidades e participantes – chefes de Estado, CEOs globais, empreendedores sociais e ONGs – que estão liderando sua implementação.

Ao elaborar o projeto da UE para a Terceira Revolução Industrial, tive o privilégio de trabalhar com muitos dos principais chefes de Estado da Europa, entre eles a Chanceler Angela Merkel, da Alemanha; o Primeiro Ministro Romano Prodi, da Itália; o Primeiro Ministro José Luis Rodríguez Zapatero, da Espanha; Manuel Barroso, o presidente da Comissão Europeia, e cinco dos presidentes do Conselho Europeu.

Existe algo que nós americanos podemos aprender com o que está acontecendo na Europa? Acredito que sim. Precisamos começar a examinar atentamente o que nossos amigos europeus estão dizendo e tentando fazer. Embora hesitantes, os europeus estão pelo menos aceitando a realidade de que a era do combustível fóssil está acabando, e estão começando a traçar um caminho no futuro verde. Infelizmente, os americanos, na maior parte, continuam se negando a reconhecer que o sistema econômico que nos serviu tão bem no passado agora está agonizando. Como a Europa, precisamos reconhecer isto e ficar atentos.

Mas qual a contribuição que podemos dar? Embora a Europa tenha chegado a uma narrativa convincente, ninguém é capaz de contar melhor essa história do que a América. Madison Avenue, Hollywood e Silicon Valley são excelentes nisso. O que distinguiu a América não foi tanto o nosso talento na manufatura ou a proeza militar, mas nossa incomum capacidade de imaginar o futuro, com tamanha vivacidade e clareza, que as pessoas se sentem como se tivessem chegado ao destino antes de sair da estação. Se e quando os americanos "entenderem" verdadeiramente a narrativa da nova Terceira Revolução Industrial, teremos a capacidade inigualável de agir com rapidez para transformar esse sonho em realidade.

A Terceira Revolução Industrial é a última das grandes Revoluções Industriais e estabelecerá a infraestrutura básica para uma era colaborativa emergente. A infraestrutura da TRI acumulada durante quarenta anos criará centenas de milhares de novos negócios e centenas de milhões de novos empregos. Sua concretização sinalizará o fim de uma saga comercial de duzentos anos caracterizada pelo pensamento produtivo, por mercados empreendedores e pela produção em massa, e também o início de uma nova era marcada pelo comportamento colaborativo, por redes sociais e por profissionais liberais e técnicos. Na próxima metade de século, as operações de negócio centralizadas, convencionais, da Primeira e da Segunda Revolução Industrial, serão cada vez mais subordinadas às práticas de negócio distribuídas da Terceira Revolução Industrial; e a tradicional organização hierárquica do poder econômico e político cederá lugar ao poder lateral organizado de forma nodal por toda a sociedade.

À primeira vista, a própria noção de poder lateral parece totalmente contraditória em relação à maneira como vivenciamos as relações de poder através de grande parte da História. O poder, afinal, organizou-se tradicionalmente de uma forma piramidal, de cima para baixo. Hoje, no entanto, o poder colaborativo desencadeado pela fusão da tecnologia da internet com as energias renováveis está reestruturando fundamentalmente as relações humanas, antes de cima para baixo para torná-las laterais, com profundas implicações para o futuro da sociedade.

À medida que nos aproximamos da metade do século, uma parte maior do comércio será supervisionada por substitutos tecnológicos inteligentes, liberando uma parte maior da raça humana para criar capital social na sociedade civil sem fins lucrativos, tornando-o o setor dominante na segunda metade do século. Embora o comércio permaneça essencial para a sobrevivência humana, ele não será mais suficiente para definir as aspirações humanas. Se conseguirmos atender às necessidades físicas de nossa espécie na próxima metade de século – um grande se – preocupações transcendentes provavelmente se tornarão um propulsor cada vez mais importante do próximo período da história da humanidade.

Nas páginas a seguir, vamos explorar os aspectos subjacentes e os princípios operacionais da infraestrutura e da economia da Terceira Revolução Industrial, acompanharemos sua provável trajetória nas próximas quatro décadas e analisaremos os obstáculos e as oportunidades existentes para sua implementação em comunidades e países em todo o mundo.

A Terceira Revolução Industrial oferece a esperança de que podemos chegar a uma era pós-carbono sustentável em meados do século e evitar mudanças climáticas catastróficas. Temos a ciência, a tecnologia e o plano do jogo para fazer isto acontecer. Agora é uma questão de reconhecermos as possibilidades econômicas que estão à frente e juntar a vontade para chegar lá a tempo.

PARTE I

# A TERCEIRA REVOLUÇÃO INDUSTRIAL

CAPÍTULO UM

# A VERDADEIRA CRISE ECONÔMICA QUE TODOS ESQUECERAM

Eram cinco da manhã e eu corria em minha esteira, ouvindo as primeiras notícias na TV a cabo quando atentei à fala animada de um repórter sobre um novo movimento político que se apresentava como "Tea Party" (Partido do Chá). Saí da esteira sem saber se tinha ouvido corretamente. Na tela, americanos de meia-idade irritados empunhavam bandeiras amarelas com os dizeres: "Chega de ser pisado!", e a insígnia de uma cobra enrolada. Outros empurravam placas em direção à câmera e declaravam: "Chega de impostos sem representação", "Fechem as fronteiras", e "Mudança climática é uma enganação". O repórter, que mal se podia ouvir em meio aos gritos, dizia algo sobre um movimento popular espontâneo que se espalhava como fogo por todo o continente, protestando contra o governo em Washington, DC, e políticos de carreira, liberais que só queriam enriquecer à custa de seus constituintes. Eu não acreditei no que estava vendo e ouvindo. Era como se testemunhasse uma inversão perversa de algo que eu organizara quase quarenta anos atrás. Seria algum tipo de maldição cósmica?

## O PARTIDO DO PETRÓLEO DE BOSTON DE 1973

Era 16 de dezembro de 1973. A neve caía logo depois do nascer do sol. Senti um vento gelado na face enquanto me aproximava de Faneuil Hall, no centro de Boston, que fora o local de encontro onde agitadores e radicais, como Sam Adams e Joseph Warren, protestaram contra as políticas colonialistas do Rei George III e seus emissários corporativos – sendo mais notório e odiado a Companhia das Índias Ocidentais Britânicas.

A cidade parou durante semanas. O trânsito, que em geral era intenso e com frequência congestionava a cidade, ficou tranquilo durante vários dias, em grande parte porque muitos postos de gasolina estavam sem combustível. Nos poucos postos que ainda havia gasolina, os motoristas faziam filas que se alongavam por quarteirões, esperando uma hora ou mais para encher os tanques. Os que tivessem sorte para encontrar combustível ficavam chocados. A gasolina tinha dobrado de preço em algumas semanas, criando quase uma histeria em um país que, até aquele momento, fora o maior produtor de petróleo do mundo.

A reação do público era compreensível, dado que foram as abundantes reservas americanas de petróleo e sua capacidade de produzir, em massa, carros a preços acessíveis para um povo incansável, nômade, que deram aos Estados Unidos uma posição destacada, tornando-se a superpotência mundial do século XX.

Nosso orgulho nacional sofreu um golpe inesperado. Dois meses antes, a Organização dos Países Exportadores de Petróleo (OPEP) lançou um embargo de petróleo contra os Estados Unidos em retaliação à decisão de Washington de voltar a suprir o governo israelense com equipamento militar durante a Guerra de Yom Kippur. O "choque do petróleo" reverberou rapidamente em todo o mundo. Próximo a dezembro, o preço do petróleo no mercado mundial subiu de $3 por barril para $11,65.[1] O pânico tomou Wall Street e Main Street.

O primeiro e mais óbvio sinal da nova realidade estava nos postos de gasolina. Muitos americanos acreditavam que as empresas gigantes de petróleo estavam aproveitando a situação, fazendo os preços subirem arbitrariamente para assegurar lucros inesperados. O humor entre os motoristas em Boston e por todo o país azedou rapidamente. Este era o pano de fundo para o tumulto que aconteceria no cais de Boston em 16 de dezembro de 1973.

O dia marcava o bicentenário do famoso protesto do Partido do Chá em Boston, o evento inspirador que incitou o sentimento popular contra a coroa britânica. Irritado com um novo imposto sobre o chá e outros produtos que estavam sendo exportados para as colônias americanas pela nação-mãe, Sam Adams incitou um bando de descontentes, que despejaram uma carga de chá no Porto de Boston. "Não aos impostos sem representação" tornou-se rapidamente o grito de guerra dos radicais. Este primeiro ato de desafio direto ao governo britânico desencadeou uma série de reações e contrarreações por parte da monarquia e de suas 13 novas colônias, que acabariam na Declaração da Independência, em 1776, e na Revolução Americana.

Nas semanas que levaram ao aniversário, a ira se acentuou contra as gigantes petrolíferas. Muitos americanos estavam furiosos com os preços do petróleo, o qual achavam injustificável, cobrado pelas insensíveis empresas globais que ameaçavam minar o que os americanos passaram a considerar como um direito básico tão prezado quanto a liberdade de expressão, de imprensa e de associação – o direito de ter petróleo barato e mobilidade de carro.

Na época, eu tinha 28 anos – um ativista inexperiente que participava do movimento contra a Guerra do Vietnã e em defesa dos direitos civis da década de 1960. Um ano antes, iniciei uma organização nacional, a Comissão Bicentenária do Povo, que eu esperava que servisse como uma alternativa radical à American Bicentennial Commission (Comissão Bicentenária Americana ), estabelecida pela administração Nixon para comemorar os vários eventos históricos que levaram ao aniversário de 200 anos da assinatura da Declaração da Independência em 1776.

Tive a ideia de uma comemoração alternativa devido ao meu crescente distanciamento dos colegas do movimento da Nova Esquerda. Tendo crescido em um bairro de classe operária no extremo sul de Chicago – uma comunidade de comerciantes e mecânicos, policiais e bombeiros, e famílias que trabalhavam nos currais, pátios ferroviários e siderúrgicas próximas —, o patriotismo estava no meu sangue. Um visitante, ao chegar lá, não conseguia deixar de notar as bandeiras americanas flamejando nas varandas espalhadas por todo o meu bairro. Todo dia era o Dia da Bandeira.

Fui educado de acordo com o sonho americano e desenvolvi um profundo apreço pelos sentimentos radicais de nossos fundadores — Thomas Jefferson, Benjamin Franklin, Thomas Paine, George Washington —, o pequeno grupo de pensadores revolucionários que arriscou suas vidas em busca dos direitos humanos inalienáveis de vida, liberdade e a busca da felicidade.

Muitos de meus amigos na Nova Esquerda vinham de um berço mais privilegiado, cresceram nos enclaves suburbanos da elite americana. Embora profundamente engajados na busca de justiça social, igualdade e paz, eles se inspiraram cada vez mais em outras lutas revolucionárias no exterior, principalmente nas lutas anticoloniais da era pós-Segunda Guerra Mundial. Lembro-me de incontáveis reuniões políticas em que os pensamentos de Mao, Ho Chi Minh e Che Guevara foram evocados para fornecer orientação e estimular a ação altruísta. Tudo isso me parecia estranho, pois fui criado para acreditar que nossos revolucionários americanos, nascidos no país, foram a inspiração para todas as demais lutas anticoloniais nos dois últimos séculos.

A Comemoração do Bicentenário Americano oferecia uma oportunidade única para uma geração mais jovem retomar a promessa radical da América – principalmente quando a Casa Branca, comandada pelo Presidente Nixon e apoiada por uma legião de empresários, parecia estar mais ligada a privilégios aristocráticos do regime monárquico do que a uma noção de justiça econômica e social, mais condizente com aqueles primeiros heróis americanos que devíamos estar celebrando.

Nosso plano era transformar o aniversário do evento do Partido do Chá em um protesto contra as empresas petrolíferas. Não sabíamos se alguém sairia para as ruas para juntar-se a nós. Afinal, nunca houve um protesto contra as grandes petrolíferas, então não podíamos prever o que as pessoas fariam. Meu medo de uma presença constrangedoramente baixa cresceu quando começou a nevar. Na década de 1960, sempre programávamos protestos contra guerras durante a primavera, porque era mais provável atrair uma multidão. De fato, nenhum dos ativistas experientes que organizou o evento se lembrava de um único protesto de massa realizado em pleno inverno.

Quando virei a esquina para Faneuil Hall, olhei espantado. Milhares de pessoas estavam nas ruas que levavam até o edifício. Exibiam placas e faixas com os dizeres: "Façam as empresas petroleiras pagar", "Abaixo às grandes petroleiras", e "Vida longa à Revolução Americana". As pessoas se amontoaram no saguão clamando "Fora, Exxon".

Depois de fazer um breve discurso convocando os protestantes a se lembrarem desse dia como o início de uma segunda Revolução Americana pela "independência de energia", fomos para as ruas, seguindo o caminho exato que os representantes do "Partido do Chá" fizeram 200 anos antes, até a Griffin's Wharf . No caminho, milhares de cidadãos de Boston juntaram-se às fileiras – estudantes, operários, profissionais de classe média e famílias inteiras. Quando chegamos às docas onde o navio oficial da Salada Tea Company (uma réplica do navio original) estava ancorado, mais de 20 mil protestantes tomaram a beira-mar clamando: "Abaixo a grande petroleira". O protesto foi o ponto alto da cerimônia, organizada cuidadosamente. Barcos de pescadores locais de cidades do norte, como Gloucester, romperam o bloqueio da polícia e seguiram até o navio Salada Tea, onde autoridades federais e locais aguardavam as cerimônias oficiais. Os pescadores subiram à bordo, tomaram o navio, subiram no mastro e começaram a atirar barris de óleo vazios, em vez de engradados de chá, no rio, sendo ovacionados por milhares de protestantes. No dia seguinte, o *New York*

*Times* e outros jornais do país noticiaram o que tinha acontecido em Boston, chamando o evento de "O Manifesto do Petróleo de Boston de 1973".[2]

## O ÚLTIMO JOGO DA SEGUNDA REVOLUÇÃO INDUSTRIAL

Trinta e cinco anos depois, em julho de 2008, o preço do petróleo no mercado mundial atingiu o recorde de $147 por barril.[3] Apenas sete anos antes, o petróleo era vendido por menos de $24 por barril.[4] Em 2001, sugeri que a crise do petróleo estava para ocorrer e que seu preço do óleo poderia chegar a mais de $50 por barril em poucos anos. Meus comentários foram recebidos com ceticismo generalizado e até mesmo com desdém. "Não enquanto vivermos", foi a resposta do setor de petróleo e da maioria dos geólogos e economistas. Logo depois, o preço do petróleo disparou. Quando passou de $70 por barril em meados de 2007, os preços de produtos e serviços em toda a cadeia de suprimento global começaram a subir também, pela simples razão de que praticamente toda atividade comercial em nossa economia global depende do petróleo e de outras energias vindas combustíveis fósseis.[5] Cultivamos nossos alimentos com fertilizantes petroquímicos e pesticidas. A maioria de nossos materiais de construção – cimento, plásticos e assim por diante – é feita de combustíveis fósseis, como o são muitos de nossos produtos farmacêuticos. Nossas roupas, na maior parte, são feitas de fibras sintéticas petroquímicas. Nosso transporte, energia, calor e luz também contam com combustíveis fósseis. Construímos toda uma civilização a partir de depósitos de carbono exumados do Período Carbonífero.

Supondo que nossa espécie consiga sobreviver, penso com frequência em como as gerações que viverão daqui a 50 mil anos considerarão este momento particular da saga humana. É provável que eles nos caracterizem como combustíveis fósseis humanos e este período como Era do Carbono, assim como referimos a períodos passados como as Eras do Bronze e do Ferro.

Quando o preço do petróleo passou da marca de $100 por barril, algo inimaginável alguns anos antes, protestos espontâneos e tumultos ocorreram em 22 países por causa do aumento acentuado no preço dos grãos de cereais – protestos da tortilla, no México, e do arroz, na Ásia.[6] O medo de uma inquietação política generalizada desencadeou uma discussão global em torno da conexão entre o petróleo e a comida.

Com 40% da raça humana vivendo com $2 por dia ou menos, mesmo uma mudança marginal no preço dos alimentos básicos poderia significar uma ameaça generalizada. Perto de 2008, o preço da soja e da cevada dobraram, o trigo quase triplicou e o arroz subiu cinco vezes.[7] A FAO (United Nations Food and Agricultural Organization) relatou que um bilhão de seres humanos passariam fome.

O temor se espalhou quando os consumidores de classe média nos países desenvolvidos começaram a ser afetados pelo acentuado aumento do preço do óleo. Os preços de itens básicos nas lojas dispararam. Os preços da gasolina e de energia elétrica dispararam. E os de materiais de construção, produtos farmacêuticos e materiais para embalagem – a lista era infindável. No final da primavera, os preços estavam se tornando proibitivos e o poder de compra começou a despencar no mundo todo. Em julho de 2008, a economia global parou. Era a grande turbulência econômica que sinalizava o início do fim da era do combustível fóssil. O colapso do mercado financeiro 60 dias depois foi o tremor.

A maioria dos chefes de Estado, líderes empresariais e economistas ainda precisa identificar a verdadeira causa da crise econômica que sacudiu o mundo. Continuam a acreditar que a bolha de crédito e a dívida do governo não estão relacionadas ao preço do petróleo, sem entender que estão intimamente ligados ao declínio da era do petróleo. Enquanto se acreditar que, de alguma forma, a crise do crédito e débito se deve meramente à falta de supervisão adequada de mercados desregulados, os líderes mundiais serão incapazes de descobrir a origem da crise e resolvê-la. Voltaremos ao assunto adiante.

O que ocorreu em julho de 2008 foi o que eu chamo de pico da globalização. Embora grande parte do mundo não saiba, está claro que atingimos o limite do quanto podemos estender o crescimento econômico global dentro de um sistema econômico profundamente dependente do petróleo e de outros combustíveis fósseis.

Estou sugerindo que atualmente estamos no fim da Segunda Revolução Industrial e da era do petróleo sobre a qual ela se funda. Esta é uma realidade dura de aceitar porque forçaria a família humana a fazer a transição rapidamente para um novo regime energético e um modelo industrial novo, ou corremos o risco de destruir a civilização.

Chegamos a um limite em termos da globalização devido ao "pico do petróleo global *per capita*", que não deve ser confundido com "pico da produção global de petróleo". Trata-se de uma expressão usada por aqueles que estudam a geologia do petróleo para indicar o ponto em que a produção global de óleo atinge seu ápice na chamada curva de sino de Hubbert. O pico na produção de petróleo ocorre quando a metade das reservas de petróleo recuperáveis já foi usada. O topo da curva representa o ponto médio na recuperação do petróleo. Depois disso, a produção cai com a mesma rapidez com que subiu.

King Hubbert foi um geofísico que trabalhou para a Shell Oil Company em 1956. Hubbert publicou um trabalho que se tornou famoso, prevendo o pico da produção de petróleo nos 48 Estados entre 1965 e 1970. Na época, sua projeção foi ridicularizada por colegas que afirmaram que a América era a maior produtora de petróleo do mundo. A própria ideia de que poderíamos perder nossa preeminência era inimaginável e foi descartada. A previsão dele, no entanto, se revelou correta. A produção de petróleo nos Estados Unidos atingiu um pico em 1970 e começou seu longo declínio.[8]

Nas últimas quatro décadas, os geólogos têm discutido quando será mais provável a ocorrência do pico de produção global de petróleo. Os otimistas acreditavam, com base em seus modelos, que provavelmente isso aconteceria entre 2025 e 2035. Os pessimistas, que incluíam alguns dos melhores geólogos do mundo, projetaram o pico global de petróleo entre 2010 e 2020.

A Agência Internacional de Energia (IEA, International Energy Agency), uma organização com sede em Paris, a quem os governos recorrem para ter informações e previsões sobre energia, pode ter omitido a questão do pico de produção global de petróleo em seu relatório World Energy Outlook, de 2010. De acordo com a IEA, o pico de produção global de óleo cru provavelmente teria ocorrido em 2006, com 70 milhões de barris por dia.[9] A declaração chocou a comunidade internacional de petróleo e provocou arrepios na espinha das empresas globais cuja linha vital é o óleo cru.

De acordo com a IEA, manter a produção de petróleo estável ligeiramente abaixo de 70 milhões de barris por dia – para evitar uma queda abismal na economia global – exigiria um investimento assombroso de $8 trilhões nos próximos 25 anos para bombear o óleo remanescente, difícil de captar dos campos existentes; abrir campos menos promissores já descobertos; e buscar novos campos, cada vez mais difíceis de encontrar.[10]

Mas aqui estamos basicamente preocupados com o pico de petróleo global *per capita*, que ocorreu em 1979 no auge da Segunda Revolução Industrial. A BP conduziu um estudo, que desde então tem sido confirmado por outros trabalhos, concluindo que o petróleo disponível, se igualmente distribuído, atingiu o pico naquele ano.[11] Embora tenhamos encontrado mais petróleo desde então, a população mundial cresceu muito rapidamente. Se tivéssemos de distribuir igualmente todas as reservas de petróleo conhecidas hoje para os 6,8 bilhões de seres humanos que vivem na Terra, haveria menos disponível por pessoa.

Quando as economias da China e Índia decolaram a uma taxa de crescimento acelerada na década de 1990 e início dos anos 2000 – em 2007 a Índia cresceu a uma taxa de 9,6% e a China a 14,2% –, trazendo um terço da raça humana para a era do petróleo, a pressão da demanda sobre as reservas existentes fez o preço inevitavelmente subir, levando ao pico mencionado de $147 por barril, a preços disparando, uma queda livre no consumo e à estagnação econômica global.[12]

Em 2010, a economia começou uma leve recuperação, principalmente para repor os estoques exauridos. Mas, assim que o crescimento começou, o preço do petróleo subiu concomitantemente para $90 o barril perto do final de 2010, novamente forçando a alta dos preços por toda a cadeia de suprimento.[13]

Em janeiro de 2011, Fatih Birol, economista chefe da Agência Internacional de Energia, ressaltou a relação indissociável entre o aumento da produção econômica e a alta nos preços do petróleo. Ele advertiu que, à medida que a recuperação econômica toma impulso, "os preços do petróleo entram em uma zona perigosa para a economia global". Em 2010, de acordo com a IEA, as importações de petróleo para os 34 países mais ricos na Organização de Cooperação e Desenvolvimento Econômico (OCDE) subiram de $200 bilhões no início do ano para $790 bilhões no final do mesmo período. Só as importações de petróleo da União Europeia subiram $79 bilhões em 2010. Isto é igual aos déficits orçamentários combinados da Grécia e Portugal. A conta do petróleo dos Estados Unidos subiu $72 bilhões. O alto custo do petróleo representa uma perda de 0,5% do produto interno bruto da OCDE.[14]

Países em desenvolvimento foram ainda mais atingidos em 2010, com as importações de petróleo subindo $20 bilhões, o equivalente a uma perda de renda de quase 1% do PIB. A relação das contas de importação de petróleo dos países contra o PIB está chegando aos níveis vistos em 2008, pouco antes da crise da economia global, levando a IEA a manifestar publicamente a preocupação de que "as contas de importação de petróleo estão se tornando uma ameaça para a recuperação econômica".[15]

No mesmo dia em que a IEA divulgou seu relatório de 2010, Martin Wolf, o analista econômico do *Financial Times*, escreveu um artigo sobre a convergência histórica que estava acontecendo na "produção por cabeça" na China, Índia e potências ocidentais. De acordo com dados publicados pelo US Conference Board, no período de 1970 e 2009, a produção chinesa por cabeça, relativa àquela dos Estados Unidos, subiu de 3 para 19%. Na Índia, a relação subiu de 3 para 7%.[16] Wolf observa que a produção *per capita* da China, relativa à dos Estados Unidos, é aproximadamente a mesma que a do Japão quando começou sua recuperação econômica após a Segunda Guerra Mundial. O Japão disparou para 79% dos níveis dos Estados Unidos na década de 1970 e para 90% por volta de 1990. Se a China seguisse uma trajetória parecida, se aproximaria dos 70% da produção *per capita* dos Estados Unidos perto de 2030. Mas há uma diferença, em 2030, a economia da China seria quase três vezes o tamanho da economia dos Estados Unidos, e maior do que a dos Estados Unidos e Ocidente Europeu juntos.[17]

Ben Bernanke, chairman do conselho de diretoria do Federal Reserve nos Estados Unidos, destacou em um discurso em novembro de 2010 que só no segundo trimestre a produção real agregada nas economias emergentes foi 41% mais alta que no início de 2005. A produção agregada da China foi 70% mais alta e da Índia foi 55%.[18]

O que tudo isto significa? Se a produção econômica agregada galopar novamente no mesmo ritmo que nos primeiros oito anos do século XXI – e é exatamente o que está acontecendo –, o preço do petróleo subirá rapidamente para $150 por barril ou mais, forçando um acentuado aumento nos preços dos demais bens e serviços, e causará nova queda do poder de compra e mais uma crise da economia global. Em outras palavras, cada novo esforço para retomar a força econômica da década anterior será estancado em torno de $150 por barril. Esta forte oscilação entre retomada do crescimento e a crise marca o fim do jogo.

Os descrentes afirmam que a alta no preço do petróleo teve pouco a ver com a pressão da demanda contra a oferta e estava mais relacionada com os especuladores que jogavam no mercado de petróleo para ganhar fortunas. Embora os especuladores possam ter adicionado lenha na fogueira, o fato incontestável é que nas últimas décadas consumimos três barris e meio para cada novo barril que encontramos.[19] Esta realidade é o que determina nossa atual condição e as perspectivas futuras.

Agora a pressão do aumento da crescente demanda agregada contra reservas minguantes de óleo cru agrava-se com a crescente inquietação política no Oriente Médio. Milhões de jovens na região – na Tunísia, Egito, Líbia, Irã, Yemen, Jordânia, Bahrain e outros países – foram às ruas no início de 2011 em oposição aos regimes autocráticos corruptos que governaram durante décadas e, em alguns casos, gerações. A rebelião dos jovens, que lembra a revolta dos jovens nas décadas de 1960 no Ocidente, representa uma mudança geracional de profundo significado histórico.

Para uma geração mais jovem, educada, que está se tornando parte de uma comunidade global e muito provavelmente se identifique tanto com o Facebook quanto com suas tradicionais lealdades tribais, a velha maneira de agir é um anátema. O pensamento patriarcal, normas sociais rígidas e o comportamento xenofóbico dos mais velhos é tão estranho à geração que cresceu em redes de mídia social, com ênfase na transparência, no comportamento colaborativo e em relações entre pares, que marca um divisor histórico na própria consciência.

Cansados de ser governados por líderes arbitrários e brutais, de viver em uma sociedade corrupta, onde o apadrinhamento e não o mérito é a norma, e onde aqueles que estão no poder enriquecem à custa da crescente pobreza das massas, os jovens estão exigindo mudanças. Em apenas algumas semanas, eles forçaram a queda dos governos da Tunísia e do Egito, iniciaram uma guerra civil na Líbia e ameaçaram a queda dos regimes desde a Jordânia até Bahrain.

Em grande parte, o petróleo foi o grande responsável pela ruína da região. O ouro negro se revelou mais do que uma maldição, transformando muito do Oriente Médio em uma sociedade baseada em um único recurso sob o controle de oligarcas. O petróleo tornou os sheiks bilionários, enquanto suas populações foram controladas com escassas concessões públicas de benefícios e empregos públicos. O resultado é que esses países não criaram as condições econômicas para estabelecer uma economia robusta, multifacetada, empreendedora, e nem uma força de trabalho para administrá-la. Gerações de jovens têm definhado, sem desenvolver plenamente seu potencial humano.

Fortalecidos e ganhando poder de ação, os jovens estão rompendo com a timidez dos mais velhos e enfrentando o poder com resultados eletrizantes, que nem eles mesmos poderiam imaginar. A velha ordem está começando a fraquejar, e embora o progresso seja incerto e que seja provável uma retração grave, é improvável que o velho poder patriarcal que dominou a sociedade e durante tanto tempo determinou o destino de gerações que vivem no mundo árabe sobreviva à próxima década.

O que estamos vendo no Oriente Médio é uma enorme transformação do poder hierárquico para o poder lateral. A geração da internet, que começou desafiando conglomerados de mídia centralizados no Ocidente com o compartilhamento de música e informação, agora começa a servir de espelho para os pares no Oriente Médio, que estão desafiando o comando político centralizado de governos autocráticos.

A crescente instabilidade no Oriente Médio arruinará o preço do petróleo no mercado mundial nos próximos anos. No início de 2011, o caos político na Líbia fechou os campos de petróleo em todo o país, tirando 1,6 milhão de barris de óleo cru por dia da produção e forçando o petróleo a subir para $120 por barril.[20] Analistas do setor preocupam-se que se a Arábia Saudita ou o Irã tivessem de experimentar perturbações semelhantes na produção de petróleo, isto poderia causar um aumento de 20-25% nos preços de petróleo da noite para o dia, abalando seriamente qualquer esperança até mesmo de uma fraca recuperação econômica global.[21]

Nenhum observador internacional próximo do levante político que se desenrolou no Oriente Médio acredita que a região voltará ao negócio como usual. Não é coincidência que o fim da era do petróleo também esteja sinalizando o fim de governos autoritários que há muito assumiram o comando do regime mais elitista e centralizador de energia da história.

Embora o despertar da juventude do Oriente Médio deva ser aplaudido e apoiado, isto vem com uma percepção de que os próximos anos serão assolados por repetidas crises do petróleo em decorrência da tensão entre dois fenômenos relacionados: o aumento da demanda agregada, forçando os preços do petróleo a subir para $150 ou até mesmo $200 por barril ou mais, e as perturbações causadas por instabilidade política nos estados da região, ricos em petróleo, levando a altas similares nos preços.

## A CRISE DE WALL STREET

Como a bolha de crédito e a crise financeira alimentam o fim do jogo na Segunda Revolução Industrial? Para entender a relação entre os dois, é preciso voltar mais uma vez para a última metade do século XX. A Segunda Revolução Industrial – o aparecimento simultâneo do fornecimento centralizado de energia elétrica, da era do petróleo, do automóvel e da construção em áreas suburbanas — passou por dois estágios de desenvolvimento. Uma infraestrutura juvenil da Segunda Revolução Industrial foi estabelecida entre 1900 e o início da Grande Depressão em 1929. Essa infraestrutura permaneceu esquecida até depois da Segunda Guerra Mundial. A aprovação da Lei das Rodovias Interestaduais, de 1956, forneceu o ímpeto para amadurecer a infraestrutura para a era do automóvel. O estabelecimento de uma rede viária intercontinental – que na época foi anunciado como o projeto público mais ambicioso e caro de toda a história da humanidade – criou uma expansão econômica sem paralelo, tornando os Estados Unidos a sociedade mais próspera da Terra. Projetos de construção de rodovias similares foram iniciados na Europa logo depois, com um efeito multiplicador proporcional.

A infraestrutura das vias interestaduais apressou um crescimento na construção na medida em que empresas e milhões de americanos começaram a se mudar para enclaves suburbanos recém-construídos, próximos às saídas das vias interestaduais. Os imóveis comerciais e residenciais atingiram um pico na década de 1980, com o término de vias interestaduais, coincidindo com o auge da Segunda Revolução Industrial. Imóveis comerciais e residenciais superaram a demanda, ocasionando uma crise imobiliária no final dos anos 1980 e início de 1990, e uma séria recessão se espalhou rapidamente pelos cantos do mundo. Mas com a Segunda Revolução Industrial começando seu longo declínio no final dos anos 1980, como os Estados Unidos conseguiram livrar-se da recessão e retomar o crescimento de sua economia nos anos 1990?

A recuperação econômica constituiu-se em grande parte das economias acumuladas nas calmas décadas da Segunda Revolução Industrial, combinadas com créditos e débitos recordes. Nós nos tornamos uma nação de gastadores contumazes. Ocorre que o dinheiro que estávamos gastando, contudo, não era dinheiro novo, gerado por novas fontes de renda. Os salários americanos foram se achatando lentamente à medida que a Segunda Revolução Industrial passou para seu estágio de maturidade na década de 1980.

Muito se falou sobre as revoluções da TI emergente e da internet. Os novos corredores de inovação brotando em locais como o Vale do Silício, na Califórnia, Route 128, em Boston, e Interstate 495, em Washington, e o Research Triangle, na Carolina do Norte, prometiam uma cornucópia da alta tecnologia, e a mídia estava mais do que disposta a alardear as últimas maravilhas lançadas por empresas como a Microsoft, a Apple e a AOL.

É inegável que a revolução da comunicação dos anos 1990 tenha criado novos empregos e ajudado a transformar os cenários econômico e social. Mas apesar de todas essas mudanças, permanece o fato de que o setor de TI e da internet não constituíram em si e por si mesmos uma nova revolução industrial. Para que isso acontecesse, as novas tecnologias de comunicação teriam de convergir com um novo regime energético, como foi o caso de toda grande revolução econômica ocorrida na história. Novas formas de comunicação nunca se sustentaram sozinhas. Em vez disso, como mencionado na introdução, elas são o mecanismo que comanda o fluxo de atividades possibilitadas por novos sistemas de energia. É o estabelecimento de uma infraestrutura de comunicação-energia ao longo de décadas que estabelece uma curva de crescimento no longo prazo para uma nova era econômica.

O problema era de sincronia. As novas tecnologias de comunicação diferiam fundamentalmente da tecnologia de comunicação baseada na eletricidade, da primeira geração. O telefone, o rádio e a televisão eram formas centralizadas de comunicação que gerenciavam e comercializavam uma economia organizada em torno de energias de combustíveis fósseis centralizadas e a miríade de práticas de negócio centralizadas que fluíam desse sistema de energia. A nova comunicação baseada na eletricidade de segunda geração, em contrapartida, é distribuída na natureza e, em termos ideais, adequada para administrar as formas distribuídas de energia – ou seja, energia renovável – e os tipos laterais de atividade de negócio que acompanham tal regime de energia. As novas tecnologias de comunicação distribuídas teriam de esperar mais duas décadas para se juntar às energias distribuídas e criar a base para uma nova infraestrutura e uma nova economia.

Nos anos 1990 e na primeira década do século XXI, a revolução das Tecnologias de Informação e Comunicação foi enxertada na Segunda Revolução Industrial, centralizada. Desde o início não foi uma adequação natural. Embora as tecnologias de informação e comunicação aumentassem a produtividade, possibilitassem práticas mais dinâmicas e criassem novas oportunidades de negócio e empregos – o que provavelmente estendeu a vida útil de um modelo industrial antigo –, nunca poderiam atingir seu pleno potencial de comunicação distribuída devido às restrições inerentes por estar ligada a um regime de energia e a uma infraestrutura comercial centralizados.

Em lugar de uma forte combinação entre a energia e a comunicação, começamos a fazer a economia crescer vivendo da riqueza acumulada, gerada nas quatro décadas que seguiram a Segunda Guerra Mundial. A fácil extensão de crédito, trazida pela cultura do cartão de crédito, agiu como um intoxicante. Comprar se tornou um vício e o consumo tornou-se algo parecido a um ritual coletivo. Era como se estivéssemos, sem saber, em uma espiral da morte, descendo aceleradamente, para trás, a curva do Sino da Segunda Revolução Industrial, em um processo autodestrutivo, determinados a devorar a vasta riqueza que geramos durante a vida.

Conseguimos. O nível de poupança de uma família média no início de 1990 era em torno de 8% de sua renda. Em 2000, a poupança de uma família encolheu para cerca de 1%.[22] Em 2007, muitos americanos estavam gastando mais do que ganhavam.

Erguemos a economia global à custa do poder de compra americano. O que não queríamos admitir, no entanto, era que tudo estava sendo pago usando-se as economias da população americana.

Em meados de 1990, os americanos estavam afundados em dívidas. As falências atingiram os níveis mais altos. Em 1994, um número alarmante de 832.829 de americanos pediram falência.[23] Inacreditavelmente, em 2002, as falências dispararam para 1.577.651.[24] No entanto, a dívida nos cartões de crédito continuou a subir.

Foi nessa época que o setor hipotecário começou a empurrar um segundo instrumento de crédito – hipotecas *subprime* que exigiam pouco ou nenhuma soma de dinheiro como entrada. Milhões de americanos morderam a isca, comprando casas que não tinham como pagar. O rápido crescimento imobiliário criou a maior bolha da história dos Estados Unidos. Os valores das casas dobraram ou triplicaram em algumas áreas do país em poucos anos. Os proprietários começaram a ver suas casas como investimentos lucrativos. Muitos usaram seus novos investimentos para ter altos lucros, refinanciando hipotecas de duas a três vezes para garantir o dinheiro necessário para pagar as contas do cartão de crédito e continuar comprando.

A bolha imobiliária estourou em 2007.[25] Os preços dos imóveis despencaram. Milhões de americanos, que pensavam estar ricos, agora de repente se viram incapazes de pagar os juros das hipotecas que tinham sido deferidas, mas que agora estavam vencendo. As execuções dispararam. Os bancos e outras instituições emprestadoras na América – que aderiram ao que parecia ser um esquema Ponzi global refinado – ficaram paralisados. Em setembro de 2008, o Lehman Brothers fechou. Depois foi a vez da AIG – uma empresa que tinha títulos de hipotecas a taxas *subprime* e empréstimos totalizando bilhões – ameaçou quebrar; se isso ocorresse, ela levaria o resto da economia americana e muito da economia mundial consigo. Os bancos pararam de emprestar. Uma crise econômica das proporções da Grande Depressão pairava sobre o país, forçando os Estados Unidos a socorrer instituições financeiras de Wall Street na casa de $700 bilhões. A razão para o resgate era que essas instituições eram simplesmente "grandes demais para falir".

A chamada Grande Recessão começou e o desemprego continuou a subir a cada mês, atingindo 10% da força de trabalho no final de 2009 (17,6% dos trabalhadores se contarmos aqueles que desistiram de procurar emprego e deixaram de ser contados, e os trabalhadores ligados marginalmente, que estavam trabalhando apenas em tempo parcial, mas que desejavam trabalhar em regime integral). Isto representa quase 27 milhões de americanos, a maior porcentagem de trabalhadores desempregados e subempregados nos Estados Unidos desde a Grande Depressão na década de 1930.[26]

O pacote de resgate do Presidente Obama salvou o sistema bancário, mas fez pouco pelas famílias americanas. Em 2008, a dívida acumulada de cidadãos americanos estava se aproximando de $14 trilhões.[27] Para ter uma ideia da extensão da dívida dos americanos, considere que 20 anos atrás a dívida de uma família correspondia a cerca de 83% de sua renda. Dez anos atrás, a dívida subiu para 92% da renda familiar e, em 2007, subiu para 130% da renda, levando os economistas a usar um termo novo, "poupança negativa", para refletir a profunda mudança nos padrões de gastos e economias de famílias americanas.[28] Desempregados, subempregados e atolados em dívidas, um recorde de 2,9 milhões de donos de imóveis receberam notificações de execução hipotecária de suas casas em 2010.[29]

Ainda mais ameaçador foi o fato da relação do endividamento da família para o PIB, que era 65% em meados de 1990, ter atingido 100% em 2010, um sinal seguro de que os consumidores americanos não iriam escorar a globalização com seu poder de compra.[30]

A bolha de crédito e a crise financeira não ocorreram do nada. Cresceram da desaceleração da Segunda Revolução Industrial. Esta começou no final da década de 1980, quando o surto de construção suburbana – ocorrido ao longo do sistema de vias interestaduais – atingiu um pico, sinalizando o auge da era do automóvel e do petróleo.

Foi o casamento do petróleo abundante e barato com o automóvel que levou a América ao topo da economia mundial perto dos anos 1980. Infelizmente, esgotamos aquela riqueza acumulada em menos da metade do tempo que levamos para criá-la, em uma extraordinária gastança para manter o motor econômico aquecido artificialmente enquanto a verdadeira economia estava decaindo. Quando nossas economias secaram, tomamos emprestado mais alguns trilhões, vivendo do mito de nossa proeza econômica ainda sem rivais, e continuamos a gastar o que não tínhamos – tudo alimentado pelo processo de globalização. Milhões de pessoas em todo o mundo estavam mais do que contentes em prover os bens e produzir os serviços em retorno por nossos dólares.

A farra global de compras e a alta acentuada da produção agregada que a acompanhou aumentaram a demanda de petróleo, cada vez mais escasso, resultando em um aumento acentuado nos preços nos mercados mundiais. A forte aceleração no preço do petróleo desencadeou altas de preço em toda a cadeia de suprimento global para tudo, desde grãos à gasolina, levando a um colapso mundial do poder de compra quando o petróleo atingiu um recorde de $147 por barril em julho de 2008. Após 60 dias, a comunidade bancária, atolada em empréstimos não pagos, fechou o crédito; o mercado de capitais quebrou e a globalização foi paralisada.

A conclusão de 18 anos de vida de crédito estendido é que os Estados Unidos atualmente são uma economia fracassada. A dívida bruta do setor financeiro norte-americano, que era 21% do PIB em 1980, subiu continuamente nos últimos 27 anos para uma taxa inacreditável de 116% do PIB em 2007.[31] Uma vez que as comunidades bancárias norte-americana, europeia e asiática estão intimamente ligadas, a crise do crédito varreu a América e engolfou toda a economia global. Ainda mais preocupante é que o Fundo Monetário Internacional prevê que a dívida do governo federal poderia ser igual ao PIB em 2015, pondo em dúvida as futuras perspectivas dos Estados Unidos da América.[32]

## A CONTA DA ENTROPIA PARA A ERA INDUSTRIAL

Se isto não bastasse, há uma segunda dívida se formando – bem maior e mais difícil de pagar. A conta da entropia pela Primeira e Segunda Revoluções Industriais está vencendo. A queima de carvão durante 200 anos, e o uso de gás natural para impulsionar uma forma de vida industrial resultaram na liberação de quantidades maciças de dióxido de carbono na atmosfera da Terra. Essa energia gasta – a conta da entropia — impede que o calor radiante do sol escape do planeta e ameaça uma mudança catastrófica na temperatura da Terra, com consequências potencialmente devastadoras para o futuro da vida.

Em dezembro de 2009, líderes do governo representando 192 nações reuniram-se em Copenhagen para tratar do maior desafio que a raça humana já enfrentou – a mudança climática induzida pela industrialização. Um relatório divulgado em Paris pelo Painel Intergovernamental das Nações Unidas sobre Mudanças Climáticas (UN Intergovernmental Panel on Climate Change), em março de 2007, apresentou um relato forte do escopo do problema. Mais de 2.500 cientistas de mais de 100 nações contribuíram para as conclusões. Este foi o quarto de uma série de relatórios que se estenderam por mais de 15 anos, no que é considerado o maior estudo científico já realizado.[33]

A primeira coisa que me chamou a atenção ao ler o relatório das Nações Unidas foi que durante 24 anos eu o interpretei mal. Escrevi sobre mudanças climáticas pela primeira vez em meu livro *Entropia*, um dos primeiros a despertar o público para essa questão. Prossegui dedicando um tempo significativo durante a década de 1980 construindo a consciência pública da ameaça há muito imposta pelo aquecimento global.

Em 1981, The Congressional Clearinghouse on the Future, uma organização de serviços legislativos do Congresso composta de mais de cem congressistas e senadores, me convidou a fazer duas apresentações aos membros do Congresso sobre as consequências termodinâmicas das emissões de $CO_2$ induzidas industrialmente. Do que é de meu conhecimento, essas sessões foram as primeiras discussões sobre mudança climática no Congresso dos Estados Unidos.

Em 1988, meu escritório recebeu a primeira reunião de cientistas e ONGs ambientalistas de todo o mundo para discutirmos formas de trabalhar juntos e criar um movimento global que tratasse das mudanças climáticas. Fundamos a Global Greenhouse Network, uma coalizão de pesquisadores do clima, organizações ambientais e especialistas em desenvolvimento econômico, e iniciamos um trabalho de uma década que ajudou a mover o debate sobre as mudanças climáticas da academia para a arena da política pública.

Embora há muito eu tivesse entendido a urgência do aquecimento global, como muitos de meus colegas, continuei a subestimar a rapidez com a qual a temperatura da Terra estava subindo. Eu não avaliei adequadamente os fortes efeitos sinergéticos que podiam resultar de eventos de *feedback* positivo imprevistos. Por exemplo, quando o gelo no Ártico derrete com a elevação da temperatura da Terra devido ao aumento de $CO_2$ na atmosfera, ele impede que o calor escape da Terra. A diminuição da camada de neve significa uma perda da capacidade de refletir luz — reflexos brancos aquecem e os negros absorvem calor — e menos calor escapa do planeta. Isto, por sua vez, aquece a Terra ainda mais e derrete a neve mais rapidamente em um ciclo de *feedback* positivo, acelerado. Agora pegue esse circuito de *feedback* e multiplique as possibilidades quase infindáveis, à medida que outras mudanças abruptas na biosfera da Terra desencadeiam seus próprios circuitos de *feedback*, e a imensidão do que estamos enfrentando se torna totalmente aterrorizante.

O quarto Relatório do Clima das Nações Unidas foi um lembrete urgente que a química do planeta está mudando. A notícia não é boa. Nossos cientistas nos dizem para esperar pelo menos uma alta de três graus Celsius na temperatura da Terra pelo final do século.[34] E pode subir bem mais. Embora três graus não pareça tão mau, precisamos entender que uma elevação da temperatura nessa faixa nos coloca de volta para a temperatura na Terra três milhões de anos atrás na época do Plioceno. O mundo era um lugar bem diferente.

Uma mudança de 1,5 a 3,5 graus Celsius na temperatura, de acordo com nossos cientistas, poderia levar à extinção em massa da vida vegetal e animal em menos de cem anos. Os modelos indicam uma taxa de extinção entre 20 e 70%.[35] Precisamos captar a enormidade do que os cientistas estão dizendo. A Terra passou por cinco ondas de extinção biológica nos últimos 450 milhões de anos.[36] Cada vez que houve uma devastação, levou 10 milhões de anos para que biodiversidade perdida fosse recuperada.[37] Como a elevação da temperatura afeta a taxa de sobrevivência ou a extinção da vida?

Vamos examinar um exemplo simples. A perda de árvores em ecossistemas estressados preocupa os cientistas. Imagine que a região Nordeste dos Estados Unidos tenha o clima de Miami pela segunda metade do século XXI. Embora os seres humanos sejam capazes de reagir rapidamente e migrar, as árvores não podem. As variedades de árvores se adaptaram a zonas de temperatura que permaneceram relativamente estáveis durante milhares de anos. Além disso, elas demoram a reproduzir. Portanto, quando a temperatura muda radicalmente em apenas algumas décadas, as árvores não podem migrar com rapidez suficiente para alcançar a sua zona de temperatura. Isto tem implicações tremendas para a viabilidade das criaturas da Terra. Vinte e cinco por cento da superfície terrestre do planeta é florestada e serve como habitat para muitas das espécies remanescentes de vida.[38] Uma perda repentina de árvores arruinaria a vida animal.

Os cientistas que trabalham na Costa Rica notaram que, à medida que as temperaturas estão subindo nos últimos 16 anos, tem havido um declínio contínuo na taxa de crescimento das árvores.[39] Os pesquisadores citam registros similares em todo o mundo, aumentando a preocupação de que já podemos estar nos primeiros estágios de uma extinção em massa.

O impacto mais importante da elevação da temperatura global é no ciclo das águas. Todo aumento na temperatura de um grau Celsius leva a um aumento de 7% na capacidade que a atmosfera tem de guardar umidade.[40] Isto causa uma mudança radical na maneira como a água é distribuída, com precipitação mais intensa, mas uma redução na duração ou na frequência. A consequência é mais inundações e períodos mais longos de seca. Os ecossistemas que se adaptaram a um regime climático específico durante um longo período não podem se ajustar com rapidez suficiente a essas mudanças abruptas na precipitação, e em vez disso se tornam instáveis e desaparecem.

Já estamos passando pelos impactos hidrológicos do aumento de meio grau na temperatura da Terra, vemos isso na intensidade dos furacões.[41] Um estudo publicado em 2005 no periódico *Science* declara que o número de tempestades da categoria 4 e 5 dobrou desde a década de 1970.[42] Katrina, Rita, Gustav e Ike são um lembrete sério do que aguarda a raça humana à medida que avançamos neste século.

Os cientistas também projetam uma elevação nos níveis de água do mar e a perda de áreas costeiras em todo o mundo. Pequenos grupos de ilhas como as Maldivas no Oceano Índico e as Ilhas Marshall no Pacífico podem desaparecer, ficando totalmente imersas no oceano. Algumas geleiras devem perder mais de 60% de seu volume de gelo por volta de 2050.[43] Mais de um sexto da raça humana vive em vales e conta com a neve para obter água para irrigação, sanitarização e potável.[44] Mudar quase um bilhão de pessoas em menos de 40 anos parece inimaginável.

Os cientistas estão bastante preocupados com o Ártico. Novos estudos preveem que a calota polar no verão será 75% menor por volta de 2050.[45] Em agosto de 2008, as águas se espalhavam pelo Ártico. Foi a primeira vez que isto ocorreu em pelo menos 125.000 anos.[46]

O que mais preocupa os climatologistas são os circuitos de *feedback* difíceis de prever, mas que têm a capacidade de desencadear vastas mudanças na biosfera e catapultar a temperatura da Terra a níveis muito mais altos do que os modelos projetam atualmente. Por exemplo, considere o permafrost que cobriu a região subártica siberiana desde o início da última era glacial. Antes dessa época, esta região, que é aproximadamente do tamanho da França e da Alemanha juntas, era uma pradaria exuberante com vida selvagem. O permafrost manteve a matéria orgânica sob o solo como se fosse uma cápsula do tempo. Os cientistas dizem que há mais matéria orgânica sob o permafrost na Sibéria do que em todas as florestas tropicais do mundo.

O Painel Governamental das Nações Unidas sobre Mudanças Climáticas mencionou o problema do permafrost de passagem, em seu quarto relatório de avaliação, observando que se a camada de permafrost derreter, isto pode desencadear uma liberação potencialmente catastrófica de dióxido de carbono na atmosfera e causar uma elevação acentuada na temperatura da Terra, bem acima dos níveis que agora estão sendo projetados. Mas não havia dados disponíveis para verificar a situação.

Estudos de campo recentes relatados no periódico *Nature*, no entanto, sacudiram os pesquisadores. A elevação da temperatura na Terra já está começando a derreter o permafrost a um ritmo alarmante. Os cientistas no Institute of Artic Biology da Universidade do Alaska, em Fairbanks, advertem que podemos passar do limite em algum momento deste século, com uma perda significativa da cobertura de gelo, liberando vastas quantidades de dióxido de carbono e metano na atmosfera em apenas algumas décadas.[47] Se isso acontecer, não há nada que nossas espécies possam fazer para impedir a destruição total de nossos ecossistemas e a extinção catastrófica da vida no planeta.

A União Europeia participou das conversas sobre o clima em Copenhagen com uma proposta de que as nações do mundo limitem as emissões globais de dióxido de carbono para 450 partes por milhão em 2050, com a esperança de que se tivermos de fazer isso, a elevação da temperatura na Terra possa ser mantida a dois graus Celsius. Embora uma elevação de dois graus na temperatura tenha um impacto devastador nos ecossistemas do planeta, poderíamos conseguir sobreviver. Infelizmente, as outras nações do mundo não estavam dispostas a tomar essa medida mínima para evitar as devastações das mudanças climáticas.

Porém, a proposta de Bruxelas foi questionada por um participante inesperado. O próprio climatologista chefe do governo dos Estados Unidos, James Hansen, chefe do NASA Goddard Institute for Space Studies, sugeriu com base na pesquisa de sua equipe que a União Europeia se equivocou no cálculo da projeção do quanto a temperatura subiria se as emissões de carbono fossem limitadas a 450 partes por milhão. A equipe de Hansen apontou que os níveis pré-industriais de dióxido de carbono na atmosfera não excediam 300 partes por milhão nos últimos 650.000 anos, como determinado por amostras de gelo. Os atuais níveis industriais já estão bem acima disso, a 385 partes por milhão, e estão subindo rapidamente. Com base nas conclusões de sua equipe, as mudanças climáticas induzidas pelos humanos poderiam causar uma elevação assustadora de seis graus na temperatura da Terra pelo final do século ou logo depois, e levar ao desaparecimento literal da civilização humana. Hansen concluiu que se a humanidade deseja preservar um planeta similar àquele sobre o qual a civilização desenvolveu e ao qual a vida na Terra está adaptada, evidências paleoclimáticas e as mudanças climáticas que estão ocorrendo sugerem que o $CO_2$ precisará ser reduzido de seu 385 ppm atuais para no máximo 350ppm, mas provavelmente para menos que isso.[48]

Nenhum movimento no mundo está sugerindo uma mudança radical na estruturação da vida econômica que aproxime das 350 partes por milhão que Hansen diz ser necessário para salvar a civilização humana.

A conferência do clima em Copenhagen virou um tumulto. Os governos se acusavam mutuamente de fazer um jogo geopolítico com o futuro do planeta e de colocar interesses econômicos de curto prazo acima da sobrevivência da raça humana. Nas horas próximas ao encerramento, o presidente Obama entrou sem ser anunciado, exigindo sentar-se em uma reunião fechada com os chefes de estado chinês, indiano, brasileiro e sul africano – algo nunca ouvido em reuniões diplomáticas internacionais. No final, os líderes mundiais foram para casa sem fechar um acordo para limitar as emissões de carbono. O resultado foi um desempenho desastroso. Apesar do fato de as mudanças climáticas induzidas pelo homem serem a maior ameaça à sobrevivência humana desde que nossa espéciesurgiu na Terra, nossos líderes não conseguiram chegar a um acordo para salvar o mundo.

Estamos andando como sonâmbulos. Mesmo com evidências cada vez maiores de que a Era Industrial baseada em combustíveis fósseis está morrendo e que a Terra agora enfrenta mudanças climáticas potencialmente desestabilizadoras, de um modo geral a raça humana se recusa a reconhecer a realidade da situação. Em vez disso, continuamos a depositar nossas esperanças em encontrar um suprimento minguante de petróleo e de gás natural para mantermos a dependência, tentando repelir a proposição inimaginável do que precisaríamos fazer se chegássemos realmente ao fim do jogo.

Não há um caso em que a falta de visão ficou mais clara do que na reação do público ao derramamento de petróleo no Golfo do México, em abril de 2010. Uma plataforma de petróleo alugada pela BP rompeu em águas profundas, matando 11 trabalhadores e danificando um duto um quilômetro e meio abaixo da superfície, com um vazamento de quase cinco milhões de barris de petróleo em um dos ecossistemas mais preciosos do mundo.[49] O público, chocado, acompanhou o caso durante semanas, enquanto o óleo jorrava da profunda fenda no solo oceânico, espalhando uma mancha negra em todas as direções, matando animais selvagens, destruindo habitats delicados e ameaçando transformar o Golfo do México em um mar morto. O desastre ambiental se tornou um lembrete doloroso de que nosso desespero para manter o motor econômico funcionando, estamos dispostos a assumir iniciativas cada vez mais arriscadas a fim de encontrar combustíveis fósseis escassos, mesmo que isto signifique a destruição de nossos ecossistemas.

Poderíamos pensar que o maior derramamento de petróleo da história e a subsequente devastação canalizaria o debate nacional para nossa dependência do petróleo e o impacto que isso está tendo em nosso ambiente. Embora milhões de americanos tivessem interesse em discutir isso, um número ainda maior de americanos, de acordo com as pesquisas de opinião, ficaram indignados com a responsabilidade da BP pelo acidente e pela incapacidade do governo em garantir procedimentos adequados de segurança para evitar tais tragédias. De fato, mais americanos são favoráveis à continuidade da exploração de petróleo no mar, no Golfo do México e em outros locais, aceitando a ideia de que é a melhor maneira de assegurar a independência no uso de energia.[50]

A exortação da ex-candidata republicana à vice-presidência Sarah Palin, "perfure, baby, perfure", embora ridicularizada pelos ambientalistas, ecoa entre a maioria dos americanos. O próprio Obama, chamado de presidente "verde", exigiu a suspensão da antiga moratória contra a exploração de petróleo em águas profundas ao longo da Costa Atlântica ao Sudeste do país semanas antes da calamidade.

Palin e Obama deveriam estar mais inteirados. Essas expedições potencialmente perigosas de perfuração no mar, em terrenos distantes, rendem uma quantidade insignificante de petróleo, quando muito. Considere, por exemplo, a questão altamente discutida sobre a abertura de poços de exploração de petróleo pelo governo dos Estados Unidos em parte do Alaska National Wildlife Refuge, as Costas Leste e Oeste, o leste do Golfo do México e as Montanhas Rochosas. De acordo com um estudo comissionado em 2011 pelo American Petroleum Institute, que representa todas as principais empresas de gás e petróleo, a exploração em todos os lugares possíveis nos Estados Unidos onde ainda há reservas de petróleo adicionaria apenas dois milhões de barris por dia até 2030, ou menos de 10% do atual consumo no país – no final, um aumento marginal na produção, com um pequeno impacto em prevenir o fim da era do petróleo.[51]

Muitas pessoas simplesmente não concordam com o fato de que a era industrial impulsionada por combustíveis fósseis está chegando ao fim. Isto não significa que o petróleo secará amanhã. O petróleo continuará a fluir, mas a taxas decrescentes e a custos mais altos. E por ser agregado e precificado em um único mercado mundial, não existe fórmula mágica pela qual qualquer país possa se isolar e afirmar sua independência, em termos de energia. Quanto ao gás natural convencional, a curva de produção global acompanha a do petróleo.

E o carvão na China, as areias betuminosas no Canadá, o óleo pesado na Venezuela e o gás de xisto nos Estados Unidos? Embora ainda sejam relativamente abundantes, estas fontes de energia são onerosas para extrair e emitem muito mais dióxido de carbono que o óleo cru ou o gás natural convencional. Se tivéssemos que fazer uma mudança significativa para esses combustíveis mais poluentes, a fim de evitar o término da era com combustível fóssil, o aumento acentuado das temperaturas globais seria o árbitro final de nosso destino.

E a energia nuclear? A maior parte do mundo parou de construir usinas nucleares nos anos 1980, depois do acidente da usina em Three Mile Island em 1979, na Pensilvânia, e mais tarde em 1986, com o vazamento das instalações de Chernobyl, na Rússia. Infelizmente, a memória pública muitas vezes é curta. O setor nuclear reinventou-se nos anos recentes, aproveitando a carona do debate sobre as mudanças climáticas, alegando ser uma alternativa "limpa" aos combustíveis fósseis porque não emite $CO_2$ e, portanto, faz parte da solução para resolver o aquecimento global.

A energia nuclear nunca foi uma fonte de energia limpa. Os materiais radioativos e os resíduos sempre impuseram uma ameaça séria à saúde humana, às demais criaturas e ao ambiente. O vazamento parcial da usina de energia nuclear de Fukushima no Japão, em 2011, sacudiu o meio político no mundo todo e, como resultado, a maioria dos governos suspendeu todos os planos de construir novas usinas de energia nuclear, diminuindo as perspectivas no longo prazo de um ressurgimento dessa tecnologia do século XX.

Para citar um clichê, agora famoso, proferido por um ex-conselheiro de Clinton, James Carville, "É a economia, estúpido". Verdade. Mas continuamos a acreditar, erroneamente, que nossos problemas econômicos vêm de nossa excessiva dependência de importações de petróleo do Oriente Médio – na verdade, o Canadá é o maior fornecedor de petróleo para os Estados Unidos – e de restrições ambientais muito rigorosas sobre a economia que só prejudicam o crescimento econômico.[52] De fato, o problema é muito mais profundo.

## O MOVIMENTO DO PARTIDO DO CHÁ

Os americanos percebem algo errado no país, sua economia está decaindo e seu modo de vida está sendo afetado. Esse pressentimento veio a público com a manifestação, em 2009, do movimento do Partido do Chá, uma rebelião popular contra o governo federal, a política do clientilismo e impostos exorbitantes.

Quase meio milhão de adeptos do Partido do Chá votou on-line a favor do chamado Contrato da América, uma agenda de dez itens que consideravam ser prioritários para seu movimento. A segunda prioridade na lista, logo depois de medidas para proteger a Constituição dos Estados Unidos, é a rejeição da legislação de controle e comércio que visa limitar as emissões de dióxido de carbono. Também prioridade é autorizar "a exploração de reservas comprovadas de energia para reduzir nossa dependência de fontes de energia externas, de países instáveis".[53]

A primeira vez que ouvi falar do movimento do Partido do Chá e de sua agenda, me pareceu ser uma revanche ao que ocorreu nas ruas de Boston mais de 37 anos atrás, no Partido do Petróleo de Boston, o manifesto do Petróleo de Boston. Em vez de atirar barris vazios de petróleo na Baía de Boston para protestar contra as políticas das companhias de petróleo enquanto gritavam "Abaixo as grandes petroleiras", o novo mantra "Perfure, baby, perfure" está se tornando um grito mais forte a cada dia que passa.

Os ativistas do Partido do Chá e milhões de outros americanos estão, justificadamente, temerosos e indignados com o que está acontecendo na América. Não são os únicos. Famílias do mundo todo também estão assustadas. Explorar para encontrar mais petróleo, no entanto, não nos fará sair da crise porque o petróleo é a crise. A realidade é que a Segunda Revolução Industrial baseada no petróleo está envelhecendo e nunca mais retomará sua glória. E por toda parte as pessoas perguntam: "O que faremos?". Se quisermos colocar as pessoas para trabalhar, contornar as mudanças climáticas e salvar a civilização, precisaremos de uma nova visão econômica para o mundo e de um plano de jogo pragmático para implementá-la.

## CAPÍTULO DOIS

# UMA NOVA NARRATIVA

A economia envolve sempre um jogo de confiança. Costumávamos pensar que o comércio e as transações comerciais fossem respaldados pelo ouro ou pela prata, mas na realidade estes sempre foram lastreados por uma reserva mais importante – a confiança pública. Quando essa confiança é forte, a economia floresce e o futuro nos move. Quando a confiança pública é abalada, as economias fracassam e o futuro torna-se sombrio.

A América perdeu seu encanto? Parece que em toda parte tentamos estrangular uns aos outros, criticando e reclamando, culpando-nos mutuamente, remoendo antigas desfeitas e mágoas, lembrando dos velhos tempos, elogiando a grande geração, romantizando a geração da paz e amor da década de 1960 e depreciando cada geração posterior – a geração X egoísta, prepotente, e a geração do milênio, descompromissada, hiperativa, distraída. Uma nação que revive obsessivamente o passado reclama sem parar do presente e lamenta um futuro que ainda nem chegou precisa "aprender a viver", como os garotos diriam.

O presidente Barack Obama foi arrastado para a Casa Branca em parte porque, por um breve segundo, foi capaz de animar o povo americano, tirá-lo dos marasmo de desespero e despertar a consciência coletiva de uma nação para a ideia de que podemos fazer melhor. Ele deu aos americanos, principalmente aos jovens, uma noção de esperança, cristalizada em três palavras atraentes: "Sim, nós podemos".

Infelizmente, mal se instalou na Casa Branca e o presidente desperdiçou o ativo mais delicado e precioso de qualquer líder – a capacidade de unir pessoas em torno da visão comum de um futuro melhor. Para ser justo, tenho visto este fenômeno repetidamente ao lidar com chefes de Estado. Eles assumem seus postos animados com visões ambiciosas do futuro e sucumbem no árduo trabalho diário de apagar pequenos incêndios.

No primeiro dia de seu mandato, o presidente Obama envolveu-se em uma grande questão: ressuscitar a economia. A administração dele apegou-se à ideia da recuperação econômica somada a dois outros desafios críticos que o país enfrentava – assegurar energia suficiente e evitar as mudanças climáticas. O presidente começou a falar da perspectiva de uma economia verde e de como ela criaria milhares de novos negócios e milhões de novos empregos.

A mensagem ressoou entre muitos membros do Congresso. Mas um plano econômico geral nunca foi executado não só porque precisamos cortar os gastos públicos e reduzir os déficits do governo, mas porque a administração perdeu a "coisa da visão", para usar as palavras do ex-presidente George W. Bush.

Sempre que o Presidente Obama menciona a recuperação econômica verde, ele cita uma lista imensa de programas e iniciativas que sua administração está realizando ou propondo. E os dólares estão por trás dessas iniciativas. O governo federal já empregou $11,6 bilhões para ganhar eficiência em energia, $6,5 bilhões para a geração de energias renováveis (basicamente eólica e solar), $4,4 bilhões para a modernização das redes para desenvolver uma rede inteligente, e $2 bilhões para avançar na tecnologia de veículos elétricos ou movidos por células de combustíveis.[1] O presidente também aproveita toda oportunidade que tem para visitar um parque com turbinas para gerar energia eólica ou solar, uma fábrica que produza painéis solares ou uma indústria automotiva que esteja testando veículos elétricos, a fim de demonstrar seu compromisso sincero com um futuro econômico verde.

O que falta a Obama é uma narrativa. Ficamos com uma série de projetos-piloto e programas engavetados, mas que não têm ligação entre si para contar uma história convincente de uma nova visão econômica para o mundo. Ficamos presos a muitas iniciativas que não levarão a lugar nenhum – gastando bilhões de dólares do dinheiro do contribuinte sem ter nenhum resultado para mostrar.

O homem que inspirou uma nação a buscar a grandeza durante sua campanha eleitoral, de repente se transformou na figura caricata do sabichão da polícia de Washington, papagaiando sobre os mais recentes avanços tecnológicos sem qualquer noção de como eles poderiam se encaixar em uma história maior. Se o Presidente Obama entendesse claramente a dinâmica da próxima grande Revolução Industrial, poderia ser capaz de apresentar ao público americano um plano econômico abrangente para o futuro do país.

Quando Bruxelas começou a examinar seriamente uma nova visão econômica sustentável para a União Europeia, em 2002, enfrentou o mesmo problema de ser inundada por afirmações soltas, sem ter um fio condutor narrativo.

Esse fio condutor começa com um entendimento de que as grandes transformações econômicas na História ocorrem quando uma nova tecnologia de comunicação converge com novos sistemas de energia. As novas formas de comunicação se tornam o meio de organizar e gerenciar as civilizações mais complexas viabilizadas pelas novas fontes de energia. A infraestrutura que surge elimina o tempo e reduz o espaço, conectando pessoas e mercados e promovendo relações econômicas mais diversificadas. Quando esses sistemas são implantados, a atividade econômica avança, movendo-se ao longo de uma curva clássica, em forma de sino, que ascende, atinge um pico, se estabiliza e descende, acompanhando a força do efeito multiplicador estabelecido pela matriz de energia-comunicações.

Infraestrutura, no sentido mais profundo, não é um conjunto estático de blocos construtores que serve como fundação fixa para a atividade econômica, segundo o conhecimento popular da economia. Em vez disso, consiste em uma relação orgânica entre tecnologias de comunicação e fontes de energia que, juntas, criam uma economia viva. A tecnologia de comunicação é o sistema nervoso que supervisiona, coordena e gerencia o organismo econômico, e a energia é o sangue que circula pelo corpo político, fornecendo alimento para converter as riquezas naturais em bens e serviços que mantêm a economia viva e em crescimento. A infraestrutura é semelhante a um sistema vivo que reúne um número cada vez maior de pessoas em relações econômicas e sociais mais complexas.

A introdução da tecnologia de impressão com prensas movidas a carvão transformou a mídia na ferramenta básica de comunicação para gerenciar a Primeira Revolução Industrial. A prensa de cilindro a vapor e a posterior prensa rotativa e o linotipo aumentaram imensamente a velocidade da impressão e reduziram significativamente o custo. O material impresso, na forma de jornais, revistas e livros, proliferou na América e na Europa, estimulando a alfabetização em massa pela primeira vez na história. O advento do ensino público em ambos os continentes entre 1830 e 1890 criou uma força de trabalho alfabetizada, capaz de organizar as operações complexas de uma economia sustentada com uso de carvão, fábricas e ferrovias funcionando com máquinas movidas a vapor.

Na primeira década do século XX, a comunicação por via elétrica convergiu com o motor de combustão interna movido a gasolina, dando origem à Segunda Revolução Industrial. A eletrificação das fábricas inaugurou a era da produção de bens em massa, sendo o mais importante deles o automóvel. Henry Ford começou a fabricar seu Modelo T a gasolina, alterando a orientação espacial e temporal da sociedade. Praticamente da noite para o dia, milhões de pessoas começaram a vender seus cavalos e charretes para comprar automóveis. Para atender à maior demanda de combustível, a nascente indústria petroleira acelerou a exploração e a perfuração de poços, tornando os Estados Unidos o principal produtor de petróleo do mundo. Em duas décadas, rodovias pavimentadas se espalharam por vastos trechos da paisagem americana e famílias começaram a se mudar para novas comunidades suburbanas que alguns anos antes eram aldeias rurais isoladas. Milhares de quilômetros de linhas de telefonia foram instalados, e mais tarde o rádio e a televisão foram introduzidos mudando a vida social e criando uma rede de comunicação para gerenciar e comercializar atividades realizadas a grandes distâncias da era da economia baseada no automóvel e no petróleo.

Hoje estamos à beira de outra convergência da tecnologia da comunicação com formas de energia. A conjunção da tecnologia de comunicação da internet com as energias renováveis está originando a Terceira Revolução Industrial (TRI). No século XXI, centenas de milhões de seres humanos irão gerar sua própria energia verde em suas casas, escritórios e fábricas, compartilhando-a uns com os outros por meio de redes inteligentes de distribuição de eletricidade à medida que as pessoas criam sua própria informação e a compartilham pela internet.

A indústria fonográfica não percebeu a força da distribuição até que milhões de jovens começaram a compartilhar música on-line, e as receitas corporativas despencaram em menos de uma década. A Enciclopédia Britânica não valorizou o poder da colaboração e distribuição que tornou a Wikipedia a principal fonte de referência do mundo. Nem os jornais levaram a sério o poder da distribuição da blogosfera; agora, muitas editoras fecharão ou irão transferir muitas de suas atividades para a rede. As implicações das pessoas que compartilham a energia distribuída, de uso comunitário, são ainda mais amplas.

## OS CINCO PILARES DA TERCEIRA REVOLUÇÃO INDUSTRIAL

A Terceira Revolução Industrial terá um impacto tão significativo no século XXI quanto a Primeira Revolução Industrial teve no século XIX. E como nas duas primeiras revoluções industriais, ela provocará uma mudança fundamental de cada aspecto de nosso trabalho e vida. A organização convencional, de cima para baixo, da sociedade que caracterizou muito da vida econômica, social e política das revoluções industriais baseadas em combustíveis fósseis, está cedendo às relações colaborativas e distributivas da era industrial verde, emergente. Estamos no meio de uma mudança profunda na maneira como a sociedade é estruturada, distantes do poder hierárquico e rumo ao poder lateral.

Como todas as demais infraestruturas de energia e comunicação na História, os vários pilares de uma Terceira Revolução Industrial devem ser estabelecidos simultaneamente, ou a fundação não se sustentará. Isto porque cada pilar só pode funcionar em relação aos outros. Os cinco pilares da Terceira Revolução Industrial são: (1) a mudança para energia renovável; (2) transformação do patrimônio imobiliário de cada continente em microgeradores de energia para coletar energias renováveis no local; (3) o emprego de hidrogênio e outras tecnologias de armazenamento em todas as edificações e toda infraestrutura para armazenar energias intermitentes; (4) o uso da tecnologia da internet para transformar a rede elétrica de todo continente em uma rede de compartilhamento de energia que age como a internet (quando milhões de edificações estão gerando uma pequena quantidade de energia no local, elas podem vender o excedente para a rede e compartilhar eletricidade com seus vizinhos continentais); e (5) efetuar a transição da frota de transporte para veículos movidos a células de combustíveis ou elétricos que podem comprar e vender eletricidade em uma rede de eletricidade interativa, continental, inteligente.

A necessidade crítica de integrar e harmonizar esses cinco pilares em todos os níveis e etapas de desenvolvimento tornou-se clara para a União Europeia no outono de 2010. Um documento que vazou da Comissão Europeia advertia que a UE precisaria gastar 1 trilhão entre 2010 e 2020 para atualizar sua rede elétrica, a fim de comportar uma entrada de energia renovável. O documento interno observava que "ainda falta à Europa a infraestrutura para permitir que renováveis se desenvolvam e concorram em iguais condições com as fontes tradicionais".[2]

Espera-se que a União Europeia obtenha um terço de sua eletricidade de fontes verdes por volta de 2020. Isto significa que a rede de energia deve se tornar digital e inteligente para lidar com as energias renováveis intermitentes, que são alimentadas para a rede das dezenas de milhares de produtores locais de energia.

Evidentemente, também será essencial empregar outras tecnologias de armazenamento e hidrogênio em toda a infraestrutura da União Europeia, bem como desenvolvê-las com rapidez, quando a quantidade de energia renovável intermitente exceder 15% da geração de eletricidade, ou muito dessa eletricidade será perdida. Da mesma forma, é importante dar incentivos aos setores de construção e imobiliário para estimular a instalação de microgeradores de energia em milhões de imóveis na União Europeia, capazes de captar energias renováveis e enviar o excedente para a rede inteligente. E, se essas outras considerações não forem atendidas, a União Europeia não será capaz de fornecer eletricidade verde suficiente para o funcionamento de milhões de veículos movidos a células de hidrogênio e eletricidade que estão sendo levados para o mercado. Se qualquer um dos cinco pilares tiver seu desenvolvimento atrasado em relação aos demais, os outros serão afetados e a própria infraestrutura será comprometida.

A União Europeia estabeleceu dois objetivos no início deste século – transformar-se em uma sociedade sustentável, com baixa emissão de carbono, e tornar a Europa a economia mais vibrante do mundo. Tornar-se uma economia que emita pouco carbono significa mudar da Segunda Revolução Industrial, que funciona com energias de combustível fóssil, para Terceira Revolução Industrial, movida por energias renováveis. Embora seja uma tarefa considerável, devemos nos lembrar que a transformação das economias europeia e americana de combustíveis baseados em madeira para tecnologias que usam vapor produzido com o carvão levou mais de meio século, assim como ocorreu com a mudança da tecnologia nas ferrovias, com a mudança das máquinas a vapor, com o uso de carvão para uma economia do automóvel, da eletricidade e do óleo. Essas tendências históricas devem nos dar certa confiança de que a transição para uma era de energia renovável será possível em um período de tempo comparável.

Encontrar a nova narrativa da Terceira Revolução Industrial não foi fácil. Como todo autor sabe, ter um roteiro é só o começo. Então é necessário desenvolver a narrativa. Uma boa narrativa é um processo orgânico que se constrói a partir de si mesmo e começa a adquirir vida própria, com frequência levando um autor em direções que ele não tinha previsto. Neste caso, o fio condutor – a convergência da tecnologia de comunicação da internet e das energias renováveis – nos levou a cada um dos cinco pilares que juntos compõem a narrativa interativa de uma Terceira Revolução Industrial. A busca pela história nos levou a uma jornada notável, com várias guinadas surpreendentes e mudanças de percurso.

## RUMO À ENERGIA VERDE

Em 2000 e 2001, houve uma séria discussão na Europa sobre o estabelecimento da meta de gerar 20% de energia renovável até 2020. Isto significa que 30% da eletricidade viria de fontes de energia verde pelo final da segunda década do século XXI. O pilar 1 – a mudança para 20% de energias renováveis – tornou-se um parâmetro a ser seguido.

A transição para um novo sistema de energia renovável está chegando mais rápido do que qualquer um tenha previsto alguns anos atrás. Os preços dos combustíveis fósseis convencionais e do urânio continuam a subir nos mercados mundiais, à medida que se tornam mais escassos. Os custos se agravam com as crescentes externalidades trazidas pelas emissões de $CO_2$, que estão tendo um efeito extremamente negativo no clima do planeta e na estabilidade dos ecossistemas da Terra.

Enquanto isso, o preço das novas energias verdes está caindo rapidamente devido a novos avanços tecnológicos, à adoção precoce e a economias de escala. Espera-se que o custo da eletricidade fotovoltaica caia a uma taxa de 8% ao ano, chegando à metade do custo da geração a cada oito anos.[3] Com a esperada alta moderada de 5% das taxas de energia elétrica, estima-se que a eletricidade fotovoltaica atingirá paridade de rede em todos os mercados europeus por volta de 2012 (paridade da rede significa que o custo de gerar eletricidade de fontes alternativas será o mesmo ou menor que o custo de gerar energia convencional a partir de combustíveis fósseis ou de fontes nucleares).[4]

O crescente diferencial entre a alta dos custos das energias de combustível fóssil e a queda no custo de energias renováveis está preparando o cenário para uma reviravolta na economia global, e para o aparecimento de um novo paradigma econômico para o século XXI. O crescimento comercial em tecnologia solar e eólica nos faz lembrar do acentuado crescimento no uso da internet e de computadores pessoais. Os primeiros computadores pessoais foram introduzidos no mercado de massa no final da década de 1970. Por volta de 2008, havia mais de um bilhão.[5] Da mesma forma, o número de usuários de internet mais do que dobrou na primeira década do século XXI, alcançando dois bilhões em 2010.[6] Atualmente, as instalações de energia eólica e solar estão dobrando a cada dois anos e deverão seguir a mesma trajetória que os computadores pessoais e o uso da internet nas duas próximas décadas.[7]

Entretanto, os antigos setores de energia continuam a ser uma força poderosa, basicamente por disporem de largos recursos que os ajudam a influenciar a definição das políticas públicas de energia. Subsidiárias do governo e outras formas de favoritismo escoram artificialmente o setor de energia, já obsoleto, dando a ele uma vantagem injusta sobre os novos setores de energia verde. Embora os setores de petróleo, carvão, gás e energia nuclear admitam, a contragosto, que as energias verdes estão em ascensão, eles alegam que são inconfiáveis e insuficientes demais para dirigir uma economia global, e quando muito servirão para complementar os combustíveis fósseis e a energia nuclear. O argumento deles, no entanto, não se sustenta sob uma análise aprofundada.

Os cientistas destacam que uma hora de raios solares fornece energia suficiente para dirigir uma economia global para um ano inteiro.[8] Só na União Europeia, 40% dos telhados e 15% de todas as fachadas de edifícios são adequados para a instalação de painéis fotovoltaicos. A European Photovoltaic Industry

Association (EPIA) estima que a instalação de células FVs em todas as superfícies de edifícios viáveis poderia gerar 1.500 gigawatts de energia, atendendo a 40% da demanda total de eletricidade na União Europeia.[9]

Em um estudo de 2007 publicado em *Scientific American*, os pesquisadores calcularam que se apenas 2,5% da irradiação solar encontrada na região Sudoeste dos Estados Unidos fossem convertidos em eletricidade, isto corresponderia ao consumo total de eletricidade da nação em 2006. O estudo concluiu que a mesma região poderia fornecer 69% da eletricidade dos Estados Unidos e 35% da energia total do país por volta de 2050.[10]

A Europa está muito à frente do resto do mundo em energia solar, respondendo por 78% de toda a energia fotovoltaica instalada em 2009, com o Japão, os Estados Unidos e a China significativamente atrás.[11]

Em 2009, mais usinas de energia eólica foram instaladas na União Europeia do que qualquer outra fonte de energia – compondo 38% do emprego total de nova energia. O setor, que atualmente emprega quase 200.000 trabalhadores em toda a União Europeia e gera 4,8% da eletricidade, deverá prover quase 17% da eletricidade para o mercado europeu por volta de 2020 e 35% de toda a eletricidade na Europa por volta de 2030, quando terá uma força de trabalho de quase meio milhão de pessoas.[12]

Os Estados Unidos têm vento suficiente para fornecer energia para toda a nação várias vezes mais.[13] Em outubro de 2010, o Google e a empresa financeira Good Energies anunciaram planos para instalar uma linha de transmissão de eletricidade embaixo d' água de $5 bilhões para parques eólicos marítimos ao longo de 350 milhas da costa que vai de Norfolk, Virginia, ao norte de New Jersey.[14] A nova central de transmissão permitirá aos Estados do Leste acelerar a geração de vento no mar e aumentar imensamente a quantidade de eletricidade verde em sua composição de energia.

Um estudo da Universidade de Stanford sobre a capacidade global de vento estima que o aproveitamento de 20% do vento disponível no planeta forneceria sete vezes mais eletricidade do que o mundo usa atualmente.[15] Em áreas urbanas e suburbanas, turbinas de vento independentes, próximas a edifícios, provavelmente se tornarão uma parte do mercado de energia eólica em rápido crescimento no final da década, à medida que milhões de casas, escritórios e indústrias acrescentarem a capacidade de geração. Empresas como a Southwest Windpower, nos Estados Unidos, fornecem pequenas turbinas de vento que podem gerar 25-30% da eletricidade necessária para uma casa média. A turbina de vento custa entre $15.000 e $18.000 e tem um retorno positivo em apenas 14 anos.

A energia do hidrogênio compõe a maior parte de eletricidade verde gerada no mundo atualmente. Na União Europeia, a energia do hidrogênio gera 180.000 megawatts de eletricidade, grande parte sendo concentrada em operações estabelecidas, de larga escala. O potencial intocado, dizem os especialistas do setor, está nas pequenas instalações de distribuição de energia gerada por hidrogênio. Os locais economicamente viáveis espalhados pela Europa podem gerar 147 terawatt horas (TWH) por ano. No Reino Unido, de acordo com a Environment Agency, do governo federal, pequenas usinas de hidrogênio poderiam fornecer energia para 850.000 lares no futuro.

Nos Estados Unidos, a energia por hidrogênio compõe 75% da atual geração de eletricidade renovável. O Electric Power Research Institute (EPRI) estima um aumento de 23.000 megawatts de energia de hidrogênio por volta de 2025, de uma combinação de grandes barragens, microusinas de hidrogênio e energia das ondas do mar.[16]

A energia geotérmica abaixo da superfície terrestre representa um vasto reservatório praticamente inexplorado de energia verde. As temperaturas nas regiões no interior da Terra chegam a 4.000 graus Celsius ou mais, e essa energia flui continuamente para a superfície. Os lugares com maior potencial da Europa para energia geotérmica são a Itália e a França. Outros países ricos em energia geotérmica incluem Alemanha, Áustria, Hungria, Polônia e Eslováquia.

Nos Estados Unidos, a energia geotérmica dentro de duas milhas da superfície terrestre é de aproximadamente três milhões quads[NT], ou seja, energia suficiente para prover as necessidades da América durante 30.000 anos.[17]

A energia geotérmica instalada no mundo aumentou em 20% entre 2005 e 2010. No entanto, entre os 39 países que têm potencial para atender a 100% de suas necessidades de eletricidade com energia geotérmica, apenas nove desenvolveram energia instalada significativa.[18]

Embora os Estados Unidos liderem na quantidade de energia geotérmica instalada, com usinas produzindo 3.086 megawatts, o potencial inexplorado ainda é imenso. Um estudo do MIT estima que um investimento modesto de $300 a $400 milhões em 15 anos tornaria a geração de energia geotérmica competitiva no mercado de eletricidade dos Estados Unidos. Com um investimento privado e/ou público de $800 milhões a $1 bilhão no mesmo período de 15 anos, o painel do MIT estima que a energia geotérmica poderia produzir mais de 100.000 megawatts de energia comercializável por volta de 2050.[19]

A biomassa é a última forma alternativa da crescente mistura de energia verde e inclui lavouras de combustíveis, resíduos florestais e lixo urbano. A

N.T.: 1 quad equivale a 1 trilhão de BRUS, British Thermal Unit (unidade térmica inglesa).

biomassa é a mais polêmica das opções de energia verde. A World Bioenergy Association alega que "o potencial de bioenergia do mundo é suficientemente grande para atender à demanda de energia global em 2050".[20] Bryan Hannegan, do Electric Power Research Institute (EPRI), concorda que a bioenergia poderia desempenhar um papel significativo na produção de energia verde, mas sugere, com base em análise econômica atual, que provavelmente fornecerá apenas 20% da demanda de energia global por volta de 2050.[21] De qualquer forma, esta é uma quantia considerável. O Natural Resources Defense Council (NRDC) relata que 39 milhões de toneladas de resíduos de plantações deixam de ser usados nos Estados Unidos por ano – resíduos suficientes para produzir eletricidade que abasteceria todas as casas de New England.[22]

Várias restrições devem ser consideradas na produção da bioenergia. Por exemplo, cultivar milho para produzir bioetanol na realidade é contraproducente. A quantidade de energia exigida para cultivar uma lavoura, processar e transportar o etanol torna o valor da energia final quase nulo.[23]

As principais considerações na produção de energia de lavouras agrícolas e de resíduo florestal são a quantidade de terra e água usadas que poderiam ser empregadas de modo mais produtivo para a produção de alimento e fibras, e o aumento nos gases de aquecimento global decorrente do cultivo de biomassa e do processamento e transporte de energia.

A conversão de resíduos municipais em energia para a produção de eletricidade e aquecimento provavelmente seja a aplicação mais promissora de biomassa. Em 2010, a população mundial produziu aproximadamente 1,7 bilhão de toneladas de resíduos sólidos urbanos (MWS). Mais de um bilhão de toneladas acabaram em aterros, enquanto apenas 0,2 bilhão de toneladas foi convertido em energia — indicando o significativo potencial inexplorado desse recurso de energia verde. Quase 98% da energia é gerado da queima de massa e da combustão de combustível derivado de refugo (RDF), que tem impactos deletérios no ambiente, inclusive a emissão de gases tóxicos. Os 2% restantes de energia são produzidos utilizando-se tecnologias de tratamento biológico e térmico benignos.

Um estudo conduzido pela Pike Research estima que o mercado global para tecnologias de resíduos térmicos e biológicos, que atingiu $3,7 bilhões em 2010, crescerá para $13,6 bilhões em 2016, à medida que as autoridades municipais e as operações comerciais mudarem para as novas tecnologias de conversão, mais limpas.[24]

A capacidade de trazer todas essas energias verdes on-line dependerá da possibilidade de usá-las em escala comercial. Para acelerar o processo, os governos estão oferecendo vários incentivos à mudança para as energias verdes.

Atualmente, mais de 50 países, estados e províncias têm "tarifas *feed-in*", também chamadas subsidiadas, que oferecem aos produtores de energia renovável um preço acima do valor de mercado para eletricidade verde que eles venderem de volta para a rede.[25] As tarifas *feed-in* abriram as comportas comerciais para energia solar e eólica, dando aos primeiros adeptos incentivos lucrativos para entrarem no mercado.

Elas também têm gerado centenas de milhares de empregos nos últimos anos. Por exemplo, na Alemanha, em 2003, o emprego de energia convencional (carvão, óleo, gás e urânio) respondia por 260.000 empregos. Por volta de 2007, a energia renovável respondia por 249.300 empregos. O mais notável, no entanto, é que a energia renovável usada como consumo básico de energia permanece abaixo de 10%. Em outras palavras, menos de 10% da energia produzida por fontes renováveis criaram quase tantos empregos quanto todas as outras fontes de energia combinadas.[26]

A Espanha é outro exemplo de mudança explosiva para um regime de energia renovável. A economia espanhola, que sustenta mais de 188.000 empregos e 1.027 empresas de energia renovável, gerou uma quantidade de empregos cinco vezes maior do que o setor de energia convencional.[27]

Mesmo sem as tarifas *feed-in*, os empregos no setor de energia renovável nos Estados Unidos estão crescendo, enquanto o emprego no setor de energia convencional está declinando. Só no setor de energia eólica, mais de 80.000 empregos foram criados na última década – o mesmo número de empregos existentes em todo o setor de mineração de carvão nos Estados Unidos. E a eólica ainda responde por apenas 1,9 % da mistura de energia nos Estados Unidos, enquanto o carvão responde por mais de 44,5% da produção de energia no país.[28]

## 190 MILHÕES DE USINAS

O futuro da Europa está nas mãos da energia verde. A questão é como coletar a energia solar, eólica, hídrica, o calor geotérmico e a biomassa. A primeira ideia foi ir a lugares onde o sol brilha sempre, como o Sul da Europa e o Mediterrâneo, e criar parques solares gigantes para coletar a energia. Da mesma forma, captar o vento onde ele é mais abundante, como na costa irlandesa e em outros corredores de vento, obter a energia hídrica da Noruega e da Suécia, e assim por diante.

Para empresas de fornecimento de energia elétrica, para não mencionar bancos e governos, que costumavam explorar combustíveis fósseis concentrados em locais limitados, fazer o mesmo com as energias renováveis parecia fazer sentido. E grandes parques solares e parques eólicos centralizados começaram a despontar pela Europa, onde essas energias são abundantes.

Em torno de 2006, no entanto, alguns empreendedores no ramo energético, analistas de políticas econômicas, organizações não governamentais e políticos fizeram uma observação simples que levou a uma mudança profunda e inevitável na discussão sobre o modelo econômico sustentável. O sol brilha em toda parte da Terra diariamente, mesmo que a intensidade varie. O vento sopra no mundo todo, mesmo que a frequência seja intermitente. Para onde quer que formos, existe um centro geotérmico quente sob o solo. Todos nós geramos resíduos. Em áreas agrícolas, há lavouras e resíduos florestais. Nas costas, onde vive uma grande parte de nossa população, as ondas e marés vêm todos os dias. As pessoas que moram em vales contam com o fluxo contínuo da água que vem das geleiras da montanha para ter energia hidrelétrica. Em outras palavras, ao contrário de combustíveis fósseis e do urânio, que são as energias de elite e apenas encontradas em certas regiões do mundo, as energias renováveis estão por toda parte. Essa percepção mudou fundamentalmente o pensamento de meus colegas. Se as energias renováveis são distribuídas e encontradas em várias proporções e frequências em todo o mundo, por que desejaríamos coletá-las apenas em alguns pontos centrais?

Percebemos que estávamos pensando em energia de uma maneira desatualizada, como pensávamos no século XX, com base em nossas experiências anteriores com combustíveis fósseis. Embora nenhum de nós se oponha a parques eólicos e solares gigantescos – penso que eles são essenciais naa transição para uma economia pós-carbono, da Terceira Revolução Industrial –, começamos a acreditar que estas, sozinhas, não seriam suficientes.

Se a energia renovável é encontrada em toda parte, como fazemos para coletá-la? No início de 2007, os comitês do Parlamento Europeu de Energia e Mudanças Climáticas estavam preparando relatórios sobre os próximos passos na segurança da energia e do aquecimento global. Recebi uma ligação de Claude Turmes, a principal autoridade do Parlamento Europeu sobre energia renovável. Ele insistiu para que eu envolvesse o setor de construção em nossos esforços. Claude sabia que eu tinha contato com algumas das principais empresas construtoras que trabalhavam em *design* sustentável e que eu estava começando a dar palestras sobre a necessidade de converter imóveis em miniusinas elétricas. Ele me lembrou que o setor de construção é o "elefante na sala", quando se trata da economia diária e um dos maiores empregadores na União Europeia, representando 10% do PIB.[29] Claude sugeriu que o setor de construção poderia ser um aliado-chave e um contrapeso às grandes empresas de energia, que não estavam seguindo a legislação verde ou as políticas de desenvolvimento sustentável na Comissão e nos Estados-membros.

Se "é a economia, estúpido", então é a construção que gera a atividade comercial e cria novos empregos. Estima-se haver 190 milhões de edifícios nos 27 Estados-membros da União Europeia.[30] Cada um desses edifícios é uma miniusina elétrica potencial que poderia sugar as energias renováveis no local – o sol no telhado, o vento que vem das paredes externas, o fluxo de esgoto que sai da casa, o calor geotérmico sob os edifícios e assim por diante.

Se a Primeira Revolução Industrial deu origem a densos centros urbanos, cortiços, conjuntos habitacionais, arranha-céus e fábricas com vários andares, e a Segunda Revolução Industrial a tratos suburbanos e parques industriais planos, a Terceira Revolução Industrial transforma cada edifício existente em uma habitação com dupla finalidade – ser moradia e uma microusina elétrica. Descobrimos o segundo pilar.

As construtoras e imobiliárias agora estão se unindo a empresas de energia renovável para converter os edifícios em miniusinas elétricas para coletar energias verdes no local e suprir a energia necessária aos edifícios. A fábrica Casa Grande Arizona da Frito-Lay está entre esta nova geração de microusinas geradoras de energia. O conceito é chamado "net-zero". A fábrica irá gerar toda a sua energia colocando concentradores solares no local para cozinhar batatas na fábrica.[31] Em Aragão, Espanha, as plantas de produção da GM instalaram uma usina solar de 10 megawatts no teto, que produz eletricidade suficiente para fornecer energia a 4.600 casas. O investimento inicial de $78 milhões será pago em menos de dez anos, e após esse período a geração de eletricidade será praticamente grátis.[32] Na França, a Bouygues, uma gigante da construção civil, está dando um passo à frente, instalando no subúrbio de Paris um complexo de escritórios comerciais moderníssimo de "energia positiva", que coleta energia solar suficiente para prover todas as suas necessidades e até mesmo gerar energia excedente.[33] Até os proprietários de residências agora podem transformar suas casas em miniusinas de energia. Por um custo inicial em torno de $60.000, pode-se instalar painéis solares no telhado de uma casa e gerar eletricidade suficiente para grande parte ou para a casa toda. Qualquer excedente pode ser vendido para a rede, e depois de quatro a dez anos o proprietário terá o retorno sobre seu investimento.

Daqui a 25 anos, milhões de edifícios – casas, escritórios, centros de compra, parques industriais e tecnológicos – terão se convertido ou construído para funcionar tanto como usinas elétricas quanto moradias. A conversão por atacado das edificações residenciais e comerciais de uma nação em miniusinas de energia nas três próximas décadas fará disparar o aparecimento de edifícios – criando milhares de novos negócios e milhões de novos empregos – com um efeito econômico multiplicador que terá um impacto nos demais setores.

Como isto se traduz em nível local? Só no Reino Unido, o governo Cameron estima que simplesmente isolando as 26 milhões de casas do país para ganharem mais eficiência em energia e prepará-las para utilizarem a subsequente produção de energia verde pode efetivamente criar até 250.000 empregos.[34]

Converter edifícios em microusinas elétricas irá gerar oportunidades de negócio ainda mais diversas e dezenas de milhões de empregos. Darei um único exemplo das possibilidades comerciais, nos setores de construção civil e imobiliário. Em 2008, minha equipe de política econômica global iniciou uma conversa com Raffaele Lombardo, o presidente da região da Sicília, sobre como transformar a ilha para torná-la uma economia da TIR. Os cinco milhões de habitantes da Sicília são relativamente pobres pelos padrões da Europa Ocidental, mas a região goza de abundância de irradiação solar. Um estudo comissionado pela região verificou que se apenas 6% das superfícies dos telhados fossem equipadas com painéis solares nas próximas duas décadas, a ilha poderia promover mil megawatts de eletricidade – o suficiente para prover as necessidades de eletricidade para um terço da população siciliana. O mesmo estudo identificou mais de 36.000 empresas construtoras locais de pequeno e médio porte, empresas de arquitetura e de engenharia que poderiam executar o processo de instalação. A conversão parcial para uma economia TIR criaria um mercado de 4 a 5 bilhões e geraria mais 35 bilhões em receita para as empresas de pequeno e médio porte, e para as famílias sicilianas em um período de 20 anos.[35]

A tarifa subsidiada na Itália fornece o importante estímulo comercial para iniciar o processo. A tarifa é paga pelos cidadãos na forma de um aumento de 5% nas contas de energia elétrica. Até a presente data, a grande maioria das solicitações para instalar eletricidade solar foi de grandes usinas de energia fotovoltaica, com um número bem menor de solicitações para projetos de geração de energia distribuída. Esse índice poderia ser revertido, contudo, se o governo concedesse empréstimos a empresas de pequeno e médio porte e a proprietários de imóveis para ajudar a pagar pelas instalações solares.

As hipotecas verdes também poderiam facilitar as conversões dos imóveis. Os bancos e outras financiadoras poderiam cobrar taxas de juros mais baixas de empresas e casas que instalassem painéis solares. Supondo uma média de oito a nove anos para o retorno sobre as economias de energia resultantes da instalação, as empresas e os donos de imóveis que tivessem uma hipoteca de 20 anos estariam gerando toda a sua eletricidade fora da rede nos últimos 11 a 12 anos de seu empréstimo. As economias mensais nas contas de energia elétrica poderiam ser alavancadas contra o pagamento mensal da hipoteca e ser a base para uma taxa de juros reduzida. A reconfiguração do edifício como microgerador de energia, por sua vez, aumenta o valor do imóvel. Alguns bancos já começaram a oferecer hipotecas verdes especiais. Nos próximos anos, as hipotecas verdes provavelmente vão reestruturar o negócio de concessão de hipotecas e ajudarão no crescimento do setor de construção em países no mundo todo.

Agora vamos subir a 30 mil pés para observar, em um nível macro, os impactos causados pelo aumento da eficiência de energia dos imóveis e pela instalação de energias renováveis. Os pesquisadores do Energy and Resources Group e da Haas School of Business na Universidade da Califórnia, em Berkeley, desenvolveram um modelo analítico de criação de empregos para o setor de energia entre 2009 e 2030 com base em dados sintetizados de 15 estudos separados sobre a crescente eficiência de energia, instalação e fornecimento de energia renovável em edifícios nos Estados Unidos. O modelo leva em conta diversas variáveis, incluindo a perda de empregos em outras partes do setor de energia com a mudança para a eficiência de energia e renováveis, a criação de empregos indiretos devido ao aumento dos gastos dos trabalhadores e os efeitos multiplicadores da atividade econômica inicial em outros empreendimentos comerciais. O estudo prevê que "cortar a taxa anual de aumento em geração de eletricidade pela metade e ter como meta um RPS (Renewable Portfolio Standard) de 30% gera cerca de quatro milhões de empregos-ano acumulados até 2030".[36] Se os padrões de RPS fossem elevados para 40% – várias regiões do mundo já alcançaram RPS de 60% e muitas mais estão estabelecendo metas ainda mais altas que os RPS padrões por volta de 2030 –, o número líquido de novos empregos nos Estados Unidos ultrapassaria 5,5 milhões.

Como discutimos em uma seção posterior, esses números de emprego levam em conta os pilares 1 e 2 – a energia renovável e a conversão de edifícios para microusinas elétricas – apenas como iniciativas isoladas, desconectadas para o armazenamento de energia e a transformação da frota de transportes para veículos celulares movidos a hidrogênio e a eletricidade. Fazendo uma analogia, o modelo de previsão de empregos acima é semelhante à projeção de emprego daqui a 20 anos, a partir da revolução da tecnologia de informação (TI), mas antes da criação da internet. Quando todos os cinco pilares da TIR estiverem interligados, eles criarão um novo sistema nervoso para a economia, estimulando um salto na eficiência de energia e nas novas oportunidades inimagináveis de negócios e empregos.

Depois de as grandes empresas de energia dominarem a economia durante um século, para não mencionar a influência delas sobre as políticas de governo e a geopolítica das relações internacionais, um novo plano que iria democratizar a produção e a distribuição de energia criando milhões de mini-empreendedores de energia estava sendo proposto. Como comentou um observador, isto é "energizar as pessoas".

## O SOL NÃO ESTÁ SEMPRE BRILHANDO, O VENTO NÃO ESTÁ SEMPRE SOPRANDO

Embora as energias renováveis sejam abundantes e limpas, e nos permitam considerar seriamente a ideia de viver em um mundo sustentável, elas têm seus próprios problemas. O sol nem sempre brilha e o vento nem sempre sopra, ou quando está, pode não ser necessário. As energias renováveis são, na maior parte, intermitentes; enquanto as energias presentes, embora finitas e poluentes, não são um estoque fixo.

Em maio de 2002, tive uma rápida conversa com Romano Prodi, então presidente da Comissão Europeia, na embaixada da UE em Washington, DC. Confessei que eu estava profundamente preocupado em atingir 20% de energia renovável por volta de 2020, o que significaria que quase um terço da eletricidade da Europa dependeria do vento, do sol e de outras fontes intermitentes de energia. Eu disse: "Romano, vou lhe descrever o que imagino. Estamos em 2020, e a UE atingiu sua meta de 20% de energia renovável. É um verão muito quente. No meio de julho, as nuvens bloqueiam os raios de sol por várias semanas em grande parte da Europa. Também por azar, não venta na maior parte do continente. E como se isso não bastasse, os níveis de água nas hidrelétricas estão baixos devido à seca induzida pelas mudanças climáticas e a Europa fica sem energia elétrica. O que fazemos?".

Romano, catedrático em economia e muito respeitado por sua experiência, duas vezes primeiro ministro da Itália e um dos políticos mais reverenciados da Europa, é um homem muito modesto e quieto. Ele apoiou o queixo na mão, como se estivesse refletindo sobre o sentido do que eu acabo de lhe dizer, e então pôs a bola de novo em jogo. "Qualquer ideia?", ele perguntou. "Sim", eu disse. "Precisamos investir rapidamente em pesquisa para trazer on-line as tecnologias que podem armazenar energias renováveis. Se não fizermos isso, não seremos capazes de empregar energia renovável em uma escala que nos leve a uma era pós-carbono. Sem armazenagem estamos arrasados" (oito anos depois, Bill Gates ecoaria o sentimento de que uma tecnologia de armazenamento confiável a custos razoáveis é a chave para um futuro sustentável).

As empresas fornecedoras de energia e usinas elétricas já estavam refletindo sobre isso para quando algo entre 15 e 20% (ou mais) da eletricidade na rede vier de energias renováveis; a rede ficaria à mercê do tempo, e enfrentaríamos a perspectiva de quedas parciais de energia e apagões em todo o continente. Existem várias tecnologias de armazenamento promissoras, entre elas baterias, baterias eletromecânicas, capacitores e água bombeada. Estive pesquisando sobre as várias possibilidades e recentemente cheguei à conclusão de que embora devêssemos avançar em todas essas opções de armazenamento, o hidrogênio provavelmente ofereceria a melhor esperança no longo prazo como meio de armazenagem, devido à sua flexibilidade.

O hidrogênio há muito tem sido buscado pelos cientistas e engenheiros como o Santo Graal para a era do pós-carbono. É o elemento mais leve e mais abundante do universo – a matéria das estrelas – e não contém um único átomo de carbono. O hidrogênio é encontrado em toda parte da Terra, mas raramente existe flutuando livremente na natureza. Em vez disso, está em outras fontes de energia. Ele pode, por exemplo, ser extraído do carvão, do petróleo e do gás natural. De fato, a maior parte do hidrogênio usado em várias atividades industriais e comerciais é derivada do gás natural. O hidrogênio também pode ser extraído da água. Qualquer estudante se lembra do experimento de eletrólise nas aulas de química do ensino médio. Dois eletrodos, um positivo e outro negativo, são submergidos em água pura que se torna mais condutiva com a adição de um eletrólito. Quando a eletricidade – a corrente direta – é aplicada, o hidrogênio borbulha no eletrodo com carga negativa (o cátodo) e o oxigênio no eletrodo com carga positiva (o anódio). O principal desafio é determinar se é economicamente viável usar formas renováveis de energia que sejam livres de carbono, como a fotovoltaica, eólica, hídrica e geotérmica, para gerar eletricidade que então é usada no processo de eletrólise para dividir água em hidrogênio e oxigênio.

Lembrei Romano que durante quase 50 anos nossos astronautas deram a volta na Terra em espaçonaves movidas a células de combustível de hidrogênio, e disse que era hora de trazer a energia para a Terra, a fim de prover uma forma de armazenar energias renováveis.

Isto funciona assim. Quando o sol está brilhando nos painéis fotovoltaicos do telhado, a eletricidade é gerada, sendo a maior parte usada imediatamente para transmitir energia para a construção. Se, no entanto, houver um excedente de eletricidade que não é necessário imediatamente, este poderá ser usado no processo de eletrólise para sequestrar hidrogênio em um sistema de armazenagem. Quando o sol não está brilhando, o hidrogênio pode ser transformado de volta em eletricidade por uma célula de combustível para fornecer energia.

Romano ficou intrigado. Ele já sabia muita coisa sobre o hidrogênio. Seu irmão mais velho, Vittorio, um físico nuclear de renome mundial, foi membro do Parlamento Europeu e era especialista no assunto. Vittorio e eu nos tornamos bons amigos e ele assumiu a importante tarefa de instruir os legisladores e a comunidade empresarial sobre o funcionamento e os benefícios do hidrogênio como um meio de armazenamento de energia renovável.

Semanas após o nosso encontro, enviei a Romano um memorando estratégico sobre as possibilidades de usar hidrogênio para estocar energias renováveis. O presidente Produ não perdeu tempo. Em junho de 2003, em uma conferência em Bruxelas, ele anunciou uma iniciativa de pesquisa sobre o hidrogênio no valor de €2 bilhões pela Comissão, para preparar a Europa para uma economia do hidrogênio. Em suas palavras iniciais, ele explicou o significado histórico de se empregar hidrogênio como meio de armazenamento para a infraestrutura da Terceira Revolução Industrial: "Mas sejamos claros sobre o que torna o programa de hidrogênio na Europa verdadeiramente visionário. É nossa meta atingir uma mudança passo a passo em direção a uma economia do hidrogênio plenamente integrada, baseada em fontes de energia renováveis, até meados do século".[37] O terceiro pilar estava colocado.

Em 2006, preparei um segundo memorando sobre o assunto para a Chanceler Merkel, sugerindo que a Alemanha iniciasse seu próprio programa de pesquisa e desenvolvimento sobre o hidrogênio. Foi o que ela fez, empregando recursos significativos para o avanço da nova tecnologia de armazenamento. Em 2007, a Comissão Europeia, sob o comando do presidente Barroso, anunciou uma parceria público-privada de €7,4 bilhões — uma Iniciativa Conjunta de Tecnologia (JTI, do inglês *Joint Technology Initiative*) — para passar da pesquisa e desenvolvimento do hidrogênio para seu emprego em toda a Europa.[38]

Os três primeiros pilares — a criação de um regime de energia renovável, carregada nos imóveis e, em parte, armazenada na forma de hidrogênio – sugeriam a necessidade do quarto pilar: uma maneira de distribuir toda a energia gerada e armazenada por milhões de imóveis para comunidades em toda a Europa.

## A INTERNET DA ENERGIA

A ideia de criar uma rede elétrica inteligente estava se alastrando em meados da década, mas ainda não tinha se concretizado em qualquer iniciativa formal da UE ou de qualquer um de seus Estados-membros. A IBM, a Cisco Systems, a Siemens e a GE estavam se preparando para entrar em campo, esperando tornar a rede inteligente a nova supervia para transportar elétrons. A rede elétrica seria transformada em uma rede de infoenergia, permitindo que milhões de pessoas produzissem sua própria energia para compartilhar o excedente entre os pares.

Essa rede inteligente de energia será adotada praticamente por todas as facetas da vida. Residências, escritórios, fábricas e veículos se comunicarão continuamente, compartilhando informações e energia ininterruptamente. As redes inteligentes de eletricidade serão conectadas a mudanças no tempo, permitindo o ajuste contínuo do fluxo de eletricidade e das temperaturas internas tanto às condições do tempo quanto à demanda do consumidor. A rede também será capaz de ajustar a carga elétrica usada por aparelhos, e se a rede indicar pico no uso de energia e possível sobrecarga, o software poderá, por exemplo, dar um comando para a máquina lavadora de uma residência pular o ciclo de aplicação do amaciante, para economizar eletricidade.

Uma vez que o verdadeiro preço da eletricidade na rede varia durante qualquer período de 24 horas, informações em tempo real exibidas nos medidores digitais em cada edifício permitiriam o estabelecimento dinâmico dos preços, permitindo que os consumidores aumentassem ou diminuíssem seu uso de energia automaticamente, dependendo do preço. Os consumidores que concordassem com ligeiros ajustes no uso de eletricidade receberiam créditos em suas contas. O estabelecimento dinâmico de preços também permitirá que os produtores locais saibam qual é a melhor hora de vender eletricidade para a rede, ou saiam de vez dela.

O governo dos Estados Unidos recentemente alocou recursos para desenvolver a rede elétrica inteligente em todo o país. Os recursos serão usados para instalar medidores digitais de energia elétrica, sensores de transmissão para a rede e tecnologias de armazenamento de energia para permitir o uso de alta tecnologia na distribuição de eletricidade; isto transformará a rede elétrica existente em uma internet de energia. A CPS Energy em San Antonio, Texas; a Xcel Utility em Boulder, Colorado, e a PG&E, Sempra e Southern ConEdison, na Califórnia, estabelecerão partes da rede elétrica inteligente nos próximos anos.

A rede elétrica inteligente é a coluna vertebral da nova economia. Assim como a internet criou milhares de novos negócios e milhões de novos empregos, isto também acontecerá com a rede elétrica inteligente — exceto que "essa rede será 100 ou 1000 vezes maior que a internet", diz Marie Hattar, vice-presidente de marketing do grupo de soluções de sistemas em rede da Cisco. Hattar destaca que embora "algumas casas tenham acesso à internet... outras não têm. Todos têm acesso à energia – todas essas casas podem ser potencialmente conectadas".[39]

Durante 20 anos os chefes de Estado e os maiores empresários globais me perguntaram: "Como você espera gerenciar as necessidades de energia de uma economia global complexa com energias renováveis instáveis?". A velha guarda no governo e no setor de energia e eletricidade é tão desinformada sobre o potencial de mudança da energia distribuída quanto os magnatas da indústria fonográfica eram quando se confrontaram pela primeira vez com o compartilhamento de arquivos.

A invenção da TI para a rede de segunda geração mudou a equação econômica, deslocando o equilíbrio do poder centralizado nas velhas energias de combustíveis fósseis e de urânio para as novas energias renováveis, distribuídas. Agora temos softwares avançados que permitem às empresas e setores conectar em centenas de milhares e mesmo milhões de pequenos computadores de mesa. Quando conectados, a potência lateral excede, em magnitude, a potência computacional dos maiores supercomputadores centralizados do mundo.

Da mesma forma, a rede de TI agora está sendo usada para transformar a rede de eletricidade em várias regiões do mundo. Quando milhões de edifícios coletam energias renováveis no local, armazenam o excedente de energia na forma de hidrogênio e compartilham eletricidade com milhões de outros por meio de redes inteligentes, a potência lateral resultante supera o que poderia ser gerado por usinas nucleares, de carvão e de gás.

Um estudo preparado pela KEMA, uma importante consultoria de energia, para a GridWise Alliance — a coalizão de empresas de TI, fornecedoras de eletricidade, acadêmicos e capitalistas de risco dos Estados Unidos – constatou que mesmo uma quantia modesta de $16 bilhões em incentivos públicos para tornar a rede elétrica de uma nação inteligente catalisaria $64 bilhões no valor de projetos e criaria 280.000 empregos diretos.[40] Uma vez que a rede elétrica inteligente é fundamental para o crescimento dos outros quatro pilares, ela irá gerar centenas de milhares de empregos adicionais no setor de energia renovável e transportes elétricos, todos os quais contando com a rede elétrica inteligente como uma plataforma capacitadora. Essas estimativas de emprego são pequenas, contudo, em comparação aos empregos que serão criados com o €1 trilhão em investimento público e privado que a Comissão Europeia projeta ser necessário para, nos próximos dez anos, instalar a rede elétrica inteligente distribuída online na maior economia do mundo.[41]

A atual ideia de rede elétrica inteligente *distribuída* não era o que a maioria das principais empresas ICT tinha em mente quando começaram a conversar sobre redes inteligentes de utilidade pública. Sua primeira visão era de uma rede elétrica inteligente *centralizada*. As empresas previam digitalizar a rede elétrica existente, com a colocação de medidores e censores inteligentes, para permitir que as fornecedoras de energia coletassem informações à distância e incluíssem informações de última hora nos fluxos de eletricidade. O objetivo era aprimorar a eficiência com que a eletricidade era transmitida pela rede, reduzir os custos de manutenção e manter registros mais exatos do uso por cliente. Seus planos eram reformistas, mas não revolucionários. Do que sabíamos, pouco se discutiu sobre o uso da tecnologia da internet para transformar a rede elétrica em uma rede interativa de infoenergia que permitiria a milhões de pessoas a geração de sua própria energia renovável e o compartilhamento de elétrons.

Em 2005, os executivos da IBM na Alemanha começaram a se corresponder comigo sobre os possíveis usos futuros da rede elétrica inteligente. Eu falava da possibilidade de transformar a rede elétrica em uma rede elétrica integrada para compartilhar energia em minhas aulas de Educação Executiva na Wharton School e nas apresentações a empresas fornecedoras de energia como Scottish Power, Cinergy e a National Grid. A ideia de uma rede de eletricidade inteligente era o tema central de meu livro de 2002, *The Hydrogen Economy*. Eu não era o único a falar disso. Amory Lovins, em particular, levantou a perspectiva durante vários anos, bem como vários outros especialistas em energia e fornecimento de eletricidade.

Já em 2001, o Electric Power Research Institute (EPRI) observou em seu relatório, "Perspectives for the Future", que a geração distribuída provavelmente evoluiria da mesma forma que o setor de informática. Grandes computadores *mainframe* deram lugar a pequenas máquinas de mesa e a laptops dispersos geograficamente que são interconectados em redes extremamente flexíveis, totalmente integradas. Em nosso setor, usinas centrais continuarão a desempenhar um papel importante, evidentemente. Mas cada vez mais precisaremos de menos geradores e mais limpos, distribuídos amplamente... todos alimentados com tecnologias de armazenamento de energia. Um requisito básico para tal sistema serão os controles eletrônicos avançados: estes serão absolutamente essenciais para organizar o imenso tráfego de informação e energia que uma interconexão complexa trará.[42]

O pessoal da IBM na Alemanha me colocou em contato com Guido Bartels, um holandês que estava trabalhando muito para levar o conceito de rede inteligente de utilidade da IBM para o mundo. Guido também era chairman da GridWise, o consórcio de TI e empresas de energia e fornecimento de eletricidade que trabalhavam com o Departamento de Energia nos Estados Unidos para desenvolver a rede elétrica inteligente. Guido e eu começamos uma série de discussões sobre o futuro da IBM. Ainda estava muito claro que o impulso básico da empresa era reformar a rede usando o tradicional estilo gerencial centralizado. A ideia de microrredes interligadas e vendendo energia de volta para rede, embora reconhecida como uma função potencial da rede de fornecimento inteligente da empresa, ainda não tinha adquirido importância para se tornar o centro de uma nova visão econômica – embora a IBM e Allan Schurr, em particular, entendessem o potencial de uma rede inteligente totalmente distribuída e trabalhassem para que a infraestrutura da TIR avançasse junto aos clientes do mundo todo.

Pier Nabuurs, outro holandês, CEO da KEMA, também estava começando a falar dos méritos de uma rede bidirecional de infoenergia. Nabuurs era a contraparte da Bartels na União Europeia, chefiando a SmartGrids European Technology Platform. Como a GridWise nos Estados Unidos, a Smart Grids era composta de empresas de energia, de TI e de fornecimento de eletricidade que trabalhavam com a União Europeia para acelerar a implementação da rede inteligente em todo o continente europeu. Nabuurs lutou por uma internet para energia que agregaria e direcionaria a eletricidade gerada de milhares de microrredes.

Nabuurs percebeu uma mudança acontecendo nas empresas europeias de fornecimento de energia elétrica — uma percepção ainda não compartilhada por seus pares americanos. Discussões intensas estavam acontecendo dentro de suítes corporativas. Essas empresas permanecem, por mais de um século, ligadas a empresas gigantes com quem contavam para obter os combustíveis fósseis e gerar eletricidade. Uma geração mais jovem de executivos, notando um interesse acentuado por parte das municipalidades locais, regiões, empreendimentos pequenos e médios, cooperativas e donos de imóveis, na produção de sua própria eletricidade renovável em microrredes inteligentes, viu uma oportunidade de reformular o papel de suas empresas. Eles imaginaram as empresas fornecedoras de serviços públicos acrescentando uma nova função e, com ela, um novo modelo de negócio para acompanhar seu tradicional papel como fornecedores de energia e gerentes de transmissão e distribuição. Por que não usar redes inteligentes de abastecimento para gerenciar melhor o fluxo existente de elétrons vindos de combustíveis fósseis centralizados e urânio, enquanto também se usa a capacidade distribuída das novas redes inteligentes para coletar e transmitir elétrons que vêm de milhares de microrredes locais? Em outras palavras, passar de um gerenciamento da eletricidade unidirecional para um bidirecional.

No novo cenário, as empresas abririam mão de seu tradicional controle de cima para baixo tanto sobre o fornecimento quanto sobre a transmissão para se tornarem, pelo menos parcialmente, parte integral de uma rede de eletricidade envolvendo milhares de pequenos produtores de energia. No novo esquema, a parte de serviços das empresas de abastecimento se torna muito mais importante. A empresa torna-se a gerente de sua própria energia para prover serviços, usando sua experiência para gerenciar a energia de terceiros. Por esse novo raciocínio, as fornecedoras de serviços públicos no futuro passam a cogerenciar o uso de energia das empresas por toda a sua cadeia de valor, assim como empresas de Tecnologia de Informação como a IBM ajudam as empresas a gerenciar suas informações. As novas oportunidades de negócios acabariam excedendo seu negócio convencional de simplesmente vender elétrons.

As novas empresas receberam um impulso para sua visão de uma fonte improvável. Neelie Kroes, comissária da União Europeia para a política de concorrência, soltou uma bomba no setor de energia e utilidade pública no início de 2006. A desregulação do mercado de eletricidade permitiu que muitas gigantes de *public utility* e eletricidade nacionais espalhassem seus fios pelas fronteiras e comprassem as pequenas empresas. A Comissão Europeia preocupava-se cada vez mais com a capacidade de algumas mega empresas de energia e serviços públicos controlar o acesso aos mercados, monopolizando tanto a oferta quanto a distribuição de energia. Kroes declarou guerra às empresas de energia e utilidade pública. Desse ponto em diante, as empresas deveriam desvincular as redes das atividades de fornecimento – ou, para colocar em termos mais simples, elas não teriam permissão para o controle do fornecimento de energia e das linhas de transmissão para distribuir energia. Kroes deixou muito clara a intenção da Comissão Europeia, dizendo que

> ... uma das questões preocupantes é, de fato, uma estrutura de mercado com atividades de infraestrutura e fornecimento vinculadas. Esta é uma preocupação para todos os setores de rede onde multiplicar a infraestrutura subjacente é muito oneroso. Os donos e operadores de redes essenciais muitas vezes competem com empresas que precisam ter acesso a essas mesmas redes. Podemos esperar que essas empresas integradas tratem os concorrentes de uma maneira justa? Seus próprios interesses sugeririam que não... [Os] prejuízos ao setor mostraram que os novos ingressantes muitas vezes não têm acesso efetivo às redes, cujos operadores favoreceriam seus próprios afiliados.[43]

Falando em um tom bastante pessoal, Kroes disse: "Recebo muito bem as ações para a total desvinculação estrutural (ou seja, a separação do fornecimento e do varejo das infraestruturas de monopólio)".[44]

A ação da comissária da Concorrência não foi tomada do nada. Fazia parte de um esforço maior orquestrado para abrir as portas às novas energias verdes distribuídas da Terceira Revolução Industrial. Evidências fatuais se acumularam por toda a Europa de que as companhias de fornecimento público de energia estavam dificultando aos produtores locais de energia renovável a venda de sua eletricidade à rede. Essa política obstrucionista por parte das companhias energéticas e de utilidade pública batia de frente com as diretivas da EU que apoiavam a crescente geração de eletricidade das fontes de energias renováveis locais.

No que diz respeito à Comissão Europeia, Kroes declarou, "é o objetivo claro do processo de liberalização, assegurar que as novas empresas possam entrar e prosperar no mercado, a fim de aumentar a concorrência e fornecer mais opção para os consumidores, ou seja, para a eletricidade verde".[45]

Os governos alemão e francês manifestaram rapidamente seu descontentamento com Kroes. Ambos os países eram sedes de alguns dos gigantes nos negócios de energia e serviços de utilidade pública na Europa – E.ON e RWE na Alemanha e EDF na França. O que a mídia e o público não sabiam é que por trás das cenas o diabo andava à solta, pelo menos dentro dos escritórios de alguns dos maiores agentes do setor.

Em março de 2006, aproximadamente no mesmo período em que Kroes subia nos palanques, propagando a "desvinculação", Utz Claassen, o duro CEO da EnBW, a quarta maior empresa de energia e utilidade pública da Alemanha, me convidou para ir a Berlim e falar para sua empresa e clientes sobre mudanças climáticas, segurança de energia e a transformação do setor de energia e serviços de utilidade pública. Embora 45% da EnBW fosse da EDF da França, uma empresa que produz 78% da eletricidade francesa de energia nuclear, a Claassen escolheu o tema da geração de energia renovável distribuída.[46] Três meses depois, ele me convidou para ir a Heilbronn, Alemanha, para falar a toda a empresa dele. Cerca de 500 funcionários encheram o auditório. Depois de apresentar a visão de uma Terceira Revolução Industrial, Claassen assumiu o microfone. Para a surpresa de muitos de seus funcionários, que estavam habituados com a energia nuclear e os combustíveis fósseis convencionais, e estavam acostumados a um fluxo de poder centralizado, de cima para baixo, Claassen disse que o mercado de energia estava mudando e a EnBw também. Ele prometeu que a EnBW tomaria a dianteira, liderando a reivindicação de uma nova era de energia distribuída. Ele afirmou que os velhos modelos de energia e de negócio ainda não seriam abandonados, mas a empresa teria que dar espaço às novas energias e aos novos modelos de negócio que as acompanhariam.

No início de 2008, as empresas de energia e utilidade pública em toda a Europa estavam dando pequenos passos para a nova era da energia, incluindo a NTR da Irlanda e a Scottish Power. Até os firmes baluartes da velha ordem como E.ON, a gigantesca empresa alemã de energia e serviços de utilidade pública, estavam repensando o seu futuro.

A E.ON me convidou a participar de uma maratona de debates com duração de duas horas com seu chairman e CEO, o Dr. Johannes Teyssen, em março de 2008, em Roterdã. Quando eu o conheci, ele parecia ser o próprio símbolo do empresarial alemão tradicional, com uma expressão séria e um terno preto clássico, de três peças. De fato, ele se revelou bastante cordial e interessado. Teyssen defendeu que toda fonte concebível de energia seria necessária para atender às demandas de energia da Europa nas próximas décadas, inclusive combustíveis fósseis, nucleares, e mesmo energia renovável. Contudo, ele não se pronunciou quanto à questão da energia distribuída.

Não pude deixar de notar que durante todo o debate um senhor inglês que devia ter seus quarenta anos, cochichava sem parar no ouvido de Teyssen quando eu falava. Após o debate, ele se aproximou e se apresentou. O nome dele era Kenton Bradbury, e ele era vice-presidente sênior responsável pelo gerenciamento de infraestrutura e futuras estratégias da E.ON. Ele disse que a empresa estava começando a examinar a questão das redes inteligentes, microgeração e energia distribuída, e queria saber mais, principalmente sobre como algumas empresas de energia e utilidades públicas estavam começando a trabalhar com construtoras para desenvolver edifícios inteligentes que poderiam atender a miniusinas elétricas e devolver eletricidade para a rede.

Nos meses seguintes nos correspondemos por e-mail e conversamos por telefone. Eu também o coloquei em contato com alguns dos membros de nosso grupo de política econômica, entre eles Guido Bartels da IBM, Pier Nabuurs da KEMA e Rudy Provoost, o CEO da Philips Lighting. Kenton apresentou algumas das novas oportunidades de negócio que surgiriam de uma infraestrutura da Terceira Revolução Industrial em uma reunião de diretoria da E.ON alguns meses depois.

Lembre-se que eu mencionei que uma geração de executivos mais jovens queria implantar um novo modelo de negócio em suas empresas – sem abandonar o plano de negócios convencional – em que suas companhias energéticas seriam conselheiras e consultoras, trabalhando com clientes para ajudar a gerenciar sua energia, como a IBM e outras empresas de TI fazem com o gerenciamento de informação. É interessante que eu ouvi que a E.ON passou por um profundo retrocesso no outono de 2008, e usando o modelo de mudança destrutiva da IBM como estudo de caso, examinou vários cenários pelos quais eles poderiam renovar a missão e a agenda estratégica da empresa para o paradigma da Terceira Revolução Industrial.

O estudo de caso da IBM, que agora se tornou famoso a ponto de se tornar um clichê em programas de MBA, refere-se à decisão da empresa de mudar seu foco da venda de computadores – seu negócio central – para a venda de serviços em meados da década de 1990. A IBM percebeu que havia muito pouco valor na venda de computadores. Com dezenas de empresas vendendo as "caixas", e concorrentes asiáticos capazes de produzir as máquinas com o mesmo grau de qualidade, mas a preços mais baixos, a IBM viu que as margens diminuiriam se continuasse a enfatizar o lado do produto em seus negócios.

Louis Gerstner, CEO da IBM, percebeu o que estava acontecendo e começou a imaginar um novo modelo de negócio. Primeiro ele perguntou: "Qual é a principal competência da IBM?". A resposta foi "gerenciar o fluxo de informação". Com sua nova imagem clara, esse titã da tecnologia do século XX dirigiu sua gigantesca nau por novas águas, vendendo sua experiência de consultoria para empresas que procuravam gerenciar melhor suas informações. Logo empresas de toda parte começaram a introduzir um Diretor de Informações (CIO) ao seu quadro de executivos.

Para as companhias energéticas e de utilidades públicas, "gerenciar energia" é sua competência principal. Mas o que seus clientes querem realmente deles é ter orientação sobre como implementar sistemas de energia que sejam mais eficientes e usem menos energia. Em um mundo altamente competitivo onde os custos de energia agora estão encobrindo os custos de mão de obra em alguns setores, o nome do jogo é poupar energia – é uma das poucas áreas em que ganhos substanciais podem impedir que as margens encolham e até mesmo desapareçam de vez.

Logo, de que forma a E.ON e outras companhias energéticas e de utilidade pública deixarão de adotar a venda de um número cada vez maior de elétrons e passarão a um novo modelo de negócio em que sua missão é aconselhar os clientes a criar programas destinados a usar cada vez menos elétrons? O aspecto mais difícil, da perspectiva gerencial, é o delicado processo de desativar o antigo modelo de negócios durante um período de tempo – sem abandoná-lo prematuramente – enquanto se persegue agressivamente o novo modelo de negócio. Isto testará as habilidades gerenciais dos melhores e mais brilhantes executivos da geração mais nova no setor de energia e utilidades públicas.

Quanto à IBM, parece que eles estão imaginando dois tipos muito diferentes de redes elétricas inteligentes, um modelo reformista para os Estados Unidos e um revolucionário para a Europa. Como foi mencionado anteriormente, a visão inicial da IBM da super-rede era estreita e voltada para a reforma: digitalizar a rede, aprimorar seu desempenho e fornecer informações atualizadas para as companhias energéticas e de utilidade pública a fim de ajudá-las a gerenciar melhor suas operações. Pelo menos, é o que todos estavam ouvindo.

O plano de jogo da IBM começou a mudar no início de 2007 quando a União Europeia e um número crescente de Estados-membros, regiões e municípios, bem como vários participantes da comunidade empresarial, começaram a gravitar para um modelo da Terceira Revolução Industrial. A IBM começou a falar sobre uma rede inteligente de serviços de utilidade distribuídos para a União Europeia. Um analista do setor me disse reservadamente que o modelo distribuído é mais adequado à arquitetura da União Europeia, que, afinal, é uma rede de Estados-membros, regiões e localidades cujo padrão de governança é muito menos hierárquico e mais horizontalizado que em outros lugares. E os planos da IBM para os Estados Unidos e a América do Norte? A mesma fonte foi inequívoca quanto a essa questão. Uma super-rede centralizada provavelmente faria mais sentido.

Até aí, as companhias energéticas e de utilidade pública americanas, na maior parte, mostraram-se reticentes quanto à introdução de um modelo de negócio da TIR. Ed Legge, do Edison Electric Institute, que defende o setor de energia e utilidades públicas da América, é taxativo: "Provavelmente não seremos a favor de qualquer coisa que encolha nosso negócio. Todos os serviços de utilidades em mãos de investidores são construídos de acordo com o modelo de geração central concebido por Thomas Edison: você tem uma grande usina elétrica... [A] geração distribuída está desconsiderando isso – ela é local".[47]

Muitos são os aspectos envolvidos na decisão de construir duas redes inteligentes diferentes – um sistema centralizado, de cima para baixo, nos Estados Unidos e um sistema distribuído e colaborativo na União Europeia. Os observadores do setor estimam que custará aproximadamente $1,5 trilhão entre 2010 e 2030 para transformar a rede elétrica existente nos Estados Unidos em uma rede inteligente.[48] Se a rede elétrica inteligente tiver um *design* unidirecional em vez de bidirecional, os Estados Unidos perderão a oportunidade de se juntar à Europa na Terceira Revolução Industrial e, com ela, a perspectiva de reter sua liderança na economia.

## TRANSPORTE ELÉTRICO

Um último pilar deve ser integrado para se realizar a Terceira Revolução Industrial: o transporte. Converter os edifícios em miniusinas elétricas e criar uma internet da energia proverá a infraestrutura para fornecer a energia a veículos movidos a células de combustível de hidrogênio e a eletricidade – os primeiros sairam das linhas de montagem em 2011. O governo dos Estados Unidos investiu $2,4 bilhões para trazer a nova geração de automóveis elétricos para o mercado e está oferecendo um incentivo fiscal de $7.500 para ajudar na compra de um novo veículo elétrico.[49]

Os veículos elétricos estão causando uma mudança monstruosa nos setores de energia e transportes. Durante cem anos, o setor de automóveis se engajou em uma relação íntima com as empresas de petróleo, como as empresas de energia e serviços de utilidades públicas fizeram no passado. Essa relação agora está começando a esgarçar. Nos últimos 12 meses, as mais importantes empresas automotivas assinaram acordos com as principais empresas de energia elétrica e utilidades públicas para preparar uma nova infraestrutura para o transporte elétrico inteligente do século XXI.

As utilidades elétricas estão instalando apressadamente portos de carregamento de energia elétrica ao longo de rodovias, estacionamentos, garagens e espaços comerciais para prover eletricidade aos novos veículos plugados. A General Motors está fazendo parceria com as empresas de utilidades públicas – inclusive a ConEdison, a New York Power Authority e a Northeast Utilities – em seu lançamento do Chevrolet Volt de 2011 . Em Berlim, a Daimler e a RWE, a segunda maior empresa da Alemanha, lançaram um projeto para estabelecer pontos de carregamento para carros Mercedes e Smart elétricos em toda a capital alemã. A Toyota juntou-se à EDF, a maior provedora de serviços da França, para construir pontos de carregamento na França e em outros países para seus carros elétricos.

Pequenas empresas como a AeroVironment, a Coulomb Technologies e a Ecotality já entraram no mercado com postos de carregamento de veículos elétricos; e agora a GE, a Siemens e a Eaton estão preparando para se juntar à competição com seus próprios carregadores de veículos elétricos. A maioria dos postos de carregamento, que custam entre $3.000 e $5.000 por unidade, estão sendo comercializados para municipalidades a fim de construir docas públicas de carregamento. As empresas estão começando, no entanto, a olhar o mercado residencial potencialmente lucrativo, esperando que milhões de futuros compradores de carros elétricos paguem $1.000 por suas próprias unidades carregadoras. O mercado de carregamento de energia elétrica deve subir rapidamente dos atuais $69 milhões para $1,3 bilhão por volta de 2013, à medida que veículos elétricos começam a ser produzidos em números maiores.[50]

Um estudo feito em 2010 pela consultoria de gerenciamento global PRTM projeta que por volta de 2010 a cadeia de valor de veículos elétricos provavelmente seja de aproximadamente $300 bilhões e crie mais de um milhão em empregos na economia global. Um esforço agressivo dos fabricantes de carros americanos pode responder por mais de 275.000 desses empregos.[51]

Por volta de 2030, pontos de carregamento para veículos elétricos e aqueles movidos a hidrogênio serão instalados praticamente em toda parte, fornecendo uma infraestrutura distribuída para enviar e receber eletricidade da principal rede de eletricidade. E por volta de 2040, estima-se que 75% das milhas percorridas sejam por veículos leves movidos eletricamente.[52]

A enorme energia distribuída que faz parte na infraestrutura da TIR se torna evidente quando consideramos o potencial de veículos movidos a células de combustível a hidrogênio e carros elétricos como centrais de energia sobre rodas. Uma vez que um carro típico costuma ficar estacionado cerca de 96% do tempo, ele pode ser ligado à rede de eletricidade interativa para fornecer energia premium de volta para a rede. Uma frota toda movida a células de combustível de hidrogênio ou a energia elétrica verde tem uma capacidade de armazenamento de eletricidade quatro vezes maior que a rede elétrica nacional existente nos Estados Unidos. Se apenas 25% dos veículos vendessem energia de volta para a rede – quando o preço da eletricidade fosse justo –, isso substituiria toda central elétrica centralizada, convencional do país.[53]

As fabricantes de automóveis estão presas a uma concorrência acirrada para levar veículos movidos a células de combustível de hidrogênio e elétricos para o mercado. Dentro do setor automotivo, no entanto, existe uma discussão acalorada entre aqueles que estão a favor dos veículos elétricos e os que acreditam que os veículos elétricos são uma estratégia transicional para o transporte totalmente operável por hidrogênio. A maioria das empresas automotivas está preparando tanto veículos de hidrogênio quanto elétricos para o mercado, e a Daimler é uma delas. Sua direção está extremamente confiante nas perspectivas dos veículos movidos a células de combustível. Vou compartilhar a história de como eu ouvi falar dos planos da Daimler pela primeira vez.

Perguntei a Jens Weidmann, conselheiro econômico da Chanceler Merkel, se a chanceler estaria disposta a oferecer um pequeno jantar aos principais empresários da Alemanha para discutir as futuras perspectivas de uma economia verde alemã, principalmente o papel da Alemanha na transição do mundo para uma Terceira Revolução Industrial. Mas o sistema financeiro global foi surpreendido por uma crise algumas semanas antes. O humor no jantar era sombrio e introspectivo. No meio da noite, um mensageiro entrou apressadamente na sala e disse algo no ouvido da chanceler. Ela parou a discussão na mesa para anunciar que a Câmara dos Deputados dos Estados Unidos tinha acabado de votar o "não" ao pacote de recuperação econômica do Presidente Bush. O anúncio foi recebido com incredulidade. Notei que cada um dos participantes estava refletindo sobre o que esse voto no Congresso significaria para suas empresas na Alemanha.

Ansiosa para acalmar o humor e reacender uma discussão mais otimista sobre o futuro, a chanceler virou-se para o Dr. Dieter Zetsche, chairman da Daimler, e lhe perguntou quais eram os planos da empresa para o futuro. Ele disse à chanceler que a Daimler está a caminho de revolucionar o setor de veículos e está se movendo agressivamente para produzir carros, caminhões e ônibus movidos a células de combustível de hidrogênio ainda em 2015. A mudança do motor de combustão interna para células de combustível, de acordo com Zetsche, seria um divisor de águas na transformação da economia alemã.

Merkel foi pega de surpresa, como todos na sala. Embora soubéssemos que a Daimler e outras empresas estavam trabalhando em veículos de células de combustível e elétricos, esta foi a primeira vez que o chairman da Daimler deixou escapar a notícia de que sua empresa decidiu "ir atrás disso", como dizemos na América, e apresentar o futuro.

A chanceler examinou a mesa para ver a reação dos outros e deteve-se um momento ao passar os olhos por mim. Lembre-se que fui eu quem lhe pediu para envolver o governo alemão em um programa de pesquisa de hidrogênio já em 2006, e ela acatou. A decisão de Zetsche de comprometer a mais antiga empresa automotiva do mundo em um futuro baseado no hidrogênio parecia anunciar o início de uma nova era econômica para o país que tinha lançado a Segunda Revolução Industrial, com a introdução do motor de combustão interna.

Em setembro de 2009, a Daimler juntou-se a sete parceiros industriais — EnBW, Linde, OMV, Shell, Total, Vattenfall e National Organization of Hydrogen and Fuel Cell Technology — para estabelecer uma rede de postos de células de combustível pela Alemanha, a fim de preparar o mercado para a introdução em massa de veículos com células de combustível em 2015.[54]

Ninguém sabe se a jogada da Daimler compensará. Quer nos fixemos em baterias elétricas, em células de combustível ou ainda em uma combinação de ambas, o que está claro é que o motor de combustão interna movido a gasolina – a tecnologia central da Segunda Revolução Industrial – está prestes a desaparecer. Nossos filhos dirigirão veículos silenciosos, limpos, inteligentes e plugados em uma rede interativa que é horizontal, distribuída e colaborativa. Esse fato em si é sinal de que estamos no fim de uma era econômica e no início de outra.

A criação de um regime de energia renovável, captada por imóveis, em parte armazenada na forma de hidrogênio, distribuída por redes inteligentes e conectada a meios de transporte elétrico, sem emissão de poluentes, abre a portas para uma Terceira Revolução Industrial. Todo o sistema é interativo, integrado e impecável. Essa interligação está criando novas oportunidades de relações por todo o setor e, no processo, cortando muitas parcerias tradicionais de negócio da Segunda Revolução Industrial.

Para ter ideia do quanto a Terceira Revolução Industrial proporcionará uma inovação de ruptura na maneira como organizamos a vida econômica, considere as profundas mudanças que aconteceram apenas nos últimos 20 anos com o advento revolucionário da internet. A democratização da informação e da comunicação alterou a própria natureza do comércio global e as relações sociais de modo tão significativo quanto a revolução da imprensa no início da Modernidade. Agora, imagine o impacto que a democratização da energia por toda a sociedade provavelmente terá quando gerenciada pela tecnologia da internet.

A realização da Terceira Revolução Industrial é especialmente relevante para os países pobres no mundo em desenvolvimento. Precisamos nos lembrar que 40% da raça humana ainda vive com dois dólares ou menos por dia, em franca pobreza, e a vasta maioria não tem acesso à eletricidade. Sem acesso à eletricidade permanecem "sem energia", no sentido literal ou figurado. O fator mais importante para tirar centenas de milhões de pessoas da pobreza é dar-lhes acesso confiável e possível à eletricidade verde. Sem ela, o desenvolvimento econômico será impossível. A democratização da energia e o acesso universal à eletricidade é o ponto de partida indispensável para melhorar a vida das populações mais pobres do mundo. A extensão do microcrédito para gerar microenergia já está começando a transformar a vida das nações em desenvolvimento, dando potencialmente a milhões de pessoas a esperança de melhorar sua situação econômica.

Mas podemos dar esse salto? Embora houvesse o início de um entendimento em Bruxelas de que os cinco pilares que compõem a Terceira Revolução Industrial precisavam ser integrados como um sistema único, havia um contrapeso igualmente forte que ameaçava o processo.

## BASTA DE PLANOS PILOTOS

"Basta de ônibus pilotos" veio da ponta oposta da mesa de conferência. Imediatamente, todos olharam espantados para Herbert Kohler, vice-presidente da Daimler, encarregado da pesquisa de grupo e engenharia avançada. Pier Nabuurs, o CEO da KEMA que estava sentado próximo a Kohler, arrematou, desabafando:"estamos fartos de planos pilotos". Nossos olhos pousaram em Jose Manuel Barroso, o poderoso presidente da Comissão Europeia, que estava sendo o anfitrião da reunião, para ver sua reação. Ele parou, e então um leve sorriso arqueou seus lábios, o que foi seguido por uma reação similar de alívio na mesa.

Kohler manifestou uma frustração compartilhada por todos na sala. À volta da mesa estavam os representantes de algumas das principais empresas do mundo. O que eles tinham em comum era que suas empresas estavam começando a romper com a arquitetura da Segunda Revolução Industrial e seguindo para uma nova era comercial, e cada um começava a ter ciência de como suas buscas individuais poderiam se encaixar em um quadro econômico mais amplo. Todos eles queriam algo mais abrangente, percebendo que era fundamental assegurar a rapidez na penetração do mercado.

Era 6 de dezembro de 2006. Pedi a reunião ao Presidente Barroso, sugerindo que seria útil para algumas das principais empresas da América e da Europa trocar ideias sobre como tornar a União Europeia a economia mais sustentável do mundo e, ao mesmo tempo, a mais bem-sucedida comercialmente.

A agenda do Presidente Barroso era complexa. Sob sua tutela, a União Europeia estava preparando uma fórmula 20-20-20, que por volta de 2020 colocaria a economia líder do mundo bem à frente das outras nações, ao lidar com a ameaça das mudanças climáticas. A proposta exigia uma redução de 20% nas emissões de gases poluentes por volta de 2020, com base em níveis de emissão de 1990; um aumento de 20% na eficiência de energia no mesmo período; e um aumento de 20% no emprego de energias renováveis, novamente por volta de 2020. As metas exigiriam a concordância de todos os 27 Estados-membro. A Chanceler Merkel, da Alemanha, mais tarde mobilizou os outros Estados-membros para manterem a ambiciosa agenda quando a presidência do Conselho da União Europeia mudasse, na primavera de 2007.

A União Europeia estava igualmente comprometida, no entanto, a atingir a meta da Agenda de Lisboa – que os chefes de Estado europeus tinham concordado em apoiar em março de 2002 – de tornar a Europa a economia mais competitiva do mundo. A União Europeia já era a economia líder do mundo. Como mencionado anteriormente, o PIB dos 27 Estados-membros superava — e ainda supera — o PIB dos 50 Estados Unidos da América.[55] Ainda, havia a preocupação de que a União Europeia pudesse começar a ficar atrás dos Estados Unidos, bem como da China e da Índia, os gigantes asiáticos que estavam despertando, nos anos subsequentes.

A União Europeia apostou em sua afirmação de ser a economia "mais sustentável" do planeta. Mas será que ela poderia alcançar suas metas de mudança climática e ainda assim atingir o crescimento econômico? Esta agenda aparentemente contraditória era a fonte de tensão contínua, tanto entre os Estados-membros quanto dentro da própria comissão do Presidente Barroso.

Nossas empresas estavam na sala para dizer ao presidente: "Sim, podemos!". E tudo isso nos leva a retorquir: "Chega de planos pilotos", o que mudou o teor da reunião.

A Daimler, cujos fundadores, Gottlieb Daimler e Karl Benz, foram os primeiros inventores a lançar com sucesso um motor de combustão interna sobre rodas, estava determinada a liderar o mundo automotivo novamente, colocando os primeiros carros a célula de combustível de hidrogênio no mercado. A empresa estava bem avançada em sua pesquisa e desenvolvimento, tendo testado efetivamente veículos a célula de combustível nas estradas durante vários anos. De fato, os ônibus movidos a hidrogênio da Daimler (e de outras empresas) já transportavam passageiros em Hamburgo, Amsterdã, Londres, Berlim, Madri e outras cidades como parte do projeto CUTE (Clean Urban Transport for Europe, Transporte Urbano Limpo para a Europa), uma iniciativa da UE para substituir o motor de combustão interna alimentado a gás por um veículo de emissão zero que libera água pura e calor.

O problema para a Daimler, como para outras empresas representadas na mesa, era como aumentar a escala. As encomendas de ônibus CUTE eram de apenas 47, algo tão minúsculo que o custo de produção de cada ônibus seria superior a €1 milhão. O CUTE, como tantos programas que estavam sendo oferecidos na Europa e em outros países, inclusive os Estados Unidos, Japão e China, era um piloto. Os governos gostam de planos pilotos porque eles introduzem tecnologias atraentes, verdes, que não exigem gastos significativos de recursos públicos para assegurar uma escala maior e um mercado comercial. O que Kohler estava dizendo, na verdade, é que já era hora de "pescar ou perder a isca". Ele percebeu que a única maneira de passar efetivamente essa nova revolução nos transportes para o mercado consumidor era obter a concordância do governo na produção em larga escala, comprometendo um montante considerável de recursos públicos na compra de grandes números de veículos para as frotas públicas – a precoce adoção em massa dos governos faria os custos de produção baixar e criaria a escala necessária para passar para um mercado comercial mais amplo. Quarenta ônibus não bastariam.

Todos na sala tinham uma história parecida para contar. Estavam fartos de planos pilotos e ansiosos para criar uma revolução econômica, mas sentiam seus esforços estavam sendo bloqueados — e até se desesperavam ao pensar que suas tecnologias e produtos inovadores poderiam ficar nas prateleiras durante décadas, se não para sempre.

## O EFEITO SILO

Havia um segundo problema relacionado que precisava ser tratado se a União Europeia quisesse enfrentar mudanças climáticas, obter independência de energia segura e crescer para se tornar a economia sustentável de classe mundial do século XXI, o tudo ao mesmo tempo. A maneira como os departamentos e órgãos da Comissão Europeia estavam organizados encorajava iniciativas "guardadas em silos" – ou seja, programas e projetos autônomos, independentes e desconectados de iniciativas de outros departamentos e órgãos. Este fenômeno não é visto apenas em Bruxelas. De fato, é endêmico nos governos de todo o mundo. Ao deixar de conectar iniciativas entre departamentos e órgãos, os governos diminuem as perspectivas de encontrar sinergias e criar uma abordagem mais holística para melhorar o bem-estar geral da sociedade. O pensamento "departamentalizado" inevitavelmente leva a projetos pilotos isolados.

O presidente Barroso e seus comissários estavam cientes do problema e fazendo esforços para trabalhar em iniciativas conjuntas entre órgãos. Eu fiquei impressionado principalmente com alguns dos principais comissários que viriam a desempenhar um papel fundamental na formatação dos vários elementos de um plano econômico TIR – Gunter Verheugen e Margot Wallström, vice-presidentes da Comissão Europeia; Andris Piebalgs, o comissário para Energia; Janez Potocnik, o comissário para Ciência e pesquisa; Stavros Dimas, o comissário para Ambiente; Neelie Kroes, o comissário para Concorrência; e Joaquín Almunia, o comissário para Negócios econômicos e monetários. Ainda, o pensamento sistêmico é uma tarefa difícil em um ambiente burocrático onde há um forte impulso para se apegar a um território e proteger domínios. É isto que leva ao que eu chamo de abismo do DG (diretor geral) – o processo pelo qual ideias gerais, acordadas em nível ministerial e da chefia de Estado, perdem seu peso, têm seu escopo reduzido cada vez mais, e sua visão se estreita à medida que descem para os departamentos e agências, terminando como uma sombra de seus próprios egos, definhando na minuta de inúmeros relatórios, estudos e avaliações, cujas finalidades se tornam cada vez mais obscuras, até mesmo para aqueles que deveriam gerenciá-los.

Para seu crédito, Catherine Day, a secretária-geral da Comissão Europeia – responsável por coordenar as várias iniciativas dos departamentos e agências da comissão – foi incansável em seus esforços de acompanhar, ciente da necessidade de encontrar sinergias e coerência entre todos os vários projetos sendo perseguidos. Apesar de seus esforços e dos esforços de seus comissários, houve um impulso burocrático quase endêmico para desassociar iniciativas em enclaves autônomos.

Viemos para a reunião com o Presidente Barroso preparados para discutir como poderíamos começar a tratar das questões dos eternos pilotos e do efeito silo. Vários membros do grupo estavam ativamente envolvidos em algumas das plataformas de tecnologia da União Europeia – iniciativas de pesquisa pública/privada formais da União Europeia, compostas de representantes de setores-chave cuja missão é recomendar novos programas em toda a União Europeia para fazer a economia do continente avançar.

Claude Lenglet, um engenheiro que representava a Bouygues, uma gigantesca construtora francesa, foi um participante-chave na Plataforma de Construção Europeia. Como mencionado anteriormente, outro membro de nosso grupo, Pier Nabuurs, o CEO da KEMA, estava na presidência da SmartGrids Europe, a plataforma de tecnologia da União Europeia composta de TI e de companhias energéticas e de serviços de utilidade pública. Ambos os senhores destacaram para o Presidente Barroso que algumas das 36 plataformas de tecnologia europeia conversavam entre si ou trocavam qualquer tipo de informação, apesar das várias sinergias potenciais existentes entre elas. Examinamos uma lista de 13 plataformas de tecnologia, entre as 36, cujas missões eram fundamentais para o sucesso umas das outras e precisavam ser integradas se quiséssemos estabelecer uma abordagem abrangente para inaugurar uma Terceira Revolução Industrial na União Europeia. Elas incluíam a Plataforma de Tecnologia de Construção, a Plataforma das Redes de Eletricidade Inteligentes, as várias plataformas de energia renovável, a plataforma de tecnologia de células de combustível e de hidrogênio, as Plataformas de Transporte Ferroviário e Rodoviário Europeu, e a Plataforma de Químicos Sustentáveis. Juntas, essas plataformas representavam as tecnologias, indústrias e setores de uma infraestrutura da TIR emergente. A resposta do Presidente Barroso foi: "Vamos colocar isto junto, fazê-las conversar e ver o que dá". Com a ajuda de Maria da Graça Carvalho, que preside o gabinete de Conselheiros de Política Europeia (Bureau of European Policy Advisers, BEPA), começamos imediatamente e fizemos vários encontros com as 13 plataformas na primavera de 2007 para explorar a colaboração potencial.

Barroso estava ao menos tentando ligar alguns pontos. Havia uma razão mais profunda, no entanto, para a União Europeia e governos de toda parte estarem pensando em desenvolver projetos piloto verdes e se mostrarem cansados de realizar iniciativas isoladas, aparentemente incapazes de ir além delas: eles não sabiam o que significava "ir além". O que faltava era uma narrativa contundente que pudesse contar a história de uma nova revolução econômica e explicar como todas essas iniciativas aleatórias tecnológicas e comerciais se encaixavam em um plano de jogo maior. Os líderes empresariais presentes na reunião de Barroso estavam lá para expor uma visão mais ampla e esperavam convencer o presidente de que a União Europeia precisava aproveitar o momento e envolver a maior economia do mundo em uma nova Terceira Revolução Industrial.

O fundamento já tinha sido estabelecido naquele ano. Para que a União Europeia respaldasse uma mudança desta magnitude – transformar a infraestrutura industrial da economia continental e criar uma nova era econômica – era necessário ter o apoio da Alemanha, o motor econômico da Europa. Por sorte, meses após assumir seu posto, a nova chanceler da Alemanha, Angela Merkel, tinha me pedido para ir a Berlim debater com um dos maiores economistas alemães sobre como criar novos empregos e fazer a economia alemã crescer no século XXI. Comecei meus comentários perguntando à chanceler: "Como fazer a economia alemã, a economia da União Europeia ou, neste sentido, a economia global crescer, nos últimos estágios de uma grande era de energia e com uma revolução industrial latente?" (o preço do petróleo já estava subindo nos mercados mundiais, mas ainda não tinha atingido o pico em $147 por barril até julho de 2008). Prossegui para descrever uma visão da Terceira Revolução Industrial e expressei minha crença de que a Alemanha lideraria a nova era econômica.

Após o debate, tomamos uma taça de vinho e continuamos uma discussão mais informal. Eu sabia que a chanceler tinha sido ministra do ambiente no governo do Chanceler Helmut Kohl, e que ela tinha formação em física. Ela entendia claramente os aspectos tecnológicos de criar uma Terceira Revolução Industrial colaborativa e as vastas oportunidades comerciais que poderiam fluir dela, e me disse que gostava particularmente da ideia para a Alemanha. Eu perguntei por que a Alemanha, pensando que ela discutisse as razões econômicas para seu país – na época, a maior exportadora do mundo –, poderia querer liderar e manter sua vantagem no comando da economia global. Em vez disso, ela mudou o foco do comércio para a política e disse: "Jeremy, você precisa entender melhor a história e a política da Alemanha. Somos uma federação de regiões. Todas as políticas aqui são locais. O governo federal é o mediador. Nosso papel é encontrar um consenso e promover a colaboração entre as regiões e mover o país para a frente. A Terceira Revolução Industrial, por sua natureza distributiva e colaborativa, se encaixa na política alemã".

O entusiasmo da chanceler foi fundamental, principalmente depois que, como mencionei, o governo dela se daria durante presidência do Conselho Europeu em janeiro de 2007. Durante a presidência dela, os chefes de Estado da União Europeia teriam de chegar a um acordo que tratasse da segurança de energia e de mudanças climáticas.

Seria uma falha de minha parte não ressaltar que os parceiros de coalizão do governo de Merkel, na época, os Democratas Sociais, estavam igualmente entusiasmados com a Terceira Revolução Industrial e viriam a desempenhar um papel importante em assegurar que os parâmetros 20-20-20 sendo propostos pela Comissão Europeia fossem apoiados pelo Conselho Europeu. Sigmar Gabriel, ministro do Ambiente Social Democrata da Alemanha, empenhou-se ativamente para assegurar que os ministros do ambiente de outros 26 países-membros estivessem do mesmo lado quando chegasse o momento de selar um acordo quanto às metas de mudança climática. O ministro do meio ambiente da Alemanha, o socialista Frank-Walter Steinmeier, assegurou que os ministros do meio ambiente dos Estados-membros da União Europeia também aceitassem os parâmetros de mudança climática propostos. Embora o Partido Verde não fizesse parte da coalizão do governo, desempenhou um papel profético na política alemã durante mais de duas décadas, advertindo sobre os perigos das mudanças climáticas e a necessidade de transição para energias renováveis pós-carbono. No que diz respeito à política alemã, as estrelas estavam perfeitamente alinhadas para a Alemanha deixar sua marca durante o período em que Merkel presidiu o Conselho Europeu, conseguindo a aprovação da fórmula 20-20-20 por volta de 2020, e colocando a União Europeia à frente de uma nova agenda ambiental e econômica sustentável para o mundo.

## O PARLAMENTO EUROPEU ENDOSSA A TERCEIRA REVOLUÇÃO INDUSTRIAL

A presidência do Conselho Europeu por Merkel acentuou o interesse pelas mudanças climáticas e a independência de energia e que tipo de iniciativas econômicas seriam necessárias para que os parâmetros 20-20-20 fossem alcançados por volta de 2020. A perspectiva de um modelo econômico verde para a Europa no século XXI estava circulando nos corredores políticos em Bruxelas e nos Estados-membros.

Um grupo nosso começou a realizar uma série de reuniões de estratégias em Bruxelas e por teleconferênciavisando trazer o Parlamento Europeu para uma visão da Terceira Revolução Industrial e estabelecer plano de jogo para a União Europeia. Joe Leinen, líder do Partido Socialista Europeu e um dos membros seniores mais respeitados do Parlamento, foi chairman do Constitutional Affairs Committee na época e o responsável por rascunhar a declaração. Ele se uniu a Claude Turmes, dos Verdes, o homem do representante do Parlamento que tinha paixão pela questão das mudanças climáticas, e a Angelo Consoli, um político atuante e ponderado que representava meu escritório em Bruxelas. A declaração formal, redigida, se aprovada pelo Parlamento, comprometeria o corpo legislativo da UE a um plano de sustentabilidade econômica da Terceira Revolução Industrial no longo prazo, para a Europa.

Declarações por escrito são difíceis de conseguir no Parlamento Europeu. Muito poucas são aprovadas. Sabendo que só tínhamos três meses, de acordo com as regras e procedimentos do Parlamento Europeu, para assegurar o apoio necessário e ganhar a maioria (as declarações escritas devem ser aprovadas em 90 dias), nosso grupo decidiu se concentrar em assegurar o apoio dos líderes do partido e dos presidentes dos principais comitês parlamentares – nunca uma tarefa fácil em um corpo legislativo com tantos interesses diversos e afiliações políticas. Visando assegurar os votos necessários para a aprovação, Leinen juntou-se a outros cinco parlamentares altamente respeitados, cada um representando importantes grupos políticos no Parlamento – Anders Wijkman do European Peoples Party (EPP), Vittorio Prodi do Liberal Party, Zita Gurmai dos Socialistas, Claude Turmes dos Verdes, e Umberto Guidoni dos partidos de Esquerda. Graças aos incansáveis esforços do grupo, e principalmente ao Sr. Consoli, fomos capazes de assegurar o endosso de Hans-Gert Pöttering, o presidente do Parlamento Europeu, dos líderes de todos os principais partidos políticos da Europa da direita à esquerda, bem como o suporte de importantes presidentes de comissões incluindo Angelika Niebler da forte Comissão de Indústria, Investigação e Energia, Karl-Heinz Florenz, presidente da Comissão do Ambiente e Guido Sacconi do Comissão de Mudanças Climáticas.

Em maio de 2007, o Parlamento Europeu aprovou uma declaração formal, comprometendo o corpo legislativo dos Estados-membros do século XXI da União Europeia a uma Terceira Revolução Industrial. O forte apoio do Parlamento à nova visão econômica mandou um sinal claro para o resto do mundo de que a Europa estava tomando em uma novos rumos econômicos.[56]

Nas semanas que encerraram a presidência alemã do Conselho Europeu, o governo alemão me pediu para que fizesse uma introdução endereçada a 27 ministros do ambiente de Estados-membros da UE em Essen, Alemanha, estabelecendo o plano de ação econômica da Terceira Revolução Industrial que acompanharia o mandato 20-20-20 até 2020 mediado pela chanceler. Eu disse aos ministros que a União Europeia não precisava de um plano de mudanças climáticas, mas de um plano de desenvolvimento econômico sustentável que trouxesse a Europa, e espera-se que o mundo todo, para uma era pós-carbono de emissão zero até 2050, e que ao fazer isso, tratasse do desafio fundamental do aquecimento global e da segurança de energia. Muitos dos ministros do ambiente já tinham percebido isso, enquanto alguns ainda estavam confinados a políticas ambientais estritas pouco ligadas a iniciativas econômicas mais amplas.

## A CHECKLIST

Todos os cinco pilares descritos acima formam a infraestrutura para um novo sistema econômico – que pode nos levar a um futuro verde.

Fazer a mudança de um regime de energia com combustível fóssil baseado em carbono para um regime de energia renovável: checado! Reconfigurar o patrimônio imobiliário do mundo, transformando todas as moradias em miniusinas de energia que possam coletar energias renováveis no local: checado! Instalar hidrogênio e outras tecnologias de armazenamento em todas as construções e pôr toda a infraestrutura da sociedade para armazenar energia renovável intermitente e assegurar um suprimento contínuo e confiável de eletricidade verde para atender à demanda: checado! Usar tecnologia de comunicação pela internet para converter a rede de eletricidade em uma rede inteligente de serviços de utilidade pública de modo que milhões de pessoas possam enviar eletricidade verde gerada nas proximidades e em suas casas de volta para a rede, a fim de compartilhar reservas comuns de fonte aberta, de modo similar à maneira como a informação é gerada e compartilhada na internet: checado! Efetuar a transição da frota de transporte global – carros, ônibus, caminhões, trens – para veículos de células a combustível e elétricos movidos a energias renováveis geradas para milhões de edifícios e criando postos de recarga espalhados pelos países e continentes onde as pessoas possam comprar e vender eletricidade na rede de eletricidade distribuída: checado!

Quando esses cinco pilares se juntam, formam uma plataforma tecnológica indivisível – um sistema emergente cujas propriedades e funções são qualitativamente diferentes da soma de suas partes. Em outras palavras, as sinergias entre os pilares criam um novo paradigma econômico que pode transformar o mundo.

A Europa está à frente dos Estados Unidos, Japão, China e outras nações na transição para uma Terceira Revolução Industrial. Ainda não quero deixar a impressão de que a União Europeia caminha a pleno vapor. Na verdade, é o contrário. A UE está apenas encontrando o caminho. Existe uma consciência crescente na comunidade empresarial, na sociedade civil e nos corredores políticos dos governos, quanto à natureza da jornada que a Europa estabeleceu para si. No entanto, nem todos estão preparados ou mesmo prontos para seguir viagem. Mas pelo menos existe uma intenção e uma noção de missão no ar – embora não haja garantia de que a União Europeia manterá essa rota. Ela pode perder o impulso ou até mesmo retroceder. Se isso tiver que acontecer, não sei quais outras nações poderiam tomar a dianteira e levar o mundo para a próxima era.

NÃO HÁ INEVITABILIDADE para a permanência humana. A História está repleta de exemplos de sociedades incríveis que entraram em colapso, experiências sociais promissoras que falharam e visões do futuro que nunca se concretizaram. Porém, desta vez a situação é diferente. As apostas são mais altas. A possibilidade da extinção total não é algo que a raça humana já teve de considerar antes da segunda metade do século passado. A perspectiva de proliferação de armas de destruição em massa, somada agora à sombria crise climática, aumentou as chances em favor de um jogo final, perigoso, não só para a civilização como a conhecemos, mas para nossa própria espécie.

A Terceira Revolução Industrial não é uma panaceia que irá curar instantaneamente os males da sociedade, nem uma utopia que nos trará a Terra Prometida. É, contudo, um plano econômico pragmático capaz de nos transportar para uma era sustentável, pós-carbono. Ainda não ouvi falar de um plano B.

## CAPÍTULO TRÊS

# TRANSFORMANDO A TEORIA EM PRÁTICA

Setembro de 2008. Era um verão muito quente – o décimo segundo mais quente de que se tem registro.[1] Os climatologistas observaram o calor e advertiram que aquele era outro sinal de que o planeta estava entrando em uma nova fase. As mudanças climáticas aconteciam em tempo real, mais de um século antes do previsto pelos cientistas.

O clima não era a única coisa que estava esquentando. Em julho, o preço do petróleo tinha atingido um pico de $147 por barril, espalhando o medo pelo mundo. O poder de compra despencou. Sessenta dias depois, a comunidade bancária dos Estados Unidos, já com uma hemorragia causada pelo não pagamento das hipotecas subprime, congelou a concessão de empréstimos; Wall Street ficou paralisada.

A incerteza sobre o futuro da economia global alastrou-se por toda parte – teríamos um futuro? A noção de que desta vez seria diferente borbulhava na consciência coletiva. Os entendidos e líderes políticos começaram a usar a palavra com "D"; e embora nenhum magnata estivesse se atirando pela janela, o mercado de capitais estava despencando, conjurando a lembrança de pessoas desempregadas na década de 1930, vendendo maçãs nas ruas.

Mas o que eles queriam dizer ao afirmar: "Desta vez é diferente"? Os banqueiros e políticos passaram mais de dois anos em discussões periféricas intermináveis sobre a natureza da crise, não parecendo dispostos nem capazes de fazer um exame mais aprofundado e identificar o que estava ocorrendo. Se tivessem feito isso, teriam visto uma Segunda Revolução Industrial agonizando.

Embora estivesse se tornando aceitável, e até na moda, falar sobre instituições financeiras gigantescas que eram simplesmente "grandes demais para fracassar", a ideia de uma era econômica fracassada era ampla demais para se captar — e por isso qualquer discussão a respeito era afastada indefinidamente.

Muitas das empresas globais e pessoas ligadas a políticas econômicas com quem eu tinha contato regularmente ainda não estavam prontas para admitir que a Segunda Revolução Industrial estava agonizando, preferindo aderir à sabedoria convencional de que os tempos difíceis eram resultado de políticas fiscais, regulatórias e monetárias malsucedidas. No entanto, percebiam que o modo industrial de vida que vigorou e atingiu o auge enquanto crescemos no século XX tinha passado e estava mostrando sinais de senilidade e declínio. O mais importante é que cada empresa estava tentando defender ideias de negócio novas e até radicais que, se reunidas adequadamente, eram revolucionárias.

## LÍDERES EMPRESARIAIS DA TRI INAUGURAM UM MOVIMENTO

Liguei para Mark Casso, que trabalha em Washington e era presidente da Construction Industry Round Table, uma pequena associação comercial de a elite composta por 100 dos principais CEOs das construtoras americanas. Antes, em outubro de 2007, Mark me convidou para ir a Grand Cayman Island fazer uma palestra na reunião anual de seu grupo. Nos Estados Unidos, comentários se espalhavam sobre o modelo da Terceira Revolução Industrial na União Europeia e Mark achou que seus membros ficariam bastante interessados no pilar 2, a reconfiguração do patrimônio imobiliário global, transformando milhões de edifícios em microgeradores de energia para coletar energia renovável. Havia um interesse sincero do grupo pela construção verde. Várias empresas dos Estados Unidos estavam pensando da mesma forma que suas contrapartes europeias e fazendo experiências. Mark e eu prometemos permanecer em contato.

Para minha surpresa, fui convidado no ano seguinte para conversar com o grupo novamente. Depois da segunda reunião, discutimos a possibilidade de envolver as construtoras com algumas das outras empresas com as quais meu escritório tinha trabalhado em campos relacionados. Mas só no verão de 2008, com o mercado habitacional afundando, o preço da energia beirando a estratosfera e o mercado financeiro aos solavancos, pensei que talvez fosse o momento certo para reunir as muitas empresas díspares envolvidas em um ou mais dos cinco pilares da Terceira Revolução Industrial para uma discussão sobre o que poderíamos fazer juntos, como um grupo, a fim de impulsionar uma visão da TRI e um plano de ação para a Europa, a América e o mundo. Mark concordou com uma parceria entre nosso escritório e sua associação comercial para realizar o evento.

Em 24 de outubro, os CEOs e executivos seniores de 80 empresas globais e associações comerciais se amontoaram em uma pequena sala de conferência do City Club, no centro de Washington, DC, durante um dia inteiro. Fizemos uma apresentação rápida – andando pela sala para que as pessoas pudessem se apresentar e expor as razões para suas empresas e associações comerciais estarem lá e o que esperavam que a reunião lhes oferecesse. Quando terminamos as apresentações, chegamos a um consenso informal.

A crise econômica era um momento oportuno para a Terceira Revolução Industrial avançar. Nossas iniciativas individuais não estavam avançando com rapidez suficiente porque estavam enxertadas em uma infraestrutura da Segunda Revolução Industrial, a qual não permitia que estas atingissem seu pleno potencial. Em vez disso, ficamos com anexos pendentes, projetos piloto estranhos estabelecidos em terrenos inóspitos. Não podíamos mais agir isoladamente. A infraestrutura de cinco pilares de uma Terceira Revolução Industrial nos fornecia uma nova visão econômica. A chave era formar um grupo, mas com que finalidade? Não sabíamos bem. Concordamos em nomear o grupo como Mesa Redonda de CEOs Globais da Terceira Revolução Industrial e buscar conversações com governos para levar o novo modelo econômico adiante.

Em dezembro, uma delegação de nossa mesa redonda de CEOs se reuniu com Günter Verheugen, o vice-presidente da Comissão Europeia e comissário para Empresa e Indústria. Nossa delegação era composta de alguns pesos pesados – entre eles Anton Milner, o CEO da Q-Cells, a maior fabricante de células fotovoltaicas do mundo; Ralph Peterson, o presidente da CH2M Hill, uma das principais construtoras do mundo; e Carmen Becerril, presidente da Acciona Energía, uma das maiores empresas de energia renovável do mundo.

Verheugen há muito desacreditava na comissão de Barroso, no que se referia a iniciativas de mudança climática. Não que ele não acreditasse que o aquecimento global fosse uma ameaça real e perigosa ao planeta, mas ele advertia que a União Europeia precisava desenvolver uma abordagem às mudanças climáticas que avançasse o comércio e atenuasse o aquecimento global sem comprometer nenhum dos objetivos. Verheugen e eu dividimos o palanque em vários fóruns públicos ao longo dos anos e tivemos a oportunidade de realizar conversas particulares. Ele via a estratégia de uma infraestrutura de cinco pilares da Terceira Revolução Industrial como uma forma de assegurar tanto uma economia interna sólida dentro da União Europeia quanto a competitividade na economia global, tudo enquanto avançava nas metas da União Europeia de 20-20-20 até 2020. Ele anunciou publicamente seu apoio à Terceira Revolução

Industrial em um almoço formal e em uma conferência à imprensa realizada com representantes de nossa mesa redonda de CEOs globais. Concordamos que nosso grupo estaria disponível para aconselhar e consultar a Comissão Europeia quanto às estratégias da Terceira Revolução Industrial. Nossa primeira incursão na arena internacional foi um sucesso e ajudou a consolidar o grupo.

Mas ainda não tínhamos uma missão clara em mente, além de chamar a atenção do público para os méritos de uma visão da Terceira Revolução Industrial. Faltava-nos um plano de ação. Encontramos um lugar onde tudo se encaixaria, por estranho que pareça, não na Europa, mas em San Antonio, Texas, a sétima maior cidade dos Estados Unidos.

Eu tinha acabado de fazer uma apresentação para a American Mortgage Bankers Association em uma reunião em Dallas, Texas. Era março de 2008 e os mercados imobiliários residencial e comercial estavam despencando. Meu público consistia de homens e mulheres que dirigiam as operações bancárias de hipotecas na América. Enquanto eu dava a má notícia sobre a deterioração da Segunda Revolução Industrial, o clima na sala foi piorando. Eu esperava que os ânimos melhorassem quando eu expusesse a ideia de transformar o mercado imobiliário residencial e comercial em um setor com dupla finalidade – as moradias se tornariam produtoras de energia. Eu disse que convergir o patrimônio imobiliário da nação em microgeradores de energia faria o setor reviver, estimularia a construção e valorizaria os imóveis nas próximas duas décadas.

A maioria das pessoas na sala, no entanto, provavelmente estava pensando em manter seus empregos e esperava que suas instituições não sofressem com a crise financeira que se espalhava pelo setor hipotecário. Embora eu saísse do palco com uma pequena esperança – pode ter sido uma racionalização – de que pelo menos plantei sementes que enraizariam após a onda iminente de execuções hipotecárias, a verdade é que o pessoal que me ouviu naquela manhã pode ter simplesmente se sentido esgotado quando eu terminei.

Eu estava conversando com alguns dignitários logo após a apresentação, quando uma mulher se aproximou e se apresentou. Chamava-se Aurora Geis e presidia a CPS, a empresa de utilidade pública da cidade de San Antonio. Ela disse que ficou motivada com a visão de uma Terceira Revolução Industrial e com o que estava acontecendo na Europa, e perguntou se eu faria uma apresentação na reunião anual do conselho diretor da empresa dela em junho. Concordei.

A reunião contou com a presença dos executivos no comando da CPS, membros do conselho municipal, representantes da comunidade empresarial e líderes de organizações da sociedade civil. A cidade já estava bem preparada para uma iniciativa da Terceira Revolução Industrial. O prefeito de San Antonio, Phil Hardberger, estabeleceu a ambiciosa meta de tornar sua cidade a mais verde do Texas, e de posicionar San Antonio como líder nacional na corrida para um futuro sustentável, com baixa emissão de carbono. Geis esperava que minha visita com as autoridades municipais atraísse apoio para uma agenda verde.

A palestra foi bem recebida, mas eu ainda sentia certa relutância. Afinal, estabelecer uma visão era uma coisa, transformar a CPS e toda a cidade de San Antonio em uma Terceira Revolução Industrial era outra bem diferente – principalmente porque isso nunca tinha sido tentado nos Estados Unidos. Aurora e eu nos sentamos para tomar uma margarita, ouvir salsa e comer guacamole em seu restaurante preferido, o Tex-Mex. Eu disse: "Aurora, tenho uma ideia. Vou lhe mostrar o futuro. A Terceira Revolução Industrial já existe. Diga ao seu conselho diretor para acertar os passaportes, fazer as malas e se preparar para voar para a Espanha, onde meu diretor europeu, Angelo Consoli, os acompanhará em uma visita pelo país. Vocês conhecerão executivos das principais empresas da Terceira Revolução Industrial, visitarão instalações moderníssimas com energia solar e eólica, passearão por edifícios com emissão zero e por parques de tecnologia da Terceira Revolução Industrial". Depois de pensar em minha proposta durante alguns dias e conversar com seu conselho diretor, Aurora deu sinal verde.

A visita, que aconteceu em novembro de 2008, foi tudo, menos férias. Consoli manteve os diretores da CPS ocupados por 14 dias, durante os quais eles visitaram cientistas, engenheiros, empreendedores, autoridades municipais e grupos comunitários. No final da viagem, os diretores estavam exaustos. O mais importante foi que eles se converteram. A viagem foi um momento de transformação. Eles conseguiram enxergar e tocar o futuro.

Semanas depois, meu escritório assinou um contrato de consultoria com a CPS e a cidade para preparar um plano diretor para converter San Antonio na primeira cidade pós-carbono do continente norte-americano.

## PREPARAR PLANOS DIRETORES PARA O MUNDO

Um mês depois, em abril, tivemos nosso primeiro *workshop* sobre o plano diretor em San Antonio. Nossa equipe era formada de 25 especialistas de alto nível de algumas das principais empresas da Terceira Revolução Industrial do mundo – IBM, Philips, Schneider, GE, CH2M Hill, Siemens, Q-Cells, Hydrogenics, KEMA e outras. Nossa equipe de política global incluía Alan Lloyd, ex-secretário da California Environemtnal Protection Agency (EPA) e atual presidente do International Council on Clean Transportation; Byron McCorkick, ex-diretor executivo de desenvolvimento de carros a hidrogênio na GM; arquitetos ambientalistas e empresas de planejamento de renome mundial como Boeri Studio da Itália, Acciona e Cloud da Espanha. Sentado do outro lado da mesa estava um grupo igualmente respeitado de especialistas: engenheiros, chefes de secretarias da cidade, representantes da prefeitura e a equipe gerencial da CPS energy.

Nossa Mesa Redonda de CEOs Globais da Terceira Revolução Industrial encontrou sua missão. Nos 12 meses seguintes, nossa equipe de políticas criou os planos diretores para o Príncipe Albert II e o principado de Mônaco, para o prefeito Gianni Alemanno e a cidade de Roma, e para o vice-governador Wouter de Jong e a Província de Utrecht nos Países Baixos. Três dos planos diretores podem ser analisados em nosso website.

Eu gostaria de expor o que fizemos e aprendemos, mas antes é preciso fazer uma advertência. Esses planos diretores são trabalhos em processo e têm uma curva de aprendizagem acentuada. Com quatro planos diretores sob nossa responsabilidade, estamos selecionando ideias todos os dias, fazendo novas conexões, analisando cálculos feitos anteriormente e repensando as metas projetadas. Nicholas Easley, nosso chefe de operações de planos diretores, gosta de dizer que comandar estes planos é como ficar preso em um carrinho que sobe e desce uma montanha russa. A experiência é excitante e cheia de surpresas, e exige um reposicionamento mental contínuo. O objetivo é criar uma infraestrutura e um sistema viável pra uma nova era econômica, enquanto se tem em mente aspectos financeiros que incluem prever programas confiáveis de retorno sobre o investimento. Easley gastou muitos dias trabalhando 16 horas em um colosso de dados e relatórios com nossa equipe global e representantes de jurisdições políticas, que contratamos para encontrar formulas viáveis para que os objetivos dos planos diretores fossem alcançados. A verdade é que estamos todos em uma sala de aula gigante, aprendendo uns com os outros enquanto trabalhamos.

Os planos diretores da TRI se baseiam em uma nova concepção revolucionária de espaço vivo. Lembre-se, eu mencionei antes que quando novos regimes de energia convergem com novos meios de comunicação, a orientação espacial é fundamentalmente alterada – o que os psicólogos alemães chamam de "mudança gestáltica". A Primeira Revolução Industrial favoreceu cidades verticais densas que se ergueram rapidamente. A Segunda Revolução Industrial, em contrapartida, favoreceu o desenvolvimento de subúrbios descentralizados que avançaram para o horizonte de forma linear.

A Terceira Revolução Industrial traz uma configuração completamente diferente. Nossa equipe de desenvolvimento está criando planos diretores que inserem os espaços urbanos e suburbanos existentes dentro do plano mais abrangente da biosfera. Imaginamos milhares de regiões da biosfera, cada uma sendo um nó conectado pela energia, comunicações e sistemas de transporte da Terceira Revolução Industrial, em uma rede que abrange continentes.

Temos pouca escolha. Estamos presos a um complexo urbano e suburbano que ainda estará aqui na segunda metade do século XXI. Mas essa mesma infraestrutura, a herança da Primeira e Segunda Revoluções Industriais, está devorando vastas quantidades de energia de combustível fóssil e vomitando dióxido de carbono na atmosfera. Nos Estados Unidos, aproximadamente 50,1% da energia total e 74,5% de eletricidade são consumidos por edifícios, que constituem 49,1% de todas as emissões de dióxido de carbono do país.[2]

A extensão do problema de moradia em 2007 chegou até nós. O ano foi um grande marco na jornada humana. De acordo com o State of the World's Cities Report 2008/2009 das Nações Unidas, pela primeira vez na história a maioria dos seres humanos vive em áreas urbanas, muitos em megacidades e extensões suburbanas com populações de 10 milhões ou mais.[3] Nós nos tornamos *Homo urbanus*.

Milhões de pessoas empilhadas umas sobre as outras em centros urbanos/suburbanos gigantescos agora são um novo fenômeno. Quinhentos anos atrás, uma pessoa média na Terra podia ter conhecido mil pessoas durante toda sua vida. Hoje, um residente da cidade de Nova York pode conviver e trabalhar com cerca de 220.000 pessoas, considerando um raio de dez minutos de sua casa ou escritório no centro de Manhattan.

Só uma cidade em toda a história – a Roma antiga – alegava ter mais de um milhão de habitantes antes do século XIX. Londres tornou-se a primeira cidade moderna com uma população de mais de um milhão de pessoas no ano de 1820. Por volta de 1900, havia 11 cidades com populações de mais de um milhão de pessoas; em 1950, havia 75 cidades; e em 1976, 191 áreas urbanas passavam de um milhão de pessoas. Atualmente, mais de 483 cidades contêm populações de um milhão ou mais de pessoas, e esse crescimento não tem fim, porque nossa população aumenta a um ritmo alarmante.[4] Atualmente, 354.000 bebês nascem todos os dias na Terra.[5]

Enquanto a raça humana tinha de contar com o fluxo solar, ventos e correntes, e a energia animal e humana para sustentar a vida, a população humana permaneceu relativamente pequena. O ponto de inflexão foi a extração de grandes quantidades de sol armazenado sob a superfície da Terra, primeiro na forma de depósitos de carvão, depois como petróleo e gás natural. Os combustíveis fósseis usados pelo motor a vapor e mais tarde pelo motor a combustão interna foram convertidos em eletricidade e distribuídos por linhas de energia, permitindo à humanidade criar uma série de outras novas tecnologias que aumentaram acentuadamente a produção de alimentos, a fabricação de bens e os serviços. O aumento da produtividade levou a um crescimento sem precedentes na população humana e à urbanização do mundo.

Ainda assim, ninguém sabe ao certo se essas mudanças profundas na organização da vida humana devem ser celebradas, lamentadas ou meramente registradas. Isto porque a população cresce sem parar e o modo de vida urbano foi adotado à custa da falência dos ecossistemas da Terra.

É incrível que nossa espécie agora consuma uma estimativa de 31% da produção básica líquida na Terra – a quantidade líquida de energia solar convertida em matéria orgânica vegetal através da fotossíntese – apesar de compormos metade de 1% da biomassa total do planeta.[6] Espera-se que a raça humana cresça de quase sete bilhões para mais de nove bilhões de pessoas até meados deste século, e a tensão nos ecossistemas da Terra provavelmente terá consequências devastadoras para a futura sobrevivência de todas as formas de vida.[7]

O outro lado da urbanização é o que estamos desprezando em nosso caminho para um mundo repleto de edifícios comerciais de cem andares, residências com mais de um andar, e grandes faixas de terra transformadas em expansão suburbana. Não é por acaso que ao comemorarmos a urbanização do mundo, estamos nos aproximando de outro momento histórico: o desaparecimento das florestas. O aumento da população, o consumo crescente de alimentos, água e materiais de construção, a expansão do transporte ferroviário e rodoviário, e a expansão urbana/suburbana continuam a invadir as matas remanescentes, levando seus habitantes à quase extinção.

Nossos cientistas nos dizem que dentro do tempo de vida das crianças de hoje, é provável que o selvagem desapareça da face da Terra. A Transamazônica, que corta toda a floresta Amazônica, está acelerando o desaparecimento do último grande hábitat natural. Outras áreas naturais remanescentes de Bornéu à Bacia do Congo estão diminuindo rapidamente a cada dia que passa, dando lugar a crescentes populações humanas em busca de espaços e recursos para viver.

A Roma Antiga fornece uma dura lição sobre as consequências de se tentar manter populações humanas insustentáveis em mega ambientes urbanos. Embora seja difícil de imaginar, a Itália foi uma terra com densas florestas no início do império romano. Durante vários séculos, no entanto, a floresta foi devastada pelo corte de madeira e a terra passou a ser usada para a lavoura e como pasto para o gado. A destruição das florestas deixou a terra exposta ao vento e a inundações, e causou o esgotamento do solo arável.

No mesmo período, Roma se viu cada vez mais contando com o cultivo de terras ao longo do Mediterrâneo para subsidiar o estilo de vida luxuoso dos ricos, e alimentar e vestir seus escravos e exércitos. A agricultura correspondia a 90% da receita do governo nos últimos séculos do império, à medida que a conquista de novas terras deu lugar à colonização de terras rurais.[8] A terra já empobrecida continuou a ser explorada, em uma tentativa desesperada de manter a receita fluindo para Roma — diminuindo ainda mais a base de solo. Por volta do século III, o esgotamento do solo ao Norte da África e ao longo do Mediterrâneo levou ao êxodo em massa de áreas rurais e ao abandono das terras agrícolas.[9]

A perda de receitas agrícolas enfraqueceu o governo central e reduziu os serviços em todo o império. Ruas e infraestruturas caíram no abandono. O exército romano, antes poderoso, tornou-se malvestido e com poucos armamentos, viu-se gastando mais tempo em busca de alimento que protegendo o império. Os soldados começaram a desertar aos bandos, deixando Roma exposta a hordas invasoras de lugares distantes do império. Pelo século VI, os invasores estavam nos portões romanos. O Império Romano, que governou a maior parte do mundo então conhecido, entrou em colapso. A cidade de Roma, que em seu auge tivera mais de um milhão de habitantes, definhou para menos de cem mil pessoas vivendo sobre os escombros.[10] A mãe natureza se transformou em um inimigo mais assombroso que os exércitos estrangeiros ao ameaçar trazer o império a seus pés.

Agora, tente imaginar mil Romas daqui a 40 anos, cada uma com um milhão de habitantes ou mais. É de deixar qualquer um confuso; é insustentável. Não quero estragar a festa, mas com a comemoração da urbanização da raça humana em 2007, podemos ter perdido uma oportunidade de repensar a maneira como vivemos neste planeta. Certamente, há muito a prezar na vida urbana; sua rica diversidade cultural, o intercurso social e a densa atividade comercial são lembrados rapidamente. Mas é uma questão de escala. Precisamos considerar como reduzir nossa população e desenvolver ambientes urbanos sustentáveis que usem energia e recursos com mais eficiência, poluam menos e sejam mais bem planejados de modo a estimular formas de viver na escala humana. Na grande era da urbanização e da extensão suburbana, cada vez mais distanciamos a raça humana do mundo natural acreditando poder conquistar, colonizar e utilizar a generosa riqueza do planeta sem gerar resultados danosos às futuras gerações. Na próxima fase da história da humanidade, se quisermos preservar nossa espécie e conservar o planeta para nossos semelhantes, precisaremos encontrar uma maneira de nos reintegrar ao resto da vida na Terra.

Tendo isto em mente, nossos planos diretores introduzem uma infraestrutura da TRI com cinco pilares, que reconectam espaços para viver, espaços de trabalho e de lazer existentes com a faixa mais ampla da biosfera à qual pertencem.

## A BIOSFERA ROMANA

Que cidade melhor para exibir o novo conceito de biosfera que Roma? Quando o prefeito Gianni Alemanno nos pediu para criar um plano diretor de 40 anos para efetuar a transição da primeira grande cidade da civilização ocidental para uma cidade da Terceira Revolução Industrial, agarramos a oportunidade.

O que significa estender a ideia de Roma para além de suas paredes antigas, de modo a abranger a biosfera? Biosfera é a zona ecológica que estende aproximadamente de 40 milhas do solo oceânico à estratosfera, e dentro da qual os processos geoquímicos da Terra interagem com os sistemas biológicos para manter as condições adequadas que perpetuam a vida na Terra. Os complexos circuitos de retroalimentação da biosfera da Terra operam como um sistema nervoso interno, assegurando a harmonia do sistema como um todo.

Nossa consciência crescente de que a biosfera da Terra funciona como um organismo indivisível requer que repensemos o significado da jornada humana. Se a vida humana, a espécie como um todo e todas as demais formas de vida se relacionam entre si e com a geoquímica do planeta em uma relação simbiótica complexa, então todos nós dependemos da saúde do organismo como um todo e somos responsáveis por ela. Assumir essa responsabilidade significa viver em nossa comunidade de forma a promover o bem-estar geral da biosfera.

O plano de desenvolvimento econômico da Terceira Revolução Industrial transformaria a região de Roma em um espaço social, econômico e político, inserido em uma comunidade compartilhada da biosfera. A biosfera romana é formada de três círculos concêntricos. O interno abrange o centro histórico e as áreas residenciais vizinhas. Além do centro da cidade está um anel industrial e comercial com muitos espaços abertos. E fora da área industrial/comercial, a terra se torna ainda mais aberta, formando a região rural que circunda a cidade metropolitana. O modelo da biosfera enfatiza a interconectividade entre as zonas – juntando a região agrícola circundante com a zona comercial e o centro histórico/residencial em uma relação contígua ligada por energias renováveis, geradas localmente, compartilhadas através de uma rede de eletricidade distribuída, inteligente.

O centro da cidade será renovado para assegurar espaço aberto acessível e vias de tráfego livre, permitindo que os pedestres voltem às ruas e aproveitem os arredores históricos. Melhorias no transporte público, nas vias para bicicletas e nas passarelas para pedestres serão realizadas por etapas, para facilitar essa transição.

Uma das preocupações básicas do governo romano é como aumentar a densidade da população interna e manter uma noção de comunidade no coração da cidade. Infelizmente, a atual tendência é a queda da densidade populacional do centro da cidade e o deslocamento para enclaves suburbanos devido à falta de moradias modernas, aos sérios congestionamentos e à poluição do ar. Embora faltem moradias no centro de Roma, ela tem espaço comercial de sobra. Portanto, nosso grupo de *design* urbano propôs que Roma convertesse os edifícios comerciais agora abandonados em novos blocos residenciais — como as cidades de Nova York e Chicago fizeram — usando técnicas de arquitetura inovadoras que ecoem alguns dos melhores aspectos do planejamento de construção de Roma antiga. O plano exige que se deixem as fachadas históricas intactas para preservar a herança arquitetônica do centro de Roma, enquanto se escava o núcleo central dos edifícios para dar espaço a jardins comunitários, como aqueles das antigas vilas romanas.

O esverdeamento de Roma também incluirá milhares de pequenos jardins públicos espalhados por todo o núcleo histórico/residencial. Carlo Petrini, do movimento *slow food*, até iniciou um projeto com o Prefeito Alemanno para fazer jardins nos pátios das escolas da cidade, que serão cuidados pelos estudantes de Roma.

Circundando o centro residencial da cidade recentemente revitalizado estará o círculo verde industrial/comercial – o centro da economia de Roma. Imaginamos transformar o anel industrial/comercial em um laboratório para desenvolver as tecnologias e serviços que transformarão a cidade em uma economia modelo, de baixo carbono. Parques de ciência e tecnologia da biosfera abrigando centros de extensão da universidade e residências, novas empresas de alta tecnologia e outras empresas que visem o comércio industrial da Terceira Revolução Industrial serão estabelecidos pelo anel industrial/comercial.

Parques da TRI semelhantes já existem e funcionam em outros países. O Walqa Technology Park, em Huesca, Espanha, aninhado em um vale nos Pirineus, é um exemplo de um novo tipo de parques de tecnologia que produzem sua própria energia renovável no local para atender praticamente a todas as suas operações. Atualmente existem cerca de 12 edifícios funcionando em Walqa Park, que estão ocupados por importantes empresas de alta tecnologia, entre elas a Microsoft, a Vodaphone e outras empresas de energia renovável e de TIC.

O anel industrial/comercial será desenhado como um ambiente de trabalho atraente com amplo espaço verde, e será composto de edifícios e fábricas com emissão zero de carbono, funcionando com energia renovável gerada no local e conectados a sistemas de energia distribuída combinados de calor e eletricidade.

Na biosfera romana, 80.000 dos 150.000 hectares das terras destinam-se ao espaço verde, um recurso subutilizado atualmente que poderia ser mais produtivo com agricultura. No modelo de desenvolvimento urbano do século XX, as cidades se tornaram cada vez mais separadas da produção de alimentos que consumiam. A produção distante e o transporte de longa distância de alimentos tornaram-se uma importante fonte de emissões de gás estufa. Esse problema é frequentemente subestimado na medida em que os cálculos das pegadas de carbono urbano tendem a considerar apenas as emissões geradas por processos dentro dos limites das cidades, e não as emissões incluídas nos alimentos consumidos pelos moradores da cidade e produzidos em outra parte. A dieta de uma população pode influir significativamente nas pegadas ecológicas de uma cidade. Uma dieta baseada em carne bovina aumenta a emissão de metano, óxido nitroso e dióxido de carbono, os principais gases do efeito estufa, que têm o impacto mais significativo na mudança climática.

O plano diretor de Roma exige o reassentamento de terras rurais subutilizadas e abandonadas no anel externo, introduzindo centenas de fazendas orgânicas que cultivam frutos nativos, vegetais e grãos. A região agrícola será uma exibição ao vivo do movimento italiano de *slow food*, utilizando práticas de cultivo ecológico moderníssimas. Mercados em espaços abertos, pousadas e restaurantes terão cozinhas locais e promoverão os benefícios nutricionais de uma dieta mediterrânea. Os centros de pesquisa agrícola, santuários animais, clínicas de reabilitação da vida selvagem, bancos de preservação de germoplasma de plantas e arvoredos também serão estabelecidos no círculo rural para revitalizar a biosfera romana.

O círculo verde externo de Roma também oferece uma tremenda oportunidade como local para projetos de energia renovável de larga escala que utilizam energia eólica, solar e de biomassa. Os parques de energia renovável estarão situados por todo o anel agrícola e serão discretamente integrados no cenário rural.

Todas essas inovações destinam-se a revigorar a biosfera romana e a transformar a região em um ecossistema relativamente autossuficiente e sustentável, capaz de prover muito da energia básica, alimentos e fibras para manter a população romana. Com o planejamento imaginativo e o marketing, o anel rural pode se transformar em um parque maravilhoso de biosfera e se tornar uma das maiores atrações turísticas de Roma para seus milhões de visitantes.

O plano diretor de Roma, que está sendo coordenado por Livio de Santoli, o reitor da Escola de Arquitetura em La Sapienza University, em nome do Prefeito Alemanno, foi incorporado formalmente como o ponto central do plano de desenvolvimento social e econômico da cidade no longo prazo.

Reconceitualizar áreas metropolitanas e suas regiões circundantes como biosferas é uma tarefa desafiadora. Mas de onde as cidades, regiões e países obtêm o dinheiro para financiar as mudanças na escala que estamos propondo, principalmente em um período de lento crescimento e de receitas públicas, que estão encolhendo a níveis cada vez menores?

## UM PLANO DE NEGÓCIO VERDE PARA SAN ANTONIO

San Antonio, a primeira cidade contemplada com um plano diretor, ofereceu um bom *case* a ser testado. Embora seja a sétima maior cidade dos Estados Unidos, ela também é relativamente pobre, comparada a muitas outras importantes regiões metropolitanas. Outro complicador é o fato de que a CPS, a empresa de energia elétrica e serviços de utilidade pública do município de San Antonio, é a grande geradora de lucros, respondendo por um quarto de sua receita operacional. E, uma vez que a CPS é municipal, mantém tradicionalmente o preço da eletricidade relativamente baixo, se comparado a outras regiões metropolitanas que contam com o poder privado e empresas de eletricidade privadas.

Então como realizamos a meta de San Antonio de reduzir as emissões de gases que produzem o efeito estufa e aumentar em 20% a geração de energia renovável até 2030? Se a CPS reduzir significativamente a eletricidade vendida para San Antonio, ela reduzirá a receita da cidade. Se ela tentar aumentar o preço da energia elétrica para encorajar a eficiência e desencorajar o desperdício, a população ficará ainda mais pobre, o que afetará negativamente a economia local.

Embora seja uma das principais áreas metropolitanas dos Estados Unidos, San Antonio também abriga uma grande minoria latina que se beneficiou muito pouco dos avanços econômicos contínuos da era pós Segunda Guerra Mundial. Quando comecei a fazer reuniões com as autoridades municipais, com os principais empresários e com representantes sociais, não pude deixar de notar quanta atenção eles davam ao que chamavam de "as duas San Antonios". Dificilmente uma conversa se passava sem que alguém usasse essa expressão. A realidade incômoda de uma classe média branca e endinheirada e uma subclasse de latinos subempregados e desfavorecidos nunca é esquecida por qualquer um nesta cidade que afirma ser o portão entre o mundo de língua espanhola ao sul e o mundo de língua inglesa ao norte.

A intersecção entre as culturas, no entanto, é manchada pela história. No centro da cidade está o Álamo, a famosa missão hispânica onde uma importante batalha foi travada em 1836, na guerra entre uma República do Texas incipiente e o México por questões territoriais. Embora os texanos fossem derrotados no Álamo, eles acabaram ganhando a guerra e anexando muito do antigo território mexicano à nova república. O Álamo agora é o destino turístico mais visitado no Texas, e uma importante fonte de receita para a cidade – tornando-se motivo de orgulho para alguns e um lembrete constante de perda para outros.

A CPS esperava que o plano diretor da TRI gerasse um novo fluxo de atividade econômica para todos os seus residentes, transformando a região na primeira economia sustentável da América do Norte, com emissão zero de carbono. Uma meta ambiciosa.

Felizmente, a cidade não foi para a mesa de mãos vazias. Ao contrário de muitas cidades industriais do Norte que estão em declínio desde que a era do automóvel atingiu seu pico na década de 1980, o condado de Bexas, que abrange a maior região metropolitana de San Antonio, ultrapassou significativamente a economia dos Estados Unidos entre 1980 e 2008, com uma taxa de crescimento de 58%.[11] Isto se deve, em parte, aos fortes setores financeiro e de seguros, que compõem 20% do emprego.[12] O único setor em declínio no condado de Bexas é o de manufatura. Enquanto nos Estados Unidos o emprego neste setor cresceu 25%, San Antonio teve uma perda líquida de 40.000 empregos.[13]

A cidade apostava que a criação de uma infraestrutura de cinco pilares para a Terceira Revolução Industrial nos próximos 20 anos gerasse emprego para milhares de pessoas – principalmente nos setores de manufatura e construção – e fornecesse novas oportunidades vocacionais para uma população mais jovem e em rápido crescimento.

O fraco setor de manufatura de San Antonio se revelou um ponto positivo. Por haver tão pouca atividade manufatureira no condado, comparada a outras importantes áreas metropolitanas (o número de empregos de manufatura *per capita* em San Antonio é de cerca da metade do que em outras regiões nos Estados Unidos), San Antonio começou com uma pegada de carbono menor.

Se San Antonio pudesse estreitar a defasagem socioeconômica entre as comunidades latina e inglesa e, ao mesmo tempo, enfrentasse o desafio duplo das mudanças climáticas e da segurança no fornecimento de energia, ela se tornaria um farol para o resto do país.

Criamos um modelo econômico detalhado da cidade e das tendências de crescimento projetadas, considerando uma ampla gama de variáveis econômicas e sociológicas, e então calculamos qual seria o volume de emissões de gás $CO_2$ de San Antonio, se a cidade funcionasse como de costume – usando um inventário de emissões em 2005 – entre 2008 e 2030. Descobrimos que as emissões subiriam 17%, de 27,2 milhões de toneladas métricas cúbicas de $CO_2$ em 2008 para cerca de 31,8 milhões de toneladas métricas em 2030.[14]

Para atingir as metas globais de redução de emissão de gás que tínhamos estabelecido, no entanto, a cidade e o país teriam de reduzir sua emissão de $CO_2$ de 27,2 milhões de toneladas métricas em 2008 para um pouco mais de 16 milhões de toneladas métricas em 2030. As reduções teriam de ser ainda mais acentuadas entre 2030 e 2050 se a área metropolitana fosse reduzir o $CO_2$ em 80% dos níveis atuais em meados do século – a porcentagem que os cientistas dizem ser necessária em todo o mundo desenvolvido para atenuar o aquecimento global, mantendo uma elevação de 2 graus Celsius ou menos.[15]

O plano diretor exigiria que se repensasse por completo a economia de San Antonio. Quando vimos os números, descobrimos que alcançar a meta exigiria de San Antonio um investimento geral entre $15 e $20 bilhões entre 2010 e 2030.[16] O termo-chave aqui é investimento. Todos os nossos planos diretores são planos de desenvolvimento econômico, e não meramente gastos públicos. Embora os governos com frequência fiquem profundamente envolvidos no processo, eles esperam um retorno sobre seu investimento.

Quando os governos estão sofrendo queda na receita e os gastos são cortados para equilibrar os orçamentos, a inevitável primeira pergunta é: "Como podemos fazer a transição?". Mas talvez a melhor pergunta seja: "Como podemos deixar de fazê-la?". Com a Segunda Revolução Industrial em franco declínio, a única forma de estimular o crescimento da economia é transformá-la. E o mais importante, o dinheiro já está lá.

Em primeiro lugar, todas as regiões metropolitanas, municípios e estados investem uma porcentagem do PIB por ano apenas para manter a atividade econômica, seja para fazer novas estradas, escolas, transporte, equipamento industrial, novas fábricas ou linhas de transmissão.

As empresas americanas atualmente têm reservas suficientes, com um lucro recorde de $1,6 trilhão nos últimos anos, apesar da Grande Recessão.[17] A projeção de investimento de San Antonio é, em média, de aproximadamente $16 bilhões por ano na economia entre 2010 e 2030. Calculamos que se a cidade investisse apenas 5% de seu capital reservado para a atividade econômica, ou cerca de $800 milhões ao ano, poderia atingir suas metas e fazer a transição para uma nova era econômica. Em outras palavras, se os setores público e privado de San Antonio investissem apenas o equivalente de um ano do montante gerado com seu desenvolvimento econômico nos próximos 20 anos – um total de $16 bilhões divididos em 20 anos –, ela poderia se tornar a primeira cidade do país a realizar a Terceira Revolução Industrial de baixo carbono.[18] Isto significa que a cidade poderia alocar 95% de seu investimento para fortalecer a infraestrutura da Segunda Revolução Industrial, assegurando-se contra uma possível crise potencial durante o período de transição.

Por que tão pouco investimento é exigido? É porque o custo de manter uma infraestrutura antiga em forte declínio, com gastos cada vez maiores, é relativamente alto, comparado àquele de criar uma infraestrutura nova. Corrigir uma infraestrutura desgastada fornece poucas oportunidades econômicas novas e acrescenta pouco valor real à economia. Uma nova infraestrutura, em contrapartida, estimula todo tipo de iniciativas e empreendimentos simbióticos, sinergéticos e complementares.

Novamente, isso pressupõe que a cidade adote uma abordagem sistemática para estabelecer uma nova infraestrutura. O efeito multiplicador real ocorre quando a interação entre os pilares dá origem a um novo paradigma. Embora cada um dos cinco pilares que compõem a infraestrutura da Terceira Revolução Industrial, tomados isoladamente, adicionaria um valor marginal à economia, quando estão conectados em um sistema interativo agem como um organismo em evolução, a nova econômica decola. E assim como qualquer organismo, passa pelas três fases: juventude, maturidade e senilidade.

Ressalto isso porque nossa equipe reagiu a uma notícia equivocada que ameaçou minar nossos esforços nas semanas que antecederam o lançamento formal do plano diretor ao público pela CPS. A empresa informou às agências de notícias que nosso plano da Terceira Revolução Industrial custaria uma quantia assustadora de $16 bilhões e aumentaria significativamente as contas de energia elétrica. Esse dado foi citado fora do contexto, sem qualquer informação adicional. A reação imediata de alguns canais de mídia, naturalmente, foi que o plano diretor drenaria os cofres públicos e aumentaria rapidamente o custo de energia elétrica aos residentes na cidade. Corremos para controlar os danos e explicamos que os $16 bilhões seriam divididos ao longo de 20 anos e que isto nem chegava a representar 5% do investimento econômico anual que o setor público e privado já gasta. Explicamos ainda que o efeito econômico multiplicador de criar uma nova infraestrutura regeneraria a economia, criando todos os tipos de novos negócios e empregos. Quando finalmente o relatório foi publicado e a comunidade empresarial, grupos civis e autoridades municipais conseguiram colocar os $16 bilhões em contexto, os humores acalmaram, permitindo que a cidade avaliasse o plano de uma forma ponderada.

## UMA FUSÃO NUCLEAR

O mal-entendido da imprensa foi uma breve digressão. De consequências bem maiores foi um erro sério de julgamento por parte dos executivos da CPS nas semanas que antecederam a publicação do plano diretor, que acenderiam um escândalo público e forçariam a demissão da principal equipe e do presidente do conselho de diretoria da empresa. A queda política forçou-nos a deixar o plano diretor de lado enquanto a cidade resolvia a confusão. Para nossa sorte, o escândalo em si e as ações corretivas adotadas pelo prefeito e autoridades municipais acabaram fortalecendo as razões para o desenvolvimento de uma Terceira Revolução Industrial para San Antonio.

Desde minhas primeiras discussões com Aurora Geis, priorizar as futuras fontes de energia para a CPS e a cidade de San Antonio era uma questão de enorme preocupação. A CPS estava direcionada para dois caminhos energéticos, e cada um estava sendo perseguido agressivamente. Eles apostavam tanto na energia nuclear quanto na eólica, e estávamos considerando acelerar significativamente a energia solar.

A CPS tem importante participação em duas usinas de energia nuclear que fornecem uma parte significativa da eletricidade da cidade. Em 2006, com as economias dos Estados Unidos e de San Antonio em franco crescimento, a CPS preocupou-se com o fato de que se a curva de crescimento existente continuasse a subir, a cidade enfrentaria escassez de energia por volta de 2016. Para cobrir o déficit projetado, a direção da CPS concluiu que ela teria de aumentar acentuadamente seu poder de "carga básica" – a quantia mínima de energia necessária 24 horas por dia – por meio da geração de energia com carvão ou com energia nuclear. Eles escolheram a segunda, justificando que a energia nuclear não emite $CO_2$ e, portanto, é uma opção limpa que permitiria à cidade continuar a perseguir suas metas de sustentabilidade.

A CPS fez uma parceria com a NRG Energy, e juntas criaram uma *joint venture* com a Toshiba para construir dois novos reatores nucleares. Cada empresa teria 40% do projeto conhecido como "Nuclear Innovation North America (NINA)" e um comprador ficaria com os 20% remanescentes de participação acionária. Em 2007, a CPS e a NRG apresentaram uma solicitação à US Nuclear Regulatory Commission para construir os reatores nucleares – foi a primeira nova solicitação de construir usinas de energia nuclear nos Estados Unidos em 28 anos, desde o colapso da usina nuclear Three Mile Island na Pensilvânia, em 1979.[19] A cidade destinou $276 milhões ao trabalho preliminar de *design* do local, mas com a exigência de que a CPS reduzisse de 5 para 3,5% o aumento que queria repassar à população para ajudar a pagar pela nova geração de energia.[20]

Ao mesmo tempo, a CPS estava aumentando substancialmente sua capacidade de geração de energia eólica. Com 910 megawatts de energia renovável já sob contrato – 94% dos quais com a Texas Wind –, a CPS poderia se orgulhar por produzir mais energia renovável, eólica, que qualquer outra fornecedora de energia municipal nos Estados Unidos. A CPS teria condição de ampliar tanto sua energia nuclear quanto a energia renovável?

Havia três fatores adicionais a considerar. Primeiro, a população se manifestou contra a expansão da energia nuclear. As organizações cívicas estavam preocupadas com os riscos ambientais, pois o fantasma da Three Mile Island não havia desaparecido completamente. Havia também a preocupação quanto à questão incômoda, ainda não resolvida durante os 60 anos da geração de energia nuclear, de como transportar e armazenar resíduos nucleares letais.

Em segundo lugar, a câmara municipal estava preocupada com o alto custo na construção de duas usinas elétricas, temendo que a cidade e os contribuintes acabassem não conseguindo pagar as contas que sempre aumentavam, devastando o fluxo de receitas e a economia local da cidade.

Em terceiro lugar, perguntava-se qual das duas trajetórias de energia provavelmente estimularia novas oportunidades econômicas e criaria os tão necessários empregos.

Essas questões apareceram repetidamente em nossas discussões particulares com a CPS Energy e em nossas reuniões públicas. Aurora Geis teve uma epifania desse tipo depois da visita em campo à Espanha, mas será que ela entendia que as duas trajetórias energéticas que a CPS estava perseguindo não faziam sentido? A questão mais profunda era se a cidade continuaria a contar com as energias tradicionais, centralizadas do século XX, ou começaria a fazer a transição no longo prazo para as energias distribuídas do século XXI. Estavam em jogo duas abordagens bem diferentes para prover energia – uma de cima para baixo e a outra entre pares. Escolher a última exigiria que se repensasse totalmente o que as empresas de energia e eletricidade fazem para ganhar dinheiro.

O interessante é que só havia uma única menção de energia nuclear em todo o relatório do plano diretor, de 133 páginas. Nossa equipe tinha inserido um gráfico da própria CPS detalhando as suposições de risco a respeito das várias fontes de energia que a empresa estava considerando. A análise da CPS mostrava que os custos para construir uma instalação nuclear poderiam ser 6% mais baixos que os projetados em uma ponta e até 50% mais altos que o projetado na outra (os dois primeiros reatores nucleares da CPS construídos na década de 1980 tiveram um custo 500% acima de sua projeção inicial).[21] Em contrapartida, os custos para instalar a energia eólica podiam ser 10% mais baixos ou 15% mais altos que o projetado. O risco de propagaçãopara energia solar era aproximadamente o mesmo que para a energia eólica.[22] O gráfico era acompanhado pelo seguinte texto:

> As suposições a respeito dos riscos associados aos custos projetados para essas opções devem ser consideradas com atenção. Qualquer investimento que acabe custando muito mais do que o projetado pode absorver o capital discricionário, o qual poderia estar disponível para investir em iniciativas de

desenvolvimento sustentável que pudessem contribuir para a transição para a Terceira Revolução Industrial.[23]

Essa referência aos riscos de custo potenciais associados à instalação de novas usinas de energia nuclear voltaria a assombrar a CPS. Mas um mês após o lançamento oficial do plano diretor, e três dias antes da câmara municipal de San Antonio votar no investimento adicional de $400 milhões no projeto nuclear de $8,5 bilhões, o gabinete do prefeito foi informado de que a Toshiba havia aumentado seus custos projetados para os dois reatores nucleares para um incrível valor de $4 bilhões. Aparentemente, alguns executivos da CPS sabiam desse aumento de custo semanas antes e não informaram a diretoria da empresa nem a câmara dos vereadores.

Quando a notícia saiu, cabeças rolaram. Bartley foi demitido e Aurora Geis, a presidente do conselho de diretores da CPS, apesar de inocente, foi pressionada pelo novo prefeito, Julián Castro, a assumir a responsabilidade pela omissão e pedir demissão. Mesmo antes de revelar o custo adicional, Geis expressou a preocupação de que o CPS estivesse colocando dinheiro demais em energia nuclear à custa de fazer a transição para as energias renováveis e a energia distribuída. Ela trabalhou silenciosamente nos bastidores para reduzir a participação da cidade de 40 para 20% do orçamento — investimento suficiente para cobrir as necessidades de energia nuclear projetadas da CPS. O prefeito Castro concordou com o novo compromisso firmado em agosto.

Com os custos projetados agora rondando a casa dos $12 bilhões, e com as novas estimativas independentes colocando a cifra mais perto de $17 a $20 bilhões, a cidade decidiu bancar.[24] Em um acordo entre a CPS, a NRG e a Toshiba, intermediado pelo prefeito Castro, a CPS reduziu sua participação nas usinas nucleares do Texas de seus 40% iniciais para um percentual final de 7,6%, representando um total de $1 bilhão do orçamento municipal.[25]

A propósito, embora a cidade de San Antonio estivesse resguardada, o contribuinte americano não estava. A *joint venture* com a NRG, a NINA e a Toshiba ainda estão buscando investidores e buscando uma garantia de empréstimo do Ministério de Energia dos Estados Unidos para dar andamento ao projeto. Se o custo for alto demais, ameaçando a solvência da iniciativa de risco, o contribuinte americano acabará pagando parte da conta.

O embate sobre a energia nuclear destacou outra questão polêmica para os cidadãos de San Antonio: os empregos. Quando o então prefeito, Phil Hardberger, recebeu nossa equipe global no workshop de três dias em abril de 2009, ele frisou que o principal interesse da cidade era encontrar novas maneiras de gerar energia sustentável enquanto otimizava novas oportunidades de emprego, principalmente para a classe trabalhadora e para os pobres da cidade. Nossa tarefa era examinar novas opções de energia que não poluíssem e colocassem as pessoas para trabalhar.

O setor de energia nuclear gosta de frisar o fato de que a construção de reatores nucleares em larga escala gera empregos. Em um editorial de 2010, Christine Todd Whitman, ex-governadora de New Jersey e diretora da Agência de Proteção Ambiental (Environmental Protection Agency, EPA) no governo do presidente George Bush, afirmou que construir uma nova geração de usinas de energia nuclear poderia criar "até 70.000 novos empregos" em todo o país.[26] Sob um exame mais minucioso, porém, as perspectivas de emprego parecem menos atraentes.

A construção de um único reator gera apenas 2.400 empregos no setor de construção, e quando o reator passa a funcionar, ele requer apenas 800 trabalhadores em tempo integral. Para chegar aos 70.000 empregos projetados pelo ex-governador, seria necessário construir 22 usinas de energia nuclear a um custo de $200 bilhões ou mais, e levaria 20 anos ou mais para construí-las – um enorme investimento. Em contrapartida, de acordo com a Union of Concerned Scientists, uma das associações científicas mais respeitadas da nação, se o governo federal tivesse de estabelecer um requisito de que os serviços de utilidade pública obtivessem 25% de sua eletricidade de energias renováveis, ele geraria quase 300.000 empregos. Além disso, os $12 a 18 bilhões ou mais para se colocar dois novos reatores nucleares no Texas para funcionar corresponderiam ao investimento econômico total aproximado que seria necessário nos próximos 20 anos para se estabelecer uma infraestrutura de cinco pilares da Terceira Revolução Industrial e alcançar as metas de redução de emissão de carbono da cidade.[27]

E a energia adicional que as usinas de energia nucleares trariam on-line? As projeções de crescimento de energia que a CPS usou se basearam em modelos convencionais que podem não ser tão relevantes no futuro. Os serviços de utilidade pública há muito contaram com o crescimento da carga e das vendas anuais entre 1 e 2%.[28] Essa regra prática permaneceu constante durante 45 dos últimos 58 anos. Mas, à medida que os consumidores começam a consumir menos energia e aumentam sua produção de energia, haverá uma queda notável na demanda. A demanda de energia no Texas caiu 3,2% em 2009.[29] Reduções similares no uso de energia estão ocorrendo em toda América e Europa, forçando uma reavaliação das futuras necessidades de energia e das previsões de crescimento.

É possível que um aumento na demanda de eletricidade para a internet e outros serviços relacionados a comunicações, além de veículos elétricos, possa estimular o crescimento de energia nos próximos anos. A questão é se essa demanda é atendida basicamente com energias convencionais – combustíveis fósseis e nucleares – ou cada vez mais com fontes de energia renovável. A CPS está se movendo claramente para o segundo.

A polêmica sobre energia nuclear conteve o desenvolvimento da Terceira Revolução Industrial de San Antonio durante quase um ano. Na época em que eu escrevi este livro, a cidade e a empresa de energia estavam montando no cavalo outra vez, como gostam de dizer no Texas, atrás de suas metas para conduzir a nação para um novo futuro pós-carbono. A CPS e a cidade já economizaram 142 megawatts de eletricidade nos últimos dois anos e estabeleceram uma meta de redução de uso de eletricidade de 771 megawatts por volta de 2020. Aproveitando sua realização significativa de geração de energia renovável de 910 megawatts, San Antonio espera gerar 1.500 megawatts de energia renovável por volta de 2020.[30] A CPS também está começando a montar uma rede inteligente, com planos de instalar 40.000 metros inteligentes em construções em toda a região metropolitana em dois anos. A CPS também fez um acordo com a GM para fornecer postos de carregamento de energia para o Chevy Volt.[31] Como resultado, San Antonio está a caminho da economia da TRI.

## COMÉRCIO CONTRAINTUITIVO

O desafio mais importante que a CPS enfrenta é transformar seu modelo de negócio e estilo gerencial para acomodar os requisitos de uma nova era de energia distribuída gerenciada pela tecnologia de comunicação da internet. As empresas europeias de utilidade pública e fornecimento de energia estão enfrentando um desafio similar, e logo o mesmo acontecerá com outras as empresas de fornecimento de energia elétrica no mundo.

Como outras empresas de energia, a CPS produzia sua própria energia e a vendia aos usuários finais. Agora, no novo modelo de negócio, a CPS compra eletricidade de alguns de seus clientes e a distribui aos outros. Da mesma forma, a missão da CPS no passado foi produzir e vender mais eletricidade. Agora sua meta é aprimorar a eficiência de energia, vendendo paradoxalmente cada vez menos eletricidade. Embora a CPS mantenha sua forma tradicional de gerar energia de combustível fóssil e urânio em um sistema de distribuição e administração centralizado nos próximos anos, ela também precisará passar agressivamente para o novo modelo de negócio de gerenciar a energia de outras pessoas e ajudá-las a otimizar seus usos de energia enquanto aumentam cada vez mais sua eficiência energética.

Sugerimos que a CPS considere novas oportunidades de negócio juntamente com toda a cadeia de valor de uma infraestrutura da Terceira Revolução Industrial. Por exemplo, a CPS Energy e a cidade poderiam começar a fazer financiamento, manufatura e atendimento dos vários componentes e processos que compõem a infraestrutura de cinco pilares de uma Terceira Revolução Industrial.

Vale notar que nem a CPS nem a cidade serão capazes de implementar, sozinhos, um plano de jogo econômico dessa dimensão. Para atingir o objetivo de se tornar a região dos Estados Unidos a liderar a Terceira Revolução Industrial, a cidade e a CPS terão de assegurar a total participação do cliente. Empreendimentos de porte pequeno e médio, cooperativas, iniciativas de interesse comum, associações de bairros e grupos de defesa ambiental e de consumidores são todos participantes potenciais e parceiros na implementação de um plano de jogo da TRI para San Antonio e o sul do Texas.

Muitos dos desafios que San Antonio enfrenta são compartilhados pelos condados vizinhos. Sugerimos que San Antonio se posicionasse como o centro de uma rede de energia reunindo empresas de utilidade pública, outros provedores de energia e usuários, com o objetivo de estabelecer uma infraestrutura da TRI por toda a região sul do Texas.

Durante o período que passei com o pessoal da CPS Energy, não pude deixar de imaginar o que minha mãe pensaria da experiência radical que estávamos fazendo. Minha mãe, que faleceu em 2007 aos noventa e seis anos, nasceu em El Paso, Texas, em 1911. Sua família se estabeleceu no Texas nos anos 1890. Em 10 de janeiro de 1901, as máquinas perfuradoras no campo de Spíndletopem Beaumont, Texas, encontraram petróleo a 1.020 pés – jorrando a mais de 150 pés de altura. Esse único poço extraía 100.000 barris por dia, na época mais do que todos os demais poços de petróleo juntos nos Estados Unidos.

Minha mãe cresceu enquanto milhares de máquinas perfuravam o solo por todo o Texas, na esperança de encontrar ouro negro. Muitos encontraram, e para o público o Texas tornou-se sinônimo de grandes reservas de petróleo. A América, por sua vez, tornou-se a potência mundial da Segunda Revolução Industrial.

É estranho, ou talvez adequado, que uma nova geração de máquinas capte o vento e o sol para tornar o Texas o maior estado produtor de energia verde. Seus esforços podem preparar caminho para que os Estados Unidos se apoderem da nova corrida de energia e recobrem sua liderança mundial na transição para energias renováveis da Terceira Revolução Industrial.

Minha mãe sem dúvida ficaria instigada com a reviravolta no Texas. Ela provavelmente me lembraria do velho adágio texano: "Se você estiver em um buraco profundo, pare de cavar" — um ditado da sabedoria nativa apropriado para o final da era do petróleo.

## MÔNACO *FAST-TRACKING*

Apenas três meses após a equipe global conduzir durante três dias seu workshop do plano diretor para San Antonio, fui convidado pelo Príncipe Albert II, de Mônaco, a levar a equipe para seu minúsculo principado na Costa Sul da França, na região de Côte d'Azur.

Conheci o Príncipe Albert em fevereiro de 2007, em Paris. O presidente francês, Jacques Chirac, me pediu para dar um workshop de alto nível para autoridades do governo e líderes empresariais do mundo todo no dia em que o Painel Intergovernamental sobre Mudanças Climáticas das Nações Unidas deveria divulgar seu quarto Relatório-Síntese de Avaliação em Paris. O workshop deveria analisar as várias medidas econômicas que deveriam ser tomadas para efetuar a transição da economia global para a era pós-carbono. O príncipe Albert foi um dos integrantes do painel.

Quando as pessoas pensam em Mônaco, imaginam uma vida excelente que atrai os ricos e famosos do mundo todo, o Gran Prix, a corrida de Fórmula 1 e o Belle Époque Casino, decorado em ouro. Mas há outro lado de Mônaco que merece igual atenção. O avô do Príncipe Albert, Príncipe Albert I, foi o primeiro chefe de Estado a defender a preservação dos ecossistemas oceânicos do mundo. Depois de uma viagem de navegação pelo mundo em 1906, na qual ele coletou dados e conduziu estudos sobre a vida marinha, o príncipe Albert estabeleceu o mundialmente renomado Instituto Oceanográfico – o primeiro corpo científico a estudar os oceanos profundamente, visando conservar a vida marinha. O príncipe Rainer III deu continuidade ao trabalho, tornando-se uma voz internacional respeitada para a proteção marinha. Durante seu reinado, Mônaco tornou-se o primeiro país mediterrâneo a só despejar água usada limpa e potável no mar".[32]

O que me impressionou tanto no workshop de Paris foi o conhecimento profundo que o príncipe tinha da ciência das mudanças climáticas e das abordagens pragmáticas que ele estava implementando em Mônaco para tratar da crise. Percebendo os impactos drásticos que as mudanças climáticas já estão tendo nos oceanos do mundo, o Príncipe Albert II voltou sua atenção para o desafio do aquecimento global e tornou-se um importante porta-voz da questão entre os líderes do mundo. Sob sua orientação, o principado de Mônaco lançou uma série de iniciativas ambientais destinadas a tornar-se um modelo para a Europa e para o mundo.

Voltei a encontrar o príncipe em março de 2009. Eu estava em Mônaco para tratar de uma conferência anual sobre as tecnologias de ponta da Terceira Revolução Industrial que reunia as melhores cabeças do mundo no setor de tecnologia com empreendedores preocupados com o ambiente e instituições financeiras. A conferência anual é idealizada por Mungo Park, um empreendedor perspicaz com uma noção aguda da comunidade tecnológica e um talento para identificar os prováveis sucessos entre milhares de tecnologias verdes que concorrem por atenção. Mungo gosta de ter uma relação próxima com a monarquia e sugeriu que nos encontrássemos com o príncipe para discutir questões de interesse mútuo.

Fomos levados a uma pequena sala cheia de livros e mapas antigos. Parecia o tipo de estúdio do início do século XX que se poderia encontrar em *Os Caçadores da Arca Perdida*. O príncipe Albert é um homem calado e singelo que, suspeito eu, teria dedicado a vida à pesquisa científica, se não tivesse nascido em uma família real.

O príncipe estava preocupado com as conversas sobre mudanças climáticas em Copenhagen no final do ano e temia que não se estivesse dando atenção suficiente para o desenvolvimento de uma abordagem econômica sistemática para tratar do aquecimento global. Ele tinha ciência do modelo de desenvolvimento econômico que eu preparei para a União Europeia e perguntou como eu poderia ajudar a introduzir uma Terceira Era Industrial. Sugeri que eu precisava de modelos de trabalho e que Mônaco seria um bom local para testar algumas das ideias mais novas – principalmente porque já estava bem adiantada em suas iniciativas de mudança climática. O príncipe concordou e combinamos uma data para reunir nossa equipe com seus ministros e especialistas técnicos para esboçarmos um plano diretor da Terceira Revolução Industrial para o principado de Mônaco. Nossa esperança era que o plano diretor pudesse ser concluído em outubro para o príncipe Albert apresentá-lo como um plano visionário a outros líderes mundiais durante a Conferência das Mudanças Climáticas em Copenhagen. Dado o curto espaço de tempo, arregaçamos as mangas e nos pusemos a trabalhar.

Embora Mônaco, como San Antonio, contasse com a ajuda de nossa equipe para alcançar a meta de 20-20-20 até 2020, as duas entidades não podiam ser mais diferentes. Mônaco é uma nação soberana, independente, governada como uma monarquia constitucional. Enquanto San Antonio é uma cidade esparramada com uma ampla classe pobre, Mônaco é um denso enclave urbano, espremida entre o Mar Mediterrâneo e as montanhas, onde moram algumas das pessoas mais ricas da Terra. O PIB per capita é 51.092 e não há desemprego. O orçamento operacional do governo é 744.209.751.[33] Não há imposto de renda. Em vez disso, a receita do governo é gerada via um imposto agregado de 20% e de um imposto de 5% sobre as vendas. A área de menos de dois quilômetros quadrados do principado abriga 35.000 habitantes. A população dobra a cada dia, em virtude do deslocamento da população de casa para o trabalho e de visitas dos turistas.

Na realidade, eu provavelmente devesse esclarecer quem reside em Mônaco, admitindo que isto foi colocado na mesa no primeiro dia em que nossa equipe global se reuniu com os supervisores do principado. Fomos informados que muitos dos residentes mais ricos de Mônaco ficam lá de vez em quando, usando suas residências mais como casas de férias. Por não haver imposto de renda, no entanto, eles alegam que suas casas são domicílios – e vimos que isso cria um problema ambiental constrangedor e pouco mencionado. A fim de provar seu *status* de domicílio, os donos dos imóveis devem fornecer cópias mensais de suas contas de energia elétrica para comprovar que estão ocupando suas dependências. O resultado é que tudo fica ligado ininterruptamente, mesmo quando as residências não estão sendo ocupadas, gastando energia e acrescentando pegadas de $CO_2$ no minúsculo principado. O governo está tentando resolver o problema, em parte, oferecendo um subsídio considerável para converter as residências em microgeradores de energia que possam enviar energia limpa de volta para a rede (trataremos mais sobre isso neste capítulo).

A primeira pergunta que fizemos foi de onde Mônaco tira sua energia? Dezessete por cento de sua eletricidade vem do bombeamento da água do mar, enquanto 25% da demanda de aquecimento e resfriamento são atendidos por meio de uma usina geradora de energia por meio da incineração de lixo.[34] A maior parte da eletricidade vem da França, que conta basicamente com energia nuclear para geração de energia.

O patrimônio imobiliário de Mônaco ocupa um espaço tão pequeno que praticamente não existe terreno disponível para parques geradores de energia em grande escala. O que o principado tem, contudo, são seis quilômetros de costa que poderiam ser aproveitados para gerar energia por ondas e vento, além uma taxa de irradiação solar bastante alta, que poderia ser aproveitada por meio de células fotovoltaicas ou térmicas solares para gerar energia.[35]

O grande desafio de Mônaco é como coletar a alta irradiação solar nas edificações sem comprometer a herança arquitetônica. O principado deixou bem claro que não queria alterar o visual nem a aparência dos edifícios, incluindo sua cor ou forma.

Vinte e quatro por cento do espaço de Mônaco é composto de telhados, sendo a metade deste adequada para células fotovoltaicas (ou seja, face Sul, e são encobertos por sombras). Estimamos que mais de 30% da meta de energia renovável de Mônaco de 50 gigawatts/hora por volta de 2020 possam ser atingidos pela geração de energia fotovoltaica solar a partir dos painéis instalados nos telhados.[36] Poderíamos dobrar a geração de energia solar usando as fachadas dos edifícios como pontos de coleta. Muito do potencial solar remanescente poderia ser aproveitado fazendo-se o *leasing* de terras disponíveis na fronteira da França e erigindo-se rastreadores solares. Nossa equipe também sugeriu testar um sistema fotovoltaico ainda experimental na orla que permitisse ao principado coletar energia solar sobre o Mar Mediterrâneo. Um protótipo de sistema fotovoltaico no mar, com um diâmetro de 100 metros, já está sendo testado em Abu Dhabi, no Golfo Pérsico. Placas fotovoltaicas flutuantes distantes da linha costeira e de nossa visão poderiam fornecer os 15% adicionais de energia renovável que o principado precisa para atingir sua meta até 2020.[37]

O governo deseja realmente transformar as construções em microgeradores de energia e está oferecendo um subsídio de 30% — sendo o máximo €30.000 — para a instalação de sistemas fotovoltaicos solares.[38] Mas como fazer isso sem que a cidade pareça um sistema gigantesco de geração de energia?

Nosso grupo de arquitetura e planejadores urbanos consultou especialistas em energia e chegou a maneiras viáveis de obter energia sem comprometer a estética da paisagem urbana. A maioria das células fotovoltaicas é azul escuro e ligada a estruturas com painéis muito pouco atraentes. Se as construções de Mônaco recebessem painéis fotovoltaicos, o efeito seria desastroso.

Felizmente, agora as empresas estão incorporando pequenas células fotovoltaicas diretamente nas telhas de terracota, construindo uma proteção, paredes, vidros, coberturas e até mesmo persianas que as tornam invisíveis nas superfícies externas.

A tecnologia eólica também pode ser incorporada nas construções. Isto surpreende muitas pessoas, uma vez que quando pensamos na geração de vento, o que nos vem à mente são gigantescas turbinas enfileiradas em grandes parques eólicos. Recentemente, no entanto, novas turbinas de vento com eixo vertical foram desenvolvidas. Elas não precisam girar e podem absorver o ar mais turbulento que existe em densas áreas urbanas. Essas turbinas de vento com eixo vertical podem ser posicionadas em cima de construções existentes em Mônaco, para expandir sua capacidade de geração de energia renovável.

Telhados e paredes verdes também estão se tornando a moda e os recomendamos para Mônaco. Incorporar usinas na infraestrutura construída reduz o escoamento das águas das chuvas, aumenta a massa térmica (diminuindo o efeito de ilha de aquecimento urbano no verão e ajudando a reter calor no inverno), e amplia a biodiversidade urbana. Em 1998, a cidade de Basel, Suíça, lançou uma iniciativa de telhados verdes e hoje 20% da área plana de telhados da cidade é verde. Toronto, no Canadá, e Linz, na Áustria, agora exigem que todas as construções com telhados planos sejam verdes. Todos esses esforços – telhados verdes e com energia solar e eólica – ajudam a reconectar Mônaco à sua própria faixa da biosfera e a encorajar a consciência da biosfera.

Uma nota final sobre Mônaco: toda localidade de categoria mundial tem sua própria narrativa cultural. Para Mônaco, são carros rápidos. Corridas de automóveis e Mônaco são sinônimos para o público. Em nosso plano diretor, propusemos que o principado desse o exemplo para o mundo, mudando sua pequena frota de ônibus de motores a combustão interna movidos a gasolina para veículos a células de combustível movidos por hidrogênio. Por ser pequeno, Mônaco conseguiu efetuar a transição com rapidez e a um custo mínimo, tornando-se o primeiro país do mundo a ter um sistema de transporte público com zero de emissão de poluentes.

Após a conclusão de nosso workshop executivo em Mônaco, Byron McCormick, de nosso grupo de políticas econômicas, e eu nos sentamos com Mungo Park no bar do hotel para fazer um *brainstorm* sobre a ideia que Mungo estava contemplando. Que tal ter uma segunda corrida anual de automóveis em Mônaco com carros elétricos e movidos a hidrogênio do mundo todo? Os veículos seriam movidos com a eletricidade coletada de células solares, vento vertical e outras energias renováveis coletadas das construções de Mônaco. Poderia haver uma maneira melhor de demonstrar que a Segunda Revolução Industrial passou e a Terceira Revolução Industrial chegou? Estava curioso para ver a reação de Byron. Ele era um homem que passara a vida toda na General Motors e era um dos poucos responsáveis pelo desenvolvimento dos futuros carros da empresa, inclusive os veículos de células a combustível de hidrogênio. A resposta dele foi rápida e sincera: "Onde eu assino?".

Enquanto nossa equipe concluía as atividades em Mônaco, fazia as malas e ia para o aeroporto, pensava se a meca que atraía os ricos e famosos poderia ganhar uma nova marca como o lugar onde a sustentabilidade de alta tecnologia, de ponta, se tornou o novo padrão estético para o mundo.

## "DESCARBONIZANDO" UTRECHT

Se Mônaco representa o lazer, Utrecht representa o trabalho. Produtivo por natureza, de espírito empreendedor e pragmático ao extremo, essa pequena província no interior dos países baixos é um lugar onde a racionalidade e os negócios imperam. A província é uma das regiões com crescimento mais rápido na União Europeia. O desemprego é baixo, o padrão de vida é relativamente alto e a região tem uma universidade de categoria mundial, o que a torna um hub importante na economia do conhecimento europeu.

Ao contrário de algumas outras jurisdições com as quais trabalhamos, Utretch não sofre de falta de planejamento. Eles têm planos de sobra — planos para dez anos, para vinte anos, que são desenvolvidos com detalhes que raramente se vê em governos de províncias. Acho que as pessoas que tiveram de tomar providências para evitar inundações há séculos têm o instinto do planejamento cravado indelevelmente em seu DNA coletivo.

O fato é que os holandeses têm o hábito de se preparar contra os perigos iminentes – e ainda mais atualmente, em um mundo que enfrenta preços e escassez de energia cada vez mais voláteis e descolamentos sociais e ecológicos potencialmente devastadores trazidos pela mudança climática induzida pelo homem.

Pensando nisso, a província estabeleceu uma agenda ambiciosa: conduzir as regiões da União Europeia para uma Terceira Revolução Industrial com uma meta de redução de 30% (10% além da meta da União Europeia) em gases poluentes até o ano de 2020 e tornar-se neutra em carbono até 2040. Muito poucas regiões estão contemplando atualmente o que Utrecht tem em mente.

Para ajudar a atingir essa meta, a província e a Mesa Redonda de CEOs de empresas globais da Terceira Revolução Industrial iniciaram uma parceria colaborativa para repensar o desenvolvimento econômico no século XXI. A missão era preparar Utrecht para se tornar a primeira província da era da biosfera. Se Utrecht puder seguir uma trajetória rápida capaz de levá-la a emissões zero em trinta anos, provavelmente inspirará milhares de outras regiões a fazer o mesmo.

Como outras regiões densamente povoadas, Utrecht precisa expandir sua área metropolitana e construir novas comunidades suburbanas para atender a suas necessidades demográficas nos próximos vinte anos. Utrecht já fez planos para o desenvolvimento de duas novas comunidades: Rijnenburg e Soesterburg. Rijnenburg será uma comunidade de cerca de sete mil casas, enquanto Soesterburg é uma comunidade planejada de cerca de quinhentas casas. A província também precisa melhorar a infraestrutura existente em sua área metropolitana mais antiga.

A jurisdição enfrenta o mesmo desafio difícil que confronta outras cidades e regiões em rápido crescimento: como se expandir para novos desenvolvimentos enquanto se assegura que setores mais velhos da cidade não sejam abandonados. Nossa tarefa foi complicada pela necessidade de manter o crescimento econômico e acompanhar o ritmo com uma população crescente enquanto reduzia as pegadas de carbono da região.

Em vez de entrar na dicotomia típica do progresso econômico *versus* sustentabilidade ambiental, a província começou a explorar a possibilidade de usar o crescimento para financiar a revitalização verde. Em outras palavras, novos edifícios, que normalmente exigiriam mais energia e acrescentariam à conta de $CO_2$, seriam necessários para manter a neutralidade de carbono, enquanto ajudam setores mais velhos da cidade a aperfeiçoar sua infraestrutura.

A ideia é parecida com o financiamento de incremento fiscal (TIF, do inglês *tax increment financing*), usado na revitalização de áreas dilapidadas em cidades como Chicago, Albuquerque e Almeda. A ideia básica é que a província use a receita gerada de impostos de propriedade em áreas desenvolvidas recentemente para financiar projetos de renovação urbana em setores mais velhos da cidade. Entretanto, uma vez que o objetivo final dessas iniciativas é econômico, os programas recebem críticas com frequência por seguirem um esquema muito parecido ao de Robin Hood — roubar dos ricos para dar aos pobres.

Mas se a noção de renovação urbana incluísse economias de energia e proteção ambiental para toda a região, o "financiamento de energia" acabaria beneficiando tanto os ricos quanto os pobres. A receita dos impostos sobre propriedade de novos desenvolvimentos poderia ser colocada em um fundo que ajudasse a subsidiar os donos de imóveis em áreas degradadas da cidade a fazerem um retrofit de suas casas. O retrofit de construções resulta em menor uso de energia, mais economia de energia e menor liberação de $CO_2$ na atmosfera, conferindo, dessa forma, um benefício positivo aos moradores, empresas e à sociedade como um todo.

Mesmo com um plano de financiamento inovador em prática, contudo, o retrofit de uma cidade inteira é muito mais fácil na teoria do que na vida real. Como acontece com qualquer problema econômico, a questão passa a ser a priorização. Como uma jurisdição decide quais construções passarão primeiro por retrofit? A climatização de casas isoladas é uma ideia excelente e pode ter um impacto significativo no uso de energia, mas o retrofit da Willis Tower em Chicago, por exemplo, economizará eletricidade suficiente para fornecer energia a 2.500 casas.

Ficou claro que a província de Utrecht precisaria de um plano que fosse inclusivo e fizesse sentido financeiramente. A Adrian Smith + Gordon Gill Architecture, uma empresa de planejamento urbano de Chicago e membro de nossa equipe de desenvolvimento global, propôs uma solução de software para Utrecht que envolveria toda a comunidade para atingir sua meta de emissão zero.

O plano envolve a construção de um modelo 3-D virtual da cidade. O primeiro passo seria trabalhar com os estudantes e professores da universidade local para conduzir auditorias abrangentes de energia de todas as edificações em Utrecht. Edifícios públicos seriam os primeiros a passar por auditoria, depois as residências e os edifícios comerciais. Cada edifício seria classificado com base em seu potencial para economizar energia (ou seja, os edifícios vermelhos teriam o maior potencial para economia de energia, os amarelos teriam o segundo maior potencial e assim por diante).

Depois de quantificado o potencial para economia de energia, o próximo passo é estimar o custo de efetuar o retrofit de cada uma das estruturas. Uma vez que essas informações estiverem disponíveis, então ficará muito mais claro onde deverão ser feitos os primeiros investimentos. Com o potencial para economias de energia identificado e o custo de investimento estimado, resta garantir financiamento e viabilizar projetos e propostas.

O modelo virtual 3-D de descarbonização cria um mercado on-line para energia. Uma das maiores barreiras aos retrofits residenciais é a lucratividade. Por essa razão, as companhias fornecedoras de energia dirigem sua atenção para grandes projetos comerciais, uma vez que eles são mais lucrativos, enquanto que a margem sobre uma única casa, em comparação, é muito pequena. As informações sobre a energia disponível livremente ao público pela internet, no entanto, geram potencial para que uma única casa ou um residente encontrar uma empresa para fazer o retrofit de seu imóvel. Todas as construções vermelhas podem ser reunidas, ou todas as amarelas em uma área podem ser combinadas, de modo que uma empresa provedora de energia possa reunir um conjunto de construções e oferecer um preço muito reduzido para a realização do retrofitting – criando assim um projeto que seja comparável em tamanho e lucratividade a um grande contrato comercial. A abordagem de agrupamento leva as empresas fornecedoras de energia e os proprietários de imóveis de áreas a travar um diálogo público em torno da sustentabilidade. Uma vez que a ampliação da escala desse projeto requer que um número suficiente de proprietários de imóveis em um agrupamento concorde em se reunir e fazer parte de um retrofit coletivo, o processo de garantir a "adesão" começa a consolidar o apoio dos residentes ao plano da Terceira Revolução Industrial em toda a área.

Ansiosa para incentivar a participação da comunidade, a província de Utrecht montou um *website* que contém as análises e recomendações do plano diretor da TRI, incluindo uma lista de projetos prioritários, e começou uma conversa com seus cidadãos, a comunidade comercial local, pesquisadores da universidade e até alunos do ensino médio – convidando toda a região a participar. O plano diretor passou a ser lateral. Agora é uma plataforma para uma discussão de toda a província sobre como realizar a transição para uma economia da TRI.

As pessoas estão criticando partes da plataforma do plano diretor, dando sugestões e até votando em seus projetos preferidos. No processo, os novos participantes estão se conectando para partilhar experiências e conhecimento, reunindo interesses mútuos e criando redes dentro e através da visão do esqueleto de cinco pilares. A TRI tornou-se um exercício da comunidade, a versão holandesa da velha construção do celeiro americano, onde toda a comunidade se une para construir a estrutura. Esta é a democratização da energia, e isto vem de fato a ser o capitalismo distribuído.

E está funcionando. A população da província está se engajando profundamente no próprio futuro de sua economia. "Não no meu quintal" está sendo substituído por um esforço colaborativo para administrar a biosfera dos arredores da província.

Se existe uma única lição a ser tirada da experiência que acumulamos com o engajamento em planos diretores, é que o processo é um exercício comunitário. Ou seja, requer a participação ativa de todos os três setores – governo, comunidade empresarial e organizações da sociedade civil local. Revolucionar a infraestrutura de uma cidade, região ou nação afeta a todos, alterando seu modo de vida, trabalho e lazer. Assegurar que todo o interesse seja representado em cada etapa do processo deliberativo assegura o apoio da comunidade. Sem um amplo consenso sobre as metas e objetivos, é improvável que qualquer jurisdição política tenha capital social suficiente para incitar seus cidadãos a fazer mudanças estruturais fundamentais.

OS PLANOS DIRETORES têm sido uma experiência surpreendente tanto para a equipe de desenvolvimento quanto para as localidades. Entre outras coisas, estamos começando a perceber que a Terceira Revolução Industrial muda mais do que nosso regime de energia. O novo sistema que surge da harmonização da infraestrutura de cinco pilares é tão diferente do sistema existente que está criando modelos de negócio totalmente diferentes. A elite, as energias de combustíveis fósseis da Primeira e Segunda Revolução Industrial favoreceram economias verticais de escala e a formação de empreendimentos centralizados, gigantes, por toda a cadeia de suprimento, gerenciadas por organizações hierárquicas racionalizadas competindo em mercados adversários. As energias renováveis amplamente disponíveis da Terceira Revolução Industrial, em contrapartida, dão origem a milhares de empresas distribuídas que se reúnem em relações de negócio colaborativas inseridas em redes que funcionam de modo mais semelhante a ecossistemas do que a mercados.

Na nova era, os mercados competitivos darão lugar a redes colaborativas, e o capitalismo de cima para baixo vai se tornar cada vez mais marginalizado pelas novas forças do capitalismo distribuído.

PARTE II

# O PODER LATERAL

CAPÍTULO QUATRO

# CAPITALISMO DISTRIBUÍDO

As formas de energia definem a natureza das civilizações — como elas são organizadas, como os frutos do comércio e transações comerciais são distribuídos, como o poder político é exercido e as relações sociais são conduzidas. No século XXI, o locus de controle sobre a produção e a distribuição de energia mudará das companhias de energia gigantes, centralizadas, baseadas em combustível fóssil, para milhões de pequenos produtores que irão gerar suas próprias energias renováveis em suas moradias e negociar o excedente com comunidades de infoenergia. A democratização da energia terá profundas implicações sobre como orquestraremos toda a vida humana no próximo século. Estamos entrando na era do capitalismo distribuído.

Para entender como a nova infraestrutura da Terceira Revolução Industrial provavelmente provocará uma mudança radical na distribuição do poder econômico, político e social no século XXI, convém recuar e examinar como a Primeira e a Segunda Revolução Industrial reorganizaram as relações de poder nos séculos XIX e XX.

## A VELHA ELITE DO PODER

Os combustíveis fósseis — carvão, petróleo, gás natural — são energias de elite pela simples razão de serem encontrados apenas em alguns lugares. Requerem um investimento militar significativo para garantir seu acesso e o gerenciamento geopolítico contínuo para assegurar sua disponibilidade. Também exigem o comando centralizado, de cima para baixo, e sistemas de controle e concentrações maciças de capital para movê-los do subsolo e levá-los até os usuários finais. A capacidade de concentrar capital — a essência do capitalismo moderno — é fundamental para o desempenho efetivo do sistema como um todo. A infraestrutura de energia centralizada, por sua vez, estabelece condições para o resto da economia, estimulando modelos de negócio similares por todos os setores.

Considere a estrada de ferro, que foi sem dúvida a peça central da Primeira Revolução Industrial, com suas máquinas movidas a vapor. A estrada de ferro tornou-se o protótipo dos empreendimentos centralizados que viriam a dominar a Primeira e a Segunda Revolução Industrial. Em primeiro lugar, construir uma estrada de ferro exigia dispêndios de capital muito além daqueles necessários para a construção de indústrias têxteis, navios, canais ou outros itens caros do período. Nem mesmo as famílias mais ricas podiam bancar independentemente toda uma ferrovia. Os recursos tiveram de ser captados no exterior e até mesmo de lugares muito distantes. Para levantar o capital necessário, as ferrovias começaram a vender títulos. No início, foram os investidores europeus — na maioria ingleses, franceses e alemães – que bancaram muito da expansão das ferrovias americanas.[1] A necessidade de grandes quantias de capital concentrado transformou a minúscula Bolsa de Valores de Nova York em um gigante, e tornou a Wall Street o epicentro do capitalismo moderno.[2]

Com a chegada das ferrovias, a propriedade se separou da administração. Um novo gênero de administradores profissionais assumiu o comando desses novos empreendimentos gigantes, enquanto a propriedade se dispersou pelos cantos mais longínquos da Terra. Os novos supervisores pouco lembravam os pequenos proprietários de negócios de família idolatrados por teóricos da economia clássica como Adam Smith e Jean-Baptiste Say no início da era do mercado, no fim do século XVIII.

Os desafios organizacionais para se dirigir uma ferrovia não tinham precedentes. A colocação de trilhos por centenas de quilômetros em terrenos, muitas vezes, não planos era muito extremamente difícil. Manter o leito ferroviário, os motores e os carros e evitar acidentes era bastante problemático. Encaminhar cargas distribuídas por milhares de vagões em trânsito e fazer o acompanhamento delas até a entrega; garantir horários confiáveis e chegadas pontuais de passageiros por todo o continente era uma tarefa hercúlea que exigia níveis gerenciais e um contingente imenso de funcionários.

Para dar uma ideia de como esse novo tipo de empreendimento era realmente, pense nisto: em 1891, a Pennsylvania Railroad empregava 110.000 trabalhadores, enquanto a força militar norte-americana tinha apenas 39.492 homens no exército. Ainda mais surpreendente era que os gastos totais da Pennsylvania Railroad eram $95,5 milhões em 1893, quase 25% dos gastos públicos totais do governo norte-americano. Um dado ainda mais revelador são as receitas da Pennsylvania Railroad, que naquele ano totalizaram $135, 1 milhões, enquanto as receitas do governo federal foram $385,8 milhões.[3] E a Pennsylvania Railroad era apenas um dos sete grupos ferroviários que controlavam dois terços do tráfego ferroviário nos Estados Unidos.[4]

Coordenar um empreendimento comercial do tamanho de ferrovias continentais era uma tarefa assombrosa. A racionalização das operações do negócio tornou-se essencial ao processo de otimização das oportunidades comerciais.

O que envolve exatamente a racionalização do modelo de negócio? Max Weber, eminente sociólogo do início do século XX, foi ao cerne da questão, definindo os critérios e os pressupostos operacionais que foram empregados pela primeira vez pelas ferrovias e mais tarde acabaram sendo absorvidos por empresas de outros setores. A moderna burocracia empresarial é caracterizada por uma série de fatores. Sua estrutura é piramidal e a autoridade flui de cima para baixo. Há regras preestabelecidas que controlam todas as operações e instruções detalhadas que definem os cargos e como o trabalho deve ser executado em todos os níveis da organização. Para otimizar a produção, as tarefas são divididas e o trabalho é organizado em uma série de etapas fixas. O progresso na carreira se baseia no mérito e em critérios objetivos. Esses vários processos racionalizadores permitem que uma empresa agregue e integre várias atividades e, ao fazer isso, atinja um fluxo de produção acelerado, enquanto mantém controle das operações gerais.

Alfred Chandler, estudioso da história da administração, capta a essência da nova estrutura de administração das ferrovias e seu significado para o estabelecimento do modelo de negócio para outros setores. Ele observa que as ferrovias foram as primeiras a exigir um grande número de gerentes assalariados; o primeiro grupo a ter um escritório central operado por gerentes de nível médio, comandados pela alta gerência que se reportava a um conselho de diretores. Foram as primeiras empresas americanas a construir uma grande estrutura organizacional interna com linhas de responsabilidade, autoridade e comunicação claramente definidas entre o escritório central, a sede e as unidades de campo; e foram os primeiros a desenvolver fluxos financeiros e estatísticos para controlar e avaliar o trabalho de muitos gerentes.[5]

Vale enfatizar que as organizações burocráticas centralizadas, de cima para baixo, como aquelas iniciadas pelas ferrovias, exigiam uma força de trabalho alfabetizada. De que forma um empreendimento gigante como a ferrovia poderia dirigir uma operação logística complexa sem a capacidade de dar ordens por escrito pela cadeia de comando e receber relatórios escritos de seus funcionários espalhados por espaços tão vastos? Uma força de trabalho letrada está equipada com a ferramenta de comunicação, que torna possível uma cultura de contratos comerciais. Sem a impressão, seria impossível coordenar transações complexas de mercado e manter-se informado das atividades comerciais em toda a cadeia de suprimento. Métodos contábeis modernos, notas de conhecimento de embarque, faturas, cheques e programações são ferramentas gerenciais fundamentais na organização do moderno empreendimento comercial. A impressão também facilitou um sistema de precificação uniforme que é vital para as operações de uma economia industrial.

Ferrovias grandes, centralizadas, tiveram um impacto imediato na transformação dos setores com os quais faziam negócio. A simples escala de atividade exigida para se construir a infraestrutura ferroviária favoreceu a criação de construtoras gigantes para supervisionar centenas de empreiteiras no processo de construção. As ferrovias também desenvolveram seus próprios negócios complementares. A Pennsylvnia Railroad e outras compraram minas para garantir um suprimento imediatamente disponível de carvão para suas locomotivas. A empresa até financiou a Pennsylvania Steel Works Company para garantir que ela teria a quantidade de aço suficiente de que precisava para fazer os trilhos.[6]

As ferrovias também se associaram às empresas de telégrafos. Nas primeiras décadas, as ferrovias contavam com uma única via onde os trens trafegavam nos dois sentidos. Os acidentes eram frequentes e onerosos. A direção da ferrovia incorporou o telégrafo como meio de comunicação para monitorar e coordenar o tráfego pelos trilhos. A Western Union logo se destacou entre os concorrentes, colocando fios ao longo dos leitos de trem e montando agências de telégrafos nas estações de trem. O sucesso da empresa deveu-se, em grande parte, à sua adaptação ao mesmo estilo gerencial centralizado, de cima para baixo, usado pelas ferrovias.

O tipo de burocracia grande e centralizada, estruturada racionalmente, adotada pelas ferrovias, era adequado para coordenar as relações comerciais mais complexas que foram possíveis com o uso de carvão e da energia do vapor. O encurtamento das distâncias e a economia de tempo, resultantes da convergência da tecnologia da energia a vapor e carvão com as comunicações impressas, aceleraram a atividade comercial em todas as etapas da cadeia de suprimento, desde a extração e transporte de carvão e outros minerais às fábricas, até o rápido transporte de bens acabados aos atacadistas, distribuidores e varejistas.

O aumento acentuado do fluxo comercial foi acompanhado pela diminuição igualmente impressionante dos custos das transações comerciais. Isso foi alcançado, em grande medida, por força das novas economias verticais de escala. A produção em massa em fábricas gigantes, centralizadas, reduziu o custo por unidade de produção, permitindo que os fabricantes repassassem as economias ao longo de toda a cadeia de suprimento para o usuário final. A produção em massa de bens acessíveis estimulou o consumo, o que permitiu que mais fábricas produzissem maiores volumes a preços cada vez mais baixos.

As economias verticais de escala tornaram-se o aspecto definidor da incipiente era industrial e as gigantescas operações de negócios viraram a norma. Empresas que seguiram o modelo das estruturas organizacionais das ferrovias e telégrafos começaram a proliferar. Os atacadistas apareceram após a Guerra Civil, seguidos pelos varejistas de massa, como a Marshall Field's em Chicago, a Macy's em Nova York e a Wanamaker na Philadelphia. Estabelecimentos que atendiam a pedidos enviados por correio como Montgomery Ward, Sears e Roebuck and Co. apareceram no mesmo período.

As primeiras redes nacionais de mercearias — Grand Union, Kroger, Jewel Tea Company e Great Western Tea Company — tiraram vantagem das novas ligações ferroviárias continentais e começaram a consolidar seu poder na rede de distribuição de alimentos. No início dos anos 1900, pequenos produtores que atendiam a mercados locais começaram a ceder lugar a operações de agronegócios, transformando a produção de alimentos em um sistema de fabricação.

Produtos de marcas como Quaker Oats, sopas Campbell, farinha Pillsbury, Heinz, Carnation, American Tobacco, Singer Sewing Machine, Kodak, Procter and Gamble e Diamond Match debutaram e se tornaram rapidamente uma nova força dominante, causando o desaparecimento de pequenas empresas locais dirigidas por famílias. As novas marcas estabeleceram preços previsíveis de produtos e padronizaram a qualidade dos produtos, transformando o consumo em um processo racional que garantia a uniformidade em todos os mercados nacionais.

A racionalização da produção e distribuição de produtos exigiu uma racionalização da força de trabalho. Frederick Taylor tornou-se o primeiro especialista em administração. A teoria de administração científica foi concebida por ele para reformular a *persona* do trabalhador, de modo a se adequar aos padrões operacionais usados para manter novas burocracias corporativas, centralizadas. Taylor usou os princípios da eficiência já desenvolvidos pelos engenheiros e aplicou-os aos trabalhadores esperando transformá-los em máquinas vivas, cujo desempenho poderia ser otimizado, da mesma forma que os processos de produção contínua fabricavam produtos padronizados.

Taylor acreditava que a melhor maneira de otimizar a eficiência do trabalhador era separar o pensamento da ação e estabelecer o controle total da maneira como uma tarefa deveria ser realizada nas mãos da administração. "Se o esforço dos trabalhadores é guiado por sua própria concepção", de acordo com Taylor, "não é possível... fazê-los atingir a eficiência metodológica ou o ritmo de trabalho desejado pelo capital".[7]

Taylor tomou a ideia central de exercer autoridade racionalizada em um esquema gerencial centralizado, de cima para baixo, e o impôs a todos os trabalhadores. Ele escreveu:

> O trabalho de todo operário é inteiramente planejado pelo gerenciamento pelo menos com um dia de antecedência, e cada homem recebe, na maioria dos casos, instruções completas por escrito, descrevendo em detalhes a tarefa que ele deverá cumprir, bem como os meios a serem usados na execução do trabalho... [Essa] tarefa especifica não só o que deve ser feito, mas como deve ser feito e o tempo exato que deve levar.[8]

Os princípios do gerenciamento científico atravessaram rapidamente das fábricas e escritórios comerciais chegando às casas e comunidades, transformando a eficiência no valor temporal cardinal da nova era industrial. Daí em diante, maximizar a produção com o mínimo de tempo, mão de obra e capital tornou-se uma condição observada praticamente em todos os aspectos da vida na sociedade contemporânea.

Em nenhum lugar os novos princípios de racionalização do moderno empreendimento comercial foram tão bem recebidos quanto no sistema de ensino público, primeiro na América e na Europa, e mais tarde no resto do mundo. Formar trabalhadores produtivos tornou-se a missão central da educação moderna. As escolas assumiram a tarefa dupla de criar uma força de trabalho letrada e prepará-la para servir a empresas autoritárias e centralizadas, onde os funcionários receberiam ordens de cima e otimizariam a produção na base da maneira mais eficiente possível, sem questionar a autoridade sob a qual trabalhavam.

As escolas se tornaram um microcosmo das fábricas. Casas-escola com uma única sala de aula deram lugar a escolas centralizadas gigantescas que, aparentemente, poderiam ser confundidas com fábricas. Os alunos aprenderam a nunca desafiar a autoridade do professor. Recebiam lições de casa diariamente, com instruções detalhadas sobre como fazê-las. Suas provas eram padronizadas e seu desempenho era avaliado pela rapidez e eficiência de suas respostas. Eles eram isolados em unidades autônomas e informados de que compartilhar informação com os colegas era colar, um ato transgressor que devia ser punido. Eles eram avaliados com base em critérios objetivos e promovidos para a série seguinte com base no mérito. Esse modelo educacional permanece em vigor até os dias de hoje e só agora está sendo questionado, com o aparecimento da Terceira Revolução Industrial, cuja natureza distribuída e colaborativa exige um modelo educacional equivalente.

O modelo de negócio centralizado e racionalizado estabelecido durante a Primeira Revolução Industrial foi transportado para a Segunda Revolução Industrial. Em 1868, John D. Rockfeller fundou a Standard Oil Company of Pennsylvania. Onze anos depois, ele controlava 90% das refinarias de petróleo nos Estados Unidos.[9] Depois que a Suprema Corte dos Estados Unidos pediu o desmembramento de sua companhia *holding* em 1911, forçando a Standard Oil a se reorganizar em empresas menores em estados onde eles estavam conduzindo os negócios, outras empresas de petróleo entraram no mercado. Cada uma das empresas procurou agregar uma etapa da cadeia de suprimento de petróleo em um único negócio integrado, de modo que elas controlassem os campos de petróleo, dutos e refinarias, bem como transportassem e comercializassem os produtos até os postos de gasolina.

Na década de 1930, 26 companhias de petróleo, entre elas a Standard Oil de Nova Jersey, Gulf Oil, Atlantic Refininf Company, Phillips 66, Sun, Union 76, Sinclair e Texaco detinham dois terços da estrutura de capital do setor, 60% das perfurações, 90% dos dutos, 70% das operações de refino e 80% do marketing.[10] Em 1951, o petróleo superou o carvão, passando a ser a principal fonte de energia nos Estados Unidos.[11]

Os fabricantes de automóveis vieram em seguida. Dezenas de fábricas automotivas se formaram na América e na Europa nas duas primeiras décadas do século XX. Mas em 1929, o campo se estreitou, restando algumas gigantes e poucas empresas satélites. Nos Estados Unidos, as três grandes fabricantes — GM, Ford e Chrysler — dominaram o setor.

As companhias telefônicas eram ainda em número menor no início. A AT&T se apoderou do campo de operação, tornando-se um monopólio virtual até os anos 1980, quando também se dividiu.[12]

Embora muitos economistas e praticamente todos os políticos do século passado enaltecessem incansavelmente as virtudes do pequeno empreendedor — pintando um quadro rockwelliano de milhares de empreendimentos sendo o motor do capitalismo moderno —, uma história bem diferente se revelou no mundo real do comércio e negócios. A era do petróleo foi caracterizada desde o seu início pelo gigantismo e pela centralização. É por isso que o aproveitamento de petróleo e de outros combustíveis fósseis exige alto volume de capital e favorece economias verticais de escala, as quais necessitam de um comando de cima para baixo e de uma estrutura de controle. As petroleiras estão entre as maiores indústrias do mundo. Também são o empreendimento mais oneroso para coletar, processar e distribuir energia já concebido pela humanidade.

Praticamente todos os demais setores importantes que surgiram a partir da cultura do petróleo — finanças modernas, automotivo, energia e serviços de utilidade pública, telecomunicações e construção, todos se alimentando de combustível fóssil — já tinham, de uma ou outra forma, a predisposição para a grandeza, a fim de atingir suas próprias economias de escala. E, como o setor petroleiro, exigem enormes somas de capital para funcionar e são organizados de forma centralizada.

Três das quatro maiores empresas do mundo atualmente são petroleiras — Royal Dutch Shell, Exxon Mobil e BP. Dentre essas empresas de energia gigantescas estão algumas das 500 empresas globais que representam os diversos setores e indústrias — com uma receita combinada de $22,5 trilhões, que equivale a um terço do PIB mundial de $62 trilhões — que estão inseparavelmente conectados e dependem de combustíveis fósseis para sua própria sobrevivência.[13]

Na década de 1950, o presidente da General Motors, Charles Erwin Wilson, teria dito algo como: “O que é bom para a General Motors é bom para o país”.[14] Verdade, mas precisamos reconhecer a realidade mais profunda de que o motor de combustão interna é uma máquina que transforma o petróleo em energia e mobilidade. São os combustíveis fósseis e, no século XX, basicamente o petróleo, que movem a economia. O político inglês Ernest Bevin certa vez disse em tom sarcástico: “O reino dos céus pode se apoiar na justiça, mas o reino da Terra se apoia no petróleo”.[15]

Não é preciso dizer que os beneficiários da era do petróleo, na maior parte, foram os homens e mulheres nos setores de energia e finanças, e aqueles posicionados estrategicamente ao longo da cadeia de suprimento existente durante a Primeira e a Segunda Revolução Industrial. Eles fizeram fortunas extraordinárias.

Por volta de 2001, os CEOs das maiores empresas americanas ganharam, em média, 531 vezes mis que o trabalhador médio, bem acima de 1980, quando essa cifra era apenas 42 vezes maior. Ainda mais assustador é o fato de que, entre 1980 e 2005, mais de 80% do aumento na renda nos Estados Unidos foi para os bolsos de 1% da população mais rica.[16] Por volta de 2007, 1% dos americanos mais ricos respondia por 23,5% da renda bruta da nação, 9% a mais que em 1976. Enquanto isso, durante o mesmo período, a renda mediana para residentes americanos não idosos caiu e a porcentagem de pessoas que vivem em condições de pobreza subiu.[17]

Talvez a descrição mais adequada da organização piramidal da vida econômica que caracterizou a Primeira e a Segunda Revolução seja a conhecida “teoria *trickle-down*” — a ideia de que quando aqueles que estão no topo da pirâmide industrial baseada em combustível fóssil se beneficiam, haverá uma riqueza residual suficiente que será distribuída para as pequenas empresas e trabalhadores nos níveis inferiores da escada econômica, e isso beneficiará a economia como um todo. Embora não haja como negar que o padrão de vida de milhões de pessoas seja melhor no final da Segunda Revolução Industrial do que no início da Primeira Revolução Industrial, é igualmente verdade que aqueles que estão no topo tiveram um benefício desproporcional com a Era do Carbono, principalmente nos Estados Unidos, onde poucas restrições foram impostas ao mercado e pouco se fez para assegurar que os frutos do comércio industrial fossem amplamente compartilhados.

## A ECONOMIA COLABORATIVA

A Terceira Revolução Industrial emergente, em contrapartida, é organizada em torno de energias renováveis distribuídas que são encontradas em toda parte e são, na maioria, livres — o sol, o vento, as águas, calor geotérmico, biomassa, ondas e marés do oceano. Essas energias dispersas serão coletadas em milhões de locais e então reunidas e compartilhadas com os outros por meio de redes de energia inteligentes para atingir níveis ótimos de energia e manter uma economia sustentável, de alto desempenho. A natureza distribuída das energias renováveis precisa ser colaborativa, em vez de contar com mecanismos hierárquicos de controle e comando.

Esta nova forma de energia lateral estabelece o modelo organizacional para as incontáveis atividades econômicas que se multiplicam a partir dele. Uma revolução industrial mais distribuída e colaborativa, por sua vez, leva invariavelmente a uma partilha mais distribuída da riqueza gerada.

A mudança parcial de mercados para redes traz consigo uma orientação diferente de negócio. A relação adversária entre vendedores e compradores é substituída por uma relação colaborativa entre fornecedores e usuários. Interesses próprios cedem lugar a interesses partilhados. Informações sigilosas são suplantadas por uma nova ênfase na abertura e na confiança coletiva. O novo foco na transparência, e não no segredo, se baseia na premissa de que agregar valor à rede não deprecia os próprios recursos, mas, em vez disso, valoriza as posses de todos como nós iguais em um esforço comum.

Em um número crescente de setores, as redes estão competindo com mercados, e o uso comum de recursos de fonte aberta está desafiando operações de negócios privadas. A Microsoft, uma empresa tradicional baseada no mercado com o controle rigoroso de sua propriedade intelectual, não estava preparada para invenções como o Linux. Sendo a primeira de muitas redes de software de código aberto, a comunidade Linux é composta por milhares de programadores de software que colaboram juntos, dedicando tempo e experiência para corrigir e aprimorar o código do software que está sendo usado por milhões de pessoas. Todas as mudanças, atualizações e melhorias feitas no código são mantidas no domínio público, disponíveis na rede Linux que não cobra nada por isso. Centenas de empresas globais como o Google, IBM, o Serviço Postal dos Estados Unidos e a Conoco juntaram-se à rede Linux de fonte aberta e se tornaram parte de sua comunidade global em expansão de programadores e usuários.

Da mesma forma, as principais enciclopédias, como a Britânica, Columbia e Encarta, que tradicionalmente pagavam aos acadêmicos para escrever artigos para seu extensos volumes de livros com capa dura contendo o conhecimento condensado do mundo, foram incapazes, por mais que ousassem imaginar, de prever a Wikipedia. Há 20 anos, a própria ideia de que centenas de milhares de pesquisadores profissionais e amadores do mundo todo colaborassem para escrever praticamente sobre qualquer assunto concebível, sobre todas as disciplinas, gratuitamente, e tornar a informação disponível para todos do planeta teria sido inimaginável. É incrível que a versão inglesa da Wikipedia tenha mais de 3,5 milhões de entradas — e quase 30 vezes o tamanho da Enciclopédia Britânica.[18] Ainda mais espantoso é o fato de que dezenas de milhares de pessoas consultem os artigos e os usem como referência, mantendo um nível de exatidão das informações equivalente ao das enciclopédias convencionais. Hoje, a Wikipedia é o oitavo *site* mais visitado na internet, atraindo aproximadamente 13% dos visitantes da internet todos os dias.[19]

Existem redes para compartilhar música, vídeos, informação médica, dicas de viagem e milhares de outros interesses. Mecanismos de busca laterais como o Google e *sites* de redes sociais como o Facebook e o Myspace têm mudado nossa maneira de trabalhar e de nos divertir. Dezenas de milhares de redes de mídia social, com comunidades atingindo os milhões de centenas de milhões de membros, apareceram em menos de 15 anos, criando um novo espaço distribuído e colaborativo para compartilhar conhecimento e estimular a criatividade e a inovação em todos os campos. Muitas dessas plataformas de fonte aberta servem como incubadoras de novos empreendimentos, algumas permanecem nos *commons* do ciberespaço, enquanto outras migram para o mercado ou para setores sem fins lucrativos.

## REINVENTANDO A MANEIRA DE FAZER NEGÓCIO

Nada é mais sugestivo do modo de vida industrial do que fábricas altamente capitalizadas, gigantes, centralizadas, equipadas com máquinas pesadas onde trabalham operários, soltando produtos fabricados em massa nas linhas de montagem. Mas e se milhões de pessoas pudessem fabricar lotes ou mesmo itens fabricados um a um em suas casas ou empresas, mais rápido, mais barato e com o mesmo controle de qualidade que a maioria das fábricas mais modernas da Terra?

Assim como a economia da Terceira Revolução Industrial permite a milhões de pessoas produzir sua própria energia, uma nova revolução na fabricação digital agora abre a possibilidade de se seguir o exemplo da produção de bens duráveis. Na nova era, todos podem ser fabricantes e ter sua própria empresa de energia. Bem-vindos ao mundo da fabricação distribuída.

O processo é chamado impressão em 3-D; e embora pareça ficção científica, já está aparecendo on-line e promete mudar todo o nosso modo de pensar a produção industrial. O processo é incrível.

Pense em apertar o botão de seu computador e enviar um arquivo digital para uma impressora a jato de tinta que faça impressão em 3-D, e a máquina vai gerar um produto tridimensional. Usando um programa de *design* para computador, o software dirige a impressora 3-D para construir camadas sucessivas do produto usando pó, plástico ou metais fundidos para criar o material. A impressora 3-D pode produzir várias cópias, como uma máquina fotocopiadora. Todos os tipos de artigos, desde joias a telefones celulares, peças de automóvel e de aviões, implantes médicos e baterias, estão sendo "impressos" pela chamada "fabricação aditiva", para se distinguir da "fabricação subtrativa", que envolve cortar e emparelhar materiais para depois juntá-los.[20] Os analistas do setor preveem que milhões de clientes farão o *download* de produtos customizados, fabricados digitalmente, e os "imprimirão" em suas empresas ou residências.

Os empreendedores 3-D estão muito otimistas com a fabricação aditiva, porque o processo exige apenas 10% da matéria-prima gasta na fabricação tradicional e usa menos energia do que a produção em fábricas convencionais, reduzindo imensamente o custo. À medida que a nova tecnologia se dissemina, sendo local, *just-in-time*, a impressão 3-D de produtos fabricados customizados reduzirá cada vez mais os custos de logística, com a possibilidade de uma enorme economia de energia. A energia economizada em cada etapa do processo de manufatura digital, desde a redução no uso de materiais até a menor quantidade de energia gasta para se fabricar o produto, e a eliminação de energia para transportá-la, quando aplicada à energia global, adiciona um aumento qualitativo na eficiência de energia além de qualquer coisa imaginável na Primeira e na Segunda Revolução Industrial. Quando a energia usada no processo é renovável e também gerada no local, o pleno impacto de uma Terceira Revolução Industrial se torna evidente.

Da mesma forma que a internet reduziu radicalmente os custos de entrada na geração e disseminação de informação, dando origem a novos negócios como o Google e o Facebook, a fabricação aditiva tem o potencial de reduzir imensamente o custo da produção de bens materiais, tornando os custos de entrada suficientemente baixos para estimular centenas de milhares de minifabricantes — pequenas e médias empresas — a desafiar e vencer as fabricantes gigantescas que estiveram no centro das economias da Primeira e da Segunda Revolução Industrial.

Uma série de novas empresas já está entrando no mercado de impressão 3-D com nomes como Within Technologies, Digital Forming, Shape Ways, Rapid Quality Manufacturing e Stratasys, e estão determinadas a reinventar a própria ideia de fabricação na Terceira Era Industrial. A fabricação está se tornando lateral, com consequências imensuráveis para a sociedade.[21]

Para dar uma noção de como os modelos de negócios colaborativos e distribuídos são radicalmente diferentes daqueles modelos de negócios centralizados convencionais dos séculos XIX e XX, considere a Etsy, uma nova e ousada empresa da Web que decolou em menos de quatro anos. A Etsy foi fundada por um jovem formado pela Universidade de Nova York, Rob Kalin, que fazia móveis em seu apartamento. Frustrado por não ter como entrar em contato com compradores potenciais interessados em móveis feitos à mão, Kalin juntou-se com alguns amigos e montou um *site* para unir artesãos de todos os tipos, do mundo todo, a compradores potenciais. O *site* se tornou uma vitrine virtual global, onde milhões de compradores e vendedores de mais de 50 países estão se conectando, dando nova vida à produção artesanal — uma arte que praticamente desapareceu com o advento do capitalismo industrial moderno.

Têxteis e outras produções artesanais foram vítimas da produção industrial no início da Primeira Revolução Industrial. Indústrias domésticas locais não poderiam competir com a produção centralizada em fábricas e as economias de escala viabilizadas por grandes investimentos de capital financeiro. Os produtos provenientes de fábricas eram simplesmente mais baratos, o que forçou a produção artesanal à quase extinção.

A internet mudou a natureza do jogo, nivelando o terreno. Ligar milhões de vendedores e compradores no espaço virtual é quase gratuito. Ao substituir todos os intermediários — de atacadistas a varejistas — por uma rede distribuída de milhões de pessoas e eliminar os custos de transação que acrescentam uma margem de lucro a cada etapa da cadeia de suprimento, a Etsy criou um novo bazar artesanal global que se expande lateralmente, e não hierarquicamente, e age colaborativamente, e não de cima para baixo.

A Etsy traz outra dimensão ao mercado — a personalização das relações entre vendedor e comprador. O *site* hospeda salas de *chat*, coordena apresentações de artesanato on-line e conduz seminários, permitindo aos vendedores e compradores interagir, trocar ideias e criar vínculos sociais que podem durar a vida toda. Empresas globais gigantes que fabricam produtos padronizados em massa em linhas de montagem operadas por forças de trabalho anônimas não podem competir com o tipo de relação íntima, direta, entre artesão e cliente. Kalin diz que "esta relação entre pessoas, de quem faz com quem compra é o cerne da Etsy".[22]

A expansão lateral entre pares e os custos de transação praticamente inexistentes — com exceção da expedição — permitem que a produção artesanal concorra em preço com a produção em massa. Embora ainda na infância, a Etsy é um empreendimento em rápido crescimento. No primeiro semestre de 2009, quando as vendas de bens duráveis foram achatadas no mundo todo após a crise da economia global, o bazar da Etsy arrecadou $70 milhões em vendas e adicionou um milhão de novos vendedores e compradores à sua rede. Em 2010, as vendas chegaram a $350 milhões.

Em uma conversa recente, Kalin me disse que sua missão é ajudar a estimular a "consciência empática" na arena econômica global e estabelecer as bases para uma sociedade mais inclusiva. A visão dele de criar "milhões de economias locais vivas que voltem a criar uma noção de comunidade na economia" é a essência do modelo da Terceira Revolução Industrial.[23]

Assim como os *sites* de rede como a Etsy dão aos pequenos produtores de artesanato acesso a um mercado global com custos de entrada perto de zero, a geração local de energia verde reduzirá seus custos de produção de modo semelhante. À medida que mais artesãos e pequenas e médias empresas convertem suas pequenas fábricas em microgeradores de energia, seus custos de produção cairão acentuadamente, dando-lhes uma vantagem na nova economia em rede.

Como já foi mencionado, na Primeira e na Segunda Revolução Industrial, o custo de extrair, processar e distribuir combustíveis fósseis era tão alto que somente alguns participantes centralizados podiam acumular o capital financeiro para gerenciar o fluxo de energia. Grandes petroleiras exigiam grandes bancos.

Hoje, micro-operadoras financeiras como o Grameen Bank, ASA, EKI e outros líderes concedem mais de $65 bilhões para mais de 100 milhões de tomadores de empréstimo nas regiões mais pobres do mundo.[24] O microcrédito está sendo usado cada vez mais para financiar a geração de energia verde local em lugares que nunca tiveram eletricidade. O Grameen Shakti (GS), um ramo do Grameen Bank, fornece pequenos empréstimos para a instalação de sistemas solares residenciais e outras tecnologias de energia renovável para milhares de vilas rurais. No final de 2010, o GS financiou a instalação de meio milhão de sistemas domésticos a uma taxa aproximada de 17.000 instalações a cada 30 dias. A empresa treinou milhares de mulheres como técnicas, fornecendo-lhes emprego e assegurando a experiência profissional adequada para manter as instalações.[25]

Ao distribuir microcréditos aos empreendedores mais pobres da Terra, o modelo bancário Grameen combina com sucesso práticas bancárias comerciais convencionais com a missão não convencional de eliminar o ciclo de pobreza. A Kiva, uma facilitadora de microcrédito sem fins lucrativos, dá um passo à frente no processo de financiamento, estabelecendo um modelo bancário puramente colaborativo e distributivo. Fundada em 2005, a premissa filosófica da Kiva não podia diferir mais daquela que norteia os serviços bancários comerciais. Seus fundadores acreditam que "as pessoas são generosas por natureza e ajudarão os outros se tiverem a oportunidade de fazer isso de modo transparente e responsável".[26] Para alcançar sua missão, a Kiva "busca relações de parceria em oposição a relações de benfeitoria".[27] Todo empreendedor potencial tem uma página de perfil, com uma foto pessoal e a descrição de como seu empréstimo seria usado. Os emprestadores selecionam a solicitação de empréstimo que gostariam de financiar e a quantia — que pode ser apenas $25 —, e então se juntam com os demais emprestadores para subsidiar a quantia total do empréstimo. Todos os emprestadores recebem atualizações mensais sobre os pagamentos do empréstimo.

O processo organizacional pelo qual os empréstimos são efetuados é de natureza realmente distributiva. Mais de 100 parceiros de campo em várias regiões do mundo fazem empréstimos semanas antes das solicitações serem postadas no *site* da Kiva. Os parceiros de campo então recebem os empréstimos da Kiva para repor os empréstimos que acabaram de fazer. Os parceiros de campo fixam as taxas de juros para os empréstimos. A Kiva não cobra juros de seus parceiros de campo, nem paga juros aos seus financiadores. Após a quitação do empréstimo, o financiador da Kiva tem a opção de emprestar novamente os recursos a outro empreendedor, doar os recursos à Kiva ou resgatar os fundos.

Usando essa abordagem inovadora ao microfinanciamento, a Kiva aproximou mais de meio milhão de emprestadores em 209 países de 469.076 pequenos empreendedores em 57 países. Efetuou empréstimos no total de $178.338.325, dos quais 81% foram para mulheres. O empréstimo médio da Kiva é de $380 e a taxa de pagamento é de 98,9%.[28] Todos os empréstimos vão para pequenos empreendedores cujos negócios tendem a ter uma pegada ecológica marginal.

Novas práticas de negócio colaborativas estão alcançando todos os aspectos da vida econômica. A Community Supported Agriculture (CSA) é um bom exemplo do impacto que novos modelos de negócio da TRI estão tendo sobre o modo de cultivar e distribuir alimentos. Depois de um século de agricultura baseada em petroquímicos, o que quase levou ao desaparecimento da produção familiar e deu origem a agronegócios gigantescos como a Cargill e a ADM, uma nova geração de produtores rurais está virando a mesa, ligando-se diretamente aos residentes locais para vender suas produções. A agricultura apoiada pela comunidade começou na Europa e no Japão na década de 1960 e se espalhou para a América em meados dos anos 1980.

Os acionistas, em geral moradores urbanos, penhoram um montante fixo de dinheiro antes da época de plantio para cobrir as despesas anuais do produtor. Em troca, recebem uma parte da colheita do produtor durante toda a temporada de colheita. A parte em geral consiste de uma caixa de frutas, verduras e hortaliças entregues na porta (ou no local designado) assim que são colhidos, fornecendo um fluxo de produção fresca e local durante todo o período de colheita.

As plantações, na maior parte, se engajam em práticas agrícolas ecológicas e utilizam métodos de plantio orgânico e natural. Uma vez que a agricultura apoiada pela comunidade é uma *joint venture* baseada em riscos partilhados entre produtores e consumidores, os últimos se beneficiam de uma safra farta e sofrem as consequências de uma safra ruim. Se más condições climáticas ou outros acidentes ocorrerem ao produtor, os acionistas absorvem a perda, recebendo menor quantidade de certos produtos nas entregas semanais. Esse tipo de divisão de riscos e recompensas entre pares vincula todos os acionistas em um empreendimento comum.

A internet tem sido instrumental em ligar os produtores e consumidores em uma abordagem distribuída e colaborativa para organizar a cadeia de suprimento de alimentos. Em poucos anos, a agricultura apoiada pela comunidade cresceu de alguns planos pilotos para quase três mil empreendimentos, atendendo a dezenas de milhares de famílias.[29]

O modelo de negócio da CSA atrai uma geração mais jovem habituada com a ideia de colaborar em espaços sociais digitais. Sua crescente popularidade também é um reflexo da maior consciência do consumidor e da preocupação com a necessidade de reduzir sua pegada ecológica. Ao eliminar fertilizantes e pesticidas petroquímicos, emissões de $CO_2$ do transporte de alimentos por longas distâncias que atravessam oceanos e continentes, e custos com propaganda, marketing e embalagem associados às cadeias de produção e distribuição de alimentos da Segunda Revolução Industrial, cada acionista passa a levar um estilo de vida mais sustentável.

Um número crescente de produtores da CSA está começando a converter suas propriedades de produção em microgeradores de energia, aproveitando o vento, o sol, calor geotérmico e biomassa no local, e dessa forma reduzindo radicalmente seus custos de energia. As economias são passadas aos acionistas através de uma anuidade e taxas de subscrição mais baratas.

Novamente, como tantas outras práticas de negócio colaborativas que estão acontecendo em todo setor comercial, a nova expansão lateral pode superar a abordagem centralizada tradicional, e com frequência o faz, criando organizações gigantescas que crescem verticalmente e organizam a atividade econômica de modo hierárquico.

Alguns dos negócios mais ligados ao capitalismo de mercado centralizado convencional agora estão sendo desafiados pela introdução de novos modelos de negócio colaborativos e distribuídos. Veja, por exemplo, o carro, o elemento-chave da Segunda Revolução Industrial. A mudança para uma economia da Terceira Revolução Industrial, com ênfase em aumentar a eficiência de energia e reduzir a pegada de carbono, deu origem a redes de compartilhamento de carros, sem fins lucrativos, em todo o mundo.

Nos Estados Unidos, operadoras de car-sharing estão se espalhando por todo o país. A City Wheels em Cleveland, a HourCar em Minneapolis/St. Paul, Philly Car share, I-Go em Chicago e City Car Share em San Francisco estão entre a nova raça de organizações ligadas em rede, sem fins lucrativos, que fornecem mobilidade a centenas de milhares de usuários. Por uma taxa nominal de associado, os usuários participam da rede de car-sharing e recebem um cartão inteligente que lhes dá acesso a estacionamentos e veículos. Os usuários pagam pelas milhas dirigidas, mas como a maioria das organizações de car-sharing não tem fins lucrativos, os custos são menores do que aqueles cobrados pelas importantes empresas de aluguel de carros. Muitas dessas frotas de automóveis também são formadas por veículos que usam a energia de modo eficiente, disponíveis no mercado.

A I-Go em Chicago até fornece um serviço inovador da internet que permite a seus membros integrar suas viagens do ponto A ao ponto B conectando vários modos de transporte ao longo do caminho. Um usuário pode começar usando um trem ou ônibus comercial, mudar para uma bicicleta, pegar um carro para fazer a parte restante de sua viagem. O objetivo é minimizar milhas viajadas de automóvel e, ao fazer isso, reduzir significativamente a pegada de carbono de cada usuário.

Estima-se que cada carro compartilhado tire até 20 carros da rua. Os participantes relatam que costumam reduzir as milhas que dirigem em cerca de 44%. A redução nas emissões de $CO_2$ podem ser acentuadas. A Communauto, um serviço de car-sharing em Quebec, relata uma redução de 13.000 toneladas nas emissões de carbono por seus 11.000 membros. Um estudo na Europa constatou que o car-sharing reduz as emissões de $CO_2$ em até 50%.[30]

A Zipcar, o maior negócio de car-sharing do mundo, é uma operação com fins lucrativos fundada em 2000. Em apenas 10 anos a empresa cresceu para centenas de milhares de membros. Há vários milhares de locações Zipcar no mundo e mais de oito mil veículos para escolher. A empresa, cuja receita passou de $130 milhões em 2009, está crescendo a uma taxa fenomenal de 30% ao ano. Em 2010, a Zipcar lançou um projeto piloto de veículo popular elétrico em sua agência em San Francisco. A marca se popularizou entre a geração do milênio, consciente do meio ambiente, a quem costumamos nos referir como "zipsters".[31]

À medida que a energia renovável e a infraestrutura da TRI se tornam mais disseminadas, muitas operadoras de car-share, como a Zipcar, serão capazes de prover eletricidade verde no local para carregar veículos elétricos. O uso compartilhado de carros provavelmente se tornará uma alternativa importante ao modelo convencional de compra de carros no mercado, principalmente em densas áreas urbanas onde o custo de manter um carro que seja usado com pouca frequência não faz sentido.

Tive a oportunidade de conhecer Robin Chase, fundadora e ex-CEO da Zipcar, no Fórum Internacional do Transporte da OCDE em Leipzig, Alemanha. Estava lá para abrir a discussão sobre a necessidade de criar um transporte pós-carbono e uma rede de logística integrados — o pilar 5 — em cada continente até 2050, a fim de avançar na criação de mercados continentais unidos. Robin participou do painel sobre transportes que se seguiu à minha apresentação. Ela ressaltou que o novo modelo de negócio de compartilhamento de carros representava uma revolução na natureza da mobilidade, transformando o automóvel de uma posse privada em uma conveniência coletiva e de uma experiência autônoma em um empreendimento colaborativo.

Após a sessão, Robin e eu nos sentamos e conversamos mais detalhadamente sobre um capitalismo distribuído emergente que estava sacudindo a base da economia convencional de mercado. Atualmente, Robin está desenvolvendo um novo negócio de compartilhamento de carros, o Buzzcar, cujo objetivo é estender a noção de mobilidade distribuída e colaborativa ao nível seguinte — um modelo de negócio totalmente lateral. Ela notou que milhões de donos de automóvel usam seus veículos menos do que uma ou duas horas por dia, e estes permanecem ociosos o resto do tempo. Ela me disse que esperava colocar esses milhões de carros em uso, tornando-os parte de uma vasta frota de veículos compartilhados que poderão ser acessados pelos outros, permitindo que os donos obtenham renda com seus carros enquanto dão aos outros acesso à mobilidade pelo mundo todo. Falta convencer as empresas seguradoras de assegurar indivíduos em vez de automóveis, de modo que tanto o dono quanto o usuário sejam cobertos contra danos. Robin disse que ela estava se comunicando com várias empresas seguradoras e esperava assinar acordos muito em breve.

Uma geração mais jovem está começando a ir além do compartilhamento de carros. O Couch Surfing é uma associação internacional sem fins lucrativos que está reinventando o setor de viagem e turismo e, no processo, reduzindo a pegada de carbono de centenas de milhares de turistas. A rede global está ligando viajantes a anfitriões locais que abrem suas casas e fornecem acomodação e hospitalidade gratuita. Mais de um milhão de pessoas se visitaram em 69.000 cidades no mundo todo.

Os associados podem acessar informações sobre os interesses e expectativas uns dos outros, e descobrir como outros associados avaliaram suas experiências junto a outros anfitriões. Os participantes são incentivados a se corresponder antes das visitas e a ficar em contato posteriormente. Essa forma colaborativa e distribuída de uso comum tem o objetivo de juntar pessoas de diversas culturas e compartilhar suas vidas. O objetivo é ajudar a "unir pessoas através da comunicação sincera e empática".[32] A missão do couch surfing é levar adiante a noção de que somos todos membros de uma extensa família global.

A rede teve um sucesso surpreendente desde seu início em 2003. Os associados relatam 4,7 milhões de experiências positivas, ou 99,7% de todas as experiências de couch surfing.[33] Ainda mais impressionante é que os associados dizem que suas experiências resultaram em mais de 2,9 milhões de amigos, dos quais 120.000 são descritos como muito próximos.

Parte da responsabilidade assumida pela cidadania global consiste em ser guardiã da biosfera comum vivendo de uma forma mais sustentável. Ao prover alojamento gratuito em lares locais para mais de um milhão de viajantes, o couch surfing ajuda a reduzir significativamente a pegada de carbono que ocorreria se os viajantes ficassem em acomodações de hotéis, que têm um uso mais intenso de energia.

Uma empresa como a Philips Lighting fará um contrato com uma cidade para instalar uma nova geração de luzes LED altamente eficientes em termos de energia em todas as instalações públicas e também no espaço público. O banco da Philips financia o projeto, e a cidade, por sua vez, paga a Philips durante anos através de economias de energia. Se a Philips não atingir as economias de energia projetadas, a empresa terá prejuízo. Esse é o tipo de parceria colaborativa que se tornará cada vez mais a norma em uma economia da Terceira Revolução Industrial.

"Contratos de Economias Partilhadas" são outro modelo de negócio da TRI que têm pontos em comum com a contratação do desempenho, mas com finalidades diferentes. A nova prática de negócio está começando a ser usada no mercado imobiliário residencial em vários países, com certo sucesso. Enquanto nos Estados Unidos quase 68% das famílias têm casa própria, a maioria das famílias aluga imóveis em muitos outros países. Por exemplo, na Espanha e na Alemanha, mais da metade das famílias mora em flats.[34] Em locais onde é mais comum alugar do que ter um imóvel, há pouco incentivo para os donos de imóveis fazerem o retrofit de seus imóveis e convertê-los em microusinas de energia, porque as contas de água e luz são pagas pelos inquilinos. Na Suíça, onde apenas 30% dos moradores têm casa própria e a maioria das famílias aluga imóveis, alguns locadores fazem acordos com seus inquilinos. Nos termos do contrato, o locador concorda em converter o imóvel em uma microusina de energia e os locatários concordam em dividir parte das economias de sua conta de energia elétrica, criando um acordo com ganho para ambas as partes.

Para que a economia global tenha sucesso na transição para uma infraestrutura da Terceira Revolução Industrial, os empreendedores e gerentes precisarão aprender a aproveitar os melhores modelos de negócio, inclusive o comércio de fonte aberta e em rede, estratégias de pesquisa e desenvolvimento distribuídas e colaborativas, e uma logística de baixo carbono e gerenciamento da cadeia de suprimento sustentáveis.

## EMPREENDEDORISMO SOCIAL

A natureza colaborativa da nova economia contrasta fundamentalmente com a teoria econômica clássica, que ressalta o pressuposto de que os interesses individuais no mercado são a única maneira efetiva de impulsionar o crescimento econômico. O modelo da Terceira Revolução Industrial também evita o tipo de comando e controle centralizados, associados às tradicionais economias socialistas de estilo soviético. O novo modelo favorece iniciativas laterais, tanto no contexto social quanto no comercial, pressupondo que o interesse mútuo, perseguido conjuntamente, é o melhor caminho para o desenvolvimento econômico sustentável. A nova era representa uma democratização do empreendedorismo — todos se tornam produtores de sua própria energia —, mas também requer uma abordagem colaborativa para partilhar energia entre bairros, regiões e continentes inteiros.

A economia da TRI incorpora o espírito do movimento empreendedor social que se alastra pelo globo. Ser tanto empreendedor quanto cooperativo não é mais considerado uma contradição, mas sim uma prescrição para reorganizar a vida política, social e econômica no século XX.

Os empreendedores sociais estão saindo de universidades do mundo todo e criando novos negócios que efetuam a ponte entre os setores que visam lucro e aqueles sem fins lucrativos — empreendimentos híbridos que provavelmente se tornarão mais comuns nos próximos anos.

Você já ouviu falar de TOMS? Esse negócio, que tem um componente não lucrativo e outro que visa lucros, faz calçados — não qualquer tipo de sapatos, mas sapatos feitos de materiais sustentáveis, orgânicos, reciclados e mesmo veganos. Mas isto só é o começo da história do que pode vir a ser a empresa menos ortodoxa de calçados do mundo. Tênis de lona ou algodão se baseiam em um calçado tradicional chamado *alpargata*, que há muito é usado pelos produtores rurais na Argentina. A empresa é a criação de Blake Mycoskie, um jovem empreendedor social de Arlington, Texas, que iniciou o negócio em 2006. Os calçados TOMS são vendidos em mais de 500 lojas nos Estados Unidos e no exterior, entre elas Neiman Marcus, Nordstrom e Whole Foods.

A operação que gera lucro para Mycoskie, localizada em Santa Monica, Califórnia, já vendeu mais de um milhão de pares de sapatos. Mas é aqui que o negócio fica interessante. Para cada par de sapatos vendidos, sua subsidiária sem fins lucrativos, a Friends of TOMS, distribui um par de sapatos a uma criança necessitada, em alguma parte do mundo. Mais de um milhão de sapatos foram doados a crianças no "movimento um-para-um" em comunidades pobres nos Estados Unidos, Haiti, Guatemala, Argentina, Etiópia, Ruanda e África do Sul.

Por que distribuir um par de sapatos para cada par de sapatos vendido? Mycoskie ressalta que sem sapatos, as crianças não podem entrar na escola em muitas das regiões mais pobres do mundo. Andar descalço expõe os jovens a uma doença debilitante chamada podoconiose ou "elefantíase", um fungo transmitido pelo solo que entra nos poros pela sola do pé e destrói o sistema linfático. É relatado que mais de um bilhão de pessoas correm o risco de contrair doenças transmitidas pelo solo. A solução simples: sapatos.

E o que acontece a todos os milhões de sapatos quando estão velhos? O *site* TOMS Community Wall convida seus clientes a postar ideias criativas para reciclar os sapatos em produtos úteis de segunda geração que incluem braceletes, bolas de futebol, ganchos para pendurar plantas e aparadores para copos. A TOMS ilustra os novos modelos de negócio social que estão surgindo em uma era da Terceira Revolução Industrial.

A MUDANÇA na maneira como o mundo faz negócios tem desencadeado uma luta de proporções épicas entre a velha guarda da Segunda Revolução Industrial, que está determinada a se agarrar aos vestígios cada vez menores de poder, e os jovens empreendedores da Terceira Revolução Industrial, que estão igualmente comprometidos em levar adiante um plano de jogo econômico sustentável e lateral para o mundo. Está em jogo a própria questão básica de quem irá deter o poder na economia global do século XXI. Ambas as forças estão disputando vantagem de mercado e fazendo *lobby* para assegurar uma posição favorecida, inclusive subsidiárias públicas e incentivos fiscais no valor de bilhões de dólares.

A verdadeira pergunta que deve ser feita é: "Em que situação a indústria e o governo desejam estar daqui a 20 anos: presos a energias, tecnologias e infraestruturas em decadência, de uma Segunda Revolução Industrial em franco declínio, ou movendo-se para frente, para energias, tecnologias e infraestrutura nascentes da Terceira Revolução Industrial emergente?".

A resposta é óbvia, mas inaugurar a nova era do capitalismo distribuído provavelmente será uma jornada difícil. O problema, nesse ponto, não é a falta de um plano para chegar lá — nós já temos um. A Terceira Revolução Industrial é uma abordagem consensual para efetuarmos a transição para a era pós-carbono. O modo como o público percebe esse processo é fundamental. Por isso deveremos combater a ideia equivocada de como as revoluções econômicas ocorrem, que é quase um delírio.

## COMO AS REVOLUÇÕES ECONÔMICAS SÃO FEITAS REALMENTE

Muitos americanos há tempos alimentam a noção de que grandes avanços econômicos acontecem sempre que o governo cede e permite que a mão invisível do capitalismo livre reine em um mercado sem controle. As sociedades europeias e outras sociedades pelo mundo estão bem menos convencidas das virtudes do capitalismo liberal, aberto, e historicamente têm mostrado uma preferência pelo envolvimento de um governo pró-ativo no processo econômico, a fim de manter um modelo de mercado social mais equilibrado. Mesmo assim, até entre as economias mais brandas de bem-estar social existe um sentimento populista crescente — embora ainda seja uma minoria — que reivindica o papel tradicional do governo na economia, no exato momento em que precisamos de um envolvimento mais ativista do governo com o setor privado para retomar o crescimento da indústria e do comércio.

Confrontados com déficits públicos recordes e altos impostos, milhões de eleitores descontentes temem, justificadamente, estar hipotecando seu futuro em um monte de dívidas impagáveis e sobrecarregando seus filhos com uma sociedade inadimplente. Mas acreditar, de alguma forma, que se o governo abrisse mão desse controle, o espírito empreendedor seria liberado, novas oportunidades econômicas apareceriam e o bem-estar geral da raça humana melhoraria imensamente é algo que não se encaixa com o registro histórico.

Precisamos nos ater à realidade! Embora o mercado tenha um mecanismo comercial inigualável para promover a inventividade e o empreendedorismo, ele nunca criou, por si próprio, uma revolução econômica. Simplesmente, trata-se de um mito inculcado na psique americana e cultuado entre os descontentes. A falácia é tolerável em tempos bons. Mas nesse momento crítico da história humana, quando nossa própria sobrevivência e o futuro de nosso planeta estão em jogo, não podemos mais nos apegar a mitos e a pensamentos mágicos.

As revoluções econômicas não caem do céu. O estabelecimento de uma nova infraestrutura de energia e comunicações sempre foi um esforço conjunto entre governo e indústria. A tão apreciada ideia do laissez-faire, de que as revoluções econômicas decorrem inexoravelmente da parceria entre inventores e empreendedores — onde os primeiros arriscam usar seu o tempo para criar uma nova tecnologia, produto ou serviço e os segundos se dispõem a investir seu capital para colocar a nova ideia no mercado — é apenas uma parte da história. Tanto a Primeira quanto a Segunda Revolução Industrial exigiram um compromisso do governo (em termos de recursos públicos) para construir a infraestrutura. O governo também estabeleceu os códigos, as regulamentações e os padrões para gerenciar o novo fluxo de atividade econômica, e criou generosos incentivos fiscais e subsídios para garantir o crescimento e a estabilização da nova ordem econômica.

Na época em que eu escrevia este livro, um debate foi travado entre Wall Street e 1600 Pensylvania Avenue sobre qual seria o grau de envolvimento do governo desejável nos negócios da economia americana. Esse debate agora se ampliou, envolvendo também Main Street. Uma crítica populista contra o "governo federal" está ganhando força à medida que os contribuintes culpam a Casa Branca e o Congresso pelo estado deplorável da economia americana. Milhões de americanos chegaram a questionar a legitimidade do governo em lidar com a vida comercial do país. Thomas J. Donohue, presidente da Câmara do Comércio dos Estados Unidos, deixou implícito que a administração do Presidente Obama é ruim para os negócios, o que talvez seja o pior epíteto que possa ser associado a um político nos Estados Unidos. Esta é uma acusação estranha, vinda apenas alguns meses após a administração de Obama e o Congresso terem socorrido Wall Street e evitado sua queda livre para uma forte depressão.

O fato é que a posição da Câmara do Comércio não é ingênua, enquanto a crença populista generalizada — de que o mercado desimpedido, livre da pesada mão do governo, sempre foi a fórmula vencedora para o sucesso comercial — é mal informada. O governo e o comércio têm dividido a mesma cama, se não desde o início da existência do país, pelo menos desde o fim da Guerra Civil, quando as ferrovias exigiam intenso auxílio federal para estabelecer uma infraestrutura ferroviária continental.

Foi nessa época que o termo *lobista* foi cunhado pelo Presidente Ulysses S. Grant para caracterizar a multidão de banqueiros e empresários envolvidos com as ferrovias que ocupavam o *lobby* (saguão) do majestoso Willard Hotel, em frente à Casa Branca, esperando algum membro do gabinete ou do Congresso lhes desse ouvidos em nome de uma legislação honesta. Não demorou para os banqueiros e os empresários ligados ao transporte ferroviário se juntarem aos empresários envolvidos na indústria petroleira. Juntos, eles se tornaram uma força não eleita sempre presente na capital da nação, fazendo *lobby* para que o dinheiro dos contribuintes fosse usado para impulsionar o comércio.

Nossos amigos europeus sempre estiveram à frente no que se refere ao íntimo relacionamento entre governo e indústria. Os governos centrais financiaram muito da infraestrutura de energia e comunicações na Europa, bem como o transporte público para a Primeira e a Segunda Revolução Industrial. Nos Estados Unidos, os governos federal e estaduais forneceram um auxílio menos direto, mas concederam vastas somas em auxílio público indireto.

Embora não haja nada de errado em exaltar o mercado, a negação clara da contínua inter-relação dos setores público e privado que, em grande parte, facilitou e garantiu o sucesso comercial de todas as nações desenvolvidas, pode ter consequências negativas para a sociedade. Em primeiro lugar, ela encoraja o governo e o setor empresarial a manter uma relação não transparente, sendo suas transações ocultadas em uma série de acordos secretos resguardados por legislações arcanas. Em troca, representantes eleitos são contemplados com contribuições generosas para campanhas que garantem suas reeleições. Em segundo lugar, essa falta de transparência permite que a comunidade empresarial continue a acreditar no mito de que o sucesso da América pode ser atribuído apenas ao funcionamento virtuoso do mercado livre, enquanto lhe dá poder para criticar a legislação potencial que poderia regular abusos ou comandar com seu poder extraordinário os negócios da economia e da sociedade.

Em tempos de crise, como no momento atual, quando o potencial criativo pleno do país precisa ser aproveitado para se livrar de uma infraestrutura agonizante de comunicações/energia e dar origem a um novo paradigma comercial, somente uma parceria aberta, transparente e abrangente entre governo, empresariado e sociedade civil fornecerá a tração para tornar a transição possível. Esse tipo de relação existe na União Europeia, onde o modelo social/de mercado é suficientemente forte para ganhar apoio público a uma nova parceria público/

privada. Na América, no entanto, quando se ouve falar da necessidade de unir governo e indústria a fim de se realizar uma nova visão e um plano econômico para o país, a reação de muitos americanos é gritar "socialismo" e protestar contra a perda da liberdade americana.

O público parece estar confuso quanto à relação entre empresariado e governo. De um lado, os constituintes raramente reclamam e, em geral, aplaudem quando seus senadores e congressistas conseguem direcionar as apropriações e projetos do governo federal no valor de milhões de dólares para o Estado ou distrito local do congressista, principalmente se com isso criar novas oportunidades de emprego. De fato, se os seus representantes eleitos não forem capazes de "levar o filé mignon para os distritos que o elegeram", é possível que eles não sejam reeleitos. Por outro lado, os políticos em outros Estados e Distritos são criticados por elaborar projetos de lei cuja aprovação levará "a boiada toda" para suas regiões. Evidentemente, para onde quer que essa "grana" for, deixará algumas pessoas eufóricas e outras decepcionadas.

O problema é que o sistema político desde o início é estabelecido de modo a representar os interesses comerciais, deixando ao eleitor e ao contribuinte pouca opção, senão ligar-se a seus representantes a fim de agarrar as sobras para seu distrito antes que estas acabem indo para outro lugar.

O que eu descrevi é o verdadeiro "excepcionalismo americano". Somos praticamente os únicos entre as democracias maduras a permitir que contribuições corporativas comprem campanhas eleitorais. A maioria dos Estados-membros da União Europeia restringe ou proíbe tais práticas e exige eleições financiadas publicamente. De acordo com o Center for Responsive Politics, o custo médio para se ganhar uma vaga para deputado em 2008 foi de quase $1,1 milhão. Uma cadeira no Senado custou quase $6,5 milhões. As eleições presidenciais são ainda mais caras. O Center divulgou que os candidatos gastaram mais de $1,3 bilhão nas eleições presidenciais de 2008.

Qual a importância dos fundos de campanha para se vencer eleições? De acordo com uma análise feita posteriormente às eleições de 2008 pelo Center of Responsibe Politics, em 94% das disputas ao Senado e 93% das disputas ao Congresso que foram decididas em menos de 24 horas após o fechamento das urnas, o candidato que gastou mais venceu.

Acabar com a prática de empregar fundos privados em eleições e exigir o financiamento público ajudaria muito a recuperar o processo democrático nos Estados Unidos. No entanto, o público americano mostrou pouco interesse em defender o financiamento público das eleições. A questão nunca está entre as principais preocupações dos eleitores quando eles são entrevistados.

Para piorar a situação, a Suprema Corte dos Estados Unidos determinou em 2010, por uma maioria de cinco votos a quatro, que é inconstitucional impedir qualquer pessoa, e mesmo uma empresa, de doar dinheiro para uma campanha eleitoral, por violar o direito básico aos americanos de expressar suas escolhas políticas.

Ficamos com um paradoxo estranho. Milhões de americanos querem que o governo fique fora da arena comercial, mas não desejam mobilizar o público o suficiente para se manifestar contra a prática de comprar eleições de modo a atender a interesses comerciais privados e empregar o dinheiro dos contribuintes para projetos comerciais e interesses na indústria.

Logo, embora muitos americanos professem estar determinados a separar o mercado do Estado — ainda mais do que desejam separar a igreja do Estado —, na verdade eles prefeririam pelo menos obter alguns dos espólios comerciais da aliança profana entre a América corporativa e o governo federal a ficar fora da festa.

Uma grande maioria dos americanos tem o que poderia ser chamado de uma relação quase religiosa com os negócios. Sua fé calvinista no mercado e ódio pelo grande governo — a ponto de igualá-lo ao socialismo ateu — os leva cegamente à ganância corporativa, permitindo que as empresas criem uma forma de socialismo para os selecionados e o pauperismo para o povo. Muitos americanos acreditam, erroneamente, que o sonho americano flui inexoravelmente do mercado livre, desimpedido, e fecham os olhos para a longa história da cumplicidade entre corporação e governo. Se os americanos continuarem a acreditar que os mercados oferecem o melhor para a sociedade quando desvencilhados do governo, e enquanto virem com bons olhos o processo político em que autoridades eleitas permitem que as associações comerciais criem projetos de leis que as beneficiem em detrimento do resto da sociedade, provavelmente estaremos fadados à ruína, como nação.

A solução começa com o reconhecimento de que todos os grandes avanços na história econômica americana só ocorreram quando o governo ajudou a financiar a infraestrutura fundamental de energia e comunicações, e continuou a apoiar seu funcionamento de modo que milhares de novos negócios pudessem crescer e florescer. De fato, não consigo conceber qualquer maneira de avançar para uma nova era econômica no país sem a parceria total e firme entre governo e empresas em todos os níveis — municipal, regional, estadual e federal.

Em segundo lugar, precisamos tirar lições valiosas da história das relações bizarras entre corporações e governo no passado, de modo a garantir que a Terceira Revolução Industrial assuma uma natureza diferente — ou seja, uma colaboração aberta e transparente entre governo, empresas e sociedade civil, que represente os interesses de todo o povo americano, e não apenas aqueles de uma elite corporativa.

Chegar a um acordo quanto à história real das relações entre indústria e governo não será fácil. Lembro-me de um debate na televisão que realizei vários anos atrás com um destacado libertário de um grupo de intelectuais altamente respeitado de Washington. A certa altura da discussão, ele afirmou que sempre que o governo se intrometia no mercado, a economia sofria. Então ele virou-se para mim e me perguntou, exatamente, se eu era capaz de pensar em um exemplo "concreto" de onde uma iniciativa patrocinada pelo governo federal na arena comercial teve um efeito salutar na indústria e comércio que não poderia ter sido obtido com eficiência pelo setor privado. Aproveitando a metáfora, levantei o fantasma da Lei das Vias Interestaduais, o projeto público mais caro da história, que abriu estradas de "concreto" em toda a América e gerou um crescimento econômico sem precedentes, que durou toda uma geração. O plano de $2,5 bilhões exigiu que fossem separados 1.600.000 acres de terra para a rede de 41.000 milhas de supervias.[35] Mais de 42 bilhões de jardas cúbicas de terra foram removidos para se abrir o leito das rodovias.[36] Dezenas de milhares de milhas de dutos para drenagem foram colocados sob a rodovia. A própria rodovia constituía um fino revestimento sobre uma base de concreto sustentada por barras de ferro, de reforço. Para assegurar que nenhum veículo parasse no meio do caminho, 54.663 pontes e 104 túneis foram construídos ao longo da rodovia interestadual.[37]

A construção da infraestrutura de estradas interestaduais teve o efeito imediato de estimular os setores que participaram de sua criação, e de ter um efeito multiplicador na economia como um todo que atingiria um pico no final da década de 1980. As empresas petroleiras, construtoras, fabricantes de cimento, siderúrgicas, empresas de equipamentos pesados, madeireiras, fabricantes de tintas, empresas de iluminação, empresas de paisagismo e fabricantes de borracha estavam entre as dúzias de indústrias envolvidas na construção do grande sistema de rodovias interestaduais.

O sonho do presidente Eisenhower de ter uma rede de ligação viária por todo o país empregou milhões de trabalhadores, levou 40 anos para ser concluído, atravessou três zonas temporais e passou a ser visto como a maior realização econômica da América na era pós Segunda Guerra Mundial.

Não foi uma anomalia por parte do gigantesco projeto do governo criar a infraestrutura de uma rodovia interestadual. Desde o início da Segunda Revolução Industrial, setores críticos que compunham a infraestrutura — petróleo, automotivo, telecomunicações, serviços de energia elétrica, construção, imóveis e assim por diante — se uniram em um *lobby* imenso para garantir que todos os níveis do governo fornecessem o suporte financeiro necessário, bem como códigos, regulações e padrões favoráveis à indústria para assegurar o sucesso de mercado. A criação de um regime de energia que empregasse combustível fóssil, a instalação de uma rede integrada de telecomunicações, o estabelecimento de uma rede nacional de energia elétrica e o acúmulo de habitações suburbanas da nação, tudo isso foi possível com o emprego do petróleo na maior parte do século XX, foi possibilitado pelo governo de forma generosa, embora muitas vezes disfarçada ou oculta.

Os setores de combustível fóssil e a energia nuclear têm sido subsidiados pelos contribuintes americanos há gerações. Mesmo bem depois que os setores de energia amadureceram, o governo federal estava bombeando dezenas de bilhões de dólares em P&D. Entre 1973 e 2003, o governo americano pagou $74 bilhões em subsídios de energia para promover P&D em combustíveis fósseis e energia nuclear, apesar do fato de que esses setores dispõem de ampla renda e estarem nas mãos de gigantes corporativos que estão entre as maiores empresas do mundo.[38]

Foi o governo federal que conspirou com a AT&T no início do século XX, transformando-a em um monopólio de telecomunicações quase público, o que permitiu que a empresa ganhasse bilhões de dólares com as benesses de medidas regulatórias do governo, sem ter de enfrentar concorrência no mercado aberto.

Os governos estaduais seguiram o caminho na regulação das empresas fornecedoras de energia e eletricidade, tornando-as monopólios quase públicos e garantindo a elas cobrar altas taxas pela eletricidade, o direito do domínio público e outras vantagens normalmente associadas a serviços de utilidades públicas.

Embora nominalmente supervisionados pelos governos estatais, na prática, muitas empresas fornecedoras de serviços essenciais adotavam suas próprias políticas de funcionamento, assegurando altos faturamentos à custa de seus clientes e contribuintes. Faziam isso recorrendo a *lobbies* profissionais efetivos nas capitais estaduais e criando a famosa "porta giratória" pela qual as autoridades do governo que supervisionavam órgãos saíam periodicamente de seus postos para assumir cargos lucrativos como lobistas nas empresas que supervisionaram anteriormente, enquanto outros funcionários das mesmas empresas eram rapidamente indicados pelo governo para assumir os próprios postos que ficaram vagos.

A eletrificação da América tornou possível a iluminação de cidades americanas, o fornecimento de energia para fábricas, aquecimento e refrigeração de edifícios, e o uso de aparelhos elétricos domésticos. Ainda mais importante, a eletrificação trouxe consigo uma nova revolução de comunicações para gerenciar a economia mais complexa da Segunda Revolução Industrial.

Em nenhum setor a capacitação do mercado comercial pelo governo federal foi mais destacada, embora pouco reconhecida, do que no grande surto de crescimento de construções suburbanas do século XX. A Federal Housing Administration (FHA), estabelecida em 1934 pelo governo norte-americano, praticamente financiou o setor de construção — o maior setor comercial dos Estados Unidos — até o final do século. As garantias da FHA aos financiadores de hipotecas, garantidas pelo Tesouro norte-americano, juntamente com uma lei fiscal que permite aos mutuários deduzir taxas de juros do pagamento de suas hipotecas, estimularam o maior crescimento na construção habitacional de toda a história. Pela década de 1960, a FHA garantia o financiamento de quatro milhões e meio de casas por ano, quase um terço de todas as casas financiadas no país.

Construtoras comerciais receberam subsídios igualmente generosos do governo. O Congresso americano fez uma emenda do código IRS, permitindo às incorporadoras a dedução do custo de um novo edifício em sete anos, em vez do programa de depreciação padrão, de 40 anos. O subsídio, no valor de bilhões de dólares, estimulou a construção de milhares de shopping centers e conjuntos comerciais nas saídas das rodovias interestaduais e ao longo de conjuntos habitacionais suburbanos.

O governo ajudou a financiar praticamente cada etapa do desenvolvimento da infraestrutura essencial da Segunda Revolução Industrial, bem como subsidiar as várias oportunidades comerciais que fluíram dela. Os gastos de recursos públicos para ativar, empregar e manter o sistema industrial chegaram a trilhões de dólares — o maior investimento público no mercado em toda a história. O envolvimento do governo na arena comercial ajudou a tornar os Estados Unidos uma superpotência econômica sem rivais.

Para aqueles que duvidam do papel fundamental que o governo desempenhou para o sucesso comercial dos Estados Unidos, incluí um ensaio em nosso *site* que relata essa relação não reconhecida, esperando pôr fim, de uma vez por todas, ao mito libertário da maneira como os Estados Unidos se tornaram a maior economia na Terra.

## UMA VISÃO GERAL

A tarefa mais difícil na transformação da Segunda na Terceira Revolução Industrial é de natureza conceitual, e não técnica. Aqueles que impulsionaram a Segunda Revolução Industrial entenderam rapidamente, pelo menos de uma forma intuitiva, que um novo meio de comunicação e uma nova forma de energia criaram um paradigma econômico indivisível. Cada uma não poderia se desenvolver sem a relação com a outra. Eles também perceberam que a nova infraestrutura que está sendo criada por essa convergência iria reconfigurar fundamentalmente a orientação temporal e espacial da sociedade, exigindo novas formas de organizar e gerenciar as atividades comerciais e os padrões de vida.

Não demorou muito para que as petroleiras, os fabricantes de veículos, as empresas de telefonia, as empresas fornecedoras de serviços públicos, as construtoras e as imobiliárias emergentes da Segunda Revolução Industrial entendessem que cada uma de suas buscas reforçava as oportunidades comerciais das outras, e que elas nunca criariam as economias de velocidade e de escala que lhes permitiriam otimizar seu pleno potencial comercial isoladamente. Refinar petróleo, fabricar automóveis, fazer estradas, instalar linhas telefônicas e de fornecimento de energia elétrica, construir comunidades suburbanas e institucionalizar modernas práticas de negócios não são ações comerciais separadas, mas componentes de um único empreendimento — a Segunda Revolução Industrial.

Os empreendedores entenderam isto desde o início e reuniram seus interesses mútuos, criando uma poderosa força de *lobbying* tanto nos Estados Unidos quanto na Europa e, mais tarde, no resto do mundo, para lutar por sua causa comum. Embora essa força de *lobbying* fosse frequentemente predatória e repugnante, consumida por interesses próprios e que ignorava o bem-estar público, realizou um serviço público que com muita frequência deixou de ser reconhecido. Os lobistas ligaram os pontos. Ou seja, eles uniram todas as forças comerciais isoladas e as transformaram em um conjunto de relações que se tornou um modelo embrionário para um novo organismo econômico.

Os lobistas então adularam, manipularam e exaltaram o pleno poder do governo para ajudar a gestar a nova economia. Para o crédito permanente deles, é justo dizer que os inventores, os empreendedores e os financiadores da Segunda Revolução Industrial entenderam o sistema que estavam criando antes de a comunidade intelectual descrevê-lo e classificá-lo, ou antes que o governo pudesse regulá-lo adequadamente.

Embora pensemos em empreendedorismo como realizações comerciais isoladas — na forma de novas invenções ou propostas de negócio —, as verdadeiras grandes contribuições empresariais têm uma natureza mais sistêmica. Ocorrem quando a comunidade empresarial passa a ver de que modo suas buscas individuais comerciais se encaixam em uma visão econômica mais ampla. Quando isto acontece, surgem novas eras econômicas. Só mais tarde esses novos paradigmas econômicos recebem um nome e se tornam uma história contundente que capta a imaginação do público, fornecendo um quadro de referência para a plena mobilização da sociedade (Arnold Toynbee, o respeitado historiador inglês, foi quem popularizou o conceito da "Revolução Industrial" em uma série de palestras ministradas no final dos anos 1880, logo depois do início da Primeira Revolução Industrial[39]).

Hoje, estamos testemunhando a convergência de uma nova mídia de comunicações e um regime de energia — uma Terceira Revolução Industrial. Negócios nos mais diversos campos — energias limpas, construção verde, telecomunicações, microgeração, rede distribuída de TI, transporte a célula de combustível ou a eletricidade, química sustentável, nanotecnologia, logística carbono-zero, gerenciamento da cadeia de suprimentos e assim por diante — estão desenvolvendo uma série de novas tecnologias, produtos e serviços.

Até recentemente, essas novas oportunidades comerciais atraíam um interesse modesto na comunidade de investimento e junto ao público em geral. Isto ocorre porque a vida dos seres humanos gira em torno de histórias, e as histórias tratam sempre de relacionamentos e interações entre os personagens. Assim como palavras soltas não contam um conto, tecnologias individuais, linhas de produto e serviços não formam uma nova narrativa econômica. É quando descobrimos como todos esses elementos se relacionam entre si e criam uma nova conversa econômica que a imaginação começa a fluir. Isto está começando a acontecer agora, na medida em que visionários da TRI assumem a autoria conjunta dos capítulos iniciais de uma nova história da economia global.

A TERCEIRA REVOLUÇÃO INDUSTRIAL EMERGENTE não está apenas mudando nossa maneira de fazer negócios, mas também nosso modo de pensar a política. A luta entre os interesses de poder mais antigos e hierárquicos da Segunda Revolução Industrial e os interesses de poder nascentes, laterais, da Terceira Revolução Industrial está dando origem a uma nova dicotomia política, refletindo as forças competitivas que anseiam por dominar na arena comercial. Um novo roteiro político está sendo escrito, reformulando a maneira como as pessoas verão a política à medida que adentrem na nova era.

CAPÍTULO CINCO

# ALÉM DA ESQUERDA E DA DIREITA

Quando foi a última vez que você ouviu alguém com menos de 25 anos falar em defesa de suas crenças ideológicas? Algo muito estranho está acontecendo. A ideologia está desaparecendo. Os jovens não estão muito interessados em discutir o capitalismo ou a ideologia socialista nem as nuances da teoria geopolítica. Suas inclinações políticas são configuradas de um modo totalmente diferente.

Nossa equipe envolvida com a política econômica global começou a perceber esse fenômeno à medida que nos engajamos no processo político na Europa, Estados Unidos e outros países. Descobrimos o que suspeitamos ser uma nova mentalidade política que surge entre uma geração mais jovem de líderes políticos socializados em comunicações pela internet. A política defendida por eles não trata do que é de direita ou de esquerda, mas sim do que é centralizado e autoritário *versus* distribuído e colaborativo. Isto faz sentido.

As duas gerações que têm se socializado, em grande parte, por meio de comunicações na internet, têm uma probabilidade muito maior de dividir o mundo em pessoas e instituições que pensam de uma forma proprietária, de cima para baixo, fechada, e aquelas que defendem um pensamento aberto, transparente e lateral. À medida que amadurecem, passam a provocar mudança no pensamento político — o que irá alterar fundamentalmente o processo político no século XXI.

## COMO A INTERNET ACABOU COM O MACHISMO

O palácio presidencial em Madri é cercado por um gramado exuberante, sombreado por árvores. Canteiros de flores e arbustos tropicais recebem os visitantes em cada canto. Caminhos ligam a sede do presidente a outros anexos que abrigam a comitiva presidencial. A área exala uma atmosfera serena.

Eu estava ansioso para conhecer José Luis Rodríguez Zapatero, o jovem político de 48 anos que agora comandava o país mais poderoso do mundo de língua espanhola. Quando ele apareceu na sala de espera para me cumprimentar, a primeira coisa que chamou minha atenção foi seu sorriso caloroso e sua atitude tranquila. Ele parecia bem à vontade. Começamos a conversar — durante mais de duas horas, tratando de vários assuntos, desde filosofia e antropologia cultural até a realidade desordenada de uma economia global complexa — e eu concordei com as ideias dele. Confessei que minha esposa, Carol, e eu acompanhamos a carreira política dele com grande interesse. Ficamos surpresos quando ele anunciou inesperadamente, ao assumir a presidência, que uma de suas prioridades seria acabar com o machismo na Espanha. Eu me inclinei um pouco, me aproximando dele e perguntei, delicadamente: "O que o teria levado a fazer uma declaração dessas ao assumir uma presidência — principalmente na Espanha?".

A resposta dele foi reveladora. Ele me lembrou que, na Espanha, durante séculos a Igreja Católica e a monarquia mantiveram um controle firme dos assuntos da sociedade e que o machismo se tornara a narrativa cultural que permitiu que formas hierárquicas de controle descessem do pináculo da autoridade eclesiástica e governamental, refletindo-se até nas relações domésticas em todos os lares. O machismo foi a cola social que condicionou sucessivas gerações a aceitar o exercício desenfreado da autoridade, fosse esta praticada pela igreja, pelo Estado ou por um empregador, sem questionar ou desafiar sua legitimidade.

O presidente, então, calou-se durante vários segundos. Percebi que ele estava tentando encontrar palavras que pudessem expressar o que move a própria missão de vida dele. Ele as escolheu cuidadosamente. "O machismo", ele me disse, "é o que mantém a velha ordem funcionando. É o que posiciona o impulso humano pela dignidade. Aprisiona o espírito humano e anula a liberdade pessoal. Nós, espanhóis, temos vivido o efeito devastador na psique humana causado pelo machismo ao longo de gerações. Precisamos romper com isso se quisermos ter um futuro que faça sentido para nossa vida pessoal". Então prosseguiu em seu raciocínio. "Para uma geração mais jovem que está crescendo na internet e interage livremente na mídia social, o fluxo de autoridade e poder organizado hierarquicamente de cima para baixo é coisa do passado." O machismo choca-se contra o Facebook e o Twitter.

Zapatero está entre os primeiros de uma geração de líderes políticos mais jovens cuja sensibilidade reflete uma profunda mudança na consciência. A antiga forma hierárquica de organizar as relações sociais está cedendo a maneiras de pensar em rede e impondo um desafio aos pressupostos operacionais de nossas instituições mais básicas, inclusive nossas relações familiares, práticas religiosas, sistema educacional, modelos de negócio e formas de governança.

Zapatero e eu conversamos sobre como o pensamento em rede poderia ser aplicado à economia. Discutimos profundamente a necessidade de efetuar uma transição da economia espanhola do modelo da Segunda para a Terceira Revolução Industrial, e como a democratização da energia seria a trajetória crítica que moveria a sociedade das estruturas autoritárias para colaborativas.

Ao terminarmos o que seria o primeiro de vários encontros e discussões nos anos seguintes, o primeiro ministro Zapatero virou-se para mim e disse: "Sabe, Jeremy, a Espanha perdeu completamente a Primeira Revolução Industrial e ficou fora da maior parte da SegundaRevolução Industrial. Quero lhe prometer que não deixaremos a Terceira Revolução Industrial passar. Nosso governo está determinado a seguir rumo a um futuro econômico democrático e sustentável".

O primeiro Ministro Zapatero fez do modelo econômico da Terceira Revolução Industrial o ponto central de sua visão para o país. Sob sua liderança, a Espanha passaria por uma profunda transformação para se tornar o segundo maior produtor de energia renovável — atrás da Alemanha — na Europa.

Infelizmente, a administração do primeiro Ministro Zapatero perdeu o foco em sua última gestão, minando muitos dos avanços que levariam a Espanha a tomar a dianteira da Terceira Revolução Industrial. A Espanha foi pega pela dívida contagiosa que já afetara Grécia, Irlanda e Portugal. A crise espanhola decorrente do estouro da bolha habitacional transformou o país, da noite para o dia, do cartão postal da nova Europa comercial — durante 15 anos o crescimento da Espanha superou o da Alemanha — no bode expiatório do ultrapassado mercado europeu. Quando comecei a dar consultoria ao Primeiro Ministro Zapatero, a economia espanhola estava crescendo, o nível de emprego era alto, os programas sociais estavam entre os mais generosos da Europa e o governo gozava de um superávit saudável. Em 2007, com a crise do mercado habitacional, o desemprego passou dos 20% — entre os níveis mais altos da Europa — e o governo estava endividado. O primeiro Ministro Zapatero sofria pressão dos mercados financeiros para adotar um controle rigoroso dos gastos do governo ou enfrentaria uma perda em sua classificação de crédito e um resgate humilhante pela União Europeia.[1]

Na defesa de Zapatero, ele herdou uma bolha habitacional que sofreu metástase durante mais de uma década, antes de assumir o cargo. Ele foi forçado a fazer cortes draconianos em programas sociais ou perderia a capacidade de tomar recursos emprestados e de manter a economia da Espanha funcionando. O orçamento austero, aprovado em dezembro de 2010, não foi bem visto pela população — principalmente entre os jovens, cuja taxa de desemprego tinha subido para mais de 45% —, criando uma inquietação generalizada por todo o país.[2]

Em outubro de 2009, encontrei-me com o primeiro Ministro Zapatero em Nova York, quando ele estava lá para participar da assembleia geral das Nações Unidas. Ele me perguntou se eu ajudaria a administração dele a traçar um plano econômico abrangente de TIR para que a economia espanhola se recobrasse. Eu concordei e disse que precisaria me concentrar em fazer o mercado habitacional reviver, criando os códigos adequados do governo, regulamentações, padrões e incentivos para converter o setor imobiliário moribundo da nação em milhões de microusinas geradoras de energia verde — o pilar 2.

O primeiro Ministro Zapatero gostou do plano e me pediu para trabalhar com Bernardino León Gross, o secretário geral do Primeiro Ministro, para colocá-lo em prática rapidamente. Nos meses seguintes, no entanto, o governo envolveu-se na luta diária de pregar um programa de austeridade enquanto a comunidade financeira internacional lançava uma enorme ameaça a essa iniciativa — criando efetivamente uma mentalidade de cerco. O resultado é que nosso plano de ressuscitar a economia continuou sendo deixado de lado.

Voltei a me encontrar com o primeiro Ministro Zapatero em março de 2010. Concordamos que um programa de austeridade tinha de ser unido a um plano econômico igualmente ambicioso para o país, para instituir uma missão, receando que a população perdesse a esperança em sua recuperação econômica. Ele pediu para me sentar imediatamente com o ministro da indústria, comércio e turismo, Miguel Sebawtián Gascón, e começasse a desenvolver um plano abrangente de TRI para o país. Meu encontro subsequente com Sebastián foi decepcionante. Saí com a impressão de que ele não estava interessado em fazer um trabalho conjunto e era até mesmo indiferente, se não se opusesse, ao desenvolvimento da Terceira Revolução Industrial. Fiquei surpreso com a diferença gritante entre o apelo urgente do primeiro Ministro Zapatero de iniciar o novo plano econômico e a resistência velada de seu ministro. Apesar de esforços furtivos de Bernardino León Gross no ano seguinte para colocar o plano da TRI de volta aos trilhos, a inércia se instalou, o governo recuou e o grande sonho do primeiro Ministro Zapatero de liderar a Europa na Terceira

Revolução Industrial desapareceu.No momento não se pode saber se a Espanha irá recobrar a força que perdera com a recessão econômica de 2008 e retomar seu papel de liderança na corrida para uma Terceira Revolução Industrial. O tempo dirá.

## TODOS OS NÓS SE LIGAM A ROMA

O primeiro Ministro Zapatero é socialista e sua administração é uma das principais forças socialistas no mundo atual. Mas a visão da Terceira Revolução Industrial não está vinculada a nenhum partido político. Em Roma, o prefeito Gianni Alemanno é do partido Povo da Liberdade e faz parte da coalizão governista de Berlusconi, de centro-direita. Mas a visão dele de uma Terceira Revolução Industrial para Roma o aproxima ainda mais do pensamento do primeiro Ministro Zapatero do que de seu próprio primeiro Ministro, Silvio Berlusconi.

A atenção do prefeito é dirigida para dois objetivos: dar vida nova à economia romana tornando-se líder entre as grandes cidades do mundo em sustentabilidade, e assegurando a realização dos jogos olímpicos de 2020 na cidade (a última olimpíada realizada na cidade foi em 1960).

Passamos pouco tempo discutindo questões filosóficas em nossa primeira reunião. Em vez disso, o prefeito me deu uma breve aula de história como uma forma de contextualizar nossas discussões. Ele me lembrou que o edifício onde estávamos — a prefeitura de Roma — foi projetado por Michelangelo no auge da Renascença italiana e simbolizava o despertar do espírito humano nas artes, literatura e cultura no mundo Ocidental. Ele pediu para eu acompanhá-lo até a janela. Fora de seu escritório estavam restos escavados do antigo fórum romano. O prefeito apontou para uma pedra pequena — Lapis Niger — logo abaixo e perguntou se eu sabia o que era. Encolhi os ombros e ele me explicou que estávamos olhando para o terminal da infraestrutura viária do Império Romano que se estendia em todas as direções do continente europeu. "Você conhece aquele velho ditado que diz que todos os caminhos levam a Roma?". Apontando novamente para a pedra negra ele disse: "Este é o marco zero".

Em nossa conversa, pensamos que Roma poderia inspirar uma nova Renascença por meio da construção de uma supervia de informação/energia que começaria no portão da Prefeitura e se espalharia pela Itália e por toda a Europa, Oriente Médio e Norte da África, seguindo as linhas do antigo Império Romano. A nova infovia de energia, no entanto, não seria construída para facilitar a conquista, mas em vez disso, para encorajar uma nova forma de colaboração entre as pessoas e estimular a consciência da biosfera.

Em discussões subsequentes com o prefeito, surgiu repetidamente a questão de quem controlaria a geração e a distribuição de energia na região. Ressaltou-se que se a internet estivesse nas mãos de uma transportadora privada em cada local, provavelmente ela perturbaria o fluxo livre de informação no ciberespaço. Porém, uma vez que a cidade tem seu próprio serviço de fornecimento de energia elétrica, a rede energética já pertence aos cidadãos. Para Roma, então, a questão não era o acesso às linhas de transmissão, mas a capacidade de ter e controlar a geração de energia renovável em sua fonte — nos arredores da cidade e da região.

Disse ao prefeito que eu era a favor da criação de cooperativas de energia em todo o entorno, a fim de permitir que micro e pequenos produtores de energia agregassem capital e disseminassem os riscos de modo a se tornar participantes efetivos no mercado de energia distribuída. Lembre-se que a criação de associações cooperativas de energia rural por regiões rurais mais pobres nos Estados Unidos nas décadas de 1930, 40 e 50 levou a eletricidade para milhões de lares e pequenos negócios, e é um exemplo de energia inerente ao modelo cooperativo. Uma vez que o sistema de comunicação/energia da Terceira Revolução Industrial é, por natureza, um processo distribuído e colaborativo, ele favorece um modelo de negócio colaborativo nos locais nodais.

Quando levantei pela primeira vez a questão das cooperativas de energia dos arredores em conversa com o prefeito Alemanno, não sabia como ele reagiria, dada sua afiliação político-partidária. Aqueles que são de direita na Itália costumam se opor às cooperativas, considerando-os instrumentos socialistas que ameaçam o espírito empreendedor individual. Na realidade, a questão é um pouco mais complexa. O movimento de cooperativas italianas é uma imensa força comercial na Itália, como o é no resto da Europa e em grande parte do mundo. Na Itália, há três movimentos cooperados principais: Legacoop, vindo da ala esquerda comunista; Confcooperative, afiliado à Igreja Católica; e um terceiro, a AGCI, associada à esquerda não comunista. Logo, em certo sentido, as cooperativas historicamente permeiam todo o espectro liberal-conservador e gozam de amplo apoio popular.

O prefeito Alemanno acalmou minhas inquietações, informando que como ex- Ministro Nacional da Agricultura do governo de Berlusconi, uma de suas realizações mais importantes foi ajudar a estabelecer cooperativas agrícolas em todo o país. No que dependesse dele, as cooperativas de energia no entorno de Roma seriam implantadas e deveríamos engajar as associações cooperativas bem estabelecidas no processo de planejamento da TRI desde o início, e foi o que fizemos.

## A GRANDE MUDANÇA POLÍTICA

Tudo bem, admito que a política italiana não é tão ortodoxa. Mas como vamos justificar a grande mudança política de 2010 no Reino Unido: como o partido de Margaret Thatcher de repente tornou-se lateral? A dama de ferro era a imagem mais próxima de um patriarca que já vimos. Ela era o epítome do político que comanda de cima para baixo, com mão pesada, predominante no século XX — os Lyndon Johnsons, os Winston Churchills e os Charles de Gaulles do mundo (e digo isso com afeição). Na época, reconhecíamos em nossos líderes políticos figuras paternas que cuidavam da terra-mãe enquanto nos voltávamos para nosso trabalho e para nossa vida diária.

Atualmente, temos David Cameron, que se diz ser conservador, mas parece estar usando uma cartilha diferente que os cientistas políticos ainda precisam dissecar e classificar. As eleições nacionais de 2010 trouxeram isso à tona através de alguns encontros bastante bizarros. Tudo começou quando conheci David Miliband em Londres, em março de 2009.

Na época, Miliband era ministro do ambiente do gabinete do Partido Trabalhista de Tony Blair. Mais tarde ele se tornou secretário de relações exteriores na administração de Gordon Brown. Eu estava na cidade para participar da palestra de Ralph Miliband na London School of Economics (LSE). A palestra era em homenagem ao pai de David, um destacado acadêmico marxista (a família Miliband tem uma longa história no movimento socialista inglês). David foi um menino prodígio que, já aos 29 anos, assumiu a chefia da política econômica para o primeiro ministro Tony Blair. Sua aparência jovem escondia seus 43 anos.

David deveria ir à minha palestra à tarde e me apresentar ao público. Fui ao escritório dele pela manhã para lhe fazer uma visita de cortesia. Ficou óbvio, da hora em que eu cheguei, que o jovem ministro estava preocupado e até um pouco incomodado em sentar-se alguns minutos para bater um papo. Ele disse que não teria tempo para ir à palestra à tarde e me apresentar, como combinado anteriormente, devido a negócios urgentes. Quando eu comecei a discutir as virtudes da microgeração de energia renovável e o compartilhamento entre pares de eletricidade verde, ficou claro que a visão de uma Terceira Revolução Industrial não lhe agradava.

Houve um debate dentro do Partido Trabalhista Inglês sobre sua oposição antiga à energia nuclear. O setor nuclear tinha lançado uma campanha de relações públicas na Europa e na América, alegando que a energia nuclear precisava ser retomada como uma fonte básica de geração de energia na luta contra o aquecimento global, uma vez que ela não emitia $CO_2$ e, portanto, era uma tecnologia de energia limpa. Destacados formadores de políticas públicas no

Reino Unido, como Sir David King, conselheiro chefe de ciências ao governo, defendiam a volta da energia nuclear juntamente com líderes do Partido Trabalhista, mais notavelmente Tony Blair e Gordon Brown.

Miliband, como ministro do ambiente, viu-se no fogo cruzado entre as vozes pró e antinuclear no partido, e tinha insinuado nas semanas recentes que estaria aberto à ideia de incluir a energia nuclear na batalha contra o aquecimento global — desencadeando um protesto acalorado entre as fileiras do partido.

Eu lembrei David que havia apenas 442 reatores nucleares no mundo, e eles só geram cerca de 6% de nossa energia total. Para ter um impacto mínimo nas mudanças climáticas, de acordo com a comunidade científica, a energia nuclear teria de representar 20% da geração mundial de energia. Isto significaria substituir todas as usinas nucleares antigas e construir mais mil usinas. Executar essa tarefa exigiria a construção de três novas usinas a cada 30 dias nos próximos 40 anos — um total de cerca de 1.500 usinas de energia nuclear a um custo de $12 trilhões.[3] Perguntei se, de uma perspectiva política, ele acreditava realmente que um compromisso nessa escala seria praticável politicamente e viável comercialmente, e então ele ficou um pouco irritado, dizendo que não estava totalmente convencido de que as novas energias renováveis poderiam nos levar a uma economia de baixo carbono — mesmo que agregadas e dimensionadas à administração da rede de TI. Ele disse que agora acreditava que a energia nuclear teria de desempenhar um papel considerável em atenuar as mudanças climáticas. Então ele se desculpou por não poder continuar a conversa, pois precisava ir a uma reunião. Foi, no mínimo, uma visita perturbadora. Eu esperava que alguém da idade dele, com uma família de origem socialista, fosse mais entusiasta à ideia de democratizar a energia.

Naquela tarde, após concluir minha apresentação sobre a Terceira Revolução Industrial diante de professores e alunos da LSE, uma mulher veio em minha direção. Ela disse que estava entusiasmada com a visão de uma Terceira Revolução Industrial, mas advertia que o governo inglês estava retrocedendo totalmente às velhas fontes de energia centralizadas, do século XX, principalmente com a reintrodução da energia nuclear, que ela considerava extremamente perigosa para o futuro bem-estar da humanidade. Ela pediu para que eu fizesse um ensaio contra a energia nuclear que tivesse ampla visibilidade, como teve o filme de Al Gore, *An Inconvenient Truth*, sobre o aquecimento global. Ela ofereceu ajuda. Vendo que ela estava visivelmente trêmula e perturbada, eu perguntei qual era o nome dela. Ela disse: "Marion Miliband", a esposa do falecido Ralph Miliband, que era justamente o título da palestra que eu acabara de dar. Eu disse: "Eu estive com seu filho algumas horas atrás, e ele parece comprometido com a ideia de retomar a energia nuclear. Não seria bom a senhora conversar com ele?". Ela disse: "Ele não vai ouvir! Nem pensar". Mais tarde, li que a senhora Miliband se recusou a apoiar David ou seu irmão mais novo, Edward, que estavam disputando a liderança do Partido Trabalhista Inglês quando Gordon Brown foi derrotado por David Cameron, o líder do Partido Conservador. Ed Miliband posteriormente acabou vencendo seu irmão em uma eleição apertada, tornando-se o novo presidente do partido.

À tarde deu uma virada ainda mais incomum. Quando eu estava saindo da escola, um jovem se aproximou de mim na rua e se apresentou como parte da equipe que estava elaborando a política de mudanças climáticas e energia para o Partido Conservador, e disse que David Cameron estava muito impressionado com a Terceira Revolução Industrial. Ele mencionou que um colega, Zac Goldsmith, foi o provocador não oficial do partido nas questões de mudanças climáticas e energia. Eu disse ao jovem que era um velho amigo do pai de Zac, o falecido do Sir James Goldsmith, e de seu tio, Teddy Goldsmith, e lhe pedi para dar lembranças a Zac. Sir James era um bilionário eclético e um político "do contra", cujas visões sacudiam continuamente o cenário político do Reino Unido, e Teddy foi o fundador e editor da *Ecologist*, uma das principais publicações do mundo sobre o meio ambiente. Ele perguntou se eu tinha uma cópia extra de minha apresentação que ele pudesse partilhar com o grupo ambiental do Partido Conservador, e eu cedi. Nunca mais ouvi falar dele.

Meses depois, um membro do Parlamento do Reino Unido chamado Greg Barker entrou em contato comigo. Ele disse que era o ministro de mudanças climáticas do Partido Conservador do Reino Unido e que o partido tinha formulado sua política de sustentabilidade econômica e energia, que seguia de perto a visão e o plano de jogo da Terceira Revolução Industrial. Pensava se não seria possível marcar um encontro e uma conferência à imprensa comigo e com o Sr. Cameron para anunciar a intenção de seu partido de adotar o plano da Terceira Revolução Industrial, se eleito ao governo do país. Eu disse que entraria no jogo se pudesse definir alguns pontos específicos, entre eles o programa e os resultados esperados. Nos meses seguintes, Barker e eu conversamos várias vezes por telefone e mantivemos contato por *e-mail*. No final, não conseguimos fazer o evento acontecer.

Logo depois de Cameron ser nominado primeiro ministro, encontrei Barker em Lisboa, onde fiz a abertura de uma conferência realizada pela *International Herald Tribune* sobre desenvolvimento econômico sustentável, com a presença de algumas das principais autoridades do mundo financeiro associadas à causa ambiental. Greg tinha sido apontado recentemente como ministro de estado do Departamento de Energia e Mudanças Climáticas do governo Cameron. Sua chefe imediata, Chris Huhne, secretária de Estado de Energia e Mudanças Climáticas, reivindicava abertamente a transformação para uma economia da Terceira Revolução Industrial como uma forma de levar a recuperação econômica e gerar milhões de novos empregos, enquanto tratava da questão das mudanças climáticas e segurança energética.

Embora o partido de Cameron, como o de Miliband, tivesse incluído a energia nuclear em seu futuro mix de energia durante a campanha eleitoral, seus parceiros no novo governo de coalizão, os Democratas Liberais, se opunham veementemente à construção de novas usinas nucleares no Reino Unido. Este poderia ter sido um impasse que impediria os dois partidos de criar um governo de coalizão, não fosse um acordo selado entre eles concordando que nenhum subsidio público seria estendido ao setor nuclear para a construção de uma nova geração de usinas nucleares — pondo fim à perspectiva de um renascimento nuclear. Para assegurar o fim da energia nuclear, o novo governo de Cameron indicou Chris Huhne, líder dos Democratas Liberais e uma forte oponente à energia nuclear, para assumir a Secretaria de Estado de Mudanças Climáticas e Energia.

Cameron e Huhne são fortes defensores da energia verde distribuída, tornando-a o pivô de sua visão econômica para o futuro do país.[4] Sua defesa de uma Terceira Revolução Industrial os coloca à frente de David Miliband e de alguns de seus colegas no Partido Trabalhista, ao avançarem em uma nova visão da energia lateral para o país.

Fazendo justiça a David Miliband, o Partido Trabalhista tem apoiado a energia verde, tarifas *feed-in*, programas de eficiência de energia com o pagamento vinculado à energia economizada e até redes inteligentes de energia. A diferença é que David e seu irmão Ed, que foi o último ministro do ambiente na administração de Gordon Brown, nunca manifestaram publicamente uma visão de uma revolução de energia distribuída e preferiu ligar suas iniciativas a projetos isolados, como fizera o Presidente Obama nos Estados Unidos. O governo Cameron, pelo menos, adotou uma abordagem mais sistêmica, entendendo que os cinco pilares de uma Terceira Revolução Industrial compõem uma infraestrutura perfeita para estabelecer um novo paradigma econômico.

Barker é o homem responsável por chegar a um plano econômico detalhado da TRI. Ele me perguntou se os representantes de nossa política global e da Mesa de CEOs globais da Terceira Revolução Industrial estariam dispostos a ajudar seu ministério, e disse que o governo Cameron estava em vias de realizar um plano econômico abrangente na primavera de 2011. Concordei e fizemos uma reunião com seis de nossas principais autoridades em política econômica e especialistas corporativos, e um número equivalente de pessoas indicadas pelo governo britânico para discutir os vários aspectos que precisariam ser integrados em um plano para a TRI para o Reino Unido, incluindo barreiras à entrada no mercado, ampliação e penetração comercial. A equipe Cameron também estava interessada nos tipos de códigos, regulações e padrões, bem como incentivos e alavancagem financeira que seriam exigidos para engendrar efetivamente um plano de desenvolvimento econômico da Terceira Revolução Industrial. Mais tarde, fornecemos um relatório mais detalhado com particularidades sobre como o ministério poderia utilizá-lo na elaboração de seu plano final. Barker assegurou-me que o governo Cameron está ciente das "complexidades de integrar e harmonizar os cinco pilares fundamentais da infraestrutura da Terceira Revolução Industrial", e insistiu em um diálogo contínuo entre seu governo e nossa equipe global à medida que eles avançassem na agenda da TRI.[5]

O que eu achei fascinante na experiência do Reino Unido é que lá estavam dois jovens políticos, Miliband e Cameron, um parcialmente preso à antiga abordagem de cima para baixo à energia e ao desenvolvimento econômico, e o outro atrelando seu destino político à abordagem distribuída, em rede, cada um desafiando os rótulos do partido convencional. Fica em aberto determinar se o governo Cameron, de fato, cumprirá com sua palavra ou se retrocederá e adotará o tipo de abordagem incremental para um futuro verde típica de outros governos.

A mudança na forma como os líderes e partidos políticos se identificam ao longo do novo espectro provavelmente será muito debatida nos próximos anos por cientistas políticos, psicólogos e sociólogos. Por que George Papandreou, o primeiro ministro da Grécia e presidente da Internacional Socialista, e Angela Merkel, a chefe de Estado conservadora mais poderosa do mundo, concordam essencialmente quanto à questão básica de como a energia deveria ser gerenciada e distribuída na nova era econômica emergente?

Papandreou me convidou a fazer uma apresentação para abrir a sessão plenária da conferência bianual da Socialista Internacional em junho de 2008. Só depois eu descobri que com isso ele tinha violado as normas da Internacional Socialista, que proibiam qualquer um, com exceção dos líderes do partido socialista, de participar de sua convenção bianual. Papandreou está profundamente comprometido em levar a comunidade das nações a um futuro verde, caracterizado pela democratização da energia.

E a Chanceler Merkel também. No jantar oferecido aos principais empresários alemães pela Chanceler Merkel (citado no capítulo 2), ela deixou clara a intenção de seu governo sobre a futura direção da economia alemã. Merkel é conhecida por não abrir o jogo. Ela tem aquela postura política rara de quem prefere trabalhar em silêncio e metodicamente, longe do glamour, para criar um consenso que lhe permitirá levar a agenda política do governo adiante. Digo isto porque fui pego de surpresa no final do jantar por comentários da chanceler aos empresários lá reunidos. Merkel disse que ela estava fortemente comprometida a estabelecer os cinco pilares da infraestrutura da Terceira Revolução Industrial para a Alemanha e acreditava que o futuro da Europa e do mundo residia na transição para uma era verde, sustentável.

A nova orientação política não só está aproximando políticos com pensamentos divergentes, mas também está começando a unir forças econômicas cujos interesses nem sempre coincidiram. Estamos testemunhando o primeiro esboço de um novo movimento político na Europa. No final do verão de 2010, Angelo Consoli entrou em contato com Guglielmo Epifani, o poderoso Secretário Geral da CGIL, o maior sindicato da Itália, com seis milhões de trabalhadores representando 60% de toda a força de trabalho sindicalizada. Epifani manifestou interesse em se encontrar comigo da próxima vez que eu estivesse em Roma para discutir o apoio de seu sindicato à Terceira Revolução Industrial. Eu já tinha me programado para estar em Roma algumas semanas mais tarde, em 27 de setembro, para dar uma palestra aos membros do Parlamento italiano sobre a necessidade de estabelecer as bases para uma civilização empática e para a consciência da biosfera. Gianfranco Fini, o porta-voz moderado de centro-direita da Câmara Baixa do Parlamento, tinha lido meu livro, *The Empatic Civilization*, e ficou impressionado com a narrativa alternativa da história da consciência humana e ansioso em tornar o livro conhecido por um público político mais amplo. Decidi combinar minha visita com uma reunião presencial com Epifani. Logo, passei o dia 27 de setembro com o líder parlamentar de centro-direita da Itália e com o líder do movimento sindical italiano — cujas afiliações políticas não podiam ser mais diferentes.

Encontrei-me com Epifani e Susanna Camusso, o presidente eleito do sindicato, pela manhã. Estavam presentes três representantes seniores do sindicato. Eles me disseram que o sindicato estava pronto para colocar toda sua força em apoio ao plano da Terceira Revolução Industrial para a Itália. Além disso, o sindicato estava disposto a trabalhar com autoridades regionais e locais eleitas de todos os níveis — independentemente de sua orientação política — contanto que eles estivessem comprometidos a levar adiante a infraestrutura de cinco pilares em suas regiões ou localidades.

Para Epifani, a consideração básica era garantir empregos verdes para milhões de trabalhadores italianos. Isto significava que CGIL apoiaria o desenvolvimento de uma Terceira Revolução Industrial para Roma embora o prefeito fosse da ala direita? A resposta era sim.

Sugeri que o movimento sindical unisse forças com os dois outros *players* econômicos poderosos na Itália, as associações de pequenas e médias empresas e as cooperativas de consumidores e produtores, para criar uma única voz que representasse as empresas, os consumidores e os trabalhadores. Epifani concordou e em questão de dias entrou em contato com os outros grupos, que expressaram forte interesse pela nova iniciativa. Os preparativos para o novo casamento político já estavam feitos. Eu me reuni com as associações locais de pequenas e médias empresas por toda a Itália durante cinco anos, falando sobre os vastos benefícios comerciais que uma economia verde distribuída e colaborativa significariam para suas empresas. As associações cooperativas ficaram igualmente entusiasmadas. Um ano antes, a Legacoop, a maior cooperativa da Itália, fora fundamental para conseguir o apoio das outras importantes cooperativas à Terceira Revolução Industrial. Juntos, os sindicatos, as pequenas e médias empresas e as cooperativas seriam uma força poderosa na reformulação política da Itália — uma perspectiva que estava na mente de meus amigos italianos.

Em 24 de janeiro de 2011, fui à CGIL, em Roma, para anunciar a aliança formal entre o sindicato trabalhista, as associações italianas de pequenas e médias empresas e as associações cooperativas italianas para realizar a transição da Itália em uma economia da Terceira Revolução Industrial. A nova coalizão foi manchete nacional e agitou os círculos políticos. Os políticos começaram a reposicionar suas plataformas para acomodar a nova realidade de um movimento de energia lateral que estava começando a se afirmar no cenário nacional.

A nova força política da Terceira Revolução Industrial atravessou rapidamente as fronteiras italianas e se espalhou pela Europa. A European Association of Craft, Small, and Medium-Sized Enterprises (UEAPME) trouxe sua força para o novo movimento. A gigante organização guarda-chuva é composta de associações de pequenas e médias empresas nacionais em todos os Estados-membros da União Europeia e representa 12 milhões de empreendimentos e 55 milhões de funcionários. A Coops Europe também entrou. A associação que abrange toda a Europa é composta de 161 organizações cooperativas nacionais espalhadas por 37 países. Todas juntas, essas cooperativas representam o interesse de 160.000 empreendimentos cooperativos, 5,4 milhões de empregos e 123 milhões de membros.[6] A European Consumers' Organization (BEUC), abrangendo quarenta grupos de consumidores de 30 países europeus, trouxe a voz de centenas de milhões de consumidores europeus à nascente aliança da TRI.

Em 1º de fevereiro de 2011, essas três associações existentes por toda a Europa, representando a vasta maioria das empresas e consumidores europeus, juntou forças com todos os cinco importantes grupos de partidos políticos do Parlamento Europeu ao assinar uma declaração solicitando à Comissão Europeia a elaboração de um plano abrangente para implementar a infraestrutura de cinco pilares da Terceira Revolução Industrial nos 27 Estados-membros da União Europeia.

Um mês depois, em 7 de março, dois fortes sindicatos da Espanha juntaram forças com as associações de pequenas e médias empresas da nação, a associação nacional de cooperativas e empreendimentos sem fins lucrativos e a federação de consumidores do país para impulsionar o desenvolvimento de uma TRI por toda a economia espanhola. A coalizão acredita que a Terceira Revolução Industrial oferecerá o único plano econômico viável no longo prazo para retomar o crescimento da economia da Espanha, estimular novas oportunidades de negócio e criar novos empregos. Iniciativas similares de coalizão estão aparecendo pela Europa.

Essa coalizão improvável de empresas, organizações sindicais, cooperativas e associações de consumidores poderia ser o propulsor de mudanças na política europeia. As pequenas e médias empresas tradicionalmente têm uma tendência direitista, os sindicatos, uma tendência esquerdista, e as cooperativas e associações de consumidores se distribuem ao longo do espectro. A Terceira Revolução Industrial une esses grupos em uma nova força lateral poderosa. Uma vez que a Terceira Revolução Industrial tem uma natureza distributiva e colaborativa, ela é incorporada com mais facilidade pelos milhões de pequenos microempreendedores e consumidores que reúnem seus interesses coletivos em empreendimentos cooperativos. E uma vez que o estabelecimento de uma infraestrutura da Terceira Revolução Industrial ao longo de 40 anos exige milhões de empregos locais de trabalho intensivo, a nova economia se torna a salvação de uma força de trabalho sindicalizada que tem sido cada vez mais marginalizada pela globalização.

O momento para esse realinhamento político é propício. Muitas empresas cresceram além dos mercados nacionais, tornando-se economias maduras, e se voltaram para mercados emergentes, estabelecendo oficinas em todo o mundo em desenvolvimento. O que elas estão deixando para trás são milhões de trabalhadores subempregados e desempregados, e milhares de pequenas empresas cujas receitas estão encolhendo porque não são mais capazes de depender das migalhas que caíam da mesa quando as grandes corporações ainda eram nativas.

Mas não se engane quanto à força econômica potencial se milhões de pequenos participantes forem conectados em redes distribuídas e promoveram a colaboração entre setores e indústrias. Na União Europeia, 80% dos novos empregos em anos recentes foram gerados em empresas de pequeno e médio porte, de 250 funcionários ou menos. Da mesma forma, nos Estados Unidos, 65% dos novos empregos nos últimos 15 anos foram gerados pelas pequenas empresas. Se essas empresas se conectassem ao longo da infraestrutura de cinco pilares da economia da TRI e colaborassem em redes comerciais internas pelos continentes, o efeito multiplicador da economia lateral poderia afetar os ganhos econômicos obtidos pelas organizações comerciais hierárquicas centralizadas que dominaram a Segunda Revolução Industrial — da mesma forma que a mídia social colaborativa e distribuída está atropelando a mídia convencional de comunicações de cima para baixo do século XX.

## POR QUE O PRESIDENTE DA INTERNET NÃO ENTENDE ISTO

Acho que a esta altura meus leitores americanos estão perguntando: "E o Presidente Obama?". Obama é o homem que mais reflete, na mente pública, a mudança geracional que está acontecendo no mundo. O jovem presidente confessou que a coisa mais difícil que ele teve que abrir mão ao assumir a presidência não foi sua privacidade, mas seu precioso BlackBerry. Certamente lhe agradaria a ideia de uma revolução de energia colaborativa e distribuída realizada segundo o modelo da internet, certo?

Obama fez da energia verde parte de seu plano de recuperação econômica. Mas quando examinamos a versão final, vemos que a administração dele está ainda mais comprometida com a retomada da energia nuclear, com a extração de petróleo no mar e com tecnologias experimentais para limpar as emissões de carvão, permitindo uma vasta expansão de usinas geradoras de energia com o uso de carvão. E mesmo seu programa de recuperação econômica verde é formulado mais de acordo com a gestão centralizada e a distribuição de energias renováveis do que com um modelo distribuído, refletindo o pensamento organizacional de cima para baixo que governou a Primeira e a Segunda Revolução Industrial. Em que medida somos responsáveis pelas políticas adotadas por ele?

Vamos voltar a 2003 para que você tenha uma noção sobre como Washington chegou a pensar no desenvolvimento econômico sustentável. Do nada, recebi um telefonema de um assessor de ciências do gabinete do Senador Byron Dorgan perguntando se eu faria uma reunião com o senador. O rumor se espalhou em Washington, DC, sobre o trabalho preliminar que a União Europeia estava fazendo para estabelecer uma infraestrutura para energias verdes e uma economia de baixo carbono. O senador estava particularmente interessado em ouvir mais sobre o pilar 3, o armazenamento de hidrogênio. O *New York Times* publicou um artigo mencionando a iniciativa da pesquisa de hidrogênio do presidente Prodi, e Dorgan queria saber mais. O senador era o chefe da

Comissão de Políticas Democráticas e responsável por levar novas ideias aos senadores democratas.

Dorgan, apesar de nascido em Dakota do Norte, um Estado conservador que produz carvão, foi um dos maiores defensores de energias verdes no senado norte-americano. Ele queria saber o que estávamos fazendo na Europa e perguntou o que poderíamos fazer nos Estados Unidos. Fui franco com ele e disse que a Europa estava passando os Estados Unidos para trás, rumo à economia verde, e que poderia ser difícil alcançá-la com um presidente em exercício que não acreditava em mudanças climáticas (o Presidente Bush) e o Partido Republicano controlando ambas as casas do Congresso. No entanto, ele perguntou se eu faria um memorando que ele pudesse circular entre seus colegas do Senado, semelhante ao plano que eu tinha elaborado com o Presidente Prodi na Comissão Europeia. Eu concordei. Então ele me convidou para fazer uma apresentação sobre a Terceira Revolução Industrial a todos os colegas do Senado em seu tradicional almoço às quintas-feiras.

O almoço foi marcado para 20 de março, horas após os Estados Unidos começarem a campanha de bombardeio ao Iraque. Os senadores estavam visivelmente preocupados enquanto entravam no salão e eu não sabia como captar a atenção deles o suficiente para falar sobre uma futura economia de hidrogênio e como ela se relacionava aos outros pilares que compunham a infraestrutura de uma nova era comercial.

Estávamos em nova guerra no Oriente Médio com a perspectiva de baixas em massa e anos de ocupação. A mídia em outras partes do mundo, se não na América, já estava chamando o conflito de “guerra do petróleo”. O Iraque tem a quarta maior reserva de petróleo do mundo, um fato não esquecido entre os entendidos políticos que questionaram se invadiríamos o país caso este não fosse um tesouro de petróleo.

Para minha surpresa, a discussão foi intensa. Vários senadores pareciam realmente interessados nas perspectivas de uma economia do hidrogênio. Notei que a senadora Hillary Clinton no fundo da sala ouvia atentamente a conversa e fazia anotações vez ou outra. Ela foi a última a falar, mas seus comentários deixaram claro que ela tinha ciência das implicações mais profundas, não examinadas, do que estávamos discutindo.

Clinton foi direto aos aspectos práticos. Com o Congresso controlado pelos Republicanos, um presidente envolvido com o setor petroleiro e um país em guerra no Oriente Médio, a melhor perspectiva para executar uma agenda de P&D do hidrogênio — o pilar 3 — era incluí-la no orçamento de defesa. Os Senadores Clinton e Dorgan elaboraram, subsequentemente, o projeto de lei.

Só voltei a ver o Senador Dorgan em fevereiro de 2009, quando o Parlamento europeu endossou formalmente a Terceira Revolução Industrial, e vários departamentos e agências da Comissão Europeia estavam preparando iniciativas. Estados-membros — Alemanha, Espanha e Dinamarca, entre outros — estavam prestes a estabelecer a infraestrutura de cinco pilares da Terceira Revolução Industrial, e o termo em si tornou-se parte do vernáculo dos CEOs de empresas europeias e globais, e de empreendimentos de pequeno e médio porte.

Após sete anos, a eleição do Presidente Obama e o controle de ambas as casas do Congresso pelos Democratas ofereceram uma oportunidade para se voltar a testar Washington. Eu me sentei com o Senador Dorgan e o informei do progresso da União Europeia desde que nos encontramos pela primeira vez, anos atrás. Como Clinton, ele entendia as implicações econômicas negativas de se passar para uma forma de energia colaborativa e distribuída e me advertiu que o Congresso, a Casa Branca e grande parte da indústria americana não estavam preparados — nem de longe. Ele se ofereceu para organizar uma reunião com o novo secretário da Energia, Steven Chu, e disse que conversaria com o presidente na próxima oportunidade. Agradeci e disse que nosso grupo, que agora contava com mais de cem empresas e associações comerciais globais, estava pronto para se reunir com o presidente, o secretário de Energia e o Congresso para conversar sobre como a infraestrutura da Terceira Revolução Industrial poderia ser a base para uma recuperação econômica do país no longo prazo. Não ouvi mais falar dele enquanto ele estava no posto — embora tenha certeza de que ele tentou ao máximo fazer as ligações apropriadas; simplesmente eles não estavam interessados.

Descobri isso em 2009, quando fiz uma apresentação conjunta com Henry Kelly, secretário assistente adjunto do Departamento de Energia, em um seminário de negócios em Wharton Fellows, Washington. Após minha apresentação, um professor de Wharton, Jerry Wind, perguntou a Kelly o que ele pensava sobre a probabilidade de os Estados Unidos embarcarem em um plano da Terceira Revolução Industrial distribuída semelhante àquele que estava sendo desenvolvido na Europa. O professor Wind fez uma analogia com um jogo de beisebol e perguntou: "Nossos jogadores estariam na primeira base, na segunda base, na terceira base, ou a caminho do *home plate*?". O secretário respondeu, dizendo: "Ainda vamos dar a tacada".

O que Kelly deixou de dizer é que o time americano está fazendo um jogo totalmente diferente — apostando na instalação de parques de energia solar e eólica centralizados, gigantescos, nos Estados do Meio-oeste e Sudoeste. A ideia é aprovar a legislação federal que obrigaria a criação de uma super rede de alta voltagem capaz de enviar a eletricidade gerada nessas regiões menos habitadas de volta aos clientes de regiões mais populosas do Leste do país. O custo para criar a rede de alta voltagem seria dividido entre milhões de consumidores de eletricidade.

Essa abordagem centralizada para aproveitar energias renováveis e distribuir eletricidade não deu muito certo com os governadores e as empresas de energia elétrica do Leste do país. Em julho de 2010, 11 governadores de New England e Médio-Atlântico enviaram uma carta ao líder da maioria do Senado norte-americano, Harry Reid, e ao líder da minoria, Mitch McConnell, se opondo à política de transmissão elétrica nacional. Os governadores alegam que centralizar a geração de energia solar e eólica na região Oeste do país "prejudicaria os esforços de promover a geração de energia renovável local... e afetaria os esforços de criar empregos ligados à energia limpa em nossos estados".[7] Os governadores ficaram muito alarmados com o preço de $160 bilhões para criar um corredor de transmissão nacional do Oeste até o Leste.

Quatorze empresas de energia — muitas das quais operam nas regiões que seriam afetadas pela geração de energia centralizada — juntaram-se aos governadores do Leste e do Médio-Atlântico, exigindo que o Congresso permitisse que toda região do país explorasse seus próprios recursos de energia renovável. As empresas geradoras de energia alegaram que "a política nacional não deveria ser tendenciosa, favorecendo a construção de recursos de geração distantes ligados a centros populacionais com longas linhas de transmissão por vários estados". As empresas, que incluíam a Entergy, Northeast Utilities, DTE Energy Company e Southern Company, disseram que o plano de transmissão deveria continuar sendo regional.[8]

Matthew Wald, repórter de *New York Times*, colocou o dedo no que está se transformando uma batalha pivô em torno do futuro da Terceira Revolução Industrial, observando que "o conflito básico continua sendo energia distante *versus* energia local".[9] Sim, mas com um porém. A questão é se a produção de energia renovável será centralizada em uma parte do país, e então distribuída para o resto dos Estados Unidos, ou gerada localmente em toda parte e compartilhada pelo continente. Em outras palavras, os Estados Unidos se comprometem com uma super rede centralizada e um fluxo de mão única de energia renovável para os usuários finais, ou com uma rede de energia inteligente que permite a milhares de comunidades locais a geração de sua própria energia e eletricidade distribuída par-a-par em uma rede nacional de energia.

O desafio que nossas empresas da Terceira Revolução Industrial enfrentam no nível federal é duplo: primeiro, o setor convencional de energia, apoiado em combustíveis fósseis e energia nuclear, pensa de uma maneira centralizada, e se organiza de cima para baixo. A Terceira Revolução Industrial está se opondo a um estilo gerencial tão arraigado, que torna praticamente impossível para os executivos no comando de uma empresa imaginar a alternativa.

Em segundo lugar, a mentalidade corporativa é espelhada no Congresso. Presidentes de comissões, senadores, representantes e equipes legislativas trabalham tão próximos ao setor de energia na elaboração da legislação que o pensamento habitual no Congresso sobre como se promove e regulamenta a energia e a eletricidade reflete o pensamento das salas de diretoria das empresas. Nesse caso, a legislação proposta que obriga uma rede unidirecional de alta voltagem do Oeste para o Leste, a um custo de $160 bilhões, subsidiada por milhões de consumidores de eletricidade que terão de pagar mais por sua eletricidade, prende o país ao mesmo tipo centralizado de comando e controle da energia que ocorreu durante a Primeira e a Segunda Revolução Industrial e, no processo, dá vantagem a uma região em detrimento das outras.

Se, no entanto, o governo federal tivesse de instalar uma rede de energia nacional distribuída que conectasse todo o continente e permitisse que todo produtor local fornecesse eletricidade para a rede, ela criaria o tipo de extensão lateral que temos visto nos negócios distribuídos da internet. O preço da eletricidade para todos os negócios e consumidores continuaria a cair, como foi o caso do compartilhamento de informações.

O presidente Obama tem falado no circuito político sobre a necessidade de substituir uma rede de energia servomecânica de mais de meio século de existência por uma rede inteligente, digital, de última geração, e está estendendo milhares de milhas de novas linhas de energia para atender às futuras necessidades de eletricidade do país. Mas por que o presidente favoreceria essa abordagem centralizada para organizar recursos de energia renováveis que são, por natureza, amplamente distribuídos e disponíveis localmente?

## O *LOBBY* PELA ANTIGA ENERGIA FAZ SUA ÚLTIMA INVESTIDA

Vá atrás do dinheiro. As grandes empresas de energia podem afirmar com legitimidade ter o *lobby* mais poderoso em Washington — um exército de mais de 600 lobistas registrados —, uma força tão influente que, pelo menos até agora, poderia ditar as "opções" de energia para o país.[10] Quem são esses lobistas? De acordo com um estudo, três de quatro lobistas que representam empresas de gás e petróleo foram anteriormente membros do Congresso que trabalhavam em comissões encarregadas de supervisionar e regulamentar o setor, ou trabalhavam para vários órgãos federais responsáveis por regulamentar o setor de energia.[11] A infame "porta giratória" em que os executivos e representantes do governo trocam de chapéu e de mesa tem algo que lembra os filmes de Chaplin, resultando em uma confusão.

Senadores e congressistas em comissões importantes são recompensados com contribuições de campanha por favorecerem a indústria com projetos de lei que a beneficiem, e depois são recompensados novamente após completarem seus mandatos, assumindo posições de *lobby* dentro da indústria.

O que o setor de energia recebe em troca por sua generosidade? Muito. Seu retorno sobre o investimento seria invejável por qualquer banqueiro. De 2002 a 2008, os subsídios federais para a indústria de combustíveis fósseis totalizaram mais de $72 bilhões. Os subsídios para as energias renováveis naquele mesmo período foram inferiores a $29 bilhões.[12]

Para garantir o apoio dos políticos, o *lobby* de energia despeja bilhões de dólares em campanhas de mídia públicas e financia seus próprios institutos educacionais, pagando bolsas a pesquisadores que desenvolvam estudos favoráveis ao setor e apoiando campanhas de base que tenham por finalidade convencer os votantes de que a melhor esperança da América está em apoiar as grandes empresas de petróleo. E o fato é que essa estratégia tem sucesso.

Muitos dos esforços das grandes empresas petroleiras nos anos recentes têm sido direcionados para semear dúvidas e o ceticismo público sobre as mudanças climáticas. No curto espaço de tempo entre 2009 e 2010, os setores de petróleo, carvão e de serviços de utilidade pública gastaram $500 milhões para fazer o *lobby* do governo contra a aprovação da legislação de mudanças climáticas.[13]

Grupos como Americans for Prosperity and Freedom-Works, financiados, em grande parte, por interesses da indústria do petróleo, foram particularmente bem-sucedidos em fazer o crescente movimento do Partido do Chá defender sua mensagem nas campanhas eleitorais em todo o país. Uma pesquisa de opinião feita por *New York Times/CBS* conduzida no outono de 2010, na véspera das eleições anuais, constatou que apenas 14% dos apoiadores do Partido do Chá acreditam que o aquecimento global seja um problema ambiental, em comparação a quase 50% do público em geral.[14]

O crescente ceticismo do público com relação às mudanças climáticas captou a atenção de candidatos políticos, principalmente nas eleições mais disputadas onde poucos pontos percentuais podem indicar a vitória ou a derrota. O *National Journal* relatou que 19 de 20 candidatos ao senado nas eleições de 2010 questionaram as mudanças climáticas e se opuseram à legislação que tratasse do aquecimento global.[15]

O *lobby* pela energia de combustível fóssil nos Estados Unidos lutou contra a introdução de energia renovável no mix de eletricidade durante décadas.

E nos poucos casos onde as grandes empresas petroleiras entraram no mercado de energia renovável, elas seguiram a tradicional rota de centralizar a produção e de fornecer eletricidade para uma rede de energia unidirecional.

Há sinais, no entanto, de que o *lobby* pela energia da Segunda Revolução Industrial está começando a perder seu pulso de ferro sobre as políticas de energia em Washington. David Callahan, colaborador sênior do Demos, o grupo de pesquisa de políticas públicas com sede em Washington, escreveu um ensaio provocativo no *The Washington Post* sugerindo que os "ricos sujos", referindo-se aos americanos mais ricos que fizeram fortuna nos setores poluidores e extrativistas da Segunda Revolução Industrial, estão diminuindo, em comparação aos "ricos limpos", cujas fortunas derivam dos novos setores de informação de alta tecnologia da Terceira Revolução Industrial. Ele ressalta que em 1982, 38% na lista 400 dos americanos mais ricos indicados pela Forbes haviam vindo do setor de petróleo e setores manufatureiros relacionados, enquanto apenas 12% vinham de setores de tecnologia e finanças. Em 2006, as mesas viraram, com 36% dos americanos mais ricos vindos de setores de tecnologia e finanças, e apenas 12% vindos do petróleo e da fabricação de produtos relacionados.[16]

Muitos dos que ficaram bilionários com a alta tecnologia, como os fundadores do Google, Larry Page e Sergey Brin, estão transformando suas instalações em operações de baixa emissão de carbono e investindo milhões de dólares nas novas tecnologias de energia renovável distribuída da Terceira Revolução Industrial.

Embora ainda seja a força mais poderosa de *lobby* em Washington, o velho *lobby* da energia — e dos setores da Segunda Revolução Industrial relacionados — pode estar enfraquecendo. O que ainda não aconteceu, no entanto, em nenhum grau significativo, foi o aparecimento de um poderoso *lobby* de energia renovável com os setores acompanhantes que compõem a infraestrutura de cinco pilares de uma Terceira Revolução Industrial. Parte da razão para isso, é que muitos dos principais setores que fizeram parte da Segunda Revolução Industrial se veem pegos entre dois regimes de energia e duas eras econômicas, e dois modelos de negócio bem diferentes. Não é incomum ver os mesmos lobistas do setor automotivo, setor de construção, setor de energia e serviços de utilidade pública, e de TI e transportes fazendo *lobby*, ao mesmo tempo, para iniciativas legislativas e políticas regulatórias concorrentes, da Segunda e da Terceira Revolução industrial, e com consequências confusas e por vezes cômicas.

Uma rede colaborativa e distribuída de TRI precisa definir iniciativas de *lobby* compatíveis com sua missão a fim de criar um mundo justo, sustentável, democrático e transparente. Pagar lobistas conhecedores do assunto para fazer sua defesa nas Assembleias, no Congresso e nos órgãos executivos do plano e da visão de uma Terceira Revolução Industrial deve ser incentivado. Financiar campanhas eleitorais e recompensar funcionários do governo com empregos no setor privado em troca de seu apoio deve ser estritamente proibido.

A luta entre estabelecer uma super-rede centralizada ou uma rede inteligente distribuída provavelmente determinará o tipo de economia e sociedade que nossos filhos e netos herdarão para o resto do século. A essa altura, não há nada que sugira que o presidente da internet provavelmente desviará da sabedoria convencional e do setor de combustíveis fósseis. No entanto, um *lobby* emergente da Terceira Revolução Industrial em Washington, nas capitais dos Estados e em prefeituras pode lançar uma força contrária, impulsionando o país para uma nova agenda econômica. A questão é se iremos aproveitar o momento ou perdê-lo.

A TRANSFORMAÇÃO DA ECONOMIA e a mudança dos valores políticos está forçando uma mudança proporcional de poder nas instituições governantes. Enquanto a Primeira e a Segunda Revoluções Industriais foram acompanhadas por economias nacionais, pela governança do Estado-nação e por uma divisão geopolítica de cima para baixo, centralizada, a Terceira Revolução Industrial, por sua natureza distribuída e colaborativa e alastrando-se lateralmente ao longo de terrenos contíguos, favorece economias continentais e uniões políticas. Estamos indo da "globalização" para a "continentalização".

## CAPÍTULO SEIS

# DA GLOBALIZAÇÃO À CONTINENTALIZAÇÃO

A primeira vez que ouvi falar de *continentalização* foi em uma pequena reunião em um hotel isolado nos arredores de Paris. Era final de maio de 2008. Os CEOs das principais empresas postais, representando grande parte do tráfego logístico da economia global, reuniram-se para fazer uma reflexão profunda sobre o futuro da economia global.

A incerteza pairava no ar. Os participantes estavam muito preocupados. Na comunidade empresarial, uma regra básica é que uma gota em uma nau é sinal de advertência de tempestade iminente no horizonte econômico. O transporte global estava sendo paralisado — algo que esses CEOs nunca viram na vida. O poder de compra estava despencando no mundo e os estoques de fábrica se acumulavam nos depósitos, pátios e portos. Parecia que todo o mecanismo econômico da economia global estava parando.

Eu estava na reunião a convite da International Post Corporation, a associação guarda-chuva das empresas postais do mundo, para falar da nova visão e do plano econômico do Parlamento europeu no longo prazo.

Durante minha apresentação, expliquei que assim como a informação corre livre na internet, a energia renovável distribuída corre sem limites pelas fronteiras nacionais. Quando milhões de pessoas geram sua própria energia em suas casas, fábricas e escritórios, compartilhando energia entre localidades e regiões, todos se tornam um nó de uma rede de eletricidade verde sem fronteiras que se expande lateralmente por continentes inteiros. Ressaltei que a mídia de comunicações e as energias da Primeira e da Segunda Revolução Industrial deram origem a mercados nacionais e a governos dos Estados-nações. A mídia de comunicações e energias da Terceira Revolução Industrial e a infraestrutura, em contrapartida, se espalharam até as bordas de continentes contíguos. Na Terceira Revolução Industrial, movida a energia renovável, os continentes se tornam o novo campo de ação da vida econômica, e uniões políticas continentais, como a União Europeia, se tornam o novo modelo de governo.

Imediatamente após minha fala, Peter Bakker, o CEO da TNT (a antiga empresa de correios holandesa que foi privatizada e é uma das principais empresas logísticas do mundo), fez sua apresentação. Para minha surpresa, ele se virou para o grupo e disse: "A globalização está acabando". Na opinião dele, o aumento acentuado do preço do petróleo no mercado mundial torna cada vez mais problemático o uso de frete aéreo ou marítimo, e a pressão dos governos para taxar emissões de $CO_2$ só aumentaria os custos de logística. A corrente econômica, disse ele, está mudando da globalização para a continentalização. Ele afirmou que o crescimento do comércio e dos negócios se voltará cada vez mais para mercados continentais. A logística, disse ele, já está redirecionando grande parte de seu foco para um mundo continental.

Se Bakker estiver certo, o reposicionamento parcial do comércio e dos negócios da globalização para a continentalização, somado ao alastramento de uma infraestrutura logística da TRI do tipo *wi-fi* em territórios continentais, provavelmente irá acelerar a formação de economias continentais e uniões políticas.

Os participantes da reunião concordaram em endossar o plano da União Europeia de implementar uma infraestrutura da Terceira Revolução Industrial. Mas enquanto ocorria a votação, não pude deixar de notar o silêncio na sala à medida que cada um mergulhava em seus próprios pensamentos sobre o que viria pela frente.

## RETORNO A PANGEIA

Embora há anos eu fale sobre como a infraestrutura da Terceira Revolução Industrial favorece mercados continentais, uniões políticas continentais e a conetividade transcontinental, as profundas implicações espaciais só foram realmente registradas recentemente. Eu estava em um voo noturno vindo de Dakar, em junho de 2009. Olhando pela janela, vi as luzes brilhando na famosa Ilha de Goreia, um dos vários pontos no Senegal onde era feito o tráfico escravo africano pelo Atlântico. Dakar situa-se no ponto extremo a Oeste do continente africano e, como resultado, tornou-se um ponto onde escravos embarcavam para chegarem nas Américas.

Alguns dias depois eu estava almoçando na praia com Moustapha Ndiaye, um conselheiro pessoal do Presidente Abdoulaye Wade do Senegal, para conversarmos sobre a possibilidade de seu país liderar um plano de desenvolvimento econômico da Terceira Revolução Industrial que pudesse servir como modelo para o resto do Oeste africano. Toda vez que eu desviava o olhar, não conseguia deixar de ver a praia da Ilha de Goreia — um lembrete constante do peso terrível que a escravidão e o colonialismo impuseram ao continente africano e a seu povo.

A certa altura passamos a conversar sobre características peculiares da costa no Oeste africano e eu mencionei, de passagem, o quanto era interessante o fato de a curvatura da costa africana praticamente se encaixar na linha costeira oriental da América do Sul, como duas peças de um quebra-cabeças.

Os cientistas há muito suspeitaram que em um dado momento da história do planeta, os dois continentes poderiam ter sido um único território, e que um processo geológico, ao longo do tempo, poderia tê-los separado. Na década de 1960, os geólogos ficaram alvoroçados com novas teorias dos movimentos das placas tectônicas e da deriva continental. Surgiu um consenso entre os cientistas de que cerca de 200 milhões de anos atrás, na era Mesozoica, os continentes estavam ligados em um extenso território — chamado de *Pangeia* pelos geólogos. Os cientistas acreditam que uma mudança nas placas tectônicas da Terra fez a Pangeia se dividir nos continentes hoje existentes. Agora, pela primeira vez, fala-se de juntar novamente os continentes em um único território global, marcando um retorno à Pangeia. Vou explicar.

A infraestrutura da Terceira Revolução Industrial está apenas começando a se espalhar pelos continentes, simultaneamente à criação de mercados continentais nascentes e de uniões continentais governantes. A União Europeia é a primeira economia continental e união política a começar a efetuar a transição para uma Terceira Revolução Industrial. Uniões continentais formaram-se recentemente na Ásia (a ASEAN Union, Associação das Nações do Sudeste Asiático, ANSA), África (a União Africana) e América do Sul (a União das Nações Sul-americanas). Na América do Norte, o NAFTA, Tratado Norte-Americano de Livre Comércio, é o precursor de uma união continental. As localidades, regiões e governos nacionais não desaparecerão no próximo século — na realidade eles ficarão fortalecidos —; contudo, as uniões continentais fornecerão uma jurisdição política abrangente para regular os mercados continentais integrados. As novas uniões continentais, por sua vez, estão começando a fazer planos para conectar seus territórios fisicamente, criando um espaço geográfico único a fim de conduzir o comércio global no século XXI. De fato, a continentalização está estimulando um retorno a um único continente global — uma segunda Pangeia, desta vez realizada por mãos humanas.

A União Europeia recentemente fez uma parceria com a União Africana para estabelecer a infraestrutura para uma Terceira Revolução Industrial que eventualmente unirá os dois continentes. Por exemplo, estão sendo desenvolvidos planos para um projeto de vários bilhões de dólares, chamado Desertec, que trará energia gerada das tecnologias solar e eólica do deserto do Saara, por meio de cabos interconectores, para a Europa — fornecendo mais de 15% da energia total que a União Europeia precisará por volta de 2050.[1]

Ao mesmo tempo, Espanha e Marrocos têm discutido a construção de um túnel de transporte sob o Estreito de Gibraltar que ligará a Europa e a África. Como o Channel Tunnel que conecta o Reino Unido à Europa, o novo túnel transportará passageiros e carga entre Europa e África, unindo os dois continentes em uma única rede logística.

Rússia e Estados Unidos também têm discutido a construção de um túnel de 64 milhas sob o Estreito de Bering, ligando a Sibéria e o Alasca, a um custo estimado entre $10 e 12 bilhões. O túnel terá um sistema ferroviário de alta velocidade para ligar a Eurásia e as Américas para o comércio, negócios e turismo, criando uma rede logística conectada por terra que se estende por três quartos do caminho em volta do mundo — de Londres a Nova York.[2] O túnel servirá a um propósito duplo, permitindo que ambos os continentes compartilhem eletricidade obtida a partir da vasta quantidade de energia renovável na Sibéria e no Alasca.

Instalar cabos de alta voltagem sob a água para trocar eletricidade verde entre Europa, África, Ásia e Américas é mais fácil, do ponto de vista da engenharia, que construir túneis nas profundezas oceânicas e, por essa razão, provavelmente é o que acontecerá no futuro próximo. As conexões entre túneis levarão mais tempo, e os analistas políticos projetam que levará mais de 20 anos para concluir essas obras.

Para aqueles que custam a acreditar na possibilidade de conectar os continentes, lembre-se do ceticismo generalizado quando as ideias dos canais de Suez e do Panamá foram ventiladas pela primeira vez. Embora os desafios técnicos e de engenharia, para não mencionar os custos envolvidos, lançassem dúvida sobre sua viabilidade, as vantagens comerciais eram muito grandes para serem ignoradas. Descobrimos maneiras de construir ambos os canais em tempo recorde.

O Canal de Suez, que corta o Egito para conectar o Mar Mediterrâneo e o Mar Vermelho, abriu uma rota hídrica artificial entre Europa e Ásia sem ter de dar a volta por todo o Chifre da África. O canal de 101 milhas foi iniciado em

1859 e concluído dez anos depois. Mais de 1,5 de pessoas foram empregadas durante o projeto e milhares perderam suas vidas nessa empreitada.[3]

O Canal do Panamá, iniciado pelos franceses nos anos 1880 e abandonado logo depois, foi retomado e concluído pelos Estados Unidos. O canal corta a América Central, conectando os oceanos Atlântico e Pacífico, eliminando a longa jornada em volta do Estreito de Magalhães no extremo Sul da América do Sul. O Canal de Panamá Americano foi iniciado em 1904 e concluído em dez anos, a um custo de 5.609 vidas humanas.[4]

Embora os desafios de engenharia envolvidos para se ligar grandes territórios continentais do mundo sejam igualmente assustadores, as oportunidades comerciais são enormes. Embora não se possa afirmar com certeza, é bem possível que os continentes do mundo estejam ligados novamente por meio de uma infraestrutura da Terceira Revolução Industrial bem antes de meados do século, preparando o terreno para um retorno à Pangeia.

Assim como a internet ligou a raça humana em um único espaço virtual colaborativo e distribuído, a Terceira Revolução Industrial une a raça humana em um espaço político paralelo da Pangeia. Como se parecerá esse espaço político: uma vez que a infraestrutura da TRI, que é o centro dos mercados continentais e da governança continental, se expande lateralmente e é distribuída, colaborativa e ligada em rede, a governança continental e global provavelmente também será. A ideia de um governo mundial centralizado poderia fazer sentido para a Segunda Revolução Industrial, cuja infraestrutura se ampliou verticalmente e cuja organização era hierárquica e centralizada, mas está bizarramente fora de lugar e de sincronia em um mundo onde a infraestrutura de energia/comunicação é nodal, interdependente e horizontal. A ligação em rede da comunicação, energia e comércio em rede, espalhados pelo planeta, invariavelmente dará lugar a uma governança em rede nos níveis continental e global. A engenharia de um espaço de vida interconectado, intercontinental cria uma nova orientação espacial. Em uma sociedade global cada vez mais integrada, as pessoas começam a se ver como parte de um organismo planetário indivisível.

## A PRIMEIRA UNIÃO CONTINENTAL DO MUNDO

Estudiosos da idade medieval não imaginariam o conceito de uma nação — uma autoridade secular no poder, governando com o consentimento dos cidadãos em vez do mandado sagrado. Hoje, apesar da União Europeia, a maioria das pessoas teria dificuldade em imaginar ser um cidadão de uma união continental e de se sentir parte de uma extensa família política que se estende de um oceano a outro. A ideia de cada continente ser governado por uma união política parece estranha. No entanto, com exceção de algumas circunstâncias imprevistas, é provável que a sociedade esteja se encaminhando para isso. É estranho ouvir analistas políticos e jornalistas especularem sobre os diversos realinhamentos do poder político — G20, G8, G2, BRIC — sem nunca mencionar um realinhamento político mais crítico que está começando a acontecer no mundo todo, na forma de governança continental.

A Terceira Revolução Industrial não só traz consigo uma nova geração de líderes políticos que pensam de uma maneira distribuída e colaborativa, mas também novas instituições governantes que também são distribuídas e colaborativas. A União Europeia é a primeira união continental. Nasceu após duas guerras mundiais devastadoras e foi concebida com a ideia de que a geopolítica tradicional, em que cada Estado soberano competia tanto no mercado quanto no campo de batalha para alcançar interesses próprios, precisava ceder, pelo menos em parte, a uma nova política continental em que as nações colaboravam umas com as outras para melhorar sua segurança coletiva e interesses econômicos. Embora interesses nacionais não desaparecessem com a criação da União Europeia, cada geração passou a se identificar com crescente facilidade, como europeus.

A União Europeia no início se uniu em torno do compartilhamento de energia. O Pacto da Comunidade Europeia do Carvão e do Aço (CECA) em 1951 foi idealizado por Jean Monnet, que é considerado por muitos europeus como o pai da União Europeia. Monnet afirmava que a antiga rivalidade econômica entre Alemanha e França poderia ser atenuada pela união de seus recursos de carvão e produção de aço, principalmente ao longo do tão disputado corredor industrial que ladeava os rios Ruhr e Sarre. O Tratado CECA de Paris foi assinado pela França, Alemanha, Itália e Bélgica, Holanda e Luxemburgo. Em 1957, os seis países-membros assinaram o Tratado de Roma, expandindo a ideia de cooperação para incluir a criação da Comunidade Econômica Europeia. Os países também fizeram um acordo separado para criar a Euratom, Comunidade Europeia de Energia Atômica, uma cooperativa para desenvolver energia nuclear por suas regiões.

Hoje, a União Europeia abrange 27 Estados-membros, com uma população total de 500 milhões de cidadãos em uma área que se estende do Mar da Irlanda até a Rússia.

Atualmente, quando a União Europeia entra em seu segundo meio século, a energia voltou a se tornar central para a próxima etapa do desenvolvimento continental. Embora a União Europeia seja potencialmente o maior mercado comercial interno do mundo, com seus 500 milhões de consumidores, e mais 500 milhões de consumidores nas regiões parceiras associadas que se estendem pelo Mediterrâneo e Norte da África, ela ainda não criou um único mercado integrado.

A Terceira Revolução Industrial torna possível o estabelecimento de uma infraestrutura de comunicação e de energia continental distribuída que criará um espaço econômico único, de modo que a população na região da União Europeia que hoje tem mais de um bilhão de pessoas possa se engajar no comércio e negócios com eficiência e facilidade, e com uma baixa pegada de dióxido de carbono, permitindo que a Europa se torne o maior mercado integrado até 2050. Este é o negócio fundamental, ainda inconcluído, da União Europeia.

Nações asiáticas, africanas e sul-americanas estão começando a seguir a liderança da União Europeia e formando suas próprias uniões continentais com o mesmo objetivo em mente — criar um único mercado integrado. E como a União Europeia, estão trazendo a mídia de comunicação distribuída da internet junto da energia renovável distribuída para criar uma infraestrutura para uma economia da Terceira Revolução Industrial — capaz de receber uma rede de energia totalmente integrada, rede de telecomunicações e sistema de transportes para o comércio em todo o continente. Uma infraestrutura de comunicação/energia colaborativa e distribuída que atravesse continentes inteiros estimulará a maturação de formas continentais de governança.

## A UNIÃO ANSA

O processo já está se desenvolvimento na Ásia, onde dez nações do sudeste — Indonésia, Malásia, Filipinas, Cingapura, Tailândia, Brunei Darussalam, Myanmar, Vietnã, Laos e Caboja — criaram a Associação das Nações do Sudeste Asiático (ANSA, ou ASEAN, do inglês Association of Southesat Asian Nations). Três outros países — China, Japão e República da Coreia — se afiliaram à ANSA para formar a ANSA Mais Três (em inglês, ASEAN Plus Three, ou APT).

A ANSA foi estabelecida em 1967 para facilitar o "crescimento econômico, o progresso social e o desenvolvimento cultural na região através de iniciativas conjuntas".[5] Somente em 2003, no entanto, os Estados-membros concordaram em criar uma comunidade ANSA, moldada de forma semelhante à União Europeia. Em 2007, os Estados-membros se reuniram na Ilha Cebu, nas Filipinas, e deram um passo gigantesco, ao assinarem a Declaração Cebu sobre a Aceleração do Estabelecimento de uma comunidade ANSA em 2015. A comunidade ANSA é composta de três pilares: a Comunidade de Segurança Política ANSA, a Comunidade Econômica ANSA e a Comunidade Sociocultural ANSA.[6]

A Carta da ANSA começou a vigorar em 2008, comprometendo os países-membros a operar dentro de uma estrutura jurídica comum e a criar órgãos formais para facilitar a construção de uma comunidade continental coesa.[7]

Na reunião de cúpula do leste asiático em Cebu, nas Filipinas em 2007, os Estados-membros da ANSA assinaram um segundo acordo, a Declaração sobre Segurança de Energia do Leste Asiático, que serviria como base para a criação de uma infraestrutura de energia e estabeleceria as bases de uma economia da TRI em todo o território asiático. O acordo de energia também foi assinado pelos parceiros regionais da ANSA, pela República do Povo da China e pela República da Índia, ambas situadas no Sudeste do continente asiático, e as nações do pacífico do Japão, a República da Coreia, Austrália e Nova Zelândia.

Os signatários reconheceram "a reserva global limitada de energia fóssil, os preços instáveis do petróleo no mundo, a piora dos problemas do ambiente e de saúde, e a necessidade urgente de tratar do aquecimento global e das mudanças climáticas".[8] Dadas essas restrições, a questão iminente para as nações da ANSA é como manter o crescimento de suas economias a um ritmo acelerado sem comprometer o ambiente ou contribuir para o aquecimento global. Para alimentar seu crescimento econômico, elas precisarão de energia limpa em grande escala, o que exigirá um compromisso coletivo para trazer energias renováveis on-line rapidamente, por todo o continente e por toda a orla do Pacífico.

Os partidos, portanto, concordaram em "reduzir a dependência de combustíveis convencionais... aumentar as fontes através de esquemas de financiamento inovadores" e "assegurar a disponibilidade de um suprimento de energia estável através de investimentos em infraestrutura regional de energia como a rede de energia ANSA".[9]

A última cláusula da Declaração de Cebu — a criação da rede de energia da ANSA — é fundamental para a transição para a economia continental da Terceira Revolução Industrial e para a consolidação de um espaço governante continental da ANSA. A ANSA, cujo lema é "dez nações, uma comunidade", estabeleceu um plano de energia abrangente, de longo prazo, para o continente e lançou sua primeira agenda para cinco anos, que chamou de Plano de Ação ANSA para Cooperação em Energia[10] (2010-2015). O ponto central do plano é a rede de energia da ANSA — um "programa inaugurado em 2004 pelos chefes de estado da ANSA. O objetivo é "uma rede de energia que integre totalmente o Sudeste Asiático".[11]

O estabelecimento de uma rede comum de energia elétrica por todo o continente do Sudeste Asiático fornece a estrutura básica para a criação de um mercado único, integrado e uma união política continental. Atualmente, existem quatro projetos de interconexão de rede de energia e outros em fase de planejamento, a um custo estimado de $5,9 bilhões.[12]

A ANSA entende claramente a importância de efetuar a transição para energias renováveis, e o papel fundamental que uma rede de poder continental interconectada irá desempenhar na criação de uma comunidade. A ANSA declara, em termos inequívocos, que "vê a necessidade de os países da ANSA irem além de políticas e planos independentes de energia[,] para... políticas entre países, interdependentes, que olhem para fora, para alcançarem uma maior integração econômica".[13] A velocidade com a qual os países da ANSA criam um mercado único e uma união política continental dependerá da rapidez com que eles puderem construir uma rede inteligente verde para conectar a região.

Embora a comunidade da ANSA esteja passando rapidamente da visão para a realidade política, várias são as questões em aberto que poderiam minar seus esforços de criar uma união continental. A primeira é a presença marcante da China. Com 1,3 bilhão de pessoas e uma economia que já eclipsou o Japão, passando a ser o motor da Ásia, a China é a grande incógnita na arena asiática.[14] Ela permanecerá isolada, como uma região parceira associada, principalmente se a ANSA se tornar uma única comunidade política? Uma união política com 605 milhões de pessoas, embora corresponda apenas à metade da população da China, ainda seria uma força a ser reconhecida. Se o Japão, a República da Coreia, a Austrália e as Filipinas tivessem de mudar do *status* de parceiros para se tornarem membros formais da comunidade ANSA, isso resultaria em uma força econômica adicional e quase 300 milhões de pessoas a considerar, tornando a união um forte adversário da China na região.

Se a Índia, a outra gigante asiática com rápido crescimento, com quase 1,2 bilhão de pessoas, se tornasse um membro da comunidade ANSA, ela também poderia superar o resto dos estados-membros e dominar o jogo político.

A razão para a União Europeia ter tido êxito na criação de um único espaço político continental é que nenhum governo pode ditar totalmente as normas para fazer parte dela. Embora a Alemanha seja o motor econômico e o participante mais forte da união, seu poder não supera aquele dos demais países juntos.

A comunidade da UE para à porta da Rússia. Isto não quer dizer que a Rússia não possa afirmar ser parte da Europa tanto quanto da Ásia, e que ela deveria ser incluída na União Europeia. Até agora, no entanto, a Rússia tem se beneficiado de um *status* especial de parceria, e alguns observadores acham que isso provavelmente mudará no futuro próximo.

Abordei o assunto com Mikhail Gorbachev certa vez, em um jantar. Ele disse que seu país era grande demais para caber na sala da União Europeia, e que em vez disso a Rússia provavelmente apreciaria ter uma parceria ainda mais próxima com a União, a ponto de ser conectada em uma rede integrada de eletricidade, comunicação e transporte — tornando-se parte, de fato, de um único mercado, mas não de um único espaço político.

O mesmo pode acontecer na Ásia com relação à China e à Índia. A infraestrutura centralizada de comando e controle do governo chinês torna menos provável que a Índia se engaje no tipo de relação distribuída e colaborativa que são a característica definidora da política de união continental. A Índia, por outro lado, com sua estrutura de poder democrática bem mais descentralizada, poderia se qualificar melhor para formar vínculos mais próximos de parceria, e até mesmo para se tornar membro na ANSA. Tudo isto é pura especulação neste momento. Uma geração mais jovem na China, quando atingir a maturidade, se sentirá muito mais à vontade com uma abordagem distribuída e colaborativa à organização econômica, política e social, e poderia mudar rapidamente a dinâmica do jogo, com consequências difíceis de prever nesta fase inicial da continentalização.

Um último ponto deve ser levantado é relevante para a criação de uniões continentais no próprio continente — ou seja, o poder crescente exercido por localidades e regiões que não são mais limitadas por fronteiras nacionais.

Essa mudança no poder político não foi prevista quando a União Europeia estava decolando. O único debate real na época foi se a comunidade europeia se pareceria mais com um mercado comum ou com um Estado federal centralizado. Os ingleses preferiam o primeiro, esperando manter sua soberania nacional enquanto gozavam das vantagens comerciais de se tornar parte de um mercado integrado maior. Os franceses estavam mais propensos a uma arquitetura mais centralizada, que eles esperavam poder dirigir ou pelo menos influenciar, sem perder muito de sua soberania nacional. No final, a União Europeia desenvolveu-se de uma forma diferente, tornando-se mais do que um mercado comum e bem menos que um Estado federal centralizado. O que a experiência da União Europeia mostra é que quando os Estados-nações se unem para criar uma comunidade política comum com mercados integrados e fronteiras abertas, as relações comerciais e políticas tendem a se horizontalizar e a se estender pelas fronteiras nacionais anteriores, criando uma nova configuração do poder que é mais nodal e distribuída, ao invés de centralizado e de cima para baixo. A governança da União Europeia mais do que lembra uma rede de Estados-nações, regiões e municipalidades, em que nenhuma força isolada determina a direção da união, forçando todos os participantes políticos a se engajar em esforços colaborativos para chegar a um consenso sobre objetivos comuns.

A criação de um mercado e de uma governança continentais com fronteiras abertas também permite que regiões evitem seus governos nacionais e criem suas próprias relações comerciais com outras regiões, às vezes contíguas, mas do outro lado de fronteiras nacionais, e outras vezes bem distantes geograficamente de seu país natal. As regiões da União Europeia que têm fronteiras contíguas estão cada vez mais envolvidas em parcerias comerciais de todos os tipos, e com frequência têm vínculos comerciais mais fortes do que cada região tem com seu próprio governo nacional ou com compatriotas mais distantes.

O paradigma da comunicação/energia da Terceira Revolução Industrial, por sua orientação lateral, floresce em espaços abertos sem fronteiras. O que isto significa é que, à medida que a União ANSA se transforma em realidade, fronteiras abertas permitirão que regiões contíguas se interconectem e sejam construídas conjuntamente a partir da infraestrutura de cinco pilares da TRI, como as comunicações wi-fi se espalharam de um local para outro e se desenvolveram rapidamente em vastas redes interconectadas que abarcam territórios contíguos.

Se a China e a Índia, ambas tendo assinado a Declaração de Energia de Cebu, abrissem suas fronteiras, permitindo assim que regiões vizinhas se conectassem e construíssem infraestrutura partilhada da TRI, a rede disseminada poderia diminuir o poder de soberania que cada governo detinha anteriormente sobre a geração de energia e a distribuição de eletricidade dentro de suas fronteiras. Isto alteraria fundamentalmente a configuração política do poder, como está acontecendo no continente europeu.

A China e a Índia podem descobrir que não têm escolha senão tornar-se parte de uma união continental se quiserem manter sua relevância na economia mundial do século XXI. No presente, ambos os países estão se movendo rapidamente para desenvolver as várias tecnologias da TRI. A China, em particular, está a uma distância enorme de assumir o comando que União Europeia gozou durante tanto tempo no desenvolvimento e no marketing de alguns de seus principais componentes tecnológicos. Mas a China separou cada um dos pilares tecnológicos como se fossem itens isolados. Logo, embora esteja se tornando rapidamente a líder em tecnologia de energias renováveis e começando a construir edifícios com emissão zero de poluentes e com energia positiva, desenvolvendo hidrogênio e outras tecnologias de armazenagem, criando redes inteligentes de energia e produzindo veículos elétricos e a células de combustível, ela ainda não compreende plenamente o impacto social que esses avanços terão ao serem conectados em um único sistema interativo. Juntos, eles exigem um espaço político continental compartilhado, aberto e horizontal para desenvolver, estimular e otimizar plenamente seu potencial econômico. Ironicamente, a China pode acabar desenvolvendo os próprios componentes de software e hardware que porão fim à sua atual forma de governança de cima para baixo. E é isto que qualifica realmente como "uma contradição", para usar a frase marxista preferida.

## A UNIÃO AFRICANA

Em 2002, os chefes de Estado das 54 nações no continente africano, com uma população combinada de mais de 1 bilhão de pessoas, lançaram a União Africana (UA) com o objetivo de acelerar "a integração política e socioeconômica do continente".[15] O mecanismo para fazer a UA decolar foi prejudicado por entraves burocráticos até 2008, quando a União Africana e a União Europeia fizeram uma parceria, a Africa-Europe Energy Partnershio, AEEP. O objetivo da parceria é promover o desenvolvimento de energias renováveis e criar um plano diretor de eletricidade para a África, conectando seu um bilhão de pessoas em uma rede integrada que cruzará o continente.

A África possui a infraestrutura de eletricidade menos desenvolvida dos continentes no mundo. Sete de cada dez pessoas na África subsaariana não tem acesso a eletricidade, enquanto muitas têm apenas acesso intermitente e irregular.[16] O fato de muito da África não possuir nem mesmo uma infraestrutura própria da Segunda Revolução Industrial pode se revelar um ativo. Alguns analistas de política econômica afirmam que a África poderia "dar um salto" para uma Terceira Revolução Industrial sem ter de tratar da questão espinhosa de como gerenciar as despesas e atenuar o incômodo de efetuar a transição de uma infraestrutura deteriorada da Segunda Revolução Industrial. Tendo isto em mente, a União Europeia destinou €376 milhões para 77 projetos, a maioria para promover fontes de energia renovável e extensão de rede, com mais €588 milhões disponibilizados para futuros projetos ainda não elaborados.

A parceria de energia entre UE e UA estabeleceu duas metas específicas no curto prazo: primeiro, levar serviços de energia sustentável e modernos pelo menos para mais 200 milhões de africanos; segundo, aumentar acentuadamente o uso de energia renovável no continente africano, construindo 10.000 megawatts de novas instalações de hidroenergia, 5.000 megawatts de energia eólica e expandir outras energias renováveis em 500 megawatts.[17] Como na ANSA, há uma percepção crescente de que um regime de energia distribuído e colaborativo será acompanhado, invariavelmente, pela formação de um espaço de governo continental, em rede.

A África enfrenta ainda um obstáculo significativo. Uma vez que a Segunda Revolução Industrial não ocorreu em grande parte da região subsaariana, há uma falta de experiência profissional e técnica, e de habilidades vocacionais para apoiar os setores que precisariam ser desenvolvidos para que isso fosse feito. É por essa razão que a parceria UE/UA envolve mais o compartilhamento de conhecimentos e experiência técnica e menos dispêndio de capital e transferência de tecnologia. A ideia é criar uma parceria próxima, colaborativa entre as duas uniões continentais que permitirá à África aumentar seus negócios e treinar uma força de trabalho qualificada, capaz de construir e administrar uma infraestrutura da TRI. A esperança é que as iniciativas de energia conjunta para criar uma rede de eletricidade verde pelo continente africano abram "novas áreas significativas para os negócios industriais e cooperação comercial entre África e Europa", e ajudem a estabelecer um forte mercado intercontinental.[18]

A parceria UE/UA foi elogiada em todo o mundo. Os defensores da TRI ressaltam que ao contrário da Primeira e da Segunda Revolução Industrial, que dependiam de energias de combustível fóssil de elite, encontrados apenas em determinados lugares e que exigiam grandes investimentos militares e manipulação geopolítica para assegurá-las, os quais favoreciam os interesses das nações mais poderosas do norte, as energias renováveis são encontradas em toda parte. São abundantes principalmente nos países em desenvolvimento abaixo da linha do Equador. Uma vez que a energia renovável é amplamente distribuída, uma Terceira Revolução Industrial é tão provável de decolar no mundo em desenvolvimento quanto no mundo desenvolvido. A África, em particular, mal começou a explorar seu potencial de energia renovável. Os analistas de energia dizem que as fontes de energia solar, eólica, hídrica, geotérmica e de biomassa poderiam mais do que suprir as necessidades de energia de todo o continente. A chave é fornecer um campo de jogo favorável, e isso significa ajuda financeira, transferência de tecnologia e programas de treinamento para ajudar as nações em desenvolvimento, como aqueles que estão sendo realizados pela parceria entre UE e UA.

No entanto, essas iniciativas estão sendo vistas com reserva. Os céticos questionam se esses programas poderiam constituir um novo tipo de "ecocolonialismo". Eles apontam para a Iniciativa Industrial Desertec no Saara como um possível prenúncio disso.[19] Um forte debate está ocorrendo entre aqueles que defendem a produção de energia centralizada para exportaçao *versus* aqueles que defendem a geração de eletricidade de energia renovável disponível e o compartilhamento dela regionalmente, por meio de redes inteligentes distribuídas.[20] O debate é parecido àquele nos Estados Unidos sobre centralizar a produção de energia eólica e solar no oeste e exportar eletricidade por meio de linhas de energia de alta voltagem para os estados do leste *versus* aqueles em outras partes do país que preferem produzir eletricidade localmente a partir de fontes de energia renováveis e compartilhá-la por uma rede inteligente nacional, distribuída.

Os que apoiam a Iniciativa Industrial Desertec alegam que "se você permite investimentos em larga escala para a geração e a transmissão de energia no Norte da África, então isso levará automaticamente ao crescimento da indústria local, a transferência de tecnologia e à transferência de conhecimento". Algumas autoridades oficiais concordam. Aboubakari Baba Moussa, diretor de infraestrutura e energia da African Union Commission, diz que o projeto Desertec é um ganho tanto para a União Europeia quanto para a África. "Na África, não temos falta de irradiação solar, não temos falta de terra. Os europeus não têm os mesmos recursos." Baba Moussa espera que projetos semelhantes possam ser desenvolvidos para o deserto de Kalahari, no Sul da África, e para o deserto de Ogaden, no Leste da África. Ele pede aos críticos que "imaginem quantas centenas de milhares de empregos poderiam ser criados e quanta energia poderia ser produzida".[21]

Outros são bem mais comedidos. Eles questionam se os empregos potenciais serão apenas para trabalho temporário, sem qualificação, sendo a maioria da mão de obra qualificada trazida da Europa para construir e manter as instalações. O falecido Hermann Scheer, chairman do Conselho Mundial para Energia Renovável e membro do Parlamento Alemão, afirmou que transpor energia solar por vastas distâncias é ineficiente e um desperdício, e que a África deveria dirigir seus esforços para a geração local de energias renováveis. O Greenpeace aparece no meio do debate. Sven Teske, diretor internacional de energia renovável do Greenpeace, apoia o Desertec, contanto que este seja desenvolvido ao longo de iniciativas locais de geração de energia renovável por todo o continente.[22]

A luta entre a geração centralizada *versus* distribuição de energia renovável está se intensificando pelo mundo. De minha parte, embora eu não me oponha a algumas aplicações centralizadas de energia solar, eólica, hídrica, geotérmica e de biomassa, é provável que elas componham uma pequena parte da energia renovável gerada para mover a economia da Terceira Revolução Industrial. A realidade é que as energias renováveis são, por natureza, distribuídas universalmente, e as novas tecnologias de comunicação distribuídas possibilitam aproveitar e armazenar essas energias localmente e distribuí-las por redes inteligentes de serviços públicos que atravessam continentes inteiros. O potencial para produzir mais energia distribuída com mais eficiência e a preços mais acessíveis excede de longe a abordagem centralizada convencional para se aproveitar essas fontes de energia.

A energia lateral já está começando a transformar o mundo em desenvolvimento. A eletricidade agora alcança áreas remotas da África, que nunca tiveram acesso a uma rede de energia centralizada. Não é de surpreender que a introdução de telefones celulares tenha ajudado a precipitar o desenvolvimento de uma infraestrutura nascente da TRI.

Praticamente de um dia para o outro, milhões de residências rurais da África juntaram dinheiro suficiente — com a venda de um animal ou do excedente de colheita — para comprar um telefone celular. Os telefones são usados para a atividade comercial e para comunicações pessoais. Nas áreas rurais, distantes de instalações bancárias urbanas, as pessoas contam cada vez mais com celulares para facilitar pequenas transferências de dinheiro. O problema é que sem acesso a eletricidade, os usuários de celulares precisam ir a pé até uma cidade com eletricidade a fim de recarregar seus telefones.

Elisabeth Rosenthal, escrevendo para *New York Times*, reconta a história de uma mulher do campo que mora no Quênia e tinha de andar duas milhas uma vez por semana para conseguir um moto táxi e levá-la durante mais três horas até uma cidade para recarregar a bateria de seu celular por uma taxa de 30 centavos. Recentemente, a família dela vendeu alguns animais para comprar um sistema de energia solar no valor de $80. Um único painel solar agora afixado no fino telhado de sua cabana fornece eletricidade suficiente não só para carregar o telefone celular, mas também para usar quatro lâmpadas.[23] Embora os dados estatísticos ainda sejam fragmentados, parece que as famílias pela África estão instalando painéis solares e os analistas preveem uma rápida expansão à medida que milhões de outros seguem o caminho para a Terceira Revolução Industrial. O que está acontecendo na África anuncia uma transformação histórica à medida que a população salta da era da pré-eletricidade diretamente para a era da TRI.

Além da energia solar, outras tecnologias de microgeração de energia verde estão surgindo, inclusive pequenas câmaras de biogás que geram eletricidade e combustível a partir de estrume de vaca, usinas de energia minúsculas que geram eletricidade a partir de palha de arroz e pequenas barragens hidrelétricas que geram energia de córregos locais. Ainda falta uma rede de energia distribuída, inteligente, que permita que microgeradores isolados compartilhem eletricidade com os outros por regiões inteiras. É provável que isso aconteça à medida que milhões de famílias começam a gerar sua própria eletricidade a partir de energias renováveis locais. Esse processo representa a democratização de energia nas comunidades mais pobres do mundo.

## A UNIÃO SUL-AMERICANA

A união sul-americana chegou tardiamente na continentalização. Duas associações regionais anteriores — a Andean Community of Nations, formada em 1969, composta da Bolívia, Chile, Colômbia, Equador e Peru, e o Mercosul, fundado em 1991 e abrangendo Brasil, Paraguai, Uruguai e Argentina — foram concebidas para criar uma área comum de livre comércio.

Em maio de 2008, os chefes de Estado representando 12 nações sul-americanas concordaram em se unir e estabelecer a União das Nações da América do Sul (UNASUR). A união, que absorve as duas uniões existentes, o Mercosul e a Comunidade Andina, e inclui a Guiana, o Suriname e a Venezuela, cobre uma região de 6.845,000 milhas quadradas, com uma população combinada de 388 milhões de pessoas e um produto interno bruto de $4 trilhões. A união sul-americana nascente terá uma defesa comum. Seu primeiro secretário-geral, o ex-presidente argentino, Néstor Kirchner, foi apontado em 2010, mas faleceu logo depois. A atual secretária geral é Maria Emma Mejia Vélez, a ex-ministra do estrangeiro da Colômbia. As nações-membros também concordaram em estabelecer um parlamento sul-americano, emitir um único passaporte, criar uma moeda comum e promover um único mercado integrado até 2014.

O tratado de criação da união coloca a energia como prioridade, comprometendo as nações-membros a construir uma infraestrutura continental para compartilhar energia e eletricidade. O Conselho de Energia da América do Sul, estabelecido em abril de 2007 pelos 12 chefes de estado, foi formado de uma parte formal da UNASUR e assumiu a responsabilidade pelo desenvolvimento de uma Estratégia de Energia para Sul americana. O conselho deu prioridade ao desenvolvimento da abundante energia renovável do continente porque "desempenha um papel importante na diversificação da matriz de energia básica, na segurança energética, na promoção do acesso universal à energia, e na preservação ambiental".[24]

Na prática, muitos países sul-americanos têm demorado a se livrar dos combustíveis fósseis. O Brasil, a potência econômica do continente, é uma exceção. Gera 84% de sua eletricidade de energia hidrelétrica, e o etanol perfaz entre 20 e 25% de todo litro de petróleo usado em transportes.[25] A forte dependência de energia hidrelétrica e do etanol, obtido de vegetais, torna o Brasil uma das economias mais avançadas do mundo em energia renovável.

Contudo, o caso amoroso do Brasil com a energia renovável pode mudar. A descoberta de vastas reservas de petróleo em águas profundas da costa nos anos recentes colocou o Brasil entre os principais produtores de petróleo do mundo — atualmente o país ocupa o décimo segundo lugar — levando a questionar se as políticas de energia, tanto no âmbito doméstico como internacional, continuarão a se mover na direção de uma Terceira Revolução Industrial ou retrocederão para a antiga cultura do petróleo.[26]

Não se sabe qual será a futura capacidade hidrelétrica do país. Embora a água seja um recurso renovável, o aquecimento global está forçando uma mudança radical no ciclo hidrológico do planeta, desencadeando mais inundações violentas e períodos mais longos de seca. O Amazonas, que é a principal fonte de energia hidrelétrica, é uma das regiões do mundo já afetadas pela seca induzida por mudanças climáticas. Em 2001, o país sofreu uma seca recorde, reduzindo significativamente sua capacidade hidrelétrica. O resultado foi que a rede de transmissão do país passou por blecautes e racionamentos de energia durante o ano todo.

Secas mais sérias no futuro também poderiam diminuir a safra de cana-de-açúcar e provocar a alta do preço do etanol. O Brasil tem abundância de energia solar; no entanto, esta ainda precisa ser aproveitada de forma a dar uma contribuição maior para a geração de energia.

A Venezuela é outra anomalia interessante. O país tem óleo pesado em abundância, o que o torna o nono maior exportador de petróleo. Hugo Chavez usou as receitas geradas pelo petróleo estrategicamente na arena geopolítica para promover sua agenda ideológica, e na frente doméstica para fortalecer sua marca singular, de socialismo populista. Com a receita de petróleo respondendo por cerca de 30% do PIB total do país, é de se pensar que Chavez fosse o último a defender uma mudança para energias renováveis e para uma Terceira Revolução Industrial.[27] No entanto, em um mundo onde a incerteza se tornou a norma, o comportamento político e as escolhas na política econômica carregam, com frequência a mesma imprevisibilidade.

Era 17 de setembro de 2006. Minha esposa e eu nos sentamos para o café da manhã de domingo, com o *New York Times* espalhado sobre a mesa. Eu folheei a seção "Ideias e Tendências", onde uma página inteira era dedicada aos livros preferidos de Hugo Chavez. O objetivo do artigo era tentar vasculhar na psique do líder temperamental e determinar como ele pensa. Examinei a lista das principais leituras da vida dele: *Os Miseráveis*, de Victor Hugo, *Don Quixote*, de Miguel de Cervantes, *Dude, Where's My Country?*, de Michael Moore, *The Turning Point*, de Fritjof Capra, *The Economics of Innocent Fraud*, de John Kenneth Galbraith e *A Economia do Hidrogênio*, de Jeremy Rifkin. Fiquei espantado. Nunca me encontrei com Chavez nem mesmo me correspondi com ele. Dei uma olhada no artigo para ver se podia ter qualquer informação sobre por que Chavez ficou tão impressionado com meu livro — afinal, era sobre o fim da era do petróleo, o sangue vital da economia venezuelana. Chavez comentou no artigo que Fidel Castro, o presidente de Cuba, insistiu para que ele lesse o livro, e foi o que ele fez (também nunca me encontrei com Fidel Castro).

A imprensa divulgou que em julho de 2006, em uma visita de Estado ao Irã, Chavez fizera um discurso advertindo os iranianos a se prepararem para uma energia muito diferente no futuro, após o petróleo. Chavez fez referência a *A Economia do Hidrogênio* e informou seu público que "o livro se baseia em algo que não é mais uma hipótese — é uma tese... um dia o petróleo acabará".[28] A maioria das mãos antigas no Oriente Médio não precisava de um americano que citasse estudos do pico global de petróleo para lhes dizer algo que já sabiam de experiência própria. Há um ditado no Oriente Médio que diz: "Meu avô andava em um camelo, meu pai dirigia um carro, eu viajo de jato e meu neto andará em um camelo".

Não necessariamente. Os desertos do Oriente Médio e Norte da África têm mais potencial solar por centímetro que qualquer outra região do mundo — mais potencial energético, de fato, que todo o petróleo já extraído das profundezas das dunas de areia. Os Emirados Árabes Unidos, a quinta maior potência produtora de petróleo, já está se preparando para uma era pós-petróleo. Abu Dhabi está investindo bilhões de dólares na construção de uma nova cidade crescendo do deserto. É chamada Masdar, uma cidade pós-carbono que funcionará exclusivamente com energia solar, eólica e outras formas de energia renovável. É o espaço urbano da Terceira Revolução Industrial, a primeira de milhares de cidades que serão nós nas redes distribuídas que cruzarão todos os continentes. Visitei Masdar em 2009 e observei enquanto engenheiros e operários da construção estavam erguendo o primeiro edifício. A estrutura era diferente de tudo o que eu vira antes. O *design*, o material de construção e a fachada pareciam algo de um filme futurista. Aquilo me deixou sem fôlego.

Logo, o que podemos tirar do discurso de Chavez? Comece a fazer a transição agora para uma economia da Terceira Revolução Industrial — não demore até que o petróleo seque porque será tarde demais.

Ouvi essa mesma mensagem pela primeira vez no verão de 2002 de outra pessoa inesperada — o CEO de uma das maiores empresas do mundo. Minha esposa e eu estávamos em Los Cabos, em Baja Mexico, para uma Reunião da Cúpula de Cooperação Econômica Ásia-Pacífico, um encontro anual de chefes de Estado da região do Pacífico. Eu fazia parte de um painel de sessão plenária com Raúl Muñoz Leos, diretor geral da Pemex, a petroleira estatal do México. Na época, o México era o quinto maior produtor de petróleo do mundo. Tinha acabado de fazer meus comentários sobre o pico de petróleo que aconteceria, insistindo para que os líderes do governo começassem a se preparar para uma transição para a economia pós-carbono. Eu esperava que o senhor Muñoz Leos discordasse educadamente de mim e apresentasse uma previsão mais otimista. Em vez disso, ele disse aos presentes que os próprios estudos internos da Pemex mostravam que a produção de petróleo do México provavelmente chegaria ao pico por volta de 2010. O público ficou chocado. Podia-se ouvir um pingo d´água na sala. Um importante empresário mexicano subiu ao palco e perguntou a Muñoz Leos o que isso significava para o México, dado que a receita de petróleo da Pemex respondia por uma parte significativa do PIB do país e da receita do governo.

A resposta de Muñoz Leos foi circunspecta. Ele disse que concordava comigo que o México e o mundo precisavam começar a se planejar imediatamente para uma nova era, da energia renovável. A melhor forma de ação do México, disse ele, seria usar uma parte considerável da receita arrecadada com o petróleo para estabelecer uma infraestrutura para a economia de energia renovável. Ele lembrou o grupo que o México gozava de recursos extensos de energia renovável com irradiação solar o ano todo e ventos por toda a linha costeira.

No ano seguinte, fui convidado a ir ao México pelo Ministério de Energia do governo federal para discutir a perspectiva de a Pemex efetuar a transição para energias renováveis e investir nos pilares que compõem uma economia da TRI. Do que eu saiba, pouco resultou desse encontro. Muñoz Leos saiu da Pemex logo depois. Ainda assim, faria bem a todo país, seja importador ou exportador de petróleo, dar atenção aos comentários prescientes de Leos. Não há mais tempo para a Segunda Revolução Industrial, nem para se estabelecer uma infraestrutura da Terceira Revolução Industrial

Sou lembrado de que a América, que já foi líder do mundo em petróleo, atingiu o pico de produção no início da década de 1970, e desde essa época teve cada vez mais de contar com importações ainda mais caras de petróleo para manter sua própria economia. Como Muñoz Leos na Pemex e o Presidente Chavez na Venezuela, há mais de 30 anos o presidente dos Estados Unidos Jimmy Carter tentou advertir o povo americano de que precisávamos encontrar alternativas para o petróleo.

Em 1979, durante os dias sombrios da segunda crise do petróleo, quando os campos de petróleo iranianos foram fechados devido aos estragos causados pela revolução iraniana, a falta de petróleo resultou em longas filas de carros que viravam quarteirões em postos locais nos Estados Unidos, como o que aconteceu em 1973 durante a primeira crise do petróleo. Os americanos ficaram irritados, procurando uma solução para um problema que parecia estar além de seu controle. Percebendo o humor do país, o Presidente Carter fez o pronunciamento mais importante de seu mandato, embora na época não fosse bem-recebido e continuasse a ser motivo de zombaria entre os entendidos políticos.

A Casa Branca chamou o discurso de "A Crise da Confiança", enquanto a imprensa popular apelidou-o de "Discurso da Doença". Lendo-o agora, mais de 30 anos depois, fico surpreso ao ver o quanto foi profético. Carter percebeu que estávamos nos tornando mais dependentes do petróleo estrangeiro e que o preço da energia provavelmente só aumentaria nas décadas seguintes. Ele disse que a crise do petróleo representava o auge de uma série de acontecimentos que ao longo de 25 anos começou a abalar a fé do povo americano em um futuro melhor — a marca do sonho americano. O assassinato do Presidente Kennedy, de seu irmão Robert Kennedy e de Martin Luther King, Jr.; a longa e tortuosa Guerra do Vietnã que dividiu a América; a inflação e o desemprego crescentes; e a queda dos salários estavam afetando a psique americana, criando uma "crise de confiança". As longas filas nas bombas dos postos de gasolina e o custo crescente do combustível e de outros produtos derivados do petróleo além dos serviços agravaram a crise da confiança e transformaram a América de uma nação esperançosa em um país em desespero.

O presidente conclamou seus compatriotas a se unirem a ele em uma longa cruzada em prol da independência de energia, que colocasse a América de volta aos trilhos e recuperasse a fé no futuro: "A energia será a prova imediata de nossa capacidade de nos unirmos como nação, e também pode ser o padrão em torno do qual nos orientaremos. Na batalha pela energia podemos conquistar a confiança de nossa nação e reassumir o controle de nosso destino comum".[29]

O presidente deu o exemplo ao instalar os primeiros painéis solares no telhado da Casa Branca e um forno a lenha nas dependências privadas. Ele empreendeu iniciativas corajosas para reduzir a dependência do petróleo estrangeiro pela metade, no final da década seguinte, conservar energia e desenvolver fontes alternativas de combustível. Ele propôs uma legislação para um banco solar, para ajudar os Estados Unidos a "atingir o objetivo crucial de 20% de nossa energia vindo de energia solar por volta de 2000". Pediu aos americanos para desligarem seus termostatos e usarem caronas e transporte público. Convocou um conselho de energia parecido ao Conselho de Produção de Guerra da Segunda Guerra Mundial para supervisionar uma mobilização de todo o país, com o objetivo de ganhar a guerra da independência de energia.[30]

Quando o preço do petróleo no mercado mundial começou a cair, a comunidade empresarial americana e o público perderam interesse pela grande cruzada em prol da energia. O sucessor de Carter, Ronald Reagan, removeu os painéis solares do telhado da Casa Branca e destruiu o forno a lenha da área residencial do palácio. A América voltou a comprar veículos que gastavam ainda mais gasolina, e a usar volumes cada vez maiores de energia para apoiar um estilo de vida perdulário e consumista.

Embora o público se esquecesse das advertências de Carter na década seguinte, grandes mudanças na economia global preparavam terreno para as primeiras tentativas de incursão da América do Norte na continentalização e, mais uma vez, a energia desempenharia um papel fundamental.

## A PORTA DOS FUNDOS DE UMA UNIÃO NORTE-AMERICANA

A recessão de 1990-1991 fez o país voltar a atenção para recuperar o crescimento econômico. Em Washington, republicanos e democratas estavam defendendo a globalização, a eliminação de barreiras comerciais e a desregulamentação do mercado como a melhor forma de fazer a economia doméstica crescer e colocar os americanos de volta ao trabalho. Ansioso para dar o exemplo, George H. W. Bush negociou com sucesso o NAFTA, Acordo de Livre Comércio da América do Norte, com o Canadá e o México. Embora alguns observadores políticos não soubessem se isso significava ser um precursor de uma união política da América do Norte, o Presidente Bush deixou bem claro que não era intenção de nenhum dos três países formar uma união política como a União Europeia. Em vez disso, eles estavam estritamente voltados para a criação de uma zona comercial a fim de promover os interesses econômicos mútuos dos respectivos países.

A política de energia foi uma consideração importante desde o início do NAFTA, mas o foco era em energias convencionais — carvão, petróleo, gás natural e urânio —, por uma boa razão, pelo menos para os Estados Unidos. O Canadá, ao norte, é o sexto maior produtor de petróleo do mundo, e o México, ao sul, agora é o sétimo. Apertado entre dois dos maiores produtores de petróleo do mundo, os Estados Unidos estavam ansiosos em usar o NAFTA como um instrumento para garantir energia.

Poucos cidadãos norte-americanos estão cientes de que o Canadá é o maior fornecedor de petróleo e produtos de óleo refinado dos Estados Unidos, representando 21% do total de importações de petróleo do país.[31] O Canadá também tem a segunda maior reserva de petróleo do mundo, atrás da Arábia Saudita. Além disso, o Canadá fornece 90% de todas as importações de gás natural dos Estados Unidos e representa 15% do consumo dos Estados Unidos. Também tem os maiores depósitos de urânio enriquecido do mundo e foi o maior produtor de urânio em 2008, com 20% da produção global total. Um terço do urânio usado nas usinas nucleares dos Estados Unidos é extraído no

Canadá.[32] Canadenses e americanos também compartilham uma rede de eletricidade integrada, o que torna o Canadá indispensável para o bem-estar econômico dos Estados Unidos, e seu parceiro comercial mais importante.

Um número crescente de canadenses, no entanto, questiona se o NAFTA tornará o país deles um parceiro valioso ou um apêndice útil para os Estados Unidos. Muitos canadenses se opõem radicalmente ao fortalecimento do NAFTA, alegando que o Canadá já está sendo absorvido pela economia maior dos Estados Unidos e está perdendo sua soberania política no processo. Os canadenses também se preocupam que o NAFTA signifique ter de conviver com a ideologia americana dominante, a qual com frequência se choca com os valores sociais e culturais profundamente arraigados do Canadá. Eles temem que o novo "continentalismo" seja meramente um recurso linguístico para expressar a eliminação da fronteira ao longo do paralelo quarenta e nove. Em suma, eles suspeitam que o NAFTA seja uma fachada para encobrir o colonialismo americano no século XXI, que quer usar sua alta tecnologia para se apoderar dos ricos recursos do Canadá e refazer a sociedade canadense à imagem dos Estados Unidos.

Os oponentes da abordagem do "tamanho único" ao continentalismo também se preocupam com a crescente dependência do Canadá de exportar para os Estados Unidos (atualmente 73% das exportações do Canadá fluem para o Sul) que o país pode acabar sendo forçado a aceitar as condições comerciais e políticas que os Estados Unidos preferirem impor.[33] É por isso que aqueles que criticam o NAFTA insistem em políticas comerciais, de investimento e fiscais que incentivem o crescimento de um mercado interno mais robusto e do comércio exterior, em reformas para salvaguardar as indústrias canadenses do protecionismo norte-americano e em medidas para solucionar o atual desequilíbrio comercial entre o Canadá e os Estados Unidos.

Embora a atenção do público tenha se concentrado nas vantagens e desvantagens do NAFTA, outro tipo de realinhamento político continental está ganhando força silenciosamente nos últimos 20 anos e poderá redesenhar o mapa político norte-americano. O ex-ministro canadense de relações exteriores, Lloyd Axworthy, observa que os anos 1990 viram o aparecimento de uma teia de redes intercontinentais, entre fronteiras e regionais. Nos Estados Unidos, devido à sua tradição de direitos dos Estados, estes têm mais liberdade para determinar seus próprios acordos econômicos. Durante os anos 90, os Estados americanos nas fronteiras e as províncias do Canadá deram passos significativos para fortalecer os vínculos. Em 1999, o então premier de Ontário, Mike Harris, em um discurso aos governadores americanos dos Estados que fazem fronteira com o Canadá, disse: "Nós realmente os vemos como fortes aliados, mais do que muitas partes do Canadá, algo bem mais significativo que talvez o meu governo nacional consiga entender". As relações comerciais entre fronteiras têm se desenvolvido há décadas.

Os vínculos comerciais mais fortes, por sua vez, foram acompanhados de vínculos políticos ainda mais sólidos. Atualmente existem associações regionais dos governadores dos Estados Unidos e de premiers de províncias do Canadá de costa a costa, para promover e integrar agendas comerciais e ambientais mútuas. De fato, a integração política dos estados do Nordeste, da parte superior do meio-oeste e dos Estados da Costa do Pacífico com as províncias canadenses começou, em vários sentidos, a diminuir a relevância das tradicionais ligações políticas que cada um tem com as jurisdições políticas dentro de seus próprios países.

A Conferência dos Governadores de New England e dos Premiers do Leste Canadense (NEG/ECP), fundada em 1973, tem se movido continuamente para firmar uma abordagem regional, transnacional. A NEG/ECP é composta de seis Estados e cinco Províncias canadenses: Connecticut, Maine, Massachusetts, New Hampshire, Vermont, Rhode Island, Quebec, Newfoundland e Labrador, Nova Scotia, New Brunswick e Prince Edward Island. Os governadores e premiers se reúnem anualmente para discutir questões de interesse comum. Entre essas reuniões de cúpula, o NEG/ECP promove encontros entre autoridades de Estados e Províncias para implementar políticas, organizar workshops e preparar estudos e relatórios sobre questões de impacto regional. As várias realizações da conferência incluem "a expansão de vínculos econômicos entre os Estados e Províncias; o incentivo à troca de energias; a defesa vigorosa de questões ambientais e do desenvolvimento sustentável; e a coordenação de inúmeras políticas e programas em áreas como transportes, gerenciamento florestal, turismo, agricultura de pequena escala e pesca".[34]

Outra região política transnacional, parecida em escopo ao NEG/ECP, existe no Noroeste do Pacífico e é composta da Colúmbia Inglesa, Alberta, o Território Yukon, Washington, Oregon, Idaho, Montana e Alasca. Estabelecida em 1991, a missão da Região Econômica a Noroeste do Pacífico (PNWER, do inglês Pacific Northwest Economic Region) é "aumentar o bem-estar econômico e a qualidade de vida para todos os cidadãos da região".[35]

Pelo menos tão ativo quanto a contraparte oriental, o grupo PNWER está tentando harmonizar abordagens nas áreas de agricultura, tecnologia ambiental, produção florestal, compras públicas, reciclagem, telecomunicações, turismo, comércio, finanças e transportes. Subcomissões da PNWER estão procurando uma estratégia de energia regional, focalizando as melhores práticas para o desenvolvimento sustentável, bem como explorando métodos para os estados e províncias reduzirem custos com assistência médica, que dispararam, questões relativas à maior segurança nas fronteiras, expandir o investimento estrangeiro e compartilhar informações para ter uma força de trabalho mais qualificada.

Esses agrupamentos políticos transnacionais representam um novo capítulo na governança norte-americana, ambas as Províncias canadenses e os Estados americanos trazem fortes ativos para a parceria. As vastas reservas de energia renovável do Canadá fornecem o tipo de segurança energética que é essencial para tornar as regiões políticas transnacionais semiautônomas. O Canadá também possui uma força de trabalho altamente educada e custos de produção relativamente baixos. Por exemplo, os empregadores americanos economizam em custos com assistência médica ao instalarem fábricas no Canadá ou ao terceirizarem a produção para empresas canadenses porque os trabalhadores no Canadá têm a cobertura do seguro de saúde nacional.

Os Estados da fronteira, por sua vez, têm algumas das melhores universidades e centros de pesquisa do planeta, dando à nascente parceria intracontinental uma vantagem sobre outras regiões do mundo no desenvolvimento de um comércio eficiente e inovador.

A criação de parcerias regionais fronteiriças na América do Norte é semelhante àquelas que estão sendo formadas entre regiões dentro da União Europeia, e aquelas que provavelmente se formarão em todo o continente quando os Estados-nações começarem a atenuar as restrições ao comércio e a negociações comerciais entre fronteiras e a formar grandes zonas comerciais, ou mesmo uniões políticas continentais.

Como mencionado anteriormente, neste capítulo, a continentalização rebaixa a soberania nacional e permite que regiões se organizem entre fronteiras nacionais de formas totalmente novas que não só criam oportunidades econômicas, mas até geram novas identidades políticas e culturais. É este o caso. Talvez nenhuma disputa seja mais carregada em termos de lealdade nacional que aquela entre os países interessados em sediar os Jogos Olímpicos. Quando Vancouver se ofereceu para sediar os Jogos Olímpicos de 2010, teve o apoio de todos os Estados da Região Econômica do Noroeste do Pacífico, criando um conflito com outras partes dos Estados Unidos.

Não é de surpreender que em toda parte a continentalização esteja evoluindo, as regiões estejam se conectando umas com as outras para criar a infraestrutura verde da Terceira Revolução Industrial. Assim como as energias de combustível fóssil da elite são sempre coletadas centralmente e distribuídas de cima para baixo, as energias renováveis são, na maior parte, aproveitadas localmente e compartilhadas lateralmente por regiões contíguas.

Na Região Econômica do Noroeste do Pacífico, a Pacific Gas and Elçectric Company (PG&E) da Califórnia, a British Columbia Transmission Corporation (BCTC) e a Avista Utility estão explorando conjuntamente a construção de uma linha de energia que se estenderá por 1600 km do sudeste da Colúmbia britânica até o norte da Califórnia, com a capacidade de transportar 3.000 megawatts de eletricidade a partir de energia renovável armazenada localmente e carregada para a rede ao longo de toda a linha de transmissão. Muito da eletricidade virá da abundância de vento, biomassa, pequenas hidrelétricas e energia geotérmica na Columbia britânica.

Pensar na região Noroeste do Pacífico como um espaço político não é descabido. O fato é que a região compartilha uma história comum que destrói fronteiras nacionais, mas permanece viva nas mentes das pessoas que vivem lá. Não é incomum as pessoas que moram no noroeste da América do Norte se considerarem como parte da Cascádia, uma região semificcional que inclui o Alasca, o Yukon, a Colúmbia Britânica, Alberta, Washington, Oregon, Montana e Idaho. A região é limitada pela topografia e compartilha um passado comum que inclui ecossistemas partilhados, padrões de migração de populações indígenas e o assentamento europeu. Thomas Jefferson achava que a região a oeste de Louisiana Purchase poderia potencialmente vir a ser um país separado.

A ideia da Cascádia ficou na mente de visionários utópicos e continuará sendo parte do folclore enquanto for lembrada. Se a Califórnia fosse incluída — e muitos habitantes do Norte da Califórnia se considerariam parte da Cascádia —, os sessenta milhões de habitantes da região teriam um PIB de $2 trilhões e concorreriam com a economia chinesa em tamanho.

A Região Econômica do Noroeste do Pacífico já abrange muito da região da Cascádia, um fato não esquecido pelos líderes de partidos regionais. Em 2007, o premier da Colúmbia Britânica, Gordon Campbell, ao discutir o enorme potencial econômico e social da região, chegou a dizer: "Acho que existe um polo de atração natural muito forte da região chamada Cascádia".[36] Uma vez que a população da região está entre as mais sensíveis em termos ambientais na América do Norte, Campbell afirmou que as jurisdições políticas entre fronteiras deveriam se unir para criar um mercado comum de comércio de carbono para tratar das mudanças climáticas. Naquele ano, a Colúmbia Britânica e a Manitoba se uniram ao governador Schwarzenegger da Califórnia e a outros estados para assinar a Western Climate Initiative e começarem a trabalhar a fim de implementar um limite regional e um programa comercial.

A Conferência dos Governadores de New England e Premiers do Leste Canadense está trabalhando para unir suas jurisdições em torno de um plano comum para compartilhar energia renovável gerada regionalmente em uma rede inteligente de energia distribuída. Os órgãos governantes estão implantando rapidamente os vários pilares de uma infraestrutura da TRI e, quando isso se completar, os habitantes da região compartilharão muito mais energia — farão parte de uma biosfera regional ligada pelos negócios e mão de obra pós-carbono. Igualmente importante, elas compartilharão uma qualidade comum de vida em uma comunidade estendida que ultrapassa as fronteiras nacionais, criando sua própria união intracontinental de fato.

O governador John Baldacci, do Maine, capturou a natureza histórica da missão que as jurisdições estabeleceram para si em uma reunião de governadores e premiers realizada em 2008. Na mesa estava uma proposta de construir uma linha de transmissão de 345.000 volts do centro ao norte de Maine, que podia se conectar com uma linha de transmissão que fora construída recentemente de Point Lepreau, em New Brunswick, até a divisa com Maine. A nova linha de alta voltagem teria capacidade de aceitar o fluxo de eletricidade gerado de fontes renováveis aproveitada localmente no Canadá e enviá-la pela rede de energia de New England.[37] Em defesa do projeto, o governador disse aos colegas canadenses e americanos que:

> New England e o Leste do Canadá estão têm uma posição singular para tirar vantagem da enorme energia eólica, hidro, de biocombustíveis e de marés para atender a nossas necessidades. Mas isolados, nenhum de nós poderá alcançar realmente nosso potencial... Devemos desenvolver nova capacidade de transmissão para que sirva tanto à geração de projetos em New England quanto aprimore a capacidade de levar energia verde, renovável, do Canadá para os Estados Unidos.[38]

Não há dúvida de que um novo realinhamento político intracontinental esteja acontecendo, à medida que as regiões começam a fazer a transição de suas economias para uma Terceira Revolução Industrial, mesmo que isto não seja reconhecido abertamente. Ouça o que o governador de Massachusetts Deval Patrick disse na Conferência dos Governadores de New England e dos Premiers do Leste Canadense, em 2010. Ele lembrou os governadores e premiers que "assim como a região começou a revolução industrial [na América do Norte], o Nordeste também pode ser a região que irá liderar o mundo em uma revolução de energia limpa". O governador disse que estava convencido de que "ao nos unirmos para anunciar metas de eficiência energética regional e crescimento das energias renováveis, aumentaremos os empregos em energia limpa, melhoraremos a segurança energética e melhoraremos o ar que respiramos".[39]

O "nós" a quem ele se referiu é um realinhamento político intracontinental, transnacional, regional. Washington não foi incluída no discurso dele, mas não estava fora de sua lembrança. Naquele mesmo dia o governador Patrick e um grupo de 11 governadores de New England, do Médio-Atlântico, enviaram a carta ao líder da maioria no senado, Harry Reid e ao Congresso se opondo ao plano de criar parques de energia solar e eólica no Oeste e enviar eletricidade por linhas de alta voltagem para o Leste, dizendo que "minaria" o potencial para aproveitar energia renovável gerada localmente na Costa Leste e "sufocar" as perspectivas econômicas da região.

O que essas alianças regionais transnacionais sugerem é que se uma união continental ocorrer na América do Norte, é improvável que seja imposta por Washington; em vez disso, ela nascerá do realinhamento político regional que acompanhará uma infraestrutura da TRI entre as fronteiras.

## DA GEOPOLÍTICA À POLÍTICA DA BIOSFERA

A era intercontinental transformará lentamente as relações internacionais da geopolítica à política da biosfera. Como mencionado anteriormente, o envelope da biosfera é o espaço que se estende do solo oceânico ao espaço externo, dentro do qual as culturas viventes e os processos geoquímicos interagem para sustentar a vida no planeta.

As recentes descobertas da comunidade científica sobre o modo como a biosfera terrestre funciona resultam em nada menos que uma redescoberta do planeta que habitamos. Pesquisadores de diversas áreas — física, química, biologia, ecologia, geologia e meteorologia — estão começando a pensar na biosfera como um organismo vivo cujos vários fluxos químicos e sistemas biológicos interagem continuamente uns com os outros em uma miríade de circuitos de *feedback* que permitem que a vida floresça nesse minúsculo oásis no universo.

Essa mudança na forma como os cientistas veem é tão profunda em suas implicações quanto a mudança no modo de pensar na era moderna, quando os cientistas desdenhavam da forma como Abraão descrevia a Terra enquanto criação de Deus e a substituíram pela noção de que ela seria uma remanescência do Sol, jogada no espaço, onde resfriou durante milhares de anos e se tornou um reservatório inerte de recursos para a evolução da vida. À medida que a vida evoluía — pelo menos de acordo com a leitura popular equivocada da teoria de Darwin —, uma forte concorrência pelos recursos da Terra seguiu-se, mantendo todas as espécies em uma luta incansável para prevalecer e se reproduzir.

A visão da natureza defendida pelo Darwinismo Social como um campo de batalha, onde todas as criaturas lutam umas contra as outras para ter o máximo de recursos da Terra para si e seus descendentes, foi adotada pelas nações e tornou-se realidade no grande cenário da história na forma de geopolítica. Guerras são travadas e os limites políticos são continuamente redesenhados para garantir o acesso aos combustíveis fósseis de elite — e a outros recursos valiosos —, vitais para a energia da Primeira e da Segunda Revolução Industrial.

A nova visão que está se firmando na ciência, em contrapartida, vê a evolução da vida e a evolução da geoquímica do planeta como um processo criativo conjunto em que cada um se adapta ao outro, assegurando a continuação da vida dentro do envelope da biosfera terrestre. Os ecologistas afirmam que são as relações sinergéticas e simbióticas entre as espécies, tanto quanto os impulsos competitivos e agressivos, que ajudam a garantir a sobrevivência de cada organismo.

A mudança nos regimes de energia dos combustíveis fósseis de elite para as energias renováveis distribuídas redefinirá a própria noção de relações internacionais de acordo com o pensamento ecológico. Uma vez que as energias renováveis da Terceira Revolução Industrial são amplas, encontradas em toda parte e facilmente partilhadas, mas exigem a vigilância coletiva dos ecossistemas da Terra, é menos provável que haja conflitos e guerra pelo acesso, e maior probabilidade de cooperação global. Na nova era, a sobrevivência depende menos da competição e mais da cooperação, e significa menos a busca da autonomia e mais a procura da inserção. Se a Terra funciona mais como um organismo vivo formado de níveis de relações ecológicas interdependentes, então nossa sobrevivência depende de salvaguardar mutuamente o bem-estar dos ecossistemas globais dos quais todos nós somos parte. Este é o significado profundo do desenvolvimento sustentável, e a própria essência da política da biosfera.

A política da biosfera facilita um deslocamento tectônico no cenário político; começamos a alargar nossa visão e pensamento como cidadãos globais em uma biosfera compartilhada. As redes globais de direitos humanos, as redes globais de saúde, redes de ajuda a catástrofes globais, o armazenamento global de germoplasma, bancos de alimentos globais, redes de informação globais, redes ambientais globais e redes globais de proteção a espécies são um forte sinal da mudança histórica da geopolítica convencional para a política incipiente da biosfera.

À medida que as populações humanas começam a compartilhar energias verdes pelos ecossistemas continentais, se engajam em comércio e negócios em economias continentais integradas e passam a se ver como cidadãos de uniões políticas continentais, a noção de fazer parte de uma extensa família humana provavelmente estimule uma mudança gradual na orientação espacial afastando-se da geopolítica e aproximando-se mais da política inclusiva da biosfera. Aprender a compartilhar uma biosfera comum é tautológico à consciência da biosfera.

Se é difícil imaginar uma mudança desse tipo, pense no quanto deve ser absurdo a um senhor feudal, a seus cavaleiros armados e aos servos contratados imaginar a possibilidade de ganhar salários livres, com a venda da energia de seu trabalho em mercados nacionais, cada um reinando em seu próprio direito na esfera política, todos unidos por um conjunto de direitos e liberdades acordados e por uma noção de lealdade nacional.

COMO TODA REVOLUÇÃO ECONÔMICA que a precedeu, a Terceira Revolução Industrial irá reformular muitas de nossas suposições básicas sobre a maneira como o mundo funciona. Embora nossas instituições governantes estejam se metamorfoseando em novas formas, nossas disciplinas acadêmicas também estão.

Faz quase 50 anos desde que eu fiz meu curso introdutório em teoria econômica clássica em Wharton School, na Universidade da Pensilvânia. Vi uma transformação acontecer na economia no meio século subsequente — a maioria nunca foi integrada nos livros textos de economia. O valor antes não questionado do crescimento econômico ilimitado deu lugar à ideia de desenvolvimento econômico sustentável. A abordagem convencional, centralizada, de cima para baixo para organizar a atividade econômica que caracterizou a Primeira e a Segunda Revolução Industrial, baseadas em combustíveis fósseis, está sendo questionada pelos novos modelos de organização colaborativa e distribuída que acompanham a Terceira Revolução Industrial. A venda de bens em mercados que era considerada uma prática sacralizada tem sido parcialmente abalada pelo acesso partilhado a serviços comerciais nas redes de fonte aberta. Os mercados nacionais e a governança do Estado-nação, que já foram o meio espacial para toda atividade econômica, estão cedendo aos mercados continentais e a governos continentais. O resultado é que a forma como muitas disciplinas no curso de economia são ensinadas hoje torna-se cada vez mais irrelevante para explicar o passado, entender o presente e prever o futuro.

Embora o termo *mudança de paradigma* tenha caído em desuso nos anos recentes, acho que é seguro dizer que quando se trata da teoria econômica, o termo é apropriado. O entendimento da teoria econômica de nossos filhos e as suposições da prática econômica serão tão radicalmente diferentes dos nossos quanto as ideias dos teóricos de mercado são do conceito de "preço justo" que regia o comércio e os negócios no final da Idade Média.

O bioquímico Joseph Henderson comentou certa vez: "A ciência deve mais ao motor movido a carvão que o motor a vapor deve à ciência". Em outras palavras, nossas abstrações intelectuais são, com frequência, mais do que explanações do que já vivenciamos em nossas aplicações tecnológicas. Poderíamos olhar cinquenta anos atrás e dizer o mesmo sobre as tecnologias da Terceira Revolução Industrial e a nova teoria econômica que provavelmente a acompanhará.

Parte III

# A ERA COLABORATIVA

## CAPÍTULO SETE

# APOSENTANDO ADAM SMITH

Com o início da era do mercado e o fim da Primeira Revolução Industrial no final do século XVIII surgiu um novo campo acadêmico chamado Economia. Em suas tentativas de entender as novas forças desencadeadas pela tecnologia do vapor obtido com a queima do carvão e a produção fabril, os fundadores da nova disciplina — Adam Smith, Jean-Baptiste Say e outros — buscaram na Física os princípios norteadores e metáforas para elaborar suas próprias teorias dos trabalhos do mercado.

### AS LEIS DE NEWTON E OS MERCADOS AUTORREGULADORES

O método matemático de Isaac Newton para discutir o movimento mecânico virou moda na época. Estava sendo empregado praticamente por todos os pensadores sérios para explicar o significado da existência e das formas do mundo.

Newton declarou que "todo o fenômeno de natureza pode depender de certas forças pelas quais as partículas de corpos, por causas até então desconhecidas, se atraem mutuamente em formações simétricas ou são repelidas e se afastam umas das outras". Desde cedo, os alunos são apresentados às três leis de Newton, que estabelecem que:

> Um corpo em repouso permanece em repouso e um corpo em movimento permanece em movimento retilíneo uniforme a não ser que sofra ação de uma força externa; a aceleração de um corpo é diretamente proporcional à força aplicada e tem o sentido da linha reta em que a força age; [e] para toda ação, há uma reação de força igual e sentido oposto.[1]

Ansiosos para transformar seus devaneios em certezas matemáticas como as da Física, Adam Smith e seus contemporâneos afirmavam que assim como o universo, uma vez que posto em movimento, age automaticamente como um relógio mecânico bem regulado, o mesmo acontece com o mercado. Enquanto Deus move o universo, os interesses próprios competitivos inatos do homem são aquilo que move o mercado. Assim como as leis da gravidade governam o universo, a mão invisível governa os negócios do mercado. Com base na observação de Newton de que "para toda ação há uma reação igual e oposta", Smith e outros alegaram que o mercado autorregulador operava da mesma forma, com a demanda e oferta reagindo continuamente e se reajustando uma à outra. Se a demanda dos consumidores por bens e serviços sobe, os vendedores aumentarão seus preços de acordo. Se o preço dos vendedores ficar alto demais, a demanda enfraquecerá, forçando os vendedores a abaixar o preço para estimular a demanda.

Adam Smith exaltou a sistematização da física do universo feita por Newtoncomo "a maior descoberta feita pelo homem", e usou metáforas de *Principia* e de outros livros de Newton para elaborar a teoria econômica clássica.[2]

O problema em usar a mecânica de Newton para tentar entender o funcionamento do mercado é que a Física versa apenas sobre a velocidade e o local. O grande cientista do século XX e filósofo Alfred North Whitehead certa vez brincou, dizendo que quando se trata da questão da matéria em movimento, "assim que é esclarecido... o que você quer dizer com um lugar definido no espaço-tempo, você pode afirmar adequadamente a relação de um dado corpo material com o espaço-tempo dizendo que ele está lá, naquele lugar; e no que concerne a uma única locação, não há nada a ser dito sobre o assunto".[3]

As leis da matéria em movimento de Newton não nos ajudam realmente a entender muito sobre como a atividade econômica funciona, mas ancoram toda a disciplina. Na realidade, elas nos dão uma falsa noção de como a atividade econômica se desenrola porque não levam em consideração a passagem do tempo e a irreversibilidade dos acontecimentos. Para todo +T deve existir um –T na matemática newtoniana. Pegue, por exemplo, o exemplo clássico das bolas de bilhar batendo umas contra as outras na mesa. Na física newtoniana, qualquer ação na mesa teoricamente é reversível, porque as leis da matéria em movimento não fazem concessão para a passagem do tempo. Mas a atividade econômica real lida com a irreversibilidade dos acontecimentos — como a energia e os recursos materiais são aproveitados, transformados, utilizados, usados e descartados.

## POR QUE AS LEIS DA ENERGIA GOVERNAM TODA A ATIVIDADE ECONÔMICA

Somente na segunda metade do século XIX, quando os físicos articularam a primeira e a segunda leis da termodinâmica — as leis da energia — os economistas tiveram uma base científica para descrever com exatidão a atividade econômica. Mas naquela época, a filosofia econômica se mirava tanto nas metáforas newtonianas da mecânica que seus praticantes eram incapazes de seguir suas teorias, embora eles se baseassem nos pressupostos científicos que em grande parte não podiam ser aplicados à prática econômica.

A primeira e a segunda leis da termodinâmica estabelecem que "o conteúdo total de energia do universo é constante e a entropia total aumenta continuamente". A primeira lei, a "lei da conservação", afirma que a energia não pode ser criada nem destruída — que a quantidade de energia no universo permanece a mesma desde o início dos tempos e será a mesma até o fim dos tempos. Embora a energia permaneça fixa, ela muda de forma continuamente, mas somente em uma direção, de disponível para indisponível. É onde a segunda lei da termodinâmica entra em jogo. De acordo com a segunda lei, a energia sempre flui de quente para fria, concentrada para dispersa, de ordenada para desordenada.

Para entender como a primeira e a segunda lei funcionam no mundo real, pense em um pedaço de carvão em brasa. A energia que estava contida no carvão não se perde. Em vez disso, ela é transformada em dióxido de carbono, em dióxido sulfúrico e outros gases que estão dispersos na atmosfera. Embora a energia permaneça, nunca podemos reconstituir as energias dispersas de volta no pedaço original de carvão e usá-lo novamente. Rudolph Clausious, um cientista alemão, cunhou o termo entropia em 1868 para se referir à energia que não é mais aproveitável.

Clausius percebeu que o trabalho ocorre quando a energia vai de um estado concentrado mais alto para um estado disperso — em outras palavras, de uma temperatura mais alta para uma temperatura mais baixa. Por exemplo, um motor a vapor funciona porque uma parte da máquina é muito quente e a outra é muito fria. Sempre que a energia vai de uma temperatura mais alta para uma mais baixa, menos energia é disponível para realizar o trabalho no futuro. Se um pedaço de ferro incandescente é removido de uma fornalha, imediatamente começa a resfriar porque o calor flui da superfície mais quente para a mais fria à sua volta. Depois de um tempo, o ferro tem a mesma temperatura que o ar ao redor dele. Os físicos se referem a isso como estado de equilíbrio — quando não há mais diferença nos níveis de energia e não há mais trabalho a ser feito.

Isso nos leva a perguntar: "Por que toda a energia dispersada não pode ser reciclada?". Parte dela pode, mas exigiria usar energia adicional no processo de reciclagem. Essa energia, quando aproveitada, aumenta a entropia geral.

Com frequência, quando fazemos uma palestra sobre termodinâmica, acabam questionando se eu não estaria sendo pessimista demais, posto que o Sol, nossa fonte de energia, vai queimar durante mais alguns bilhões de anos e nos fornecerá energia suficiente para as necessidades de todas as espécies da Terra, contanto que nos empenhemos em ponderar. É verdade. Mas existe outra fonte de energia na Terra que é bem mais limitada — a energia inserida na forma material, em combustíveis fósseis e minérios. Essas energias são fixas e finitas, pelo menos no vasto esquema de tempo geológico que é importante para nossa sobrevivência como espécie.

Os físicos explicam que, da perspectiva da termodinâmica, a Terra funciona praticamente como um sistema fechado em relação ao Sol e ao universo. Os sistemas termodinâmicos podem ser divididos em três tipos: sistemas abertos, que trocam energia e matéria; sistemas fechados, que trocam energia mas não matéria; e sistemas isolados, que não trocam nem matéria nem energia. A Terra, em relação ao sistema solar, é um sistema relativamente fechado. Ou seja, absorve energia do Sol, mas com exceção da poeira cósmica e de um meteorito ocasional, recebe muito pouca matéria do universo circundante.

O combustível fóssil é um exemplo excelente de uma forma material de energia que, para todos os fins e propósitos, é um recurso finito que se esgota rapidamente e provavelmente não reaparecerá na Terra, pelo menos durante o espaço de tempo que interessa à nossa espécie. Os combustíveis fósseis são formados durante milhões de anos a partir da decomposição anaeróbica de organismos mortos. Quando esses combustíveis são queimados, a energia gasta na forma de gases não é mais capaz de realizar trabalho. Embora teoricamente seja possível que em algum momento no futuro distante — daqui a milhões de anos —, um processo semelhante possa resultar em uma reserva comparável de combustíveis fósseis, a probabilidade de isso acontecer é tão remota e a escala de tempo envolvida é tão distante que não deixa de ser extremamente duvidoso.

Terras raras são outro exemplo dos limites inerentes à termodinâmica que enfrentamos na Terra. Existem 17 metais terrosos raros — escândio, ítrio, lantânio, cério, praseodímio, neodímio, promécio, samário, európio, gadolínio, térbio, disprósio, hôlmio, érbio, túlio, ytérbio e lutécio — usados em uma ampla gama de processos técnicos e industriais e inseridos em tecnologias e produtos que são fundamentais para a sobrevivência e o bem-estar da sociedade. Eles são chamados "raros" por serem pouco disponíveis e muitos estão se esgotando rapidamente para atender às necessidades de uma crescente população e da economia globalizada.

Albert Einstein certa vez ponderou sobre a questão de quais leis da ciência teriam pelo menos a probabilidade de serem descartadas ou seriamente modificadas pelas futuras gerações de cientistas. Ele concluiu que a primeira e a segunda leis da termodinâmica eram as que mais provavelmente resistiriam ao teste do tempo. Ele escreveu:

> Uma teoria é mais impressionante quanto maior for a simplicidade das premissas, quanto mais diferentes forem os tipos de coisas com as quais se relaciona e quanto mais extensa for a amplitude de sua aplicação. Daí a profunda impressão que a termodinâmica clássica causou em mim. É a única teoria física de conteúdo universal que eu estou convencido de que, dentro desse esquema de aplicabilidade de seus conceitos básicos, nunca será descartada.[4]

Embora a transformação de energia, em todas as suas diversas formas, seja a base de toda a atividade econômica, apenas uma fração minúscula dos economistas tem estudado a termodinâmica. E somente alguns indivíduos dentro da profissão tentaram redefinir a teoria e a prática econômica com base nas leis da energia.

O primeiro esforço para introduzir as leis da termodinâmica na teoria econômica foi feito pelo químico prêmio Nobel Fredrick Soddy em seu livro de 1911, *Matéria e Energia*. Soddy lembrou seus amigos economistas que as leis da termodinâmica "controlam, em última instância, a ascensão e a queda dos sistemas políticos, a liberdade ou a dependência das nações, os movimentos de comércio e indústria, a origem da riqueza e da pobreza, e o bem-estar físico geral da raça".[5]

O primeiro economista a assumir diretamente a profissão de economista foi Nicholas Georgescu-Roegen, professor da Universidade de Vanderbilt, cujo livro fundamental de 1971, *A Lei da Entropia e o Processo Econômico*, causou uma pequena agitação na época, mas foi rapidamente descartado pela maioria dos colegas. Herman Daly, aluno de Georgescu-Roegen e mais tarde economista do Banco Mundial, atualmente professor livre-docente da Universidade de Maryland, retomou a obra magistral de Georgescu-Roegen com a publicação de seu livro em 1973, *Toward a Steady State Economy*. O livro forçou uma discussão às margens da profissão econômica, introduzindo as ciências ecológicas no pensamento econômico e, igualmente importante, estabeleceu a base para discussões posteriores em torno da aplicação de suposições operacionais da sustentabilidade no campo econômico.

Em 1980, publiquei *Entropia*, com um posfácio de Georgescu-Roegen, esperando estender a conversa para além da economia, a fim de abranger a totalidade da experiência humana. O livro reformula a história da perspectiva da termodinâmica, com atenção especial às consequências entrópicas trazidas pelos avanços da civilização humana. *Entropia* foi um dos primeiros livros a examinar, em profundidade, os impactos entrópicos da revolução industrial nas mudanças climáticas.

Examinando as tentativas de reformular a teoria econômica em termos da termodinâmica no século passado, o que ressalta é como o campo tem sido impenetrável para se repensar a base de suas próprias suposições norteadoras. Mesmo nos anos mais recentes, à medida que um número maior de escolas de administração no mundo todo se apressa para introduzir considerações ecológicas e questões de sustentabilidade no currículo e começa a prestar mais atenção à centralidade de preocupações relacionadas à energia e às mudanças climáticas, eles têm tentado fazer isso sob os auspícios da teoria econômica clássica e neoclássica, cujos pressupostos operacionais se contrapõem às leis da termodinâmica.

Enquanto a sombra de Newton repousar sobre a teoria econômica, é improvável que a Economia, como disciplina, seja capaz de acomodar os crescentes cismas que ameaçam todos os seus pressupostos básicos. O historiador econômico, E. Ray Canterbery, observa que se torna cada vez mais assustador seguir Adam Smith porque ele pega carona com o grande Isaac Newton. Ele escreve: "De tempos em tempos, um grupo de economistas considera a economia convencional pronta para uma revolução, mas qualquer revolucionário econômico terá de fazer barricadas contra o gênio de Isaac Newton e contra Adam Smith e sua longa fila de seguidores".[6] Agora, no entanto, pela primeira vez as várias fendas nas bases teóricas da disciplina estão ameaçando derrubar o edifício da teoria econômica clássica.

## A RIQUEZA DAS NAÇÕES

A falha sísmica que correu por toda a teoria econômica clássica decorre do desentendimento fundamental da natureza das riquezas. John Locke, filósofo inglês do Iluminismo, afirmava que "a terra que é deixada intocada para a natureza... é chamada, como de fato o é, de imprestável". Locke retomou a segunda lei da termodinâmica proclamando que a própria natureza é inútil e só se torna valiosa quando os seres humanos aplicam seu trabalho a ela, transformando-a em ativos produtivos. Locke escreveu:

> Aquele que se apropria da terra pelo seu trabalho não diminui, mas aumenta as reservas comuns da humanidade. Para as provisões que servem para o sustento da vida humana, produzidas em um acre de terra cercada e cultivada, são... dez vezes mais, que aquelas geradas em um acre de terra, de igual fertilidade, aberta e em comum. E, portanto, aquele que cerca a terra e tem maior abundância de conveniências da vida retiradas de dez acres do que poderia ter de cem acres abandonados à natureza, pode dizer-se verdadeiramente que dá noventa acres à humanidade.[7]

As leis da termodinâmica nos dizem algo bem diferente. A atividade econômica consiste meramente em tomar emprestada energia de baixa entropia do ambiente e transformá-la em produtos e serviços temporários de valor. No processo de transformação, com frequência mais energia é gasta e perdida para o ambiente do que existe no bem ou serviço particular que está sendo produzido.

Nesse sentido, o processo econômico espelha os processos biológicos na natureza. Quando as leis da termodinâmica foram articuladas pela primeira vez, os biólogos não sabiam quanta energia se move continuamente de um estado ordenado para um desordenado enquanto os sistemas vivos parecem operar exatamente na direção oposta, permanecendo continuamente em ordem.

Harold Blum, o renomado biólogo do século XX, explicou que os organismos vivos não violam a segunda lei, mas são meramente uma manifestação diferente de seu funcionamento. As criaturas vivas, observou Blum, são sistemas termodinâmicos em desequilíbrio. Ou seja, toda coisa viva existe longe do equilíbrio, se alimentando continuamente da energia disponível do ambiente, mas sempre à custa de aumentar a entropia geral no ambiente. As plantas, por exemplo, absorvem energia do Sol no processo de fotossíntese, e essa energia concentrada é consumida diretamente por outros animais ou indiretamente, quando estes comem outros animais. De modo geral, quanto mais evoluída for a espécie, mais energia ela consumirá para se manter em um estado de não equilíbrio e mais a energia gasta volta para o ambiente no processo de manter-se viva. Erwin Schrödinger, físico vencedor do prêmio Nobel, capta a essência do processo da termodinâmica observando que "o que alimenta um organismo é a entropia negativa; ela continua a sugar o estado de ordem de seu ambiente".[8]

O que os biólogos estão dizendo está de acordo com a maneira como entendemos o funcionamento da vida. Inserimos energia continuamente em nossos corpos toda vez que comemos e, enquanto vivemos, consumimos continuamente energia e contribuímos para o resíduo entrópico. Se a absorção de energia parasse ou se nossos corpos não fossem mais capazes de processá-la adequadamente devido a uma doença, morreríamos. Na morte, nossos corpos se decompõem rapidamente de volta ao meio ambiente. Nossa vida e morte fazem parte do fluxo entrópico.

O químico G. Tyler Miller usa uma cadeia alimentar simplificada para explicar como a energia disponível é processada e a entropia é criada em cada fase da expropriação em ecossistemas. Ele começa destacando que ao devorar uma presa, "cerca de 80 a 90% da energia são simplesmente despendidos e perdidos como calor para o ambiente".[9] Apenas de 10 a 30% da energia da presa é absorvida pelo predador. É porque transferir energia de uma criatura para outra exige um gasto e resulta na perda de energia.

Miller descreve a incrível quantidade de energia usada e a entropia criada em uma simples cadeia alimentar que abrange grama, gafanhotos, sapos, truta e seres humanos. Miller calcula que "trezentas trutas são necessárias para sustentar um homem durante um ano. A truta, por sua vez, precisa consumir 90.000 sapos, que deve consumir 27 milhões de gafanhotos, que se alimentam de 1.000 toneladas de grama".[10]

Agora vamos examinar as consequências termodinâmicas de se converter recursos da natureza em alimento para consumo humano em uma civilização complexa, industrial, e o que isso representa de como percebemos a riqueza das nações. Considere a energia que existe em uma bisteca de vaca:

1. São necessários 500 gramas de ração para formar 0,5 gramas de bife.[11] Isto significa que apenas 11% do alimento vão para produzir o bife, e o restante é queimado como energia no processo de conversão, usado para manter as funções corporais normais, ou extraído ou absorvido em partes do corpo que não servem de alimento ao homem — como pelo ou ossos. Embora lamentemos a ineficiência de energia e o desperdício de carros movidos a gasolina, a ineficiência e o desperdício de energia de se sustentar uma dieta de carne animal criado com ração é muito pior. A francesa Moore Lappé, em seu livro *Diet for a Small Planet*, destaca que um acre de cereal produz cinco vezes mais proteína que um acre usado para a produção de carne.[12] Os legumes produzem dez vezes mais proteína e as verduras produzem quinze vezes mais proteína por acre que a produção de carne. Quase um terço dos grãos cultivados no mundo são para alimentar animais, em vez do consumo humano direto; por isso, enquanto uma pequena parte dos consumidores mais ricos se dá o luxo de ocupar o topo da cadeia alimentar, centenas de milhões de outros humanos enfrentam a desnutrição, a fome e a morte.[13]
2. Os produtores precisam usar grandes quantidades de fertilizantes petroquímicos baseados em combustível fóssil, pesticidas e herbicidas

para cultivar cereais para forragem/ração animal. Mais combustível fóssil é gasto para operar os equipamentos da fazenda. Caminhões, trens e navios, usando ainda mais combustíveis fósseis, devem ser empregados para transportar o grão para currais gigantes, mecanizados, onde ele é consumido pelo gado.

3. No curral, os animais recebem produtos farmacêuticos que incluem hormônios para estimular o crescimento, complementos alimentares e antibióticos quando preciso, o que usa mais energia. O gado é confinado em espaços fechados — os currais às vezes contêm 50.000 ou mais cabeças de gado — onde estão sujeitos a infestações de mosquitos que espalham doenças como conjuntivite e rinotraqueíte bovina infecciosa.[14] Para evitar essas doenças, inseticidas altamente tóxicos derivados de combustível fóssil são espargidos usando-se mangueiras com alta pressão, imergindo os compartimentos em uma nuvem de veneno.
4. Uma vez engordado, o gado é transportado durante horas, e até dias, em caminhonetes por rodovias interestaduais até o matadouro — novamente gastando mais energia de combustível fóssil.
5. No matadouro, os animais entram em fila única, onde são atingidos por uma arma pneumática e caem no chão. Um trabalhador engancha uma corrente na pata traseira e suspende o animal de cabeça para baixo pelo matadouro e então perfura sua garganta, deixando o sangue se esgotar.
6. O animal morto move-se por uma linha de "desmontagem" movida a energia, onde uma máquina corta o animal e os órgãos são removidos.
7. As serras elétricas são usadas para dividir a carcaça em cortes reconhecíveis, incluindo quarto dianteiro, costelas, peito e filé.
8. Os cortes são colocados em esteiras movidas a eletricidade, onde várias dezenas de desossadoras e guilhotinas cortam e embalam o produto final.
9. Os cortes embalados a vácuo de carne bovina são expedidos para supermercados pelo país em caminhões com câmaras frigoríficas.
10. Ao chegarem ao supermercado, os cortes são reembalados em plástico feito de combustíveis fósseis e colocados em balcões de carne refrigerados, com prateleiras iluminadas.
11. Os clientes vão de carro até as lojas para comprar carne bovina e guardá-la em seus *freezers* ou geladeiras, antes de cozinhá-la em fogões elétricos ou a gás e consumi-la.

A energia gasta na carne em cada etapa do processo de conversão é minúscula, se comparada à despesa de energia usada para cultivar a ração, engordar o animal, transportar o boi até o mercado, abater o animal, embalar os cortes e enviá-los ao destino final na mesa da família.

Isto é apenas uma parte da história da energia. A outra parte é a conta da entropia. Gado e outros rebanhos são o segundo maior contribuinte para as mudanças climáticas, atrás de construção, gerando 18% das emissões de gases poluentes. Isto é mais do que o que é produzido pelo transporte mundial. Embora o gado — novamente a maioria dos rebanhos — produza 9% do dióxido de carbono derivado de atividade econômica relacionada ao ser humano, eles produzem uma parte muito maior de gases ainda mais prejudiciais do efeito estufa. O gado responde por 65% das emissões de óxido nitroso relacionadas ao ser humano — o óxido nitroso tem quase 300 vezes do efeito de aquecimento global de dióxido de carbono. A maior parte das emissões de óxido de carbono vem do estrume. O gado também emite 37% de todo o metano induzido pelo homem — um gás que tem 23% mais impacto do que o dióxido de carbono no aquecimento do planeta.[15]

Finalmente, esse meio quilo de bife é apenas temporário e, ao ser consumido, é digerido pelo corpo e eventualmente acaba de novo no ambiente na forma de energia gasta ou resíduo.

Então o que devemos concluir sobre a natureza do produto interno bruto (PIB)? Pensamos no PIB como uma medida da riqueza que um país gera a cada ano, mas do ponto de vista da termodinâmica, é mais uma medida do valor da energia temporária inserida nos bens ou serviços produzidos à custa da diminuição das reservas de energia disponíveis e um acúmulo do resíduo entrópico. Uma vez que mesmo os bens e serviços que produzimos se tornam parte do fluxo de entropia, pelas noções de progresso econômico que temos, o livro-razão econômico sempre acabará no vermelho. Ou seja, quando tudo estiver dito e feito, toda a civilização acabará inevitavelmente sugando mais ordem do ambiente circundante do que cria e deixará a Terra mais empobrecida. Visto dessa forma, o produto doméstico bruto é mais exatamente o custo interno bruto, uma vez que toda vez que os recursos são consumidos, uma parte se torna indisponível para uso futuro.

Apesar do fato inquestionável de que toda atividade econômica cria um valor apenas temporário, a maioria dos economistas não olha para o processo econômico da perspectiva da termodinâmica. Filósofos do Iluminismo, de um modo geral, passaram a acreditar que a busca da atividade econômica é um processo linear que leva invariavelmente a um progresso material sem limites na Terra, considerando que o mecanismo de mercado não seja inibido, de modo que a "mão invisível" possa regular a oferta e a demanda. O filósofo francês do Iluminismo e revolucionário, Marquês de Condorcet, captou a euforia da nova era de progresso ao proclamar:

> Não há limites impostos ao aprimoramento das faculdades humanas... a perfeição do homem é absolutamente indefinida,... o progresso dessa perfeição, acima do controle de todo poder que o impediria, não tem outro limite que a duração do globo sobre o qual a Natureza nos colocou.[16]

Animados com a perspectiva de criar uma fonte de riqueza material na Terra, os economistas clássicos, com exceção de Thomas Malthus, uniram-se na crença de que a produtividade humana criaria um paraíso utópico. A própria ideia de que uma aceleração da atividade econômica poderia resultar em um ambiente degradado e em um futuro obscuro para as gerações não nascidas teria sido incompreensível.

## COMO A TEORIA ECONÔMICA SE TORNOU IRRELEVANTE

Este ponto cego ideológico aparece em quase todas as suposições subjacentes da teoria econômica clássica e neoclássica. Talvez nenhum conceito seja mais apreciado entre os economistas do que a noção da produtividade. Os economistas definem a produtividade em termos da produção por unidade de insumo. Um prêmio é oferecido pelo desempenho em uma dada tarefa no menor tempo possível. Uma medida mais adequada da produtividade pela termodinâmica, no entanto, enfatizaria a entropia produzida por unidade de produção.

Lembro-me de um estudo feito mais de 30 anos atrás sobre quanta energia é necessária para se fabricar um automóvel. Ocorre que se usa muito mais energia do que é necessário. Uma quantidade extra de energia é gasta para acelerar o processo e fazer o carro sair da montagem mais rapidamente. Isto acontece em toda a cadeia de suprimento. Nossa obsessão pela velocidade da conversão e pela entrega do produto tem um custo — o gasto adicional de energia. Um uso maior de energia significa mais energia gasta e a formação de entropia no ambiente.

Passamos a acreditar que ao aumentarmos a velocidade da atividade, de alguma forma economizamos energia, quando em termos termodinâmicos ocorre o contrário. Não está convencido? Você já se viu dirigindo em uma estrada vicinal no meio da noite quando percebeu que estava quase sem gasolina, sem ideia da distância que estaria de um posto de gasolina? A primeira tendência de muitos motoristas é afundar o pé no acelerador esperando encontrar um posto.

Racionalizamos que ao irmos mais rápido teremos mais chance de chegar a um posto antes de ficarmos sem combustível, o que contraria as leis da termodinâmica. Ao dirigir mais devagar, aumentamos a distância que podemos viajar e melhoramos as perspectivas de chegar a um posto.

Quando os economistas neoclássicos falam sobre produtividade e crescimento econômico como uma medida da produção por unidade de insumo, os insumos que eles têm em mente são capital e mão de obra. No entanto, quando os economistas analisam o crescimento econômico real nos Estados Unidos e em outros países industriais, a quantidade de capital investido por trabalhador responde por apenas aproximadamente 14% do aumento, deixando 86% do crescimento sem identificação. Robert Solow, cuja teoria do crescimento econômico o levou a ganhar o prêmio Nobel, diz francamente que os 86% esquecidos são "uma medida de nossa ignorância".[17]

Precisou-se de um físico para explicar o aparente enigma. Reiner Kümmel, da Universidade de Wuerzburg na Alemanha, elaborou um modelo de crescimento que incluía energia, juntamente com capital e insumos de mão de obra, e testou-o com dados de crescimento em um período entre 1945 e 2000 nos Estados Unidos, no Reino Unido e na Alemanha, e descobriu que a energia era o "fator que faltava respondendo pelo resto da produtividade e do crescimento econômico".[18]

Robert Ayres, professor de ambiente e administração na escola de administração INSEAD em Fountainebleau, França, que estudou Física e dedicou muito de sua carreira profissional para estudar os fluxos de energia e mudanças tecnológicas, e Benjamin Warr, assistente de pesquisa, elaboraram seu próprio modelo de insumo de três fatores e o testaram na curva de crescimento econômico durante todo o século XX nos Estados Unidos, e então executaram estudos subsequentes no Reino Unido, Japão e Austrália. Ayers e Warr descobriram que acrescentar energia ao modelo de insumo explicava "quase 100% do crescimento econômico do século XX para cada um dos quatro países". O que o modelo de crescimento de Ayres e Warr mostra é que "aumentar a eficiência termodinâmica, com a qual a energia e matérias-primas são convertidas em trabalho útil", responde pela maioria dos ganhos de produtividade e crescimento nas sociedades industriais.[19]

O papel crítico que a energia desempenha na produtividade e nas margens de lucro se torna claro quando descemos para o nível micro das empresas individuais. Recentemente jantei com Gabriele Burgio, o CEO visionário dos NH Hotels, em um de seus hotéis em Madrid. O NH é o líder de mercado tanto na Espanha quanto na Itália e é a quinta maior rede hoteleira da Europa, com mais de 400 propriedades.

Burgio integra a comissão executiva da Mesa Redonda de CEOs Globais da Terceira Revolução Industrial. Um tipo de cavalheiro gentil e de fala mansa, cuja vida pessoal reflete seu compromisso apaixonado com um futuro verde e um desenvolvimento econômico sustentável. Gabriele é obsessivo por eficiência energética. Por quê? Ele explicou para mim durante uma refeição vegetariana que 30% das despesas gerais e dos custos operacionais de seu hotel são relacionados com a energia, constituindo o segundo maior custo depois da mão de obra humana. Para Gabriele, prestar atenção às eficiências da termodinâmica e a novas formas de avançar a produtividade não é um conceito econômico arcano, mas em vez disso, uma ferramenta prática de negócio. O sucesso dele em tornar a marca HN Hotel líder na Europa é atribuído, em grande parte, à enorme economia de custo que ele conseguiu ao reduzir o uso de energia e criar operações que usam a energia de forma mais eficiente — reduções de custo que ele repassa aos hóspedes de seus hotéis por meio de preços mais baratos por acomodações excelentes.

O HN Hotels introduziu um sistema de controle on-line chamado Datamart, que monitora continuamente o uso de energia em todo o hotel, usando informações para minimizar os gastos enquanto otimiza o conforto para os hóspedes. Entre 2007 e 2010, o NH atingiu uma significante redução de 15,83% em consumo de energia, uma redução de 31,03% em emissão de $CO_2$, uma redução de 26,83% em geração de gastos, e uma redução de 28,2% em consumo de água.[20]

O NH atualmente é o pioneiro no conceito de "Quartos Inteligentes", um sistema de monitoramento em tempo real que pode manter informações atualizadas sobre o uso de água, iluminação, ar condicionado e aquecimento, e se ajustar a mudanças das necessidades dos hóspedes por um período de 24 horas. Os hóspedes que usam menos energia do que a norma são recompensados por seu comportamento consciente da ecologia na hora de fazerem o *check-out*, recebendo em seus cartões de fidelidade do World NH créditos que são resgatáveis por taxas reduzidas na próxima estada em um NH Hotel.

O NH também está na fase inicial de conversão de seus hotéis em usinas microgeradoras de energia. Na Itália, a empresa já instalou energia solar térmica em 15% de seus hotéis. Seu hotel Vittorio Veneto, em Roma, é equipado com energia solar fotovoltaica, que fornece 10% de suas necessidades totais de energia. O NH está na fase de planejamento da construção da primeira propriedade com zero de emissão no mundo. Em antecipação à introdução no mercado de veículos elétricos em 2011, o NH também se tornou o primeiro hotel a incluir pontos de recarga gratuitos em algumas de suas propriedades.

Produtos de madeira e papel usados nos hotéis NH só vêm de florestas sustentáveis, e todas as regalias dos quartos e acessórios são feitos de materiais "bio", sem impacto ambiental. Todos os resíduos produzidos nos hotéis NH são reciclados, e os banheiros, chuveiros e torneiras usam tecnologia de ponta para minimizar o uso de água.

A rede hoteleira montou um clube do fornecedor — formado de aproximadamente 40 empresas — cujas linhas de produto e redes de suprimento são constantemente monitoradas, avaliadas e aperfeiçoadas para funcionar em conformidade com os requisitos de energia e pré-requisitos ecológicos estabelecidos pelos NH Hotels.

Ao economizar energia e criar hotéis que respeitam o ambiente, o NH é lucrativo e, ao mesmo tempo, ajuda a estabelecer uma operação comercial sustentável que fornece diárias razoáveis para seus hóspedes. Estes, por sua vez, podem aproveitar suas acomodações de viagem sabendo que estão reduzindo sua pegada de carbono e fazendo sua parte para conservar a biosfera. Todas as tecnologias e práticas de negócio que economizam energia dos NH Hotels têm aumentado acentuadamente a produtividade da empresa, permitindo que ela otimize os serviços com custos de insumo imensamente reduzidos.

Uma vez que praticamente toda atividade econômica da vida industrial moderna é baseada em combustíveis fósseis — fertilizantes petroquímicos e pesticidas para agricultura, materiais de construção, maquinário, produtos farmacêuticos, fibra, energia, transporte, calor, luz e assim por diante —, isto justifica que a eficiência termodinâmica é essencial para a história da produtividade e para o crescimento econômico.

Mas então a perda também é entrópica. Precisamos ser lembrados continuamente de que sempre que aumentamos o uso da energia para acelerar o processo econômico, os ganhos na produtividade devem ser ponderados contra a entropia aumentada que flui para o ambiente. Na era industrial baseada em combustível fóssil, a queima de carvão, óleo e gás natural acelerou imensamente o crescimento econômico e levou a um acúmulo perigoso de $CO_2$ (energia gasta) na atmosfera, resultando em uma mudança fundamental no clima da Terra. "A pressa gera desperdício" é um velho ditado que reflete um entendimento intuitivo da lei da entropia no trabalho. Em termos da eficiência termodinâmica, então, a produtividade é muito mais uma medida da entropia produzida por unidade de produção como a velocidade por unidade de produção.

Na maior parte do século XX, o preço do petróleo era tão baixo que pouca atenção era dada à eficiência termodinâmica na produção e distribuição de bens e serviços. E antes de os cientistas terem entendido a relação entre os combustíveis que geram carbono na queima e o aquecimento global, pouco se preocupava com o fluxo entrópico. Agora isso mudou. O pico de óleo *per capita* e o pico de produção de petróleo foram atingidos, forçando uma alta acentuada no preço da energia. Ao mesmo tempo, a emissão entrópica acumulada de $CO_2$ industrial na atmosfera alterou a temperatura do planeta e colocou o mundo em mudança climática em tempo real, com efeitos acentuados na agricultura e na infraestrutura.

A realidade simples, porém preocupante, é que os combustíveis fósseis e as terras raras estão se esgotando depressa e a dívida entrópica da atividade econômica passada está se acumulando a uma taxa que supera de longe a capacidade da biosfera absorvê-la. Esta situação séria exige uma reavaliação fundamental das suposições que guiaram nossas noções sobre produtividade no passado. Daqui por diante, a produtividade terá de ser medida de uma forma que leve em consideração tanto as eficiências termodinâmicas quanto as consequências entrópicas.

Os economistas respondem com frequência que eles consideram a conta da entropia, ponderando o que chamam de "externalidades negativas", ou efeitos deletérios que a atividade do mercado tem em partes não diretamente envolvidas no processo de troca. O problema é que o custo total ao longo do tempo para terceiros, para a sociedade como um todo, para o ambiente e futuras gerações nunca é levado em conta. Se fosse, os agentes econômicos teriam, com frequência, de distribuir compensações muito além de seus lucros, e o capitalismo não sobreviveria. O pagamento de multas ao governo, impostos ou de quantias estipuladas por processos cíveis, para compensar efeitos negativos gerados pela atividade comercial, não é uma forma de resolver a conta da entropia.

A razão pela qual a maioria dos economistas simplesmente não entende isso é que eles não conseguem entender que toda essa atividade econômica está tomando energia da natureza e reservas materiais. Se esse empréstimo esgotar as riquezas naturais mais rápido do que a biosfera for capaz de reciclar os resíduos e repor as reservas, a dívida entrópica cada vez maior acabará destruindo o regime econômico que estiver utilizando tais recursos, qualquer que seja ele.

Toda grande era econômica é marcada pela introdução de um novo regime de energia. No começo, a extração, o processamento e a distribuição da nova energia são caros. Os avanços tecnológicos e as economias de escala reduzem os custos e aumentam o fluxo de energia até que a energia que já fora abundante se torne cada vez mais escassa, e a conta da entropia da conversão de energia passada começa a se acumular. A era do petróleo seguiu essa curva no curso do século XX, atingindo um pico em 2006.

Mas a curva de energia da TRI seguirá uma trajetória semelhante? Depende. Enquanto o nosso sistema solar existir e o Sol, o vento e outras energias renováveis forem suficientes para fornecer as necessidades de energia de nossa espécie e criaturas, eles têm suas próprias restrições entrópicas. Em primeiro lugar, as energias renováveis exigem a montagem de uma estrutura para se explorar material. As células fotovoltaicas, as baterias elétricas, as turbinas de vento, bulbos florescentes compactos e muitas outras tecnologias de comunicação novas da Terceira Revolução Industrial contam, em parte, com a utilização de terras raras. Um relatório divulgado em fevereiro de 2011 pela American Physical Society e pela Materials Research Society advertiu que a escassez desses materiais poderia, no longo prazo, minar os esforços em grande escala para empregar as novas energias limpas.[21] Uma vez que muitas dessas terras raras são subprodutos da exploração de minerais mais abundantes como o cobre, não há preocupação imediata com a falta deles. No entanto, já existe uma discussão acalorada sobre como encontrar metais alternativos, ou mesmo substitutos derivados biologicamente, caso enfrentemos a falta deles no futuro. Os pesquisadores nos campos florescentes da biotecnologia, química sustentável e nanotecnologia estão confiantes de que serão capazes de encontrar alternativas mais eficientes e baratas a essas terras raras nas próximas décadas, a fim de atender a uma infraestrutura emergente da TRI.

Uma preocupação ainda maior a longo prazo é o impacto entrópico potencial de ter disponível um suprimento praticamente ilimitado de energia renovável limpa a preços tão baratos que quase serão gratuitos, como no caso da queda no custo da coleta e disseminação da informação que ocorreu como resultado das revoluções da internet e de TI nas últimas duas décadas. Uma das primeiras reações provavelmente será: "Ótimo! Energia renovável quase gratuita, ilimitada. Por que se preocupar?". Novamente, lembre-se que a Terra é um sistema parcialmente fechado que troca energia com o sistema solar, mas troca pouca matéria. Se tivéssemos um suprimento praticamente ilimitado de energia verde barata, poderíamos estar mais inclinados a converter a matéria limitada e de baixa entropia da Terra em bens a uma taxa cada vez mais acelerada, aumentando o fluxo entrópico e acumulando mais caos material — matéria dispersa não mais disponível para fazer um trabalho útil.

Considere, por exemplo, a mineração do alumínio. Poderíamos extrair e manufaturar alumínio para fins comerciais usando energia verde para impulsionar o processo. Ao longo do tempo, no entanto, o alumínio se deteriora e as moléculas se dispersam aleatoriamente para o ambiente, tornando-se parte do fluxo entrópico. Elas nunca mais serão reunidas e reconstituídas ao alumínio original do qual vieram.

Isto sugere que embora precisemos efetuar a transição para as novas energias verdes distribuídas, também será necessário usar essas energias com mais parcimônia para assegurar que não esgotemos a matéria de baixa entropia de nosso planeta, que é igualmente fundamental para sustentar a vida na Terra. Da perspectiva da termodinâmica, a lição mais importante que podemos tirar é como manter nossos padrões de consumo de modo a respeitar os esquemas de reciclarem da natureza a fim de termos uma vida mais sustentável na Terra.

Embora exista uma discussão mundial sobre como equilibrar orçamentos, quando políticos, líderes empresariais e a maioria do público se deparam com restrições orçamentárias, eles não se dão conta que estas são necessárias para que se controle o uso das riquezas natuais. Diante da menor sugestão de taxar as emissões de carbono e a gasolina a fim de estimular a economia e o uso eficiente de energia para reduzir as emissões responsáveis pelo aquecimento global, grande parte do público protesta imediatamente. No entanto, quanto mais rápido nos apropriarmos das riquezas naturais e mais rapidamente as consumirmos, mais escassos os recursos se tornarão e mais poluição criaremos, tornando tudo mais caro ao longo da cadeia de suprimento. Quando os preços de tudo o que usamos e consumimos sobem, essa alta se reflete no aumento geral dos custos, inclusive no quanto o governo precisa gastar em bens e serviços públicos para manter nossa forma de viver.

Os ecossistemas maduros na natureza agem de forma bem diferente daqueles com os quais estamos acostumados na sociedade. Em um ecossistema climático como o existente na Amazônia, por exemplo, a eficiência termodinâmica é a mais próxima possível de um estado contínuo (um estado contínuo perfeito é impossível porque toda atividade biológica resulta em uma perda entrópica). No entanto, nesses ecossistemas climáticos desenvolvidos ao longo de milhões de anos, o consumo de energia e matéria não excede significativamente a capacidade que os ecossistemas têm de absorver e reciclar resíduos e repor reservas. As sinergias, relações simbióticas e circuitos de *feedback* são finamente calibrados para assegurar a capacidade que o sistema tem de manter um equilíbrio contínuo entre oferta e demanda.

Noto que a biomimética — a ideia de estudar como a natureza funciona e incorporar as melhores práticas — está se tornando cada vez mais utilizada na pesquisa e desenvolvimento de produtos, na definição de modelos econômicos e no planejamento urbano. Seria muito benéfico se estudássemos como os ecossistemas climáticos equilibram seus orçamentos, e aplicássemos as lições para equilibrar nossos próprios orçamentos dentro da sociedade e entre sociedade e natureza.

Tudo isso é tão claro que nos faz pensar que os economistas poderiam se beneficiar se fizessem um curso de termodinâmica antes de seguirem os estudos de sua disciplina. Frederick Soddy, Nicholas Georgescu-Roegen, Herman Daly e eu enfatizamos anteriormente o papel que as eficiências termodinâmicas desempenham na determinação da produtividade e no gerenciamento da sustentabilidade em nossos livros sobre o assunto, com evidências de toda a cadeia de suprimento ao longo de toda a história. Mas o que torna a análise Ayers/Warr extremamente pertinente é que ela fornece evidências sobre um período extenso de tempo para apoiar os pressupostos — os tipos de dados concretos que os economistas poderiam reunir, se quisessem, para repensar a teoria econômica. Na maior parte, eles preferem ignorar o óbvio.

Dado o papel central que a eficiência termodinâmica desempenha na produtividade e no crescimento econômico, perguntei a John A. "Skip" Litner, um de nossos analistas econômicos do American Council For na Energy-Efficient Economy (ACEEE), como criar um modelo funcional que acompanhasse mudanças na eficiência de energia no século XX para ver que *insights* poderíamos ter ao nos prepararmos para uma transição para um paradigma da TRI. O estudo de Laitner revela que, embora o nível de eficiência energética nos Estados Unidos aumentasse continuamente entre 1900 e 1980, de 2,5 para 12,3%, desse período em diante ficou em torno de 14%, refletindo a maturação das energias e infraestrutura da Segunda Revolução Industrial. Isto significa que nos últimos 30 anos, gastamos 86% da energia que usamos na produção de bens e serviços.

Embora a eficiência termodinâmica tenha se horizontalizado, a entropia resultante da atividade econômica passada subiu acentuadamente. O custo estimado da poluição do ar e da água e a esgotamento de recursos não renováveis foi de $4,5 trilhões em 2010, ou 34% do PIB da nação — o dobro da porcentagem em 1950. Esses dados nem levam em consideração a conta entrópica crescente das emissões de gases do aquecimento global que, se medidas durante todo o seu tempo de duração de seu impacto futuro, seriam muito superiores ao PIB dos Estados Unidos e do mundo em uma magnitude incalculável.

É dado que 100% da eficiência termodinâmica é uma impossibilidade. O modelo de Laitner, bem como os de outros, no entanto, sugere que é possível triplicar o atual nível de eficiência para quase 40% nas próximas quatro décadas. O National Renewable Energy Laboratory do governo norte-americano calcula que se todos os edifícios comerciais passassem por um retrofit e fossem reformados com o uso de tecnologias e práticas modernas, com uso eficiente de energia, isso reduziria o uso de energia em 60%. Se a instalação de sistemas de energia fotovoltaica em telhados fosse adicionada, seria possível atingir uma redução de 88% no uso de energia convencional. Se todos os novos edifícios comerciais fossem usinas de energia verde, o aumento na eficiência energética seria ainda mais gritante. Um esforço comparável poderia reduzir a energia convencional usada nas construções residenciais da nação em 60%.

Quanto isso tudo custaria? Implementar melhorias na infraestrutura nas construções comerciais e residenciais da nação custaria aproximadamente $4 trilhões em um período de 40 anos, ou cerca de $100 bilhões por ano, mas geraria uma economia de energia cumulativa de $6,5 trilhões, ou aproximadamente $163 bilhões por ano. Supondo que as melhorias na infraestrutura sejam financiadas e pagas com as economias em energia a uma taxa de desconto em torno de 7%, a robusta relação custo/benefício é de 1.80. Em outras palavras, para cada dólar investido em eficiência energética e/ou em sistemas de energia renovável, o retorno sobre o investimento seria de $1,80.

A reconfiguração da rede de energia na nação, de servomecânica para digital e de centralizada para distribuída, também aumentaria significativamente as eficiências termodinâmicas pela economia. A geração de eletricidade atual e o sistema de transmissão só operam com uma eficiência de 32%. Esse nível de eficiência permaneceu estável desde 1960, quando a infraestrutura da Segunda Revolução Industrial amadureceu. Surpreendentemente, o que os Estados Unidos gastam em energia na produção de eletricidade, é mais do que o Japão usa para ativar toda a sua economia. Uma rede de energia inteligente, distribuída, que possa agregar com mais eficiência e transmitir eletricidade — principalmente eletricidade verde — resultaria em aumentos significativos em eficiência de energia. Além disso, um estudo feito por Lawrence Berkeley National Laboratory do governo norte-americano relata que os atuais sistemas disponíveis de geração de energia a partir de resíduos e outros de energia reciclada poderiam aproveitar desperdício de calor suficiente de nossas fábricas industriais para produzir 20% de nosso consumo de eletricidade atual.

E se tivéssemos de considerar os ganhos em eficiência de energia no uso de hidrogênio e outros meios de armazenamento para energias renováveis e os ganhos na transição da frota de transporte do motor de combustão interna muito ineficientes, movidos a gasolina, para veículos super eficientes, movidos a hidrogênio e elétricos? A maior eficiência termodinâmica que pode ser obtida em toda a cadeia de suprimento e em todos os setores da sociedade na Terceira Revolução emergente deveria resultar em ganhos de produtividade que iriam muito além do que fomos capazes de atingir no decorrer da Segunda Revolução Industrial no século XX.

## REPENSANDO A PROPRIEDADE NA ERA DA TRI

Nada é mais sagrado para um economista que as relações de propriedade. A teoria econômica clássica é ligada à troca de propriedade em mercados como o meio mais eficiente de gerar atividade econômica e produzir prosperidade. Esse aspecto fundamental do capitalismo traz vários pressupostos operacionais que são frequentemente considerados inerentes à natureza humana, mas se submetidos a reflexão, são meramente construções sociais que reforçam uma forma particular de organizar a atividade econômica que é característica da era moderna.

Lembre-se da crença de John Locke de que a propriedade privada é um direito natural. Locke escreveu:

> então, o que [o homem] remover do estado que a natureza lhe ofereceu e deixou, ele misturou seu trabalho a ela, e ligou a ela algo que é seu, dessa forma tornando-a sua propriedade. Sendo por ele removido do estado comum natural, a natureza tem em virtude desse trabalho algo agregado a ela que exclui o direito comum dos outros homens. Pois como esse "trabalho" é a propriedade inquestionável do trabalhador, nenhum homem senão ele poderá ter o direito àquilo que fora agregado, pelo menos onde houver o suficiente, e como bem deixado em comum para os outros.[22]

Não importa que na maior parte da história humana nossa espécie tenha vivido em comunidade, como coletores e caçadores, e consumido recursos da natureza com a rapidez com que nos apropriamos dela. A ideia de propriedade, na forma de armazenamento do excedente de grãos e de animais domesticados teve de aguardar a era agrícola, que só foi iniciada em 10.000 a.C. A vida paleolítica era nômade e seguia as estações. As únicas posses se limitavam a vestuário, ornamentos, ferramentas e armas que podiam ser carregadas nas costas, e eram consideradas pertencentes à comunidade como um todo.

Mesmo com o advento da agricultura, a ideia de propriedade era mais de um conceito comunitário que de posse individual. Embora a propriedade privada existisse, principalmente com o aparecimento das grandes civilizações hidráulicas, seu papel tinha um escopo limitado às fortunas de reis e comerciantes. No final do século XIV na Europa, os senhores e servos pertenciam à terra, em vez de a terra pertencer às pessoas. No esquema cristão, Deus governava toda sua criação e meramente confiava essa missão a seus emissários na Terra, a Igreja, que supervisionava relações baseadas na confiança, começava pelos senhores de terras feudais passavam pelos cavaleiros, vassalos e servos no que os teólogos descreviam como "A Grande Corrente da Existência". O conceito de venda e compra de terras — o bem imóvel — só surgiu com a aprovação das grandes Leis de Cercamento de Terras na Inglaterra dos Tudor e na era Elizabetana, marcando o fim da economia feudal e a aurora da era do mercado.

As associações de mercadores nas cidades livres da Europa no final da Idade Média também tinham uma ideia limitada sobre a aquisição de propriedade. Elas fixavam o preço e a quantidade de sua produção para meramente reproduzir sua maneira de viver, sem a intenção de adquirir propriedade a mais do que precisavam para preservar uma vida estável.

A Primeira Revolução Industrial acelerou a produção de bens além daquela de qualquer período anterior da História, permitindo que artesãos e trabalhadores vivessem melhor do que a realeza, apenas alguns séculos antes. Eufóricos, os economistas do Iluminismo começaram a exaltar as virtudes inatas de relações da propriedade privada no mercado, e passaram a ver a aquisição da propriedade como um impulso biológico inerente, em vez de uma propensão social condicionada por um paradigma específico: comunicação/energia.

O mecanismo de mercado tornou-se a "mão invisível" para regular a oferta e a demanda da propriedade privada e assegurar que sua distribuição fosse tão imparcial quanto as leis da física newtoniana que governava o universo. A busca do interesse próprio — também considerada como uma qualidade inata da natureza humana — garantiria um avanço contínuo do bem-estar geral e moveria a humanidade a um progresso ilimitado. Conceitos como da "responsabilidade pelo risco", em que o consumidor assume o risco — e de "comprar barato e vender caro" criaram o contexto para uma nova realidade social, binária, que separava o que é "meu" e "seu".

A Terceira Revolução Industrial emergente, no entanto, traz consigo um conceito bem diferente de impulsos humanos, e as suposições que governam a atividade econômica humana. A natureza distribuída e colaborativa do novo paradigma econômico está forçando que se repense a alta consideração antes dada às relações de propriedade privada nos mercados.

A conexão acelerada do sistema nervoso de cada ser humano a todos os outros seres humanos na Terra, por meio da internet e de outras novas tecnologias de comunicação, está nos levando a um espaço social global e a um novo campo de tempo simultâneo. O resultado é que o acesso a vastas redes globais está se tornando um valor tão importante quanto os direitos de propriedade privada foram nos séculos XIX e XX.

Uma geração crescente na internet aparentemente não está preocupada com a aversão dos teóricos da economia clássica em compartilhar criatividade, conhecimento e experiência, e até bens e serviços para atingir o bem comum. Os economistas clássicos considerariam tais arranjos econômicos como inimigos da natureza humana e fadados a fracassar pela simples razão de que os seres humanos são basicamente egoístas, competitivos e predatórios, e tirariam vantagem da boa vontade e da ingenuidade de seus pares para se aproveitar das contribuições dos outros ou se beneficiar sozinhos de algo muito mais compensador.

Esses equívocos parecem ter pouco impacto. Hoje, centenas de milhões de jovens estão ativamente engajados em redes sociais distribuídas e colaborativas na internet, dispostos a dar seu tempo e experiência, na maioria das vezes gratuitamente, para ajudar os outros. Por que fazem isso? Pelo puro prazer de compartilhar suas vidas com os outros, acreditando que ao contribuírem para o bem-estar do todo, eles não diminuirão de forma alguma o que é deles, ao contrário, aumentarão muitas vezes o seu próprio bem-estar.

Espaços sociais como Wikipedia e Facebook desafiam a própria base da teoria econômica clássica, de que os seres humanos são criaturas egoístas, continuamente em busca de uma existência autônoma. As comunicações e energias da Terceira Revolução Industrial trazem um conjunto bem diferente de impulsos biológicos — a necessidade de sociabilidade e a busca da comunidade.

Em nenhum lugar essa mudança de pensamento se reflete melhor que a mudanças de nossas atitudes sobre a propriedade. Na nova era, a noção de propriedade, que colocou um prêmio na aquisição de coisas materiais em mercados e o direito de excluir outros de sua diversão, está cedendo a um novo conceito de propriedade como o direito a ter acesso a redes sociais e compartilhar experiências com os outros. Nossas ideias sobre propriedade são tão ligadas à tradicional noção de propriedade e exclusão que é difícil imaginar que exista um direito à propriedade mais antigo que os indivíduos tenham gozado no decorrer dos séculos — o direito de acesso à propriedade comum. Por exemplo, o direito a navegar rios, coletar alimentos em florestas locais, andar em vias, pescar em riachos e se reunir em uma praça pública. Essa ideia mais antiga de propriedade como o direito de acesso e a inclusão foi deixada cada vez mais de lado na era moderna, à medida que as relações de mercado passaram a dominar a vida e a propriedade privada passou a determinar a "maneira como um homem é avaliado".

Em uma economia distribuída e colaborativa, contudo, o direito de acesso a redes sociais globais se torna tão importante quanto o direito a preservar a propriedade privada em mercados nacionais. É porque os valores da qualidade de vida se tornam mais importantes, principalmente a busca da inclusão social com milhões de outros nas comunidades globais no espaço virtual. Assim, o direito ao acesso à internet se torna um novo e importante valor de propriedade em um mundo conectado.

A decisão do Google em 2010 de recusar a deixar o governo chinês a censurar informação em seu mecanismo de busca faz parte de uma forte confrontação que está surgindo nas relações internacionais. O confronto começou com a fala da Secretária de Estado, Hillary Clinton, atacando a China e outras nações por bloquarem o acesso a partes do Google e a outros mecanismos de busca e *websites* na internet. Clinton advertiu que "uma nova cortina da informação está descendo por uma grande parte do mundo" e deixou claro que "os Estados Unidos defendem uma única internet onde toda a humanidade tenha igual acesso ao conhecimento e a ideias".[23] O impasse entre o Google e a China marca uma mudança sísmica da geopolítica convencional, que governou os assuntos das nações desde o início da economia de mercado, para políticas emergentes da biosfera que irão determinar cada vez mais o destino da civilização na economia ligada por uma rede global.

Os novos conflitos na era da biosfera centrarão cada vez mais em torno dos direitos ao acesso. A mudança reflete a importância cada vez menor da propriedade relativa ao acesso em um mundo conectado globalmente e interdependente.

Jovens que moram na China e em outros regimes autoritários e restritivos estão lutando para assegurar o direito ao acesso a espaços sociais em redes globais com o mesmo fervor que trouxe jovens para as barricadas nos séculos XVIII e XIX em busca dos direitos à propriedade. O Global Internet Freedom Consortium é formado por empresas que derrubam *fire-walls* criando softwares para invadir sistemas elaborados feitos por nações como Egito, Irã, Líbia, Vietnã, Arábia Saudita e Síria para evitar que suas populações tenham acesso a redes de informação globais.[24] Milhões de pessoas cativas têm sido capazes de se conectar com a comunidade global da internet, por breves momentos, o que lhes dá esperança de um dia poderem ter o mesmo direito ao acesso universal que tantos jovens nas democracias desenvolvidas consideram normal.

O poder que a mídia social tem de derrubar um governo autoritário ficou evidente no Egito, em janeiro e fevereiro de 2011, quando centenas de milhares de jovens desafiaram o controle brutal de Hosni Mubarak sobre o país, indo para as ruas durante 18 dias e paralisando o país. A rebelião liderada pelos jovens, simbolizada pelo jovem executivo do Google Wael Fhonim, que se tornou o porta-voz "sem liderança", usou a mídia social — Facebook, YouTube e Twitter — para cercar e manobrar a polícia estadual e militar, e destituir um dos governos mais totalitários do mundo.

Demonstrações nas ruas lideradas por jovens usando mídia social também aconteceram na Tunísia, Líbia, Iemen, Jordânia, Bahrain e por toda a região árabe. A geração da internet está exigindo o fim da governança autocrática, centralizada, para que possam viver em um mundo aberto, transparente, sem fronteiras, que reflita as normas e práticas operacionais da nova mídia social que passaram a definir as aspirações de jovens de toda parte.

O tumulto entre jovens que vivem em países autoritários só se intensificará nos próximos anos, na medida em que exigirem seu direito de ser parte de uma família global que está começando a compartilhar conhecimento, comércio e vida social pelas fronteiras nacionais. A internet fez da biosfera sua nova fronteira política e, no processo, fez a geopolítica tradicional parecer um anacronismo.

Em um mundo lateral, mesmo a propriedade intelectual, uma característica primordial do capitalismo, está se desfazendo e se tornando cada vez mais marginalizada na arena comercial. Uma vez que "a informação gosta de correr solta" em um mundo da internet, os direitos autorais e patentes estão sendo cada vez mais ignorados ou contornados. Quando mais da vida social e comercial é conduzido em bens comuns de fonte aberta, a propriedade intelectual se torna, para todos os fins e propósitos, uma convenção fora de moda e inútil. As empresas fonográficas foram as primeiras a sentir o todo o peso do uso comum de material com direitos autorais. Quando milhões de jovens começaram a compartilhar livremente uns com os outros online, as empresas tentaram proteger os direitos autorais processando a pirataria e criando firewalls com nova tecnologia criptografada — tudo em vão.

As editoras e autores estão cada vez mais disponibilizando capítulos inteiros de novos livros, com direitos autorais, na internet, esperando atrair o interesse dos leitores em comprar os livros. As chances não são boas. Uma vez que existe um volume grande de informações circulando livremente na internet sobre todos os assuntos concebíveis, com novas informações streaming a cada momento, qualquer tentativa de impor direitos autorais e cobrar uma taxa para proteger material provavelmente seja uma ação difícil, se não fútil. O mesmo ocorre com os jornais. A geração mais jovem não compra mais jornais diários e revistas semanais, preferindo entrar na rede e acessar *blogs* gratuitos como o *Huffington Post* para ficar informada. Muitos dos principais jornais e revistas têm tentado desacelerar o estampido pela informação livre disponibilizando seu próprio conteúdo on-line, gratuitamente, esperando que os anunciantes paguem por propagandas em seus websites.

Durante 25 anos empresas ligadas à pesquisa científica têm corrido para patentear genes de plantas, animais e humanos na tentativa de monopolizar os mapas genéticos da vida na Terra e colher os vastos ganhos comerciais na agricultura, energia e medicina. Em anos recentes, contudo, na esperança de estabelecer uma abordagem mais colaborativa e transparente à pesquisa científica, uma geração mais jovem de cientistas contrariou essa tendência ao disponibilizar novas descobertas genéticas para uso comum na internet a fim de incentivar o compartilhamento de conhecimento biológico. É improvável que os direitos autorais e patentes sobrevivam em sua forma atual em um mundo colaborativo, de fonte aberta onde o direito ao acesso universal supera o direito à propriedade exclusiva.

Da mesma forma, o direito de acesso livre e aberto a energias renováveis que banham a Terra — o sol, o vento, o calor geotérmico, ondas oceânicas e marés e assim por diante — está se tornando cada vez mais o clamor de uma geração mais jovem comprometida com estilos de vida sustentáveis e zelar pela biosfera. A propriedade convencional e o controle de energia de combustível fóssil nas mãos de algumas corporações gigantescas e governos, que caracterizaram a Primeira e a Segunda Revolução Industrial, parecerá muito estranha aos jovens em 2050, que cresceram na economia da TRI e supuseram que a energia da Terra fosse um bem público — como o ar que respiramos — a ser compartilhado por toda a humanidade.

Assegurar o acesso universal e garantir que todo ser humano na Terra tenha o direito de ser incluído na vida de bens comuns globais abre as portas para uma vasta extensão potencial da sociabilidade humana. O indivíduo e a luta coletiva para assegurar o direito de acesso no futuro provavelmente serão tão significativos quanto foi a luta para garantir os direitos à propriedade no passado.

## CAPITAL FINANCEIRO VERSUS CAPITAL SOCIAL

Riqueza, produtividade, orçamentos equilibrados e direitos de propriedade não são as únicas características da teoria econômica clássica que estão sendo repensadas. Mesmo o dogma central do próprio capitalismo está começando a oscilar como resultado das oportunidades econômicas laterais possibilitadas por tecnologias da TRI.

O capitalismo foi fundado na ideia de que a acumulação de riqueza individual possa ser aproveitada na forma de capital financeiro para expropriar até mais riqueza, controlando os meios técnicos pelos quais essa riqueza é gerada e os meios logísticos pelos quais ela é distribuída.

A revolução industrial baseada em combustíveis fósseis exigiu enormes custos iniciais. A tecnologia do vapor com o uso de carvão foi ainda mais cara que o combustível a partir da madeira ou a tecnologia do moinho ou da água. Os altos custos das novas energias e tecnologias e a especialização de tarefas e qualificações exigidas com elas favoreceram a gestão centralizada e a produção sob um único teto no que mais tarde seria chamado de sistema fabril.

O setor têxtil na Inglaterra foi o primeiro a ser transformado no novo modelo. Outras indústrias caseiras vieram logo depois. Uma nova classe de mercadores ricos juntaram capital financeiro suficiente para ter as ferramentas da produção, que antes eram dos próprios artesãos. Eles foram chamados de capitalistas. Incapazes de concorrer com as economias de escala e com a rapidez dos novos empreendimentos fabris, os artesãos perderam sua independência e se tornaram mão de obra contratada nas fábricas, e a força de trabalho da revolução industrial. O historiador Maurice Dobb resume o significado na mudança da produção artesanal para industrial e das indústrias caseiras para os empreendimentos capitalistas: "A subordinação da produção ao capital e o aparecimento da relação de classe entre capitalista e os produtores, portanto, devem ser considerados o divisor entre o velho e o novo modo de produção".[25]

Nos novos espaços de comunicação e energia distribuídos e colaborativos da Terceira Revolução Industrial, contudo, a acumulação do capital social se torna tão importante e valiosa quanto a acumulação do capital financeiro. É porque o custo de se entrar em redes está despencando à medida que as tecnologias de comunicação se tornam mais baratas. Hoje, quase dois bilhões de pessoas armadas com um computador desktop barato ou um celular com acesso à internet têm acesso uns aos outros na velocidade da luz, com mais energia distribuída à sua disposição do que as redes de TV globais.[26] Logo, o custo especulativo da tecnologia de energia renovável fornecerá a todo ser humano acesso comparável à energia atavés de redes de energia distribuída.

Os extraordinários custos de capital de se ter tecnologia de comunicações de televisão, rádio, telefone e gigantescas usinas nucleares ede combustíveis fósseis, centralizadas em mercados está cedendo ao novo capitalismo distribuído, em que os baixos custos para se entrar em redes laterais possibilitam a praticamente todas as pessoas se tornarem empreendedores potenciais e colaboradores no uso comum de inter-redes e internet. O efeito disso é que com frequência o capital financeiro não é tão importante quanto o social, pelo menos na fase inicia da criação de novos megaempreendimentos. Veja os jovens de seus 20 anos criando Google, Facebook e outras redes globais, literalmente em seus quartos de alojamento da faculdade.

Não que o capital financeiro tenha perdido sua relevância. Ele é importante. Mas a maneira como é usado tem sofrido alterações fundamentais. À medida que a economia é achatada e se torna mais distribuída, favorecendo relações entre pares em vez de trocas autônomas, a própria natureza de como a receita obtida pelas empresas muda. A produção da propriedade para troca, a pedra angular do capitalismo, se torna cada vez menos lucrativa em uma economia inteligente onde os custos de troca se tornam mais baratos e poder se tornar praticamente nulos. Esse processo está ocorrendo e será acelerado nas próximas décadas à medida que a infraestrutura da TRI amadurece. Quando isso acontecer, a troca de propriedade nos mercados cederá lugar a relações de acesso em redes colaborativas, e a produção para venda será substituída pela produção para uso imediato. Mark Levine, repórter de *New York Times*, descreveu a nova mentalidade com a astuta observação de que "o compartilhamento está para a propriedade assim como o IPod está para o gravador de oito pistas e o painel solar está para a mina de carvão. O compartilhamento é limpo, intenso, urbano e pós-moderno: a posse é desinteressante, egoísta, tímida, retrógrada".[27] O que eu estou descrevendo é uma mudança fundamental na maneira como as funções do capitalismo estão pelos setores de manufatura e varejo tradicionais e remodelando a forma como as empresas conduzem os negócios.

Em mercados capitalistas convencionais, o lucro é ganho através de margens sobre os custos de transação. A cada etapa do processo de conversão ao longo da cadeia de valor, o vendedor está acrescentando uma margem sobre o custo para o comprador, a fim de ter lucro. O preço final do bem ou serviço ao usuário final reflete essas majorações.

Mas as tecnologias de comunicação e informação diminuem acentuadamente os custos de transação pela cadeia de suprimento em todos os setores industriais, e as energias renováveis distribuídas também farão isso em breve. As novas indústrias de energia verde estão aperfeiçoando o desempenho e reduzindo os custos a um ritmo acelerado. E, assim como a geração e distribuição de informação está se tornando quase livre, as energias renováveis também estarão. O sol e o vento estão disponíveis a todos e nunca acabarão.

Quando os custos de transação para se engajar no sistema de comunicações/energia da Terceira Revolução Industrial se aproximam de zero, não será mais possível manter uma margem de lucro, e a própria noção de lucro precisará ser repensada. Isso já está acontecendo com o componente de comunicações da Terceira Revolução Industrial. A redução dos custos de transação no campo de editoras e indústrias fonográficas com o aparecimento de *ebooks*, *downloads* de músicas e *blogs* de notícias está causando estragos nesses setores tradicionais. Podemos esperar impactos semelhantes na energia verde, fabricação 3D e outros setores. Então como as empresas lucram quando os custos de transação encolhem e as margens desaparecem?

Em uma economia de transação quase livre, a propriedade ainda existe, mas permanece nas mãos do produtor e é acessada pelo consumidor durante um período de tempo. Por que alguém gostaria de ter alguma coisa em um mundo de aperfeiçoamentos contínuos, onde novas linhas de produto são varridas para dentro e para fora do mercado em um instante? Em uma economia da Terceira Revolução Industrial, o tempo se torna a *commodity* rara e a unidade básica de troca, e o acesso a serviços alimenta a propriedade como a unidade comercial básica.

Na década passada, a compra de CDs cedeu lugar às assinaturas. Empresas como Rhapsody e Napster permitem aos assinantes o acesso à sua biblioteca musical e o *download* das gravações preferidas durante um mês ou um ano.

A propriedade de carros, que já foi considerada um rito de passagem para o mundo adulto das relações de propriedade, tem perdido cada vez mais terreno para formas de aluguel. As fabricantes de automóveis como GM, Daimler e Toyota dariam preferência a ter os veículos e prestar serviços aos clientes, por prazos longos. Dessa forma, o usuário está pagando pela experiência de dirigir 24 horas por dia no período coberto pela locação. A fabricante ganha um cliente cativo e o usuário aproveita a conveniência da mobilidade e a facilidade de trocar de veículo a cada dois ou três anos, enquanto deixa a carga dos serviços e consertos à concessionária.

O compartilhamento de férias também tem se tornado um modelo de negócio atraente. Em vez de comprar um segundo imóvel, milhões de pessoas que tiram férias, agora compram tempo compartilhado em propriedades de férias, o que lhes dá direito de acesso às acomodações por um determinado período. Eles também podem usar pontos de *time-share* (tempo compartilhado) para ter acesso a acomodações em milhares de imóveis de férias no mundo todo.

Ainda mais interessante, em um mundo onde o acesso começa a diminuir a atração pela propriedade e esta permanece na mão do ofertante, para ser usada na forma de aluguel, locação, tempo compartilhado, retenção legal de posses e outras, a noção de sustentabilidade se torna intimamente ligada ao resultado financeiro, em vez de simplesmente ser um ato de consciência da responsabilidade social em nome do gerenciamento esclarecido.

Quando um automóvel permanece sob a propriedade do fabricante desde que é montado até se tornar sucata, a empresa tem interesse em fabricar um veículo que seja durável, com baixos custos de manutenção, e que seja feito de material facilmente reciclável, com uma baixa pegada de carbono. Quando hotéis como Starwood constroem e têm propriedades de uso compartilhado, eles têm interesse em usar o mínimo de energia e os recursos mais sustentáveis para fornecer uma experiência de qualidade para seus usuários.

A mudança de vendedores e compradores para fornecedores e usuários, e da troca de propriedade em mercados para acessar serviços em segmentos de tempo em redes está mudando nossa forma de pensar sobre a teoria e a prática econômica. E, em um nível ainda mais profundo, contudo, a infraestrutura emergente de comunicação e energia da TYRI está mudando a maneira como avaliamos o sucesso econômico.

## O SONHO DA QUALIDADE DE VIDA

A Terceira Revolução Industrial muda nossa noção de relacionamento e a responsabilidade com os outros seres humanos. Passamos a ver nosso destino comum. Compartilhar energias renováveis da Terra de forma colaborativa que envolve continentes inteiros não pode deixar de criar uma nova noção de identidade de espécie. Essa consciência nascente da interconetividade e de fazer parte da biosfera já está originando um novo sonho de qualidade de vida, principalmente entre os jovens.

O sonho americano, há muito tido como o padrão ouro para inspirar pessoas de toda parte, está totalmente acomodado na tradição do Iluminismo, com sua ênfase na busca de interesses próprios materiais, na autonomia e na independência. A qualidade de vida, no entanto, fala de uma nova visão do futuro — baseada no interesse colaborativo, na conectividade e na interdependência. Passamos a perceber que não encontramos a verdadeira liberdade no descompromisso com os outros e em termos uma ilha só para nós, mas em vez disso, na profunda participação com os outros. Se a liberdade é a otimização da vida, ela é medida na riqueza e na diversidade das experiências e na força dos vínculos sociais. Uma existência mais solitária é uma vida menos vivida.

O sonho da qualidade de vida só pode ser vivenciado coletivamente. É impossível gozar da qualidade de vida estando isolado e excluindo os outros. Atingir a qualidade de vida requer a participação ativa de todos na vida da comunidade e uma profunda noção de responsabilidade por todos os membros, a fim de assegurar que ninguém será deixado para trás.

Os economistas do Iluminismo estavam convencidos de que a felicidade e "a vida plena" eram sinônimos do acúmulo da riqueza pessoal. Uma geração mais jovem, no auge da Terceira Revolução Industrial, no entanto, tem tanta probabilidade em acreditar que, embora o conforto econômico seja essencial, a felicidade também é proporcional ao acúmulo de capital social.

A mudança de pensamento sobre o que significa a felicidade está começando a afetar um dos principais índices para medir a prosperidade econômica. O Produto Interno Bruto (PIB) foi criado na década de 1930 para medir o valor da soma total dos bens e serviços econômicos gerados em um ano. O problema do índice é que ele conta a atividade econômica positiva e negativa. Se um país investe grandes somas em armamentos, na construção de presídios, expande o contingente da polícia e precisa limpar ambientes poluídos, tudo isso é incluído no PIB.

Simon Kuznets, o americano que inventou a ferramenta para medir o PIB, destacou desde o início que "o bem-estar de uma nação pode... raramente ser inferido de uma medida da renda nacional".[28] Mais tarde, Kuznets foi ainda mais enfático sobre as desvantagens de se contar com o PIB como uma medida da prosperidade econômica. Ele advertiu que "deve-se ter em mente distinções entre quantidade e qualidade de crescimento... Objetivos para 'mais' crescimento devem especificar mais crescimento do que e para quê".[29]

Nos últimos anos, os economistas começaram a criar índices alternativos para medir a prosperidade econômica com base em indicadores da qualidade de vida em vez dos resultados econômicos brutos. O Index of Sustainable Economic Welfare (ISEW), o Fordham Indexo f Social Health (FISH), o Genuine Progress Indicator (GPI), o Index of Economic Well-Being (IEWB), e o Human Development Index (HDI) das Nações Unidas estão entre os vários modelos de novos índices econômicos da qualidade de vida. Esses novos índices medem o aprimoramento geral no bem-estar da sociedade e incluem coisas como mortalidade infantil, longevidade, a disponibilidade de assistência médico-hospitalar, o nível educacional, ganho semanal médio, a erradicação da pobreza, a desigualdade de renda, o acesso a moradia, a limpeza do ambiente, biodiversidade, a redução do crime, a quantidade de tempo de lazer e assim por diante. Os governos da França, Reino Unido e da União Europeia e a OCDE criaram índices formais da qualidade de vida com a expectativa de contar cada vez mais com essas novas medidas para julgar o desempenho geral da economia.

Se a qualidade de vida exige uma noção partilhada de nossa responsabilidade coletiva para a comunidade mais ampla na qual moramos, a questão se torna, onde essa comunidade termina? Na nova era, nossa orientação espacial e temporal vai além de fronteiras políticas arbitrárias para abranger a própria biosfera.

## REDESCOBRINDO TEMPO E ESPAÇO

A determinação dos economistas do Iluminismo de fundamentar suas novas teorias nas verdades inquestionáveis da mecânica newtoniana levou-os a conceber o espaço e o tempo de uma forma muito mecânica e utilitária. O espaço era visto como um contêiner cheio de recursos úteis prontos para serem apropriados para fins econômicos. O tempo, por sua vez, era um instrumento maleável que podia ser manipulado para acelerar o processo de expropriação e criar riqueza econômica sem limites. A ação humana era considerada como uma força externa que agia nos recursos dispersos no espaço, transformando-os da forma mais eficiente possível, com tecnologias que economizam mão de obra em instalações produtivas. A abordagem utilitarista ao espaço e o uso deficiente de tempo tornaram-se as coordenadas espacial e temporal fundamentais da teoria econômica clássica.

Os pressupostos do Iluminismo e do pós-Iluminismo sobre o espaço, o tempo e a agência humana refletiam o pensamento da época. Os geólogos e químicos acreditavam que o material inanimado da Terra existia como um tipo de reservatório atemporal, passivo, de recursos intocados que aguardavam a ativação humana para colocá-la em movimento e transferi-la em riqueza produtiva. Agora, novas descobertas científicas sobre o funcionamento da Terra, principalmente a interação entre processos geoquímicos e sistemas vivos, lançam dúvidas sobre esse último vestígio remanescente do pensamento econômico clássico.

Tocamos no funcionamento da biosfera nos capítulos anteriores. Nos anos 70, o cientista inglês James Lovelock e o biólogo americano Lynn Margulis elaboraram uma forma de os processos geoquímicos interagirem com processos biológicos na Terra a fim de manter as condições ideais para sustentar a vida no planeta. Sua hipótese provocativa Gaia ganhou apoio crescente nas décadas subsequentes à medida que os pesquisadores de uma ampla gama de campos científicos têm acrescentado evidências para apoiar a teoria de Lovelock e Margulis.

Lovelock e Margulis observam que a Terra é um sistema autorregulado que age como um sistema vivo. Eles citam o exemplo da regulação do oxigênio e do metano para justificar seu pensamento. Os níveis de oxigênio precisam permanecer dentro de uma gama muito estreita para a sobrevivência da vida no planeta. Se os níveis de oxigênio aumentarem além dessa faixa, a Terra se transformaria em uma bola de fogo e a vida terrestre seria extinta. Então como o oxigênio é regulado?

Os dois cientistas acreditam que quando o oxigênio na atmosfera alcança níveis acima do aceitável, ela dispara um aumento na produção e liberação de metano de bactérias microscópicas. O metano migra para a atmosfera, onde amortece o conteúdo de oxigênio até este cair e voltar para sua faixa apropriada. Esse é apenas um dos incontáveis circuitos de *feedback* que mantêm a biosfera um lugar hospitaleiro para o florescimento da vida na Terra.

O novo entendimento do funcionamento dos circuitos de *feedback* em redes ecológicas é comparado à modelação das redes de *feedback* de infoenergia em uma economia emergente da Terceira Revolução Industrial. Se a tecnologia, como a arte, imita a vida, a nova infraestrutura em rede da economia da

Terceira Revolução Industrial passa a imitar cada vez mais o funcionamento dos ecossistemas naturais do planeta. Criar relações econômicas, sociais e políticas que imitam as relações biológicas dos ecossistemas da Terra é um primeiro passo na reinserção de nossa espécie no tecido de comunidades maiores de vida em que vivemos.

Uma nova visão científica do mundo está surgindo, cujas premissas e suposições são mais compatíveis com as formas de pensamento em rede subjacentes ao modelo econômico da Terceira Revolução Industrial. A velha ciência vê a natureza como objetos; a nova ciência é caracterizada pelo engajamento, reposição, integração e holismo. A velha ciência está comprometida em tornar a natureza produtiva; a nova ciência em tornar a natureza sustentável. A velha ciência busca o poder sobre a natureza; a nova ciência procura a parceria com a natureza. A velha ciência valoriza a autonomia da natureza; a nova ciência defende a participação com a natureza.

A nova ciência nos tira de uma visão colonial da natureza como um inimigo a ser explorado e escravizado, levando-nos a uma nova visão da natureza como uma comunidade a ser cultuada. O direito de explorar, aproveitar e ter a natureza na forma de propriedade é equilibrado com a obrigação de zelar por ela e tratá-la com dignidade e respeito. O valor utilitário da natureza está cedendo devagar ao seu valor intrínseco.

Se todos os organismos biológicos estão interagindo continuamente com processos geoquímicos para manter uma condição homeostática favorável à perpetuação da biosfera e à preservação da vida na Terra, então o bem-estar da espécie humana no longo prazo poderá ser assegurado se nossa capacidade de viver de acordo com as restrições temporais e espaciais sob as quais a Terra funciona. A teoria e a prática econômica clássica e neoclássica, com sua mania pela expropriação e o consumo, minaram os mecanismos de *feedback* entre os processos geoquímicos e biológicos da Terra, empobreceram os ecossistemas do planeta e causaram uma mudança acentuada na temperatura e no clima do planeta.

Para sobrevivermos e prosperarmos como espécie, precisaremos repensar nossos conceitos de espaço e tempo. A definição econômica clássica de espaço como um contêiner ou depósito de recursos passivos precisará ceder à ideia de espaço como uma comunidade de relações ativas. No novo esquema, a composição geoquímica da Terra não é vista como um recurso ou propriedade, mas em vez disso, como uma parte intrincada das relações interativas que sustentam a vida no planeta. Sendo este o caso, nossas prioridades econômicas precisam mudar da produtividade para a geratividade, e de uma busca puramente utilitária da natureza, para o cuidado com as relações que mantêm a biosfera.

Da mesma forma, a eficiência precisa dar espaço à sustentabilidade na organização do tempo. Nossa própria abordagem à engenharia precisa ser recalibrada a fim de sincronizar as periodicidades regenerativas da natureza em vez de simplesmente se preocupar com os ritmos produtivos da eficiência de mercado.

A mudança da produtividade para a geratovidade e da eficiência para a sustentabilidade coloca nossa espécie de volta em sintonia com os fluxos e refluxos, ritmos e periodicidade da comunidade maior da biosfera da qual fazemos parte de modo intrincado e indivisível. É disto que a Terceira Revolução Industrial trata, e é por isso que a teoria econômica existente, da forma como é ensinada nas escolas de administração do mundo todo, é inadequada como referência para se navegar na era econômica e criar a consciência da biosfera.

Para os céticos que alegam que qualquer tentativa de inserir a atividade econômica humana nos ritmos e periodicidades da biosfera é fútil porque entra em conflito com nossa predisposição biológica de assegurar a autonomia e exercer poder sobre a natureza de uma distância, uma rápida introdução à cronobiologia deve ajudar a afastar qualquer reserva.

Todas as formas de vida, desde micróbios a seres humanos, são formadas de uma miríade de relógios biológicos que envolvem seus processos fisiológicos para os ritmos mais amplos da biosfera e do planeta. Criaturas vivas, inclusive os seres humanos, regulam o tempo de suas funções internas e externas com o dia solar (ritmos circadianos), o mês lunar (ritmos lunares), as estações e a rotação anual da Terra em torno do sol (ritmos circanuais). O psicólogo John E. Orme observa que "o universo físico é basicamente rítmico por natureza. A Lua gira em torno da Terra, a terra em volta do Sol, e o sistema solar muda de posição espacial ao longo do tempo. Todos esses fenômenos resultam em mudanças rítmicas regulares e a sobrevivência de espécies biológicas depende da capacidade de seguir esses ritmos".[30]

Qualquer pessoa que tenha vivenciado o *jet lag* ao atravessar rapidamente zonas temporais em um avião entende que o corpo humano é calibrado delicadamente e coreografado de acordo com os ritmos do planeta, e que qualquer perturbação causa a dessincronização dos processos internos do corpo. A temperatura de nosso corpo sobe e desce em um padrão previsível a cada 24 horas. O mesmo acontece com a temperatura de nossa pele. Os ciclos menstruais das mulheres tendem a seguir um ciclo lunar. O Transtorno Afetivo Sazonal (TAS) em geral ocorre nos meses de inverno, quando a luz do Sol tem duração mais curta, e a sensação de letargia e depressão imita o processo de hibernação que torna a atividade fisiológica mais lenta entre muitas espécies de mamíferos.[31]

Os pesquisadores no campo da cronofarmacologia estão começando a perceber que a hora do dia em que determinada medicação é dada ou uma cirurgia é feita pode influenciar o seu sucesso e estão começando a sincronizar o tratamento aos relógios biológicos internos de cada indivíduo.

O fato de os seres humanos, como qualquer outra espécie, serem ligados biologicamente às periodicidades da Terra muda a forma como pensamos o espaço e o tempo. Nosso ser é inserido nas coordenadas espacial e temporal da Terra. As células de nosso corpo são repostas continuamente, a cada momento. Nossa existência é um padrão de atividade, com calorias de de baixa entropia da natureza entrando em nosso corpo, repondo células com a mesma rapidez que são descartadas de volta para o ambiente, para serem recicladas. Cada um de nós é a incorporação de correntes de energia e de processos geoquímicos e biológicos que fluem através da biosfera. No sistema planetário, a vida, os processos geoquímicos e as periodicidades da Terra interagem em um conjunto preciso de relações que assegura o funcionamento de cada criatura e da biosfera como um todo.

Na maior parte da história, nossa espécie viveu em sincronia com os ritmos do planeta. As energias de combustíveis fósseis armazenadas da Primeira e Segunda Revolução Industrial removeram a raça humana das periodicidades da Terra pela primeira vez. Hoje, a iluminação elétrica contínua, a comunicação ininterrupta pela internet, as viagens de aviões a jato, turnos de trabalho e uma miríade de outras atividades têm nos desalojado de nossos relógios biológicos primordiais. O Sol e as estações do ano se tornaram bem menos relevantes à nossa sobrevivência — ou pelo menos pensamos ser este o caso. Nossa dependência crescente de um rico depósito de Sol inerte armazenado, na forma de combustíveis baseados em carbono, criou a ilusão de que nosso sucesso na Terra dependia mais da ingenuidade humana e da proeza tecnológica do que dos ciclos recorrentes da natureza. Agora sabemos que não é este o caso. A imposição de ritmos de produção artificial — principalmente a institucionalização da eficiência da máquina — trouxe grande riqueza material a uma parte significativa da raça humana, mas comprometeu os ecossistemas da Terra, com consequências terríveis para a estabilidade da biosfera terrestre.

A Terceira Revolução Industrial nos traz de volta a luz do Sol. Ao contarmos com os fluxos de energia que atravessam a biosfera da Terra — o Sol, o vento, o ciclo hidrológico, biomassa, calor geotérmico, e as ondas oceânicas e marés — nós nos reconectamos aos ritmos e periodicidades do planeta. Nós nos inserimos novamente nos ecossistemas da biosfera e passamos a entender que nossa pegada ecológica individual influi no bem-estar de todos os seres humanos e todas as criaturas na Terra.

SEJA PARA REPENSAR O PIB e medir o bem-estar econômico da sociedade, seja para rever nossas ideias sobre a produtividade, entender a noção de dívida e como equilibrar nossa produção e consumo com os recursos da natureza, seja para reexaminar nossas noções sobre as relações de propriedade, reavaliar a importância do capital financeiro *versus* o capital social, reavaliar o valor econômico de mercados *versus* redes, mudar nossa concepção de tempo e espaço, ou reconsiderar de que forma a biosfera da Terra funciona, lamentavelmente, a teoria econômica padrão parece ser insuficiente.

Por todas essas razões, as mudanças que estão acontecendo em nossa maneira de entender a natureza do homem e o significado da jornada humana abalam tão profundamente nosso modo de pensar nos dois últimos séculos que geraram as duas primeiras revoluções industriais, que é provável que muito da teoria econômica clássica e neoclássica que acompanhou e legitimou essas duas eras industriais anteriores não sobreviverá ao paradigma econômico que está surgindo.

O que é provável que aconteça é que os *insights* ainda valiosos e o conteúdo da teoria econômica padrão serão repensados e retrabalhados dentro do escopo de uma visão termodinâmica. Usar as leis de energia como linguagem comum permitirá aos economistas iniciar uma séria conversa com engenheiros, químicos, ecologistas, biólogos, arquitetos e planejadores urbanos, entre outros, cujas disciplinas são fundadas nas leis de energia. Desde que esses outros campos são os únicos que realmente produzem atividade econômica, uma discussão interdisciplinar séria com o tempo poderia levar a uma nova síntese entre teoria econômica e prática comercial e ao aparecimento de um novo modelo econômico explanatório para acompanhar o paradigma da Terceira Revolução Industrial.

A Economia não é a única disciplina acadêmica que precisará ser transformada. Nosso sistema educacional público, como nossa teoria econômica, não mudou muito desde seu início, com o advento da era do mercado. Da mesma forma que a teoria econômica clássica e neoclássica, ele também tem servido à Primeira e a Segunda Revolução Industrial, espelhando os pressupostos, políticas e práticas operacionais da ordem comercial a que servia.

Agora, a mudança de uma Segunda Revolução Industrial centralizada para uma Terceira Revolução Industrial lateral está forçando a renovação do sistema educacional. Repensar os conceitos referenciais que norteiam a educação e a pedagogia que os acompanha não será fácil. Professores do mundo todo estão apenas começando a reestruturar a experiência educacional para torná-la relevante aos jovens que precisarão aprender a viver em uma economia distribuída e colaborativa que faz parte de um mundo biosférico.

## CAPÍTULO OITO

# A REFORMULAÇÃO DE UMA SALA DE AULA

Eu estava nos bastidores, fuçando em meus cinco pequenos cartões de anotações, pensando nos pontos-chave que eu queria enfatizar em minha fala. Espiei pela cortina e vi 1.600 professores e educadores de órgãos federais sentados na plateia – e não apenas professores da rede, mas aqueles que lecionam em Advanced Placement (colocação avançada), os melhores professores dos Estados Unidos, responsáveis por preparar os alunos mais brilhantes para ingressar na universidade.

Eu estava na conferência anual do College Board, a organização que supervisiona o SAT – o exame que milhões de estudantes de escolas americanas devem prestar se tiverem a intenção de cursar uma faculdade.

Gaston Caperton, ex-governador de West Virginia e atual presidente do College Board, tinha pedido para que eu abrisse o evento. A única instrução que ele me deu foi: "Agite-os. Leve-os para o futuro. Lance o desafio para repensarem a missão da educação americana em um mundo globalizado"

Fácil dizer, mas eu não estava certo de como os professores reagiriam se eu lhes dissesse o que eu pensava realmente que deveria ser feito. Para ser sincero, o sistema educacional na América e no mundo é uma relíquia do passado. O currículo está desatualizado e distante da realidade das atuais crises ambientais e econômicas. As próprias suposições metodológicas e pedagógicas que guiaram a educação na maior parte dos últimos 150 anos – desde o início da educação pública compulsória – são uma forte razão pela qual a raça humana está à beira do abismo.

Os professores aguardariam pacientemente sentados esperando uma fala motivadora sobre o valor de uma educação sólida, ou estariam preparados para ouvir que muito do que ensinamos e a forma como ensinamos é disfuncional e prejudicial para o futuro desenvolvimento da raça humana?

Entrei no palco, respirei fundo e comecei a lamentar sobre a situação do mundo — um sentimento que eu esperava que gerasse uma reflexão no final da fala. Examinei o público, atento às expressões faciais e à linguagem corporal enquanto expunha a amplitude da crise que enfrentávamos. Eu podia sentir um silêncio no auditório e não tinha certeza de como agir. Quando comecei a desconstruir o tradicional sistema educacional, detectei um leve murmúrio pela sala. Mas foi quando eu abordei os novos métodos de ensino e os modelos de aprendizagem distribuídos e colaborativos que houve uma mudança decisiva no humor da audiência. Centenas de professores ficaram animados e começaram a acenar a cabeça em sinal de aprovação. Ao concluir, percebi que a maioria dos professores à minha frente já questionava duramente em suas salas de aula sobre o futuro da educação e experimentava novos métodos pedagógicos que preparavam a próxima geração para viver em uma sociedade distribuída e colaborativa.

Eles se levantaram e bateram uma salva de palmas no final, e notei que muitos estavam se virando uns para os outros e aplaudindo. Para muitos deles, foi um momento de autoafirmação – um sentimento de que eles estavam no caminho certo e que seus próprios esforços de repensar a educação americana tinham fundamento.

Estamos começando a ouvir uma nova conversa na comunidade educacional. À medida que a Terceira Revolução Industrial se firma na imaginação pública e os primeiros passos para uma infraestrutura de cinco pilares são dados, os educadores, assim como os empregadores e políticos, estão começando a perguntar que mudanças precisaremos fazer para preparar as futuras gerações para uma nova era política e econômica. É compreensível que a primeira preocupação seja o âmbito instrumental. Já existe uma discussão séria em torno das novas qualificações profissionais e técnicas que os estudantes terão para aprenderem a se tornar trabalhadores produtivos na economia da Terceira Revolução Industrial.

## EDUCANDO A FORÇA DE TRABALHO DA TRI NO SÉCULO XXI

As universidades e as escolas precisarão começar a treinar a força de trabalho da Terceira Revolução Industrial. O currículo precisará focar cada vez mais em tecnologia da informação, nano e biotecnologia, ciências da Terra, ecologia e teoria de sistemas, bem como em habilidades vocacionais, incluindo o desenvolvimento e o marketing de tecnologias de energia renovável, transformar edifícios em miniusinas de energia, instalar tecnologia de armazenamento de hidrogênio e outras, instalar redes inteligentes de serviços públicos, fabricar transporte movido a célula de combustível de hidrogênio e a eletricidade, implantar redes de logística verdes e outros.

Ciente da necessidade de preparar os estudantes com as habilidades vocacionais, técnicas e profissionais de que precisarão para viver e trabalhar em uma economia sustentável da Terceira Revolução Industrial, nossa equipe global está trabalhando com universidades e sistemas escolares para transformá-los em ambientes de aprendizagem da TRI. No plano diretor de Roma, por exemplo, estamos fazendo parceria com Livio de Santoli, o reitor da Escola de Arquitetura em La Sapienza University, e sua equipe para reconfigurar os prédios de seu campus em uma infraestrutura da TRI introduzindo energias renováveis, tecnologias de armazenamento de hidrogênio e redes inteligentes de serviços públicos. O objetivo é conectar La Sapienza University a outras universidades, escolas de ensino médio e de ensino fundamental em uma rede da TRI que se espalhará por toda Roma. Essa rede pioneira pode ser ligada a cooperativas de energia residenciais e comerciais nos anos subsequentes, metamorfoseando-se em uma infraestrutura totalmente operável.

Um esforço igualmente ambicioso está sendo realizado em distritos escolares de todo o estado da Califórnia. As escolas de ensino médio e fundamental estão formando parcerias com bancos e outros empreendimentos comerciais para instalar *carports* solares nos estacionamentos dos campi. Sob os termos do acordo, os parceiros comerciais financiam as instalações e vendem eletricidade para a escola por um período de 20 anos a um preço acordado inferior ao custo de garantir eletricidade convencional da rede de energia central. Os parceiros comerciais, por sua vez, aproveitam os incentivos fiscais federais e estaduais para lucrar com a transação.

Setenta e cinco escolas de ensino médio e fundamental já estão gerando energia verde e os administradores preveem que a ideia de *carport* solar será adotada em todo o país nos próximos anos. A administração dá duas razões para a popularidade dos campi solares.

A primeira delas é que em uma economia com orçamentos escolares cada vez menores, a eletricidade verde fornece uma economia significativa de energia. No Milpitas Unifies School District, próximo a San Jose, os painéis solares geram 75% das necessidades de eletricidade do distrito escolar durante o ano escolar e 100% da eletricidade necessária durante a temporada escolar de verão. A economia nas contas de energia elétrica pode variar de $12 milhões a

$40 milhões ao longo da vida útil dos painéis solares. Os sistemas fotovoltaicos implantados em escolas na área da Baía de San Francisco aumentaram cinco vezes entre 2008 e 2009 e, em 2010, estavam fornecendo energia suficiente para atender às necessidades de eletricidade de 3.500 lares.[1]

Em segundo lugar, a instalação de infraestruturas solares em campi permite que os estudantes se familiarizem com a nova tecnologia da TRI, criando um ambiente de aprendizagem presencial para a aquisição das habilidades de que precisam na economia verde emergente. "Os alunos estão crescendo com [eletricidade verde] de modo que esta estará arraigada em sua percepção de como uma sociedade funciona", comenta Brad Parker, consultor de *carport* solar ao San Luis Coastal Unified School District na região central da Califórnia.[2]

Assim como as escolas na década passada eram equipadas com computadores pessoais e conexões da internet de modo que os estudantes pudessem gerar suas próprias informações e compartilhá-las uns com os outros no espaço virtual, a atual geração de estudantes precisará estar equipada com tecnologias da TRI de modo a poder captar sua própria energia renovável e compartilhá-la em espaços de energia de fonte aberta.

As tecnologias da TRI precisarão ser acompanhadas por um currículo da TRI. Os educadores estão começando a introduzir currículos da rede de energia inteligente nas salas de aula de escolas do ensino médio e fundamental, além das escolas técnicas e faculdades. Com a perspectiva de que metade dos trabalhadores em serviços de utilidade pública dos Estados Unidos se aposente nos próximos cinco a dez anos, o governo federal alocou $100 milhões em recursos de estímulo para promover currículos de rede inteligente no ensino médio e superior. Ao anunciar esse aporte, o secretário de energia Steven Chu observou que "a construção da infraestrutura da rede de energia inteligente colocará dezenas de milhares de americanos no mercado de trabalho".[3] O Departamento de Energia estima que as concessões federais treinarão mais 30 mil trabalhadores para os novos empregos que os aguardam na era da TRI.

Despertar o interesse dos alunos em eletricidade e em rede inteligente de energia é a prioridade número um. Lisa Magnuson, a diretora de marketing da Silver Spring Networks, uma empresa de hardware e software usados para tornar a rede de energia do país inteligente, diz que a América precisa atrair a criatividade da geração mais jovem que está crescendo na internet. Nos currículos piloto que estão sendo testados em sistemas escolares em Ohio e Califórnia, os estudantes são solicitados a escrever ensaios sobre tópicos como: "De que modo a rede inteligente mudará sua vida ou sua futura carreira?". Fazer as crianças pensarem na produção de energia e no compartilhamento de eletricidade limpa em rede, da mesma forma como elas criam e compartilham informações na internet, abrirá as comportas para os "grandes aplicativos" da nova TRI, ao se tornarem adultos. "Queremos que os serviços de utilidade pública voltem a ser legais", diz Magnuson.

Nas universidades, laboratórios de pesquisa de ponta estão sendo construídos para fornecer a próxima geração de inventores, empreendedores e técnicos com as ferramentas de que precisam para criar as tecnologias inovadoras da era da TRI. A Universidade Estadual de Ohio atualmente está equipada com um dos poucos laboratórios existentes de alta voltagem nos Estados Unidos. Pesquisadores e estudantes estão usando as instalações para criar plataformas virtuais que estimulam recursos e funções da rede inteligente.

Em nosso plano diretor de San Antonio, propusemos o estabelecimento de um curso da TRI e de um parque tecnológico junto ao novo campus da Texas A&M University para promover a fertilização cruzada entre vários departamentos da universidade e de empresas engajadas em tecnologias e aplicações da TRI. Parcerias semelhantes entre universidade/setor privado existem há muito tempo para tecnologias e negócios da Segunda Revolução Industrial.

EMBORA AS QUALIFICAÇÕES PROFISSIONAIS E TÉCNICAS sejam fundamentais para se efetuar a transição para uma Terceira Revolução Industrial, os educadores não deveriam colocar o carro na frente dos bois, enfatizando-as em detrimento de mudanças mais profundas que devem ocorrer. Se mudarmos apenas o conjunto de habilidades dos estudantes mas não mudarmos a consciência deles, faremos pouco para alterar a noção de que ser produtivo é a missão geral da educação. Acabaremos com uma força de trabalho que continuará considerando que a atividade econômica ainda está voltada para o *ethos* utilitário das Revoluções Industriais anteriores. Os estudantes que adquirirem a consciência da biosfera, contudo, irão considerar as qualificações profissionais exigidas na TIR não como meras ferramentas vocacionais para se tornarem trabalhadores mais produtivos, mas em vez disso, como recursos que lhes permitirão zelar por nossa biosfera comum.

## A INSTITUIÇÃO MAIS DESATUALIZADA DO MUNDO

A ideia de que a missão básica da educação é gerar trabalhadores produtivos é fundada em uma determinada noção da natureza humana gerada no Iluminismo, no início da era industrial. A própria palavra *industrial* vem de *industrioso*, e refere-se a um estado mental que acompanhou a moderna economia de mercado e se tornou essencial para que esta se instaurasse com êxito. No final da era medieval, a atividade econômica era organizada em torno da ideia de manter um padrão de vida relativamente constante. Jovens passavam por aprendizados rigorosos em seus respectivos ofícios antes de serem formalmente reconhecidos como mestres. Embora a experiência vocacional fosse altamente considerada e respeitada, como mencionado no capítulo anterior, a atividade econômica se limitava a reproduzir um dado modo de vida. Para garantir isso, os preços eram fixos e o resultado era limitado. A ideia de progresso ainda não existia na consciência pública.

O termo *industrioso* foi usado pelo clérigo João Calvino e os primeiros reformistas protestantes que afirmavam que o indivíduo luta continuamente para aumentar seus bens como sinal de escolha pessoal e salvação no próximo mundo com Cristo. No início da era do mercado, a ideia de aumentar os bens se transformou de uma prescrição teológica em uma expectativa econômica, e um homem de "bom caráter" passou a ser conhecido, julgado e respeitado por sua capacidade de industriar, ou trabalhar com destreza. Filósofos do Iluminismo como John Locke e Adam Smith passaram a ver a natureza humana como aquisitiva, utilitária e centrada em interesses próprios, e achavam que ser industrioso era uma capacidade inata que estimulava o progresso material. Com o advento da Primeira Revolução Industrial no final do século XIX, os empregadores começaram a avaliar a capacidade de industriar de um homem em termos de sua produtividade, e ser produtivo tornou-se a característica definidora do comportamento humano.

O movimento de escolas públicas na Europa e na América destinava-se em grande parte a estimular potencial produtivo inerente a cada ser humano e a criar uma força de trabalho produtiva para fazer a Revolução Industrial avançar. Centenas de milhões de jovens, abarcando oito gerações da história, foram escolarizados de acordo com os pressupostos do Iluminismo sobre a natureza da humanidade.

Nossas ideias sobre educação invariavelmente fluem de nossa percepção de a natureza humana e do significado da jornada humana. Esses pressupostos se tornaram institucionalizados em nosso processo educacional. O que ensinamos realmente, sempre, é a consciência de uma era.

A consciência humana, no entanto, muda ao longo da história. A forma como o profissional urbano pensa hoje é muito diferente da maneira que um servo rural da idade Média pensava no século XV ou que o coletor-caçador pensava 20 mil anos atrás. Grandes mudanças na consciência humana ocorrem quando surgem novos regimes de energia, mais complexos, possibilitando arranjos sociais mais interdependentes e complexos. Como foi mencionado no Capítulo 2, coordenar essas civilizações requer novos sistemas de comunicação, mais complexos. Quando as formas de geração de energia convergem com as revoluções de comunicações, a consciência humana é alterada.

Todas as sociedades de coletores-caçadores foram culturas orais, calcadas em uma *consciência mitológica*. As civilizações agrícolas hidráulicas eram organizadas em torno da escrita e originaram as grandes religiões do mundo, além da *consciência teológica*. A tecnologia da imprensa se tornou o meio de comunicação que organizou a infinidade de atividades da Primeira Revolução Industrial movida a energia de carvão e vapor 200 anos atrás, e provocou uma transformação da consciência teológica para a *ideológica* durante o Iluminismo. No século XX, a comunicação eletrônica se tornou o mecanismo de comando e controle a gerenciar uma Segunda Revolução Industrial baseada na economia do petróleo e no automóvel. A comunicação eletrônica gerou uma nova *consciência psicológica*.

Atualmente, as tecnologias de comunicação e de informação distribuídas estão convergindo para energias renováveis distribuídas, criando a infraestrutura para uma Terceira Revolução Industrial e preparando o terreno para a consciência da biosfera. Passamos a ver nossa espécie, em toda a sua diversidade, como uma única família, e todas as outras espécies de vida na Terra como nossa família evolucionária estendida, levando uma vida interdependente em uma biosfera comum.

## CONSCIÊNCIA DA BIOSFERA

Na nova era da Terceira Revolução Industrial, ligada globalmente, a missão básica da educação é preparar os estudantes para pensarem e agirem como parte de uma biosfera compartilhada.

Nossa noção emergente da consciência da biosfera coincide com descobertas na biologia evolucionária, na ciência neurocognitiva e no desenvolvimento infantil que revelam que as pessoas são biologicamente predispostas a serem solidárias – que nossa natureza não é racional, isolada, aquisitiva, agressiva e narcisista, como muitos filósofos do Iluminismo sugeriram, mas sim afetuosa, altamente social, cooperativa e interdependente. O *Homo sapiens* está cedendo ao *Homo empathicus*. Segundo os historiadores sociais, a empatia é a cola social que permite que populações cada vez mais individualistas e diversas formem vínculos de familiaridade por domínios mais amplos, de modo que a sociedade possa se tornar mais coesa. Sentir empatia é tornar-se civilizado.

A empatia evoluiu ao longo da história. Em sociedades de coletores-caçadores, a empatia raramente foi além dos vínculos de sangue tribais. Na era da agricultura hidráulica, a empatia se estendeu além das ligações de sangue, para vínculos associativos baseados na identificação religiosa. Os judeus começaram a sentir empatia por seus irmãos judeus como se fizessem parte de uma família estendida, os cristãos começaram a sentir compaixão pelos irmãos cristãos, os muçulmanos por outros muçulmanos e assim por diante. Na era industrial, com o aparecimento do moderno Estado-nação, a empatia se estendeu novamente, dessa vez para pessoas com identidades nacionais e afinidade de pensamento. Os americanos começaram a sentir empatia por americanos, os alemães por outros alemães, os japoneses pelo povo japonês. Hoje, no início da Terceira Revolução Industrial, a empatia está começando a ir além das fronteiras nacionais, alcançando as fronteiras da biosfera. Veremos a biosfera como nossa comunidade indivisível e sentiremos empatia por outros seres humanos e outras criaturas como nossa família evolucionária estendida.

A percepção de que somos uma espécie solidária, que a empatia evoluiu ao longo da história e que somos interconectados na biosfera da mesma forma que na blogosfera é de extrema importância para se repensar a missão da educação. Novos modelos de ensino destinados a transformar a educação de uma forma competitiva para uma experiência de aprendizagem colaborativa e solidária estão surgindo à medida que escolas e faculdades tentam alcançar uma geração que cresceu na internet e está habituada a interagir em redes sociais abertas onde a informação é compartilhada em vez de ser guardada. O pressuposto tradicional de que "conhecimento é poder" a ser usado para ganho pessoal está sendo substituído pela noção de que o conhecimento é uma expressão das responsabilidades compartilhadas para o bem-estar coletivo da humanidade e o planeta como um todo.

Em escolas do mundo todo, os professores ensinam os alunos, desde bem cedo, que eles fazem parte do funcionamento da biosfera e que toda atividade em que eles se engajam — os alimentos que comem, as roupas que usam, o carro que sua família dirige, a eletricidade que usam – deixa pegadas ecológicas que afetam o bem-estar dos outros seres humanos e outras criaturas na Terra. Por exemplo, se eles comem um hambúrguer de um restaurante *fast-food*, este pode ter vindo de gado criado em pastagem feita em um local da América Central onde antes havia floresta tropical. As árvores derrubadas significam menos floresta e a perda de espécies que vivem no meio da floresta. Menos árvores também significam menos florestas disponíveis para servir como sumidouros e absorver o $CO_2$ industrial liberado na atmosfera em decorrência da queima de carvão nas usinas de energia centralizadas. A elevação resultante na temperatura da Terra em decorrência do excesso de $CO_2$ na atmosfera afeta o ciclo hidrológico, causando mais inundações e secas no mundo todo, a diminuição das colheitas e a queda da renda de produtores pobres e suas famílias. Uma perda da renda significa mais fome e má nutrição para as populações em risco – tudo isso causado pelo hambúrguer colocado no pão.

Uma geração mais velha de céticos poderia achar a ideia da consciência da biosfera um pouco exagerada, mesmo que seus filhos e avós pareçam se sentir bem ao se identificarem com a biosfera como sua comunidade maior.

E. O. Wilson, o famoso biólogo de Harvard, diz que um relacionamento íntimo com a biosfera não é uma fantasia utópica, mas sim uma sensibilidade que faz parte de nossa biologia, mas que se perdeu pelas eras da história da humanidade. Wilson acredita que os seres humanos têm um impulso inato para se ligarem à natureza – o que ele chama de "biofilia".[4] Por exemplo, ele cita estudos de diversas culturas que revelam uma propensão humana a preferir horizontes abertos, gramados exuberantes e campos cheios de árvores e arbustos. Wilson acredita que essa identificação primal com nossa primeira fase como espécie continua presente no nosso ser biológico como um tipo de memória genética de nossa ligação biofílica. Em estudos recentes de pacientes hospitalizados, os pesquisadores descobriram que quando podiam ver árvores pela janela, paisagens verdes abertas e arbustos, os pacientes recuperavam mais rapidamente a saúde do que aqueles que não tinham tal exposição, sugerindo o valor restaurador da natureza.[5]

A biofilia vai além das paisagens para nossa afiliação com nossos parentes evolucionários. Quando observamos e interagimos com outros animais, isto nos torna cientes de nossas semelhanças. Como nós humanos, as demais criaturas têm o desejo de existir. Cada um é um ser único. Toda criatura tem sua própria e única vida, cada dia dela sendo repleto de oportunidades e riscos. Todos nós compartilhamos vulnerabilidades – viver, seja como uma raposa que anda pela floresta ou como um ser humano que anda por um ambiente urbano, envolve muitos perigos. Nós nos ligamos particularmente aos mamíferos, que se *parecem* muito a nós e de fato *são* muito semelhantes. São criaturas sensíveis que cuidam de seus filhotes, exibem emoções, aprendem uns com os outros e criam culturas rudimentares que são transmitidas entre gerações. Criam vínculos sociais através de brincadeiras e comunicam sentimentos uns aos outros em rituais sociais elaborados, da mesma forma que nós.

Wilson sugere que nos identificamos emocionalmente com essas criaturas a ponto de sentir o mesmo que elas em dada situação. Em suma, sentimos empatia por elas. Quem nunca sentiu empatia em algum momento da vida por uma criatura – seja um animal de estimação ou em uma exposição casual a um animal selvagem? Quando vemos potrinhos brincando e saltitando em pastos abertos, alegres, ou um esquilo machucado, se contorcendo de dor e assustado, sentimos uma profunda empatia – é nossa forma de reconhecer o mistério da vida que nos liga nesta Terra. Sentir empatia é afirmar a luta do outro para viver. Reconhecemos o valor intrínseco da vida deles como se fosse a nossa própria vida. Ao sentir empatia expressamos nosso parentesco com as demais criaturas.

Embora todos nós, em algum momento, tenhamos sentido uma ligação biofílica em nossa sociedade urbanizada, de alta tecnologia, nossa exposição à natureza e às criaturas vivas tem diminuído continuamente. Pela primeira vez na história, a maioria de seres humanos vive em ambientes artificiais, praticamente isolados da natureza. Wilson e um número crescente de biólogos e ecologistas preocupa-se que a perda da ligação biofílica imponha uma ameaça real a nosso bem-estar físico, emocional e mental e acabe afetando nosso desenvolvimento cognitivo como espécie.

Uma coisa é certa, no entanto – se não formos capazes de recapturar nossa biofilia inata, nunca alcançaremos a consciência da biosfera. Os cinco pilares da Terceira Revolução Industrial são realmente as únicas ferramentas que podem permitir nossa reintegração no mundo natural. Eles nos permitem reorganizar nossas vidas de maneira a reconhecermos as interdependências da biosfera comum que compartilhamos com os outros seres vivos. Mas se a Terceira Revolução Industrial não for acompanhada por uma mudança na maneira como vemos e vivemos no mundo – a consciência da biosfera –, ela acabará prematuramente.

## RESGATANDO A LIGAÇÃO BIOFÍLICA

Então, como tornamos a consciência da biosfera parte de nossas vidas, de modo a restabelecer nossas relações com a natureza, recuperar a Terra e salvar nossa espécie?

Owen Barfield, o falecido filósofo inglês, fala do atual momento enfrentado por nossa espécie. Ele observa que a humanidade viveu dois grandes períodos em sua relação com a natureza.

Durante mais de 90% de nossa existência na Terra vivemos como coletores e caçadores. Nossos ancestrais levaram uma vida ligada à natureza. Havia poucos limites entre o eu e o outro. A vida era vivida em um estado de sonho em que os seres vivos e outros fenômenos interagiam, se recombinavam e trocavam de lugar de uma forma caótica desconcertante — que os antropólogos chamam de nevoeiro indiferenciado.

A vida do dia a dia era afinada às periodicidades da natureza e às estações, como é o caso de todas as criaturas na Terra. A "mãe Terra" era menos uma metáfora do que um ser primordial real de quem os coletores-caçadores dependiam para sua sobrevivência. Assim, ela era tratada com uma noção de respeito e era tanto amada quanto temida pelos humanos, que condizia com a extrema dependência deles de sua generosidade.

A grande transformação da coleta e da caça para a agricultura mudou radicalmente a relação dos seres humanos com a natureza – da completa dependência de sua generosidade e abundância para o crescente controle e administração dela como um recurso. Com a domesticação de animais e o cultivo de plantas, os seres humanos começaram a se isolar do mundo natural, criando uma barreira ficcional entre o comportamento humano e o animal. No final da Idade Média, ser civilizado era livrar-se de uma natureza animal "bruta". Gerações sucessivas se tornaram cada vez mais conscientes e independentes, mas à custa da menor participação e íntima relação que gozaram com a natureza.

Barfield escreveu que a raça humana está no auge de um terceiro período em sua relação com a natureza – em que os seres humanos voltam a se engajar com o mundo natural, não por uma noção de dependência e medo, como foi o caso do relacionamento inicial de nossa espécie, mas por uma escolha deliberada de se tornar parte da vida de uma comunidade universal mais ampla.[6] Esta é a consciência da biosfera. O que Barfield deixa inexplorado, no entanto, é o processo histórico subjacente pelo qual uma espécie cada vez mais consciente e individualizada é capaz de dar uma guinada e redescobrir sua relação interdependente com a natureza de um modo volitivo. Esse entendimento é a chave para se repensar a maneira como educaremos a atual e as futuras gerações a fim de estimular a consciência da biosfera.

A revolução cada vez mais complexa da energia/comunicação dá origem a uma diferenciação mais elaborada de tarefas, que por sua vez estimula a individualização e a maior consciência de si. O "nós" indiferenciado que caracteriza a existência simples do coletor-caçador, dá lugar a açougueiros, padeiros e fabricantes de candelabros, cada um com uma noção nascente de sua própria individualidade, possibilitada pela tarefa única que desempenha na sociedade. Até hoje, os nomes de família remontam a habilidades artesãs passadas de uma geração para outra: Smith (ferreiro), Tanner (curtidor), Weaver (tecelão), Cook (cozinheiro), Trainer (treinador) e assim por diante.

A crescente consciência da raça humana é o mecanismo psicológico que deixa a empatia aflorar. Quando ficamos cada vez mais cientes de nossa individualidade, percebemos que nossa vida é única, não pode ser repetida e é frágil. É essa noção existencial de *nossa única vida* que nos permite sentir empatia pelas experiências dos outros e expressar nossa solidariedade. Fazemos isso nos engajando em atos de compaixão cuja finalidade é ajudar o outro na luta para aproveitar sua vida da melhor forma possível. Sentir empatia é celebrar a existência do outro.

Se nossa natureza é solidária e temos um impulso inato para nos afiliar à natureza, como despertamos e amadurecemos a ligação biofílica? Wilson diz que "os psicólogos precisam ser trazidos à cena".[7] Eles precisam nos ajudar a ressuscitar o impulso biofílico primal que há tanto tempo foi enterrado em nossa subconsciência coletiva. Há quem concorde.

Theodore Roszak, que cunhou o termo *ecopsicologia*, expôs uma visão um tanto depreciativa da psiquiatria em seu livro escrito em 1992, *The Voice of the Earth* (A Voz da Terra). Roszak observa que a American Psychiatric Association lista mais de 300 doenças mentais no Diagnostics and Statistical Manual, sem mencionar a possibilidade de os seres humanos poderem sofrer mentalmente da perda de ligação com a natureza. Ele escreve: "Os psicoterapeutas têm analisado exaustivamente toda forma de família e relações sociais disfuncionais, mas as relações ambientais disfuncionais não existem mesmo como conceito".[8] Roszak acha revelador que o Diagnostics and Statistical Manual "defina o transtorno da ansiedade da separação como uma ansiedade excessiva a respeito da separação de casa e daqueles a quem o indivíduo está ligado. Mas nenhuma separação é sentida de uma forma mais generalizada nessa era da ansiedade que nosso distanciamento do mundo natural". Roszak questiona a psiquiatria dizendo que é hora de se chegar a "uma definição de saúde mental baseada no ambiente".[9]

Quando Roszak escreveu como o transtorno mental poderia ser causado pelo isolamento da natureza, outras vozes da área da filosofia começaram a se juntar à discussão. O termo *eu ecológico* foi cunhado pelo ecologista e filósofo Arne Næss. Os ecologistas radicais achavam que enquanto as pessoas vissem a natureza em termos instrumentais, elas continuariam a considerar outras espécies meramente como recursos que atendiam a desejos utilitários. Tratar os seres vivos como objetos proibiria para sempre a psique humana de se identificar com eles como seres diferentes de nós e, portanto, com seu valor intrínseco, dignos de serem tratados como fins e não como meios. Os ecologistas radicais foram extremamente duros com vários ambientalistas convencionais que defendiam uma ética da conservação baseada em zelar pelos recursos naturais para serem aproveitados estritamente pelos seres humanos.

Apesar de conhecer pessoalmente e admirar Næss e outros ecologistas radicais, eles têm uma percepção equivocada de sua relação com os animais. Embora expressem uma consideração pessoal pelos outros seres, sua relação é, com frequência, mais cognitiva do que afetiva. Joanna Macy, outra pioneira em ecofilosofia, afirma que quando redescobrimos nossa ligação emocional com outras criaturas, nossa noção do eu expande-se de pessoal para ecológica. É pelo ato de empatia ao apelo de outros seres vivos que somos capazes de transcender nosso isolamento mental e nos religar a nossas raízes animais. Passamos a nos identificar com outras criaturas como se fôssemos elas mesmas, e começamos a considerá-las parte de nossa família evolucionária estendida. Pela extensão solidária nos tornamos um eu estendido.

Essa identificação emocional estende-se não só a outras formas de vida, mas também a ecossistemas e à própria biosfera.[10] O ativista ambiental John Seed talvez seja quem melhor descreveu o início de uma ligação biofílica. Ponderando sobre o destino da floresta tropical, diz ele, "Procuro lembrar que não sou eu, John Seed, tentando proteger a floresta tropical. Em vez disso, faço parte da floresta que está protegendo a si própria. Faço parte da floresta tropical que emergiu recentemente no pensamento humano".[11] A ideia de um eu autoconsciente, ecológico, estendido, que escolhe ativamente se reengajar na miríade de relações interdependentes que compõe a biosfera é exatamente o que Barfield tinha em mente quando falou sobre a terceira etapa do desenvolvimento humano.

Preparar nossos filhos para pensarem como entes ecológicos estendidos – para terem consciência da biosfera – será a prova fundamental de nossa era e poderá determinar se seremos capazes de criar uma nova relação sustentável com a Terra a tempo de diminuir a mudança climática e evitar nossa própria extinção.

Cientes de tempos perigosos pela frente, os educadores estão começando a perguntar se simplesmente tornar o indivíduo economicamente produtivo deve ser uma missão básica de educação. Não deveríamos atentar ao desenvolvimento dos impulsos solidários inatos dos jovens e às ligações biofílicas de modo a prepará-los para pensar e agir como parte de uma família universal que inclui não só os seres humanos, mas também os seres vivos?

## A SALA DE AULA DISTRIBUÍDA E COLABORATIVA

Uma nova geração de educadores está começando a desconstruir os processos de aprendizagem em sala de aula que acompanharam a Primeira e a Segunda Revolução Industrial, e a reconstruir a experiência educacional de modo a incentivar um eu ecológico, estendido, imbuído da consciência da biosfera. A abordagem dominante ao ensino, de cima para baixo, cujo objetivo é criar um ser autônomo e competitivo, está começando a dar lugar a uma experiência educacional distribuída e colaborativa, visando instilar uma noção da natureza social do conhecimento. A inteligência, na nova forma de pensar, não é algo que se herda ou um recurso que se acumula, mas em vez disso, uma experiência compartilhada distribuída entre pessoas.

A nova abordagem ao aprendizado espelha a maneira como uma geração mais jovem aprende e compartilha informações, ideias e experiências na internet, em espaços de aprendizagem de fonte aberta e em locais de mídia social. O aprendizado distribuído e colaborativo também prepara a força de trabalho do século XXI para uma economia da Terceira Revolução Industrial que opera com os mesmos princípios.

O mais importante é que, ao aprenderem a pensar e agir de forma distribuída e colaborativa, os estudantes passam a se ver como seres solidários, envolvidos em relações compartilhadas, em comunidades cada vez mais inclusivas que eventualmente se estendem por toda a biosfera.

A perspectiva distribuída e colaborativa começa com o pressuposto de que aprender é sempre uma experiência profundamente social. Aprendemos por participação. Embora nossa educação convencional encoraje a noção de que o aprendizado é uma experiência particular, na realidade "pensar ocorre tanto entre os indivíduos quanto dentro deles".[12] Embora todos nós aproveitemos momentos de reflexão privada, mesmo assim, a substância de nossos pensamentos acaba sendo ligada, de uma maneira ou de outra, a nossas experiências anteriores compartilhadas com os outros, das quais internalizamos significados compartilhados. Os novos reformadores da educação enfatizam a derrubada de paredes e o engajamento das mais diversas pessoas em comunidades de aprendizado mais distribuído e colaborativo, tanto no espaço virtual quanto real.

A proliferação de redes sociais e formas colaborativas de participação na Internet estão levando a educação para além dos confins da sala de aula para um ambiente de aprendizagem global no ciberespaço. Os estudantes estão se conectando com pares distantes em salas de aula virtuais por meio do Yahoo! e do Skype. Quando estudantes de culturas completamente diferentes participam de atividades acadêmicas conjuntas e de projetos de sala de aula em tempo real no espaço virtual, o aprendizado transforma-se em uma experiência lateral que se alastra pelo mundo.

Alunos da Brooklin High School of Telecommunications e da Lee School em Winterthur, na Suíça, foram envolvidos em um projeto em sala de aula virtual durante a guerra do Iraque, para examinar como suas diferentes culturas viam a guerra no Oriente Médio, além de outros conflitos globais, e iniciativas de paz. Os estudantes trocaram pontos de vista, apresentaram questionamentos e colaboraram em atividades desenvolvidas em salas de aula virtuais por meio de salas de chat online, videoconferências e painéis.

Em uma dessas atividades, um estudante suíço expressou a crença de que a maioria dos americanos apoiava a guerra, o que rapidamente provocou respostas de dois estudantes americanos, o primeiro deles tinha um tio servindo nas forças armadas no Iraque, e outro cujos pais eram descendentes de palestinos. Durante as discussões na sala de aula virtual, os estudantes muitas vezes tinham curiosidade em saber de conflitos mais próximos de onde viviam. Um dos estudantes americanos perguntou a um suíço se os jovens na cidade dele podiam comprar canivetes e armas com a mesma facilidade que na cidade de Nova York.[13]

A extensão da sala de aula expõe os jovens para seus grupos em culturas muito diferentes, permitindo que a sensibilidade e a solidariedade se ampliem e se aprofundem. A educação se torna uma experiência verdadeiramente planetária, acelerando a mudança para a consciência da biosfera.

A extensão global de ambientes de aprendizagem no ciberespaço está sendo alcançada pela extensão local de ambientes de aprendizagem nas escolas de bairro. A tradicional barreira que separa a sala de aula da comunidade está começando a desaparecer na medida em que a aprendizagem se torna um exercício distribuído envolvendo tanto modos formais quanto informais de educação em espaços sociais mais amplos e diversos da sociedade civil.

Nos últimos 25 anos, as escolas de ensino médio e faculdades americanas têm introduzido programas de aprendizado de serviços comunitários no currículo – um modelo de ensino profundamente colaborativo e solidário que tem alterado a experiência educacional para milhões de jovens. Como parte dos requisitos para graduação, os estudantes devem se apresentar como voluntários em organizações próximas, sem fins lucrativos, e em iniciativas comunitárias que visem ajudar aos necessitados e contribuir para o bem-estar de suas comunidades. De acordo com o US Department of Education, quatro em cada cinco pessoas da geração da internet se envolveram em serviços comunitários quando cursaram o ensino fundamental.[14]

A Memory Bridge Initiative em Chicago treina estudantes de algumas das localidades mais pobres do sul da cidade para ajudar pacientes que sofrem de Alzheimer e vivem em asilos. O que torna o programa de Chicago tão singular é que muitos dos estudantes vêm de lares desfeitos e cresceram em um mundo de pobreza abjeta, onde a dependência a drogas, a criminalidade rampante e a violência são uma forma de vida, e o comportamento rude é uma estratégia de sobrevivência. Ajudar os idosos que lutam para realizar as tarefas mais simples desperta o comportamento solidário nos estudantes, permitindo que eles superem suas dificuldades e cultivem impulsos de comunhão há muito reprimidos.[15]

Trabalhar em cozinhas, clínicas de saúde, projetos ambientais, programas tutoriais, centros de aconselhamento e centenas de outras atividades sem fins lucrativos na localidade onde se mora tem transformado a experiência de aprendizagem. A exposição a pessoas diversas de várias classes sociais estimulou a solidariedade entre muitos jovens da nação. Estudos indicam que muitos estudantes sentem um profundo amadurecimento da sensibilidade e da solidariedade ao adentrarem ambientes não conhecidos onde devem ajudar os outros. Essas experiências muitas vezes mudam a vida, afetando a noção que eles têm do sentido da vida. Os sistemas escolares em outros países estão começando a implementar seus próprios currículos de aprendizagem de serviços comunitários.

Alguns sistemas escolares e universidades estão reconhecendo o valor da aprendizagem de serviços ao inseri-la no currículo acadêmico. Áreas subjetivas ganham vida com o envolvimento direto. Os estudantes aprendem sociologia, ciência política, psicologia, biologia, matemática, música, artes, literatura e outras disciplinas na sala de aula e através da participação direta com outros, ao prestarem serviços na comunidade.

Por exemplo, os estudantes que trabalham com idosos podem usar a experiência de aprendizagem de serviços para as aulas de estudos sociais em discussões em torno de prioridades orçamentárias estaduais e federais, além de discutir se um jovem tem obrigação de cuidar dos idosos em uma sociedade que envelhece cada vez mais. Quanto sacrifício financeiro a juventude deveria esperar fazer com os mais velhos em seus últimos anos de vida, principalmente se isso significa excluir oportunidades de otimizar suas próprias vidas futuras? A discussão em sala de aula se torna muito mais relevante, imediata e ampla quando, através de experiências com a comunidade, os alunos formam seus pontos de vista.

## APRENDIZAGEM LATERAL

A educação distribuída e colaborativa flui da ideia de que quando as pessoas raciocinam juntas, é mais provável que a experiência combinada delas atinja os resultados desejados do que quando as pessoas raciocinam individualmente.

O primeiro acadêmico a tratar do enorme valor da aprendizagem lateral foi L. J. Abercrombie do Hospital Universitário da Universidade de Londres. Em pesquisa conduzida na década de 1950, Abercrombie observou o curioso fato de que quando os estudantes acompanhavam um médico em visita aos pacientes juntos, como um grupo, e colaboravam na avaliação da condição do paciente, eles chegavam a diagnósticos mais exatos do que se cada um acompanhasse um médico. A interação do grupo permitia aos alunos de medicina a oportunidade de questionarem as hipóteses uns dos outros, oferecer sugestões individuais e aproveitar as observações uns dos outros, chegando finalmente a um consenso de grupo do provável estado do paciente examinado.

Estamos tão acostumados com ambientes convencionais de aprendizagem que raramente nos distanciamos e fazemos perguntas importantes sobre a natureza do processo de aprendizagem. Simplesmente aceitamos que a maneira como aprendemos é a forma fundamental de transmissão de conhecimento. O que estamos aprendendo realmente, contudo, é uma forma de estruturar nossa realidade e organizar nossas relações com o mundo à nossa volta. Kenneth Bruffee, professor de inglês no Brooklin College, na Cidade Universitária de Nova York, analisa os principais pressupostos operacionais do processo de aprendizagem contemporâneo, descrevendo o papel significativo que eles desempenham na criação do modo de pensar moderno.

Bruffee começa pela figura do professor, cuja responsabilidade é transferir conhecimento aos estudantes. Ele faz isso criando uma relação de autoridade com cada estudante. Ou seja, ele chama os indivíduos e pede a cada um para falar sobre um assunto ou responder a uma pergunta. Cada estudante deve mostrar seu desempenho ao professor, em prova oral ou escrita. A relação é sempre de cima para baixo ou um a um. Os alunos são desencorajados a interagir uns com os outros, seja fazendo perguntas ou ajudando-se mutuamente. Tal comportamento violaria a autoridade do professor e criaria um padrão alternativo de autoridade que seria lateral e interativo. Pensar junto seria considerado cola. Cada estudante, por sua vez, é avaliado individualmente e recebe um conceito ou nota.

Os estudantes são levados a acreditar que o conhecimento é um fenômeno objetivo que existe na forma de informações e fatos, e que o papel do professor é incutir essas informações de conhecimento imparcial na cabeça de cada um. Os estudantes entendem rapidamente que existem respostas certas e erradas para cada pergunta, orientados pela aprovação e desaprovação do professor. Eles são desencorajados com frequência, e até mesmo penalizados, por darem opiniões subjetivas sobre a matéria diante da classe, e são severamente reprimidos quando questionam as opiniões do professor. Bruffee resume a experiência educacional desta forma: "A responsabilidade de um estudante de acordo com essas convenções básicas de sala de aula é absorver o que o professor transmite de uma maneira ou de outra. A responsabilidade do professor é transmitir conhecimento aos estudantes e avaliar a retenção dele".[16]

A aprendizagem lateral parte de um pressuposto completamente diferente sobre a natureza do aprendizado. O conhecimento não é considerado um fenômeno tão objetivo, autônomo, mas em vez disso é constituído das explicações que damos às experiências comuns que compartilhamos. Procurar a verdade é entender como tudo se relaciona e descobrir essas relações por meio de nossa profunda participação com os outros. Quanto mais diversas forem nossas experiências e interrelações, mais entenderemos a própria realidade e de que forma cada um de nós se encaixa no quadro maior da existência.

O conhecimento, de acordo com Bruffee e outros educadores que desejam realizar uma reforma educacional, é um construto social, um consenso entre os membros de uma comunidade de aprendizagem.[17] Se o conhecimento é algo que existe entre pessoas e resulta de suas experiências compartilhadas, então a forma como nosso processo educacional ocorre é contrária à nossa aprendizagem profunda. Nosso aprendizado é muitas vezes um pouco mais do que um processo de estímulo-resposta, uma atividade automática em que os estudantes são programados a responder às instruções que recebem – de forma muito parecida aos procedimentos operacionais padrões da administração científica que criou os trabalhadores da Primeira e da Segunda Revolução Industrial.

A aprendizagem entre pares muda o foco do eu isolado para o grupo interdependente. A aprendizagem deixa de ser uma experiência isolada entre uma figura com autoridade e um aluno, e é transformada em uma experiência comunitária.[18]

Os alunos se dividem em pequenos grupos de trabalho e realizam tarefas específicas. Depois de propor uma atividade, a professora se afasta, deixando os estudantes organizarem seu próprio conhecimento em grupo. Os estudantes devem trocar ideias, fazer perguntas uns aos outros, criticar a análise uns dos outros, utilizar as contribuições do grupo e negociar um consenso.[19]

Com frequência, o grupo será ainda mais dividido, e cada indivíduo se incumbirá de se aprofundar em um dos subtópicos relevantes à tarefa. Cada "especialista" deverá compartilhar seu conhecimento com o grupo e conduzir a discussão quando for abordada a área em que se aprofundou. Dessa forma os estudantes ensinam uns aos outros e aprendem a liderar sem comandar a discussão. Os estudantes se tornam aptos a conduzir a facilitação social e a solucionar discordâncias.[20]

Os grupos então voltam a se reunir em uma sessão plenária para compartilhar suas descobertas. O papel da professora é agir como facilitadora da conversa. Embora ela deva compartilhar o conhecimento da disciplina acadêmica que leciona, incluindo uma avaliação das diferenças de opinião que existem dentro da disciplina e das concordâncias ou diferenças existentes entre a disciplina e outras comunidades de conhecimento, esses apartes devem ser dados como contribuição para a discussão dos alunos. Bruffee adverte que "os professores devem resistir, revertendo a autoridade hierárquica das salas de aula tradicionais, na qual os alunos acham que quando os professores começam a falar, eles lhes dirão qual é *realmente* a resposta".[21]

Na aprendizagem lateral, o papel dos estudantes é transformado de receptores passivos de conhecimento em participantes ativos em sua própria educação. O objetivo é encorajar os estudantes a pensar em vez de agir. A natureza colaborativa do processo de aprendizagem reforça a noção de que adquirir conhecimento nunca é um ato solitário, mas sim comunitário.

A aprendizagem lateral redireciona o fulcro de poder e de autoridade na sala de aula de hierárquico e centralizado e de cima para baixo para recíproco, democrático e em rede. Os estudantes aprendem que são responsáveis pela educação uns dos outros. Ser responsável significa estar sintonizado com os pensamentos dos outros, aberto a diferentes perspectivas e pontos de vista, capaz de ouvir críticas, ansioso para ajudar e disposto a assumir responsabilidade pela comunidade de aprendizagem como um todo. Essas são as mesmas qualidades essenciais para o afloramento da empatia.

A aprendizagem lateral estimula a solidariedade encorajando os alunos a se colocarem no lugar do outro e sentirem o que aquela pessoa está sentindo e pensando. Quando cada um dos membros do grupo se identifica profundamente com a luta de seus colegas para crescer e sente o grupo como uma extensão de si próprio, isso mostra que os alunos se uniram e realmente estão integrados.

É desnecessário dizer que a nova aprendizagem favorece o ensino interdisciplinar e estudos multiculturais. A academia está passando por uma transformação de disciplinas autônomas com limites acadêmicos bem-definidos para redes colaborativas cujos participantes vêm de várias áreas, mas compartilham conhecimento de uma forma distribuída. A abordagem mais reducionista ao estudo de fenômenos está começando a dar lugar à busca sistêmica de questões gerais sobre a natureza da realidade e o significado da existência – o que requer uma perspectiva mais interdisciplinar.

Associações acadêmicas, periódicos e currículos interdisciplinares têm proliferado em anos recentes, refletindo o crescente interesse pela interconexão do conhecimento. Uma geração mais jovem de acadêmicos está começando a cruzar categorias acadêmicas tradicionais para criar uma abordagem mais integrada à pesquisa. Várias centenas de campos interdisciplinares como economia comportamental, ecopsicologia, história social, ecofilosofia, ética biomédica, empreendedorismo social e saúde holística estão sacudindo a academia e representam uma mudança de paradigma no processo educacional.

Enquanto isso, a globalização da educação tem reunido pessoas de culturas diversas, cada uma tendo seu próprio ponto de referência antropológico, oferecendo uma série de formas novas e inovadoras de estudar fenômenos que são definidos por uma história e uma narrativa cultural diferente.

Ao abordar uma área de estudo a partir de várias perspectivas culturais e disciplinas acadêmicas, os alunos desenvolvem uma mentalidade mais aberta. As primeiras avaliações dos programas de reforma educacional colaborativa e distribuída são encorajadoras. As escolas relatam uma redução marcante da agressão, da violência e de outros comportamentos antissociais, a diminuição de ações disciplinares, maior cooperação entre estudantes, comportamento mais social, mais atenção em sala de aula, um desejo maior de aprender e o aprimoramento da capacidade de pensamento crítico.

## A BIOSFERA TORNA-SE O AMBIENTE DA APRENDIZAGEM

A aprendizagem colaborativa ajuda os estudantes a ampliar sua noção do eu para o outro, e estimula a participação profunda em comunidades mais interdependentes. Ela alarga as fronteiras da empatia. No entanto, para que nossos filhos sejam preparados para a vida na era da biosfera, nosso sistema educacional precisará levar a aprendizagem distribuída para além do domínio humano e incluir os demais seres e o vasto território natural. As escolas e universidades apenas começaram a explorar a pedagogia e as práticas de aprendizagem que ajudariam a estender o eu para incluir o eu ecológico.

É lamentável que hoje as crianças entre oito e dezoito anos nos Estados Unidos gastem seis horas e meia por dia interagindo com mídia eletrônica – televisão, computadores, video games e outros. No curto período entre 1997 e 2003, houve uma queda de 50% na proporção de crianças de nove a doze anos que brincavam com outras crianças passeando, caminhando, trabalhando no jardim e brincando na praia. Menos de 8% dos jovens agora passam tempo nessas atividades tradicionais ao ar livre.[22]

Richard Louv, em seu livro *Last Child in the Woods*, diz que estamos criando uma geração de crianças que sofrem do que ele chama de "transtorno do déficit da natureza" – praticamente não sendo expostas nem interagindo em ambientes naturais. Elas já não brincam mais fora de casa onde poderiam entrar em contato, mesmo no nível mais superficial, com outros seres, seja em terrenos baldios, em parques próximos, riachos, lagoas, prados ou bosques. Ele cita o comentário de um estudante da quarta série que disse: "Gosto mais de brincar em casa, porque é lá que estão todas as tomadas".[23]

Hoje as crianças aprendem com os pais a desconfiar do ambiente externo como sendo um lugar ameaçador onde pessoas perigosas ficam à espreita, onde há animais doentes e acidentes terríveis de todos os tipos os aguardam a cada esquina. Junte a isso todos os códigos locais e leis que proíbem brincadeiras ao ar livre sem a supervisão de adultos, cuja inobservância é sujeita a processos, e temos um quadro bastante desolador da natureza. Não é de admirar que os pais desencorajem a brincadeira espontânea ao ar livre.

Os pesquisadores estão começando a catalogar uma série de problemas de saúde associados ao transtorno do déficit da natureza, inclusive a maior incidência de depressão e outras doenças mentais bem como doenças físicas causadas por comportamento sedentário. Alguns pesquisadores estão começando a examinar a possível ligação de algumas formas do transtorno da hiperatividade e déficit de atenção com o transtorno do déficit da natureza.[24]

Robert Michael Pyle, um escritor e lepidopterologista, dá um passo além, sugerindo que o crescente isolamento da natureza está levando nossos filhos à "extinção da experiência", que para ele significa a perda contínua de qualquer tipo de contato com o mundo natural e, com isso, a alienação total da natureza, inclusive da própria natureza. A perda da experiência com o resto da vida do planeta tem um impacto no subconsciente da psique humana. Nós nos tornamos cada vez mais indiferentes ao resto da natureza e não ligamos para a condição da Terra. Também nos tornamos mais isolados e solitários, e nos sentimos como estranhos em nosso planeta. Experiências simuladas, independentemente do quanto possam se parecer à "vida real" , não podem substituir a afiliação que sentimos por todos os seres vivos a quem estamos relacionados. Pyle escreve:

> Em termos simples, a perda da espécie vizinha coloca em perigo nossa experiência da natureza... O contato pessoal direto com seres vivos nos afeta de maneiras vitais que as experiências vicárias não podem substituir nunca. Acredito que uma das maiores causas da crise ecológica seja o estado da alienação pessoal da natureza em que muitas pessoas vivem. Não temos uma noção generalizada de intimidade com o mundo vivo... A extinção da experiência... implica um ciclo de desafeto que pode ter consequências desastrosas.[25]

Um número crescente de educadores estão engajados na reformulação dos currículos e da pedagogia para restabelecer uma conexão biofílica no processo educacional. E. O. Wilson afirma que o mundo natural é o ambiente mais rico em informações que existe na Terra.[26] Thomas Berry, padre católico e historiador, concorda e nos pede para imaginar como a raça humana poderia ter desenvolvido metáforas tão essenciais para criar narrativas humanas e a consciência se nossa espécie existisse desde a sua origem na Lua, onde não há outras formas de vida. Desta forma, não teríamos capacidade de imaginar a vida do outro *como se* fosse aplicável, de alguma forma, à nossa própria experiência – o que é a própria base do pensamento metafórico e do desenvolvimento cognitivo.

A antropóloga Elizabeth Lawrence, que cunhou o termo *biofilia cognitiva*, observa que o mundo natural há muito tem sido a fonte primária à qual os seres humanos se referem para criar símbolos e imagens para o desenvolvimento cognitivo humano.[27] Novas conclusões de pesquisa sugerem que a maior exposição a experiências com a natureza tem um impacto significativo no desenvolvimento cognitivo de uma criança durante a infância e a adolescência.

O sociólogo Stephen Kellert trata do ponto raramente abordado de que a interação com a natureza é essencial para o pensamento crítico. A mente em desenvolvimento da criança observa continuamente fenômenos naturais e tenta entender como eles afetam o mundo onde ela está crescendo. Por que a chuva cai do céu e o Sol nasce todo dia? Por que as plantas crescem em determinados períodos do ano e os gatos correm atrás dos ratos e os comem? O que são as sombras? De onde vem o vento? Por que eu suo quando está quente? Quando falamos da criação da consciência, estamos realmente fazendo alusão à forma como uma criança faz ligação entre fenômenos e estabelece relações previsíveis, e tudo isso a ajuda a se situar no mundo. A exposição limitada à natureza diminui as possibilidades de entender o que significa a existência. Kellert conclui que "poucas áreas da vida fornecem aos jovens tanta oportunidade quanto o mundo natural para o pensamento crítico, o questionamento criativo, a solução de problemas e o desenvolvimento intelectual".[28] A natureza é a fonte de encantamento e admiração sem os quais a imaginação não existiria, e sem a imaginação humana, a consciência se atrofiaria.

Acho interessante que uma das palavras mais usadas entre os jovens americanos seja *incrível*. Praticamente todas as sentenças são acompanhadas por esse termo, quase como um refrão. É possível que seu uso excessivo seja uma projeção de um vasto déficit trazido pelo crescimento em um mundo destituído de maravilhas da natureza e onde a realidade é simulada tecnologicamente em pixels em minúsculas telas de computador? Ao miniaturizar toda a existência para que caiba em uma tela de BlackBerry, arriscamos inflar o ego e perder a noção de encantamento? Se o olhar de uma geração está se dirigindo continuamente para uma tela plana, bidimensional, e não para as estrelas, qual a probabilidade de essas pessoas se maravilharem com a existência em vez de se aborrecerem com o excesso de estimulações tecnológicas?

Rachel Carson refletiu sobre esse assunto quando a tela de televisão estava começando a tirar milhões de crianças do quintal, assim que anoitecia. Durante 175.000 anos, as crianças olhavam para as estrelas no céu querendo entender os profundos mistérios de um universo infinito. Agora de repente essa realidade foi estreitada, quando elas sentam-se na frente de uma caixa iluminada, espiando pequenas figuras correndo pela tela.

Carson escreveu:

> O mundo de uma criança é inusitado, novo e lindo, excitante, cheio de encantamento e admiração... Qual é o valor de preservar e fortalecer essa noção de admiração e deslumbramento, esse reconhecimento de algo que está

> além dos limites da existência humana? A exploração do mundo natural seria uma maneira agradável de passar os anos dourados da infância ou existe algo mais profundo? Estou certa de que existe algo mais profundo, algo duradouro e significativo... Aqueles que contemplam a beleza da terra guardarão forças para a vida toda.[29]

O que os novos educadores ligados à biofilia estão dizendo é que na pressa para adotar a realidade artificial podemos estar perdendo o contato com nossa conexão íntima com a natureza, com consequências preocupantes para a futura evolução da consciência humana.

Estudos de pátios de escolas nos Estados Unidos, Canadá, Austrália e Suécia dão ainda mais crédito às preocupações de Carson. Os pesquisadores observaram uma diferença marcante na maneira como as crianças brincavam em áreas onde existiam brinquedos fabricados em comparação a áreas verdes. Nos ambientes artificiais, as crianças se organizavam em hierarquias sociais com base em atributos físicos. Em *playgrounds* verdes, em contrapartida, a organização social era mais igualitária e era mais provável que as crianças se engajassem em fantasias e faz-de-conta e manifestassem o deslumbramento. Sua posição social dependia menos de atributos físicos e mais da criatividade. Os pesquisadores em Human Environmental Research Laboratory na Universidade de Illinois dizem que uma avaliação de muitos desses estudos deixa claro que "o espaço verde dá sustentação ao desenvolvimento saudável da criança".[30]

No entanto, apesar de inúmeros estudos constatarem que brincar em ambientes naturais estimula o encantamento, a imaginação e a criatividade, a Alliance for a Healthier Generation relata que quase um terço das escolas elementares dos Estados Unidos não programam o horário de recreio regularmente e 25% das crianças não participam de qualquer atividade física durante o tempo livre. Apenas sete estados exigem que as escolas elementares tenham um professor qualificado de educação física em seu quadro docente.[31]

Isto pode estar mudando. Os educadores estão cada vez mais alarmados com a perda da atenção e o aumento de diagnósticos de Transtorno do Déficit de Atenção, e suspeitam que parte da razão pode ser a perda fisiológica da conexão com os ritmos naturais e ciclos da natureza aos quais nossa espécie se condicionou biologicamente ao longo das eras da história evolucionária, além da adequação a ritmos cada vez mais artificiais no último século, principalmente nas duas últimas décadas. Jovens que estão crescendo em um mundo altamente mediado por estimulação eletrônica de todos os tipos e constantemente bombardeados por um fluxo de informação estão perdendo a capacidade de se concentrar, de acordo com inúmeros estudos conduzidos nos anos recentes. Em salas de aula onde várias tarefas se tornaram a norma e as distrações são a regra, a capacidade de refletir, organizar os pensamentos e perseguir uma ideia até sua conclusão torna-se cada vez mais fugaz. Muitas crianças sentem-se sobrecarregadas e esgotadas quando chegam ao ensino médio.

O Transtorno do Déficit de Atenção tornou-se comum nas próprias comunidades e países onde as novas tecnologias de informação e comunicação são as mais presentes. E em toda parte as escolas estão relatando uma queda no desempenho em sala de aula devido ao que os educadores chamam de "fadiga de atenção". Até agora, o único paliativo oferecido tem sido o uso de medicamento. Hoje milhões de jovens nos Estados Unidos e outros países de alta tecnologia tomam Ritalin e outros medicamentos para tentar conter a iminente crise. Mas esse transtorno não está diminuindo. Só está ganhando em magnitude.

Como podemos esperar que a atual geração e as futuras zelem pela biosfera no longo prazo, o que requer a atenção concentrada e paciência para cumprirem esse compromisso selado para a vida toda, quando se distraem com tanta facilidade de um momento para outro devido a uma profusão indistinta de sinais, imagens e dados que apelam à sua atenção imediata? O bem-estar da biosfera é medido ao longo de milênios da história e precisa de uma consciência humana capaz de refletir e projetá-lo ao longo de um cronograma com extensão comparável.

Como podemos estender nossa noção de tempo de modo a incluir a consciência de nosso passado e a antecipação de um futuro distante? Alguns educadores dizem que a resposta é imergir os estudantes, pelo menos por longos períodos de tempo, em ambientes naturais e ritmos do mundo natural com seus ciclos sazonais recorrentes. Os psicólogos ambientais Stephen e Rachel Kaplan, da Universidade de Michigan, conduziram um estudo durante nove anos de jovens que participaram de programas de vida selvagem do tipo Outward Bound. Depois de duas semanas de imersão no mundo selvagem, os participantes relataram uma noção maior de paz e calma, além da capacidade de pensar com mais clareza.

Um estudo parecido feito por Terry A. Harting, professor de psicologia do Institute for Housing and Urban Research em Uppsala University na Suécia, testou um grupo de indivíduos escolhidos aleatoriamente, pedindo para executarem uma sequência de tarefas com a finalidade de esgotar sua "capacidade de atenção dirigida". Então ele instruiu os participantes a passar quarenta minutos "andando em uma área natural preservada, andando em uma área urbana ou a se sentando e ficando em silêncio enquanto liam revistas e ouviam música". Ele descobriu que "depois desse período, aqueles que andaram na área natural preservada tiveram um desempenho melhor do que os outros participantes em uma tarefa padrão de revisão de texto. Eles também relataram mais emoções positivas e menos raiva".[32] Outros estudos de crianças que sofriam de Transtorno do Déficit de Atenção mostram que quanto maior sua exposição a atividades externas em espaços verdes ou mesmo quanto mais tempo viam uma paisagem verde pela janela, maior sua capacidade de se concentrar.[33]

Logo, o que os educadores estão fazendo para reintegrar os estudantes na natureza, resgatar a conexão biofílica e aprimorar sua capacidade de sentir empatia e de pensar criticamente? Richard Louv comenta a abordagem notável à escolarização no sistema educacional finlandês. De acordo com uma análise feita em 2003 pela Organização de Cooperação e Desenvolvimento Econômico (Organization of Economic Cooperation and Development), a Finlândia se classificou em primeiro lugar em alfabetização e entre os cinco melhores países em matemática e ciências, das 30 e uma nações que integram a Organização (os Estados Unidos se classificaram bem atrás). A Finlândia realizou esse feito de uma forma não ortodoxa. Em primeiro lugar, os alunos não vão à escola antes de completar sete anos. Em segundo, o sistema escolar finlandês coloca uma ênfase significativa no equilíbrio da atenção em sala de aula e em brincadeiras no pátio da escola. A cada 45 minutos, os estudantes vão para o pátio e fazem um intervalo de 15 minutos. Em terceiro, a sala de aula finlandesa se estende para dentro da comunidade. As aulas são conduzidas em vários ambientes naturais nas cercanias da escola. O Ministério de Assuntos Sociais e Saúde diz que a filosofia educacional do país é centrada em torno da crença de que "o ponto principal da aprendizagem não é a informação... sendo pré-digerida do ambiente externo, mas a interação entre a criança e o ambiente".[34]

Várias experiências em escolas estão sendo realizadas nos Estados Unidos para preparar os alunos para a consciência da biosfera. A educação baseada no ambiente, a educação por meio de vivências e a escolarização orientada para a comunidade e com base no local estão entre os vários movimentos de reforma educacional que estão sendo realizados. Um relatório compilado pela Mesa Redonda sobre Ambiente e Educação Estadual sobre o desempenho de quarenta escolas dirigidas para a biosfera, mostrou uma melhora acentuada dos alunos em testes de várias disciplinas acadêmicas na pontuação de testes padronizados.[35]

As escolas na Europa e na América também estão tornando os pátios mais verdes. Um terço dos 30 mil pátios de escolas da Grã-Bretanha estão se transformando em espaços verdes em seu programa de "aprendizagem através de paisagens".[36] Programas parecidos estão sendo desenvolvidos na Suécia, Canadá e nos Estados Unidos.

## A NATUREZA NÃO É FORMADA POR PIXELS

Os sistemas escolares também estão começando a estabelecer parcerias formais com bosques locais, zoológicos, parques, centros de reabilitação da vida selvagem, reservas de preservação da vida selvagem, sociedades humanas, organizações ambientais e centros de pesquisa de universidades para criar aulas na comunidade onde os estudantes possam aprender a matéria pelo envolvimento direto e o serviço ativo aos seres vivos.

O que essas propostas educacionais têm em comum é uma nova abordagem lateral à aprendizagem que enfoca a extensão do eu através da imersão dos estudantes nas várias comunidades ecológicas das quais fazem parte e que compõem a biosfera.

Os educadores percebem que criar a consciência da biosfera não é tarefa fácil, principalmente quando mais da metade da população humana mundial agora vive em ambientes urbanos e suburbanos densos, isolados da natureza. Fazer paisagens urbanas ser tornarem mais naturais — trazer a natureza de volta para nossas vidas — tem se tornado um tema central entre os planejadores e arquitetos urbanos.

Nós nos esquecemos que até o ambiente urbano mais estéril abunda em vida selvagem – pássaros, insetos, roedores, coelhos, guaxinins, gambás, e até veados, raposas, coiotes e flora abundante. Em vez de deixar a vida selvagem de fora, ou eliminá-los, os planejadores urbanos e um número crescente de organizações cívicas estão encontrando novas formas criativas de revitalizar biosferas urbanas restabelecendo nichos ecológicos espalhados por regiões metropolitanas. O debate sobre como devolver a natureza aos espaços urbanos e suburbanos costuma ser polêmico. À medida que habitats existentes diminuem devido ao desenvolvimento suburbano, mais vida selvagem está migrando para áreas urbanas em busca de sobrevivência. Esse cruzamento repentino da linha entre o que é "selvagem" e o que é "civilizado" é bem-vindo para alguns e um presságio assustador para outros moradores de regiões urbanas e suburbanas.[37]

A incursão selvagem em áreas residenciais e comerciais engendra com frequência processos por danos relacionados à vida selvagem e gera pedidos como o abate de populações locais de veados.[38] Muitas jurisdições urbanas estão começando a lidar com o problema, acomodando a vida urbana e a selvagem.

Uma crescente consideração pelos outros seres tem levado a se repensar o que se quer dizer com "vida urbana". O urbanismo da paisagem e o urbanismo verde estão entre os novos esforços para se repensar o planejamento urbano. As administrações locais estão criando bosques, terras alagadas, desfiladeiros urbanos e outros habitats de vida selvagem na tentativa de integrá-la à vida das cidades e subúrbios. A nova ênfase está em manter intocados espaços abertos anteriormente, habitats naturais e rotas migratórias, e construir em torno delas para criar um ambiente integrado em que os seres humanos possam coexistir com os demais seres vivos.

Os Estados Unidos e a Europa têm diferentes padrões de terras urbanas e rurais, e abordagens bem diferentes para revitalizar sua faixa da biosfera. Reconhecemos isto quando preparamos nossos primeiros planos diretores para as cidades de San Antonio e Roma. Os centros urbanos americanos se estenderam, com enclaves suburbanos se avizinhando das bordas de áreas rurais. Na Europa, as áreas urbanas são mais densas e com frequência limitadas por muros medievais que já as cercaram. O campo tende a chegar até os portões das cidades. Essas realidades bem diferentes pedem novas abordagens para se idealizar e refazer as regiões urbanas enquanto biosferas. Ben Breedlove, um *designer* urbano americano, é otimista, embora cauteloso, quanto à criação de ambientes onde as pessoas e a vida animal possam coexistir. Breedlove comenta que "o maior ecossistema não modificado pelo homem na América são os subúrbios", um contrassenso que nos chama a atenção.[39]

Na Europa, áreas metropolitanas estão bem à frente dos Estados Unidos e de outras partes do mundo na recuperação de regiões urbanas e no estabelecimento da consciência da biosfera urbana. Muitas cidades europeias têm dedicado metade de seu espaço ou mais a áreas verdes abertas, florestas e agricultura. Elas têm garantido também a manutenção ou recuperação de riachos, bosques e pradarias dentro de centros urbanos ou nas proximidades. Por exemplo, um quarto de Zurique, Suíça, permanece florestado.

Felizmente, em muitas cidades europeias, as florestas de antigos territórios reais ficaram fora dos limites explorados pelas construtoras e ou foram preservadas para a vida animal ou transformadas em parques públicos onde as populações locais podem se misturar à vida animal. Timothy Beatley, autor de *Green Urbanism: Learning from European Cities*, observa que muitas comunidades europeias rejeitam "a oposição histórica entre coisas urbanas e naturais", e preferem viver em áreas urbanas que "estejam fundamentalmente inseridas em ambientes naturais".[40]

Em 1890, o US Census Bureau anunciou o fechamento oficial da fronteira americana. Hoje uma nova geração de educadores e *designers* urbanos está nos pedindo para derrubar algumas das cercas e adotar uma nova relação com o ambiente natural – dessa vez de uma maneira cuidadosa – para que possamos voltar à natureza e aprender a viver de uma maneira mais sustentável e ecologicamente sensível. E. O. Wilson insiste para que os educadores estimulem a tendência natural dos alunos de explorar novas fronteiras, transferindo a curiosidade pelo espaço sideral estéril para nosso "planeta ainda tão inexplorado".

Ele acredita que "o potencial criativo não será atingido enviando pessoas para Marte. Ele será alcançado com a exploração deste planeta, pela constante celebração e aprofundamento do conhecimento da vida em volta de cada um de nós, tanto no nível científico quanto popular".[41]

Recuperar o ambiente natural em áreas urbanas fornece aos estudantes a oportunidade de sentir a natureza de perto, reavivar a ligação biofílica, entender sua relação com a família evolucionária e desenvolver a consciência da biosfera. É por isso que em nossos planos diretores da TRI reconceitualizamos áreas metropolitanas como Roma como biosferas urbanas. Se a consciência da biosfera é o objetivo último da educação, então todo ambiente urbano precisa ser inserido na biosfera de modo que as salas de aula se tornem a própria biosfera – o lugar onde os alunos participam e aprendem sobre suas relações e a responsabilidade por nosso planeta.

Ao transformar a educação em uma experiência solidária e em um processo de aprendizagem colaborativo e distribuído que se estende para o todo da biosfera, cultivamos habilidades de pensamento crítico e consciência que acompanhará um paradigma da Terceira Revolução Industrial que opera pela mesma lógica.

Os céticos provavelmente recuarão, descrentes da ideia de revolucionar o sistema educacional do mundo para criar a consciência da biosfera, e zombarão da proposta de que podemos preparar uma força de trabalho da Terceira Revolução Industrial em menos de meio século. Eles precisam ser lembrados de que as ideias do Iluminismo sobre a consciência e a natureza humana, e sobre o tipo de sistema educacional que deveria ser implantado a fim de acompanhar a Primeira Revolução Industrial, foram institucionalizados aproximadamente no mesmo prazo na Europa e na América. Por que deveríamos esperar menos que isso?

## CAPÍTULO NOVE

# METAMORFOSE DA ERA INDUSTRIAL PARA A ERA COLABORATIVA

Fiquei ansioso durante meses com o título deste livro, sem saber quem se interessaria por um trabalho que trouxesse a palavra *industrial* impressa na capa. Parecia muito ultrapassado. *Industrial* não é algo que só interessa aos engenheiros e líderes sindicais? Industrial lembra visões de uma horda de operários distribuídos ao longo de linhas de montagem, unindo pequenas peças de um produto enquanto este é deslocado pela esteira. Não deixamos tudo isso para trás quando nos conectamos à internet e entramos no Facebook? Sim e não.

A Terceira Revolução Industrial é a última etapa da grande saga industrial e a primeira etapa da era colaborativa emergente, que acontecem concomitantemente. Representa um interregno entre dois períodos da história econômica — o primeiro caracterizado pelo comportamento industrioso, produtivo, e o segundo pelo comportamento colaborativo.

Se a era industrial enfatizou os valores da disciplina e da dedicação ao trabalho, a autoridade de cima para baixo, a importância do capital financeiro, o funcionamento do mercado e as relações da propriedade privada, a era colaborativa se traduz no jogo criativo, na interatividade entre pares, no capital social, no uso comunitário de recursos e no acesso a redes globais.

A Terceira Revolução Industrial se moverá rapidamente nas próximas décadas, provavelmente atingindo o auge em torno de 2050 e estabilizando-se na segunda metade do século XXI. Já na sombra de sua ascendência na curva, podemos ver uma nova era econômica que nos levará para além do modo industrioso que caracterizou os dois últimos séculos do desenvolvimento econômico e entraremos em um modo de vida *colaborativo*. A metamorfose de uma revolução industrial para uma era colaborativa representa um dos principais marcos da história econômica. Para perceber a importância que essa mudança representa, precisamos rever um último dogma remanescente da teoria econômica clássica, cujo paradoxo fornece o contexto para essa transformação.

## A OFERTA CRIA SUA PRÓPRIA DEMANDA?

Jean-Baptise Say, um economista clássico francês do início do século XIX, como Adam Smith, usou uma metáfora newtoniana, alegando que a oferta gera continuamente sua própria demanda como um tipo de máquina em movimento contínuo. Ele escreveu: "mal um produto é criado e já abre imediatamente um mercado para outros produtos, a fim de estender ao máximo o seu próprio valor... A criação de um produto abre imediatamente uma abertura para outros produtos".[1] Mais tarde, economistas neoclássicos refinaram o uso da metáfora newtoniana por Say, sugerindo que forças econômicas, uma vez colocadas em movimento, permanecem em movimento, a não ser que sofram a ação de uma força externa. De acordo com o argumento, as novas tecnologias que economizam mão de obra aumentam a produtividade, permitindo que os fornecedores produzam mais a um custo unitário menor. O aumento da oferta de bens mais baratos então cria sua própria demanda. A maior demanda, por sua vez, estimula a produção adicional, alimentando novamente a demanda, em um ciclo infinito de expansão da produção e do consumo.

O valor aumentado de bens vendidos garantirá que qualquer perda inicial de emprego ocasionada por aprimoramentos tecnológicos seja compensada rapidamente pela contratação adicional para atender a níveis mais altos de produção. Além disso, os preços mais baixos da inovação tecnológica e a alta na produtividade significarão que os consumidores terão dinheiro extra para comprar outros produtos, estimulando ainda mais a produtividade e gerando mais emprego em outras áreas da economia.

Um corolário a esse argumento afirma que mesmo que os trabalhadores sejam substituídos por novas tecnologias, o problema do desemprego se resolverá invariavelmente. O número crescente de desempregados acabará abaixando os salários. Salários mais baixos deixarão os empregadores tentados a contratar mais funcionários em vez de comprar equipamentos mais caros, dessa forma moderando o impacto da tecnologia sobre o emprego.

Esse pressuposto central da teoria econômica clássica — de que a oferta cria sua própria demanda — se choca com novas realidades que lançam sérias dúvidas sobre sua validade no mundo atual.

Os economistas acham, para seu desgosto, que aumentos na produtividade ao longo do tempo não levaram automaticamente a aumentos na demanda do consumidor e a mais emprego, mas, em alguns casos, causaram o efeito oposto — a perda de empregos e do poder de compra. A primeira vez que tratei desse fenômeno foi em *O Fim dos Empregos*, publicado em 1995.

Os pesquisadores que acompanham o crescimento econômico e o emprego nos últimos 50 anos têm observado uma tendência preocupante — que cada fase de expansão econômica nos Estados Unidos nesse período foi seguida por um crescimento mais fraco do emprego. Na expansão econômica das décadas de 1950, 1960 e 1970, os empregos no setor privado aumentaram 3,5%, enquanto o crescimento econômico nos anos 1980 e 1990 só gerou um aumento de 2,4% no emprego, e nas fases de expansão econômica da primeira década do século XXI, o crescimento do emprego declinou 0,9% ao ano.[2] Os economistas agora falam sobre "recuperação sem emprego", um fenômeno que teria sido considerado motivo de risada meio século antes.

Embora alguns observadores se apressem a culpar a terceirização de empregos no exterior, o principal bode expiatório é, com frequência, a própria produtividade, que vai contra tudo o que acreditamos sobre como o sistema econômico funciona. Em um setor após outro, da produção de fábrica aos serviços bancários, as empresas têm sentido aumentos acentuados na produtividade, o que lhes permite ter uma produção maior com menos trabalhadores. As empresas têm cortado trabalhadores a um ritmo recorde. Janet L. Yellen, presidente do Federal Reserve Bank of San Francisco, comentou a tendência, destacando que o PIB não mudou nos quatro trimestres de 2009, mas houve uma redução de 4% nas folhas de pagamento. Em outras palavras, as empresas aumentaram sua produção por trabalhador em 4%.[3] Novos ganhos de eficiência na cadeia de suprimento responderam por grande parte desse aumento na produtividade.

Em nenhum setor a desconexão entre ganhos na produtividade e perda de empregos é maior do que na manufatura. No período entre 1995 e 2002, mais de 31 milhões de empregos na manufatura desapareceram nas 20 maiores economias, enquanto a produtividade subiu 4,3% e a produção industrial global aumentou 30%.[4] A realidade é que os fabricantes podem produzir mais bens com menos funcionários. Mesmo a China eliminou 15 milhões de empregos em fábricas durante esse período, ou 15% de toda sua força de trabalho, enquanto aumentou acentuadamente a produção com a introdução de novas tecnologias automatizadas, inteligentes. Os empregos em fábricas declinaram 16% no mesmo período, nas outras grandes economias e mais de 11% nos Estados Unidos.[5] Em 2010, os trabalhadores de fábricas nos Estados Unidos estavam produzindo 38% mais por hora do que em 2000. Embora a produção tenha permanecido razoavelmente estável durante a década, por requerer menos trabalhadores para produzir a mesma quantidade de produtos, ocasionou uma queda do emprego superior a 32%.[6]

O setor de siderurgia é um bom exemplo dessa tendência. No período entre 1982 e 2002, a produção de aço nos Estados Unidos cresceu de 75 milhões de toneladas para 102 milhões, enquanto o número de operários declinou de 289.000 para 74.000.[7] Esse tipo de ganho acentuado da produtividade está reverberando pelo setor de manufatura à medida que a tecnologia inteligente substitui a mão de obra humana nas fábricas. Mesmo nos países mais pobres, os trabalhadores que ganham menos não são tão baratos nem tão eficientes quanto as tecnologias inteligentes que os estão substituindo.

Se essa tendência atual continuar — e é provável que só acelere com a substituição de tecnologia ainda mais eficiente — estima-se que o emprego em fábricas do mundo todo diminuirá de 163 milhões de trabalhadores para apenas alguns milhões em 2040, eliminando mais empregos de fábrica no mundo.[8]

Setores administrativos e de serviços estão tendo ganhos acentuados similares na produtividade e cortando números recordes de funcionários no processo. Secretárias, arquivistas, contadores, telefonistas e caixas de banco estão entre a infinidade de atividades tradicionais que se tornaram praticamente extintas com a introdução de tecnologia inteligente.

O setor de varejo está passando pela mesma mudança. Filas de *checkout* automático têm substituído caixas e departamentos de envio automatizado de cobrança têm substituído a necessidade de trabalho humano em escritórios. Da mesma forma, o setor de viagens está empregando cada vez mais tecnologia de reconhecimento de voz capaz de conversar com clientes em tempo real e reservar passagens e acomodações de hotel sem a necessidade de intervenção humana. Mesmo hospitais estão fazendo a transição para tecnologia inteligente, com robôs desempenhando tarefas rotineiras que vão de cirurgias simples e diagnósticos médicos a limpeza e manutenção. A tecnologia inteligente está assumindo várias atividades antes realizadas por seres humanos, desde a operação de sistemas ferroviários urbanos e sistemas de arma automatizados até a compra e venda de ações.

Uma nova geração de robôs logo surgirá com a mobilidade de humanos, equipados com habilidades emocionais e cognitivas, além da capacidade de refletir e responder a solicitações e a instruções humanas com agilidade e desenvoltura crescentes.

Até agora, a manufatura, finanças e os setores de atacado e varejo respondem pela maior parte dos ganhos em produtividade recentes. Mas à medida que a tecnologia inteligente, e também as energias renováveis, se tornam mais ágeis e mais baratas, é provável que os Estados Unidos vejam ganhos comparáveis em produtividade nos demais setores da economia onde a produtividade tem permanecido relativamente estável nos últimos 30 anos.

O enigma é que se avanços na produtividade alcançados pela aplicação de tecnologias inteligentes, robótica e automação continuarem a forçar um número cada vez maior de trabalhadores ao emprego marginal ou ao desemprego no mundo todo, a diminuição no poder de compra provavelmente dificultará o crescimento econômico. Em outras palavras, se a tecnologia inteligente substitui um número cada vez maior de trabalhadores, deixando pessoas sem renda, quem vai comprar todos esses produtos que estão sendo produzidos e os serviços que estão sendo oferecidos?

A tecnologia inteligente está apenas começando a ter um impacto na economia mundial. Nas próximas décadas, dezenas de milhões de trabalhadores em todas as indústrias e setores provavelmente serão substituídos por inteligência artificial. Ray Kurzweil, no MIT, observa que "o ritmo de mudança de nossa tecnologia criada por humanos está acelerando e seus poderes estão se expandindo a um ritmo exponencial".[9] Kurzweil calcula que ao ritmo atual de mudança tecnológica, no final do século XXI "testemunharemos um progresso da ordem de 20 mil anos (novamente medido pelo ritmo de progresso atual), ou cerca de mil vezes maior do que o que atingimos no século XX". Ou para colocar de outra forma, uma vez que estamos dobrando a taxa de progresso a cada década, provavelmente teremos "o equivalente ao progresso de um século — à taxa de hoje — em apenas vinte e cinco dias".[10]

Kurzweil e outros cientistas nos pedem para experimentar e imaginar o efeito que isto terá na sociedade humana considerando que antes do final do século nossa tecnologia inteligente será "trilhões de trilhões de vezes mais poderosa que a inteligência humana".[11]

As implicações para o trabalho humano — profissional, técnico e vocacional — são assustadoras. Assim como a era industrial acabou com o trabalho escravo, a era colaborativa provavelmente acabe com o trabalho assalariado. Praticamente todas as empresas globais com as quais eu trabalho preveem tecnologias inteligentes para substituir o trabalho humano de massa nas próximas décadas. Enquanto os séculos XIX e XX foram caracterizados pela mão de obra em massa que operava máquinas, o século XXI é caracterizado por profissionais liberais, de alta tecnologia que programam e monitoram sistemas de tecnologia inteligente. Tudo isso nos leva a perguntar como manter centenas de milhões de pessoas empregadas à medida que adentramos o século.

A Terceira Revolução Industrial provavelmente seja a última oportunidade na história a criar milhões de empregos convencionais de assalariados — isto se não houver uma série de eventos catastróficos que atrasem o progresso tecnológico por décadas ou até séculos. Embora a Terceira Revolução Industrial estabeleça a infraestrutura para uma transição em uma era distribuída e colaborativa, sinalizando o fim da era industrial e da força de trabalho em massa, o estabelecimento da infraestrutura essencial nos próximos 40 anos exigirá uma última onda de força de trabalho em massa.

Para transformar o sistema de energia global em eletricidade renovável, converter centenas de milhões de edifícios em miniusinas, introduzir tecnologias de armazenamento de hidrogênio e outras na infraestrutura global, refazer a rede energética do mundo e outras linhas de energia com tecnologias digitais e redes inteligentes de serviços de utilidade e revolucionar o transporte com a introdução de veículos a célula de hidrogênio e elétricos serão necessárias equipes de planejamento de alta tecnologia, independentes, trabalhando lado a lado com uma força de trabalho industrial maciça altamente qualificada. A ironia é que a força de trabalho industrial da primeira metade do século XXI vai ajudar a erigir uma infraestrutura inteligente para um novo sistema econômico que na segunda metade do século XXI irá eliminar os próprios empregos industriais que a construíram.

Um compromisso global total para estabelecer uma infraestrutura da Terceira Revolução Industrial, de cinco pilares, criará centenas de milhares de novos negócios e centenas de milhões de novos empregos. Se as atuais projeções se mantiverem, uma infraestrutura jovem da Terceira Revolução Industrial deverá estar montada na maioria dos continentes por volta de 2040 a 2050, período em que a força de trabalho industrial atingirá um pico e se estabilizará. Então as sinergias criadas pela nova infraestrutura da Terceira Revolução Industrial terão movido a economia global para um momento histórico, com a era colaborativa se sobrepondo à Terceira Revolução Industrial em muitas partes do mundo. A maneira como vivemos terá mudado fundamentalmente, assim como aconteceu quando nossos ancestrais passaram de coletores-caçadores para um modo de vida agrícola hidráulico centralizado e, mais recentemente, de uma era agrícola para uma civilização industrial.

Lembro-me de que muito da população humana mundial se metamorfoseou de um modo agrícola para o industrial e de uma existência rural a urbana em menos de cem anos. Dessa vez, a transição de uma era industrial para colaborativa provavelmente ocorrerá na metade do tempo ou menos, como Kurzweil e outros estão prevendo.

Precisaremos estar preparados deixando a raça humana apta para mudar de uma existência industrial e para um futuro colaborativo assim como nossos bisavós fizeram a mudança de uma existência agrícola e rural para um modo de vida industrial e urbano.

## REPENSAR O TRABALHO

A transformação no modo como pensamos o trabalho será mais desafiadora. Quando a agricultura começou a trocar o trabalho humano por substitutos mecânicos e químicos, milhões de trabalhadores conseguiram migrar para as cidades a fim de encontrar emprego qualificado e não qualificado nas fábricas. E novamente, quando as fábricas começaram a automatizar a produção, milhões de operários trocaram de camisa, se qualificaram e se tornaram parte da força de trabalho nos setores de serviços em crescimento. Da mesma forma, quando os setores de serviços começaram a substituir a força de trabalho por tecnologia inteligente, esta migrou para áreas como assistência médica, trabalho social, entretenimento e turismo.

Hoje, no entanto, todos os quatro setores — agrícola, industrial, serviços e entretenimento — estão substituindo o trabalho assalariado em massa por forças de trabalho independentes, com conhecimentos de alta tecnologia, e por sistemas de tecnologia inteligentes cada vez mais complexos e ágeis. Isto nos leva a indagar o que acontecerá aos milhões de assalariados da era industrial à medida que o mundo passar da etapa de infraestrutura da Terceira Revolução Industrial para a era totalmente colaborativa e distribuída. Em certo sentido, repensar o trabalho desta vez é algo que mais se parece à grande convulsão ocorrida quando milhões de servos foram liberados de sua submissão a um sistema feudal e forçados a se tornar agentes livres e assalariados em uma economia de mercado.

A questão, então, passa a ser como reformulamos o que queremos dizer por trabalho em vez de simplesmente pensar como treinar novamente a força de trabalho. Existem quatro áreas nas quais as pessoas podem se engajar: o mercado, o governo, a economia informal e a sociedade civil. O emprego de mercado, porém, continuará a encolher com a introdução de sistemas de tecnologia inteligentes. Os governos do mundo todo também estão abatendo suas forças de trabalho em áreas tão diversas quanto cobrança e serviço militar. A economia informal, que inclui a produção caseira, a permuta e, no outro extremo, o mercado negro e a atividade econômica criminosa, provavelmente também diminua com a transição das economias tradicionais para sociedades de alta tecnologia.

Isto transforma a sociedade civil em um meio de emprego. Essa arena costuma ser referida como "terceiro setor", sugerindo seu papel menor no mercado ou no governo. As organizações dentro do setor são referidas de forma semelhante, em termos depreciativos. "Organizações não governamentais" ou "sem fins lucrativos" as identificam pelo que elas não são.

A sociedade civil é onde os seres humanos criam o capital social e abarca uma ampla gama de interesses — organizações culturais e religiosas, educacionais, de pesquisa, de assistência à saúde, serviços sociais, esportes, grupos ambientais, atividade recreativas e uma série de organizações de defesa cujo propósito é criar vínculos sociais.

Embora a sociedade civil seja relegada com frequência a um papel secundário na vida social, e considerada de importância marginal em comparação à economia e ao governo, é a arena básica onde a civilização se desenvolve. Não existem exemplos que eu conheça de uma história onde um povo tenha estabelecido primeiro mercados e governos e depois criado uma cultura. Em vez disso, os mercados e governos são extensões da cultura. É porque a cultura cria as narrativas sociais que nos ligam como pessoas, nos permitindo sentir empatia uns pelos outros como uma família ficcional estendida. Ao compartilharmos uma herança comum, nos consideramos uma comunidade e acumulamos a confiança sem a qual seria impossível estabelecer e manter mercados e governos. É na sociedade civil que geramos o capital social — que é realmente a confiança acumulada — que é depositada em mercados e na governança. Se os mercados ou governos destroem a confiança social neles depositada, as pessoas acabam retirando o seu apoio ou forçando uma reorganização dos outros dois setores.

A sociedade civil também é uma força econômica emergente. Uma análise econômica feita pelo Johns Hopkins Center for Civil Society Studies, a partir de entrevistas feitas em mais de quarenta nações, relatou que o terceiro setor responde por $2,2 trilhões em despesas operacionais. Nos oito países em que os dados já foram completados — os Estados Unidos, o Canadá, a França, o Japão, a Austrália, a República Checa, a Bélgica e a Nova Zelândia — o terceiro setor representa, em média, 5% do PIB. Isto significa que a contribuição do setor sem fins lucrativos para o PIB nesses países agora supera o PIB de serviços públicos, inclusive energia elétrica, gás e água e, por incrível que pareça, é igual ao PIB da construção (5,1%) e se aproxima do PIB dos bancos, empresas de seguros e serviços financeiros (5,6%). O setor sem fins lucrativos também está se aproximando da contribuição do PIB de transporte, armazenagem e comunicações, que tem em média 7% do PIB.[12]

Pode ser surpreendente, mas o "Terceiro Setor" também responde por uma quantidade significativa do emprego em muitos países. Embora milhões de pessoas trabalhem como voluntárias empregando seus talentos, recursos, habilidades e tempo em organizações sociais civis, milhões de outras trabalham como funcionários pagos nessas OSCs.

Organizações sem fins lucrativos empregam quase 56 milhões de funcionários em tempo integral ou uma média de 5,6% das populações economicamente ativas em 42 países pesquisados.[13] A força de trabalho em organizações não lucrativas atualmente excede aquela em cada um dos tradicionais setores de mercado nas nações estudadas, inclusive construção, transporte, serviços de utilidade pública, comunicações e a maioria dos setores de manufatura industrial. O crescimento no setor sem fins lucrativos é o mais alto da Europa, onde os Estados Unidos. Uma parcela considerável de 15,9% do emprego pago nos países baixos atualmente está no setor sem fins lucrativos. Na Bélgica, 13,1% de todos os trabalhadores estão no campo, sem fins lucrativos, enquanto no Reino Unido a parcela é 11%, na Irlanda é 10,9% e na França, 9% do total dos empregos. Nos Estados Unidos, 9,2% do emprego está no setor sem fins lucrativos, e no Canadá o número é de 12,3%.[14]

Ainda mais interessante é que é no terceiro setor que o emprego mais cresce em várias partes do mundo. Na França, Alemanha, Países Baixos e Reino Unido, o setor não lucrativo respondeu por 40% do crescimento total do emprego — ou 3,8 milhões de empregos entre 1990 e 2000.[15]

Há um equívoco generalizado de que o terceiro setor depende totalmente de doações de empresas e de concessões do governo para sobreviver, e portanto é incapaz de funcionar independentemente, muito menos de gerar milhões de empregos. A realidade, no entanto, é que taxas por serviços e produtos respondem por aproximadamente 50% da receita agregada no terceiro setor nos quarenta e dois países pesquisados, enquanto o suporte do governo perfaz 36 % da receita e a filantropia do setor privado constitui apenas 14% desta.[16]

Muitos dos melhores e mais brilhantes jovens do planeta estão deixando empregos tradicionais no mercado e no governo e preferindo trabalhar no terceiro setor. A razão é que a natureza distribuída e colaborativa do terceiro setor a torna uma alternativa mais atraente para uma geração que cresceu na internet e está engajada em espaços sociais distribuídos e colaborativos. Como os recursos de fonte aberta de uso comum que constituem o ponto central do espaço virtual, o terceiro setor também é um bem comum, onde as pessoas compartilham seus talentos e vidas uns com os outros pelo puro prazer do convívio social. E como a internet, o pressuposto básico na sociedade civil é que se doar à comunidade mais ampla em rede otimiza o valor do grupo e de cada um de seus membros.

Ao contrário do mercado, onde as relações entre as pessoas são predominantemente fundamentais e um meio para um fim — atendendo aos interesses materiais de cada pessoa — no terceiro setor as relações são um fim em si mesmas e, portanto, imbuídas de valor intrínseco em vez de ter um valor meramente utilitário.

A sociedade civil provavelmente se tornará uma fonte de emprego tão importante quanto o setor de mercado em meados deste século, isto pela simples razão de que a criação de capital social depende da interatividade humana, enquanto a criação de capital de mercado conta cada vez mais com tecnologia inteligente. O crescente emprego na sociedade civil, no entanto, fornecerá uma porcentagem crescente da renda do consumidor necessária para comprar bens e serviços em uma economia global cada vez mais automatizada e inteligente.

Assim como as revoluções industriais dos séculos XIX e XX libertaram as pessoas da servidão, da escravidão e do trabalho forçado, a Terceira Revolução Industrial e a era colaborativa à qual ela dá origem libera os seres humanos do trabalho mecanizado para se engajarem no jogo profundo que é a sociabilidade. Uso o termo *jogo profundo* porque não estou falando de entretenimento frívolo, mas sim de engajamento solidário entre os seres humanos. O jogo profundo é a forma que sentimos o outro, transcendemos a nós mesmos e nos ligamos a comunidades mais amplas e cada vez mais inclusivas de vida em nossa busca comum pela universalidade. É no terceiro setor que participamos, mesmo nos níveis mais simples, da jornada mais importante da vida — a exploração do sentido de nossa existência.

Em seu ensaio "Sobre a Educação Estética do Homem", escrito em 1795, na alvorada da era do mercado, Friedrich Schiller observou que "o homem só joga quando é um ser humano no sentido mais pleno da palavra e só é plenamente um ser humano quando joga".[17]

Nos séculos XIX e XX, ser industrioso era a marca de um homem e tornar-se um trabalhador produtivo era o objetivo de vida. Gerações de seres humanos foram transformadas em máquinas na busca incansável da riqueza material: *vivíamos para trabalhar*. A Terceira Revolução Industrial e a era colaborativa oferecem à humanidade a oportunidade para se liberar do controle de uma vida mecanizada encapsulada dentro de um mundo utilitário e respirar na euforia de ser livre: *vivemos para jogar*. O filósofo francês Jean-Paul Sartre captou o íntimo parentesco entre liberdade e jogo. Ele escreveu: "Quando o homem se vê livre e deseja usar sua liberdade... então sua atividade é jogar".[18] Ao que eu poderia acrescentar, alguém se sentiu mais livre do que quando se engajou no jogo?

Os próximos 40 anos serão um período precioso para nós. A geração do milênio e seus filhos precisarão ser educados para trabalhar e viver tanto em uma economia industrial quanto colaborativa. Seus filhos, no entanto, serão cada vez mais empregados na sociedade civil, criando capital social enquanto a tecnologia inteligente substituirá muito — senão todo — do trabalho humano na área comercial.

A perspectiva de libertar a raça humana da rotina pesada de assegurar a sobrevivência econômica há muito tem sido o sonho dos filósofos. Permitir que o espírito humano voe e transite pela vasta fronteira social inexplorada na velha busca espiritual de entender o sentido da existência e nosso lugar no grande esquema das coisas é o dom mais precioso concedido a todo ser humano nascido neste mundo. Durante muito tempo tivemos de passar uma quantidade excessiva de nosso limitado tempo batalhando na Terra por uma sobrevivência minimamente confortável, deixando pouco tempo para o jogo profundo no âmbito transcendente — o que nos leva a refletir pouco sobre vida.

A possibilidade de desviar mais de nosso tempo e atenção para o progresso da sociedade civil e a criação do capital social é naturalmente atraente, e está se firmando rapidamente nos países desenvolvidos do mundo todo. No entanto, não podemos deixar escapar o fato de que 40% da raça humana ainda está ganhando menos de $2 por dia ou menos, e mal é capaz de sobreviver. Essa realidade trágica é compensada pela volatilidade assustadora nos preços de tudo, desde alimentos a materiais de construção, e gasolina para o transporte, e os impactos aterrorizadores em tempo real das mudanças climáticas na agricultura do mundo todo à medida que entramos no longo jogo final da Segunda Revolução Industrial.

A Terceira Revolução Industrial oferece , pelo menos, a perspectivade que os países mais pobres da Terra, que foram praticamente deixados de fora tanto pela Primeira quanto pela Segunda Revolução Industrial, possam dar um salto para a nova era do capitalismo distribuído no decorrer do próximo meio século. Ninguém ainda, inclusive eu, duvida da enormidade do desafio que temos pela frente. Garantir que 40% da raça humana atinja o nível de conforto material necessário para se livrar dos entraves do trabalho árduo e da labuta muitas vezes mecânica no mercado e na economia informal, para que possam se engajar no jogo profundo em busca do capital social é uma tarefa assustadora — que se torna ainda mais difícil pela necessidade de reorganizar a vida econômica de modo a atenuar as mudanças climáticas induzidas industrialmente. No entanto, pela primeira vez na história, estamos perto o suficiente de pelo menos imaginar tal possibilidade, o que me torna particularmente esperançoso de que poderemos conseguir.

CIVILIZAÇÕES EM TODA A HISTÓRIA passaram por momentos críticos em que tiveram de reconhecer que teriam forçosamente de mudar o curso de modo a encontrar um novo futuro ou enfrentariam a possibilidade de desaparecer. Algumas foram capazes de se transformar a tempo; outras não. Mas no passado, as consequências do fim das civilizações tiveram espaço e duração limitados, e não afetaram a espécie como um todo. O que torna este período diferente é uma probabilidade crescente de haver uma mudança qualitativa na temperatura e na química da Terra, trazida pelas mudanças climáticas, que poderia desencadear o início de uma extinção em massa da espécie animal e vegetal e, com ela, a possibilidade real de uma morte maciça de nossa própria espécie.

Nossa tarefa fundamental é aproveitar o capital público, o capital de mercado e principalmente o capital social da raça humana para efetuar a transição do mundo em uma economia da Terceira Revolução Industrial e da era pós-carbono. Uma transformação dessa escala exigirá um salto concomitante para a consciência da biosfera. Somente quando começarmos a pensar como uma família global estendida, que não só inclui nossa espécie, mas todos os participantes dessa viagem evolutiva na Terra, seremos capazes de salvar nossa comunidade da biosfera e renovar o planeta para futuras gerações.

# NOTAS

## CAPÍTULO 1

1. Yergin, Daniel. (1992). *The Prize: The Epic Quest for Oil, Money and Power*. Nova York: Simon & Schuster, p. 625.
2. Trillin, Calvin. (21 de janeiro, 1974). U.S. Journal: Boston Parallels. *New Yorker*, p. 67.
3. Mouawad, J. (10 de julho, 2009). One Year After Oiul's Price Peak: Volatility, *Green* (blogs). *New York Times*. Extraído de hyttp://green.blogs.nytimes.com/2009/07/10/one-year-after-oils-price-peak-volatility/.
4. Weekly All Countries Spot Price FOB Weighted by Estimated Export Volume (Dollas per Bareel) (9 de março, 2011). *U.S. Energy Information Administration (EIA) Independent Statistics and Analysis*. Extraído de http://www.eia.doe.gov/dnav/pet/hist/Leaf Handler.ashc?n=PET&s=WTOTWORLD&f=W.
5. Ibid.
6. Diouf, J. (14 de outubro, 2009). Declaração de abertura feita pelo diretor geral em apresentação ao Committee on World Food Security, 35ª Sessão, Roma.
7. Meyers, W. H. & Meyer, S. (8 de dezembro, 2008). Causes and Implications of the Food Price Surge, Food and Agricultural Policy Research Institute (FAPRI), University of Missouri-Columbia, dezembro 2008. Rep; n FAPRI-MU A. Comparação baseada em níveis de 2003.
8. U.S. Field Production of Crude Oil (Thousand Barrels per Day). (29 de julho, 2010). U.S. *Energy Information Administration*. Extraído de http://tonto.eia.doe.gov/dnav/pet/hist/LeafHandler.aschx?=PET&s=MCRFPUS2&f=A.
9. International Energy Agency. (2010). *World Energy Outlook 2010: Executive Summary*. Paris: Author, p. 6.

10. Inman, M. (9 de novembro, 2010). Has the World Already Passed "Peak Oil"? *National Geographic News*. Acessado em http://news.nationalgeographic.com/news/energy/2010/11/101109-peak-oil-iea-world-energy-outlook/.
11. BP Amoco Statistical Review of World Energy 2000. (2000, 21 junho), *BP Global*. Acessado em http://www.bp.com/generiarticle.do? categoryId=20129668&contended=2001815.
12. GDP Growth (Annual %), (n.d.). *World Bank*. Acessado de http://data.worldbank.org/indicator/NY.GDP.MKTP.KD.ZG.
13. Blair, D. (9 de dezembro, 2010). Oil Price Rise Puts Pressure on OPEC. Financial Times. http://www.ft.com/cms/s/0/cf79bac8/03bc-11e0-8c3f-00144feabdc0.html#axzz11agH4LTi.
14. Pfeifer, S. (2011, janeiro 4). Rising Oil Price Threatens Fragile Recovery *Financial Times*. http://www.ft.com/cms/s/0/056db69c-1836-11e0-88c9-00144feab49a.html#axzz11agH4LTi.
15. Ibid.
16. Wolf,M. (4 de janeiro, 2011). In the Grip of a Great Convergence. *Financial Times*. http://www.ft.com/cms/s/0/072c87e6-1841-11e0-88c9-00144feab49a.html#axzzlagH4LTi;
17. Ibid.
18. Ibid.
19. Edwards, J. (2002, março 4). (E-mail para Jeremy Rifkin); Edwards, John D. Twenty-First Century Energy: transition from Fossil Fuels to Renewable, Non-polluting Energy Sources. University of Colorado, Department of Geological Sciences — EMARC. abril 201.
20. Rich, M., Rampell, C., & Streitfeld, D., (25 de fevereiro, 2011). Rising Oil Prices Pose New Threat to U.S. Economy. *New York Times*, p. A1.
21. Farchy, J., & Hook, L., (25 de fevereiro, 2011). Supply Fears and Parallels with Gulf War Spook Market. *Financial Times*, p.3
22. Su, B. W. (2001). Employment Outlook: 2000-10 The U.S. Economy to 2010: Washington, DC: Bureau of Labor Statistics, http://www.bls.gov/opub/mlr/2001/11/art1full.pdf.
23. Annual U.S. Bankruptcy Filings by District 1990-1994. (n.d.). *American Bankruptcy Institute*. Acessado de http://www.abiworld.org/AM/AMTmplate.cfm?Section=Home&TEMPLATE=/CM/Content Display.cfm&CONTENTID=35484.
24. Annual U.S. Bankruptcy Filings by District 2001-2004. (N.d.). *American Bankruptcy Institute*. Acessado de http://www.abiworld.org/AM/AMTTemplate.cfm?Section=Home&TEMPLATE=/CM/ContentDisplay.cfm&CONTENTID=35453.
25. United States Census Bureau. (n.d.). Median and Average Sales Prices of New Homes Sold in United States. Acessado em http://census.gov/const/uspriceann.pdf.
26. Bureau of Labor Statistics. (8 de janeiro, 2010,). *The Employment Situation-December 2009* [Press release]. http://www.bls.gov/news.release/archives/empsit_01082010.pdf.

27. United States Federal Reserve. (11 de dezembro, 2008). *Flow of Funds Accounts of the United States? Flow and Outstandings Third Quarter 2008*. Washington, DC: Author.
28. Krugman, P. (12 de dezembro, 2010). Block Those Metaphors. *New York Times*, p. A25.
29. Realty Trac. (12 de janeiro, 2011). *Record 2,9 Million U.S. Properties Receive Foreclosure Filings in 2010 Despite 30-Month Low in December* [Press release]. Acessado de http://www.realtytrac.com/content/press-releases/record-29-million--us-properties-receive-foreclosure-fillings-in-2010-despite-30-month-low-in-december-6309.
30. Peck, D. (março, 2010). How a New Jobless Era Will Transform America. Atlantic, p. 44.
31. Wolf, M. (23 de setembro 2008). Paulson's Plan Was Not a True Solution to the Crisis. *Financial Times*. Acessado em http://us.ft.com/ftgateway/superpage.ft?news_id=fto092320081447402080.
32. Parker, K. (5 de dezembro 2010). Can the City on a Hill Survive? *Washington Post*, p.A23.
33. Jarraud, M. & Steiner, A. (17 de novembro, 2007). Foreword. *Climate Change 2007: Synthesis Report*. Valencia, Spain: Intergovernmental Panel on Climate Change. Acessado em http://ipcc.ch/publications_and_data/ar4syr/en/frontmattersforword.html.
34. Solomon, S., et al. (2007). *Climate Change 2007: The Physical Science Basis. Contribution of Working Group I to the Fourth Assessment Report of the Intergovernmental Panel on Climate Change*. Cambridge: Cambridge University Press. Acessado de http://www.ipcc.ch/publications_and_data/publications_ipcc_fourth_assessment_report_wg1_report_the_physical_science_basdis.htm.
35. Bernstein. L., Bosch, P., Canziani, O., Chen, Z,m Christ, R., Davidson, O., Yohe, G. (17 de novembro, 2007). *Climate Change 2007: Synthesis Report. Valencia, Spain: Intergovernmental Panel on Climate Change*. Acessado em http://www.ipcc.ch/pdf/assessment-report/ar4syr/ar4_syr.pdf.
36. Raupp, D. M., & Sepkoski, J. J. (1902). Mass Extinction in the Marine Fossil Record. *Science*, 215 (4539), 1501-1503.
37. Whitty, J. (maio/junho, 2007). Gone: Mass Extinction and the Hazards of Earth's Vanising Biodiversity, *Mother Jones*. Acessado em http://motherjones.com/environment/2007/05/gone.
38. Houghton, J. (1997). *Global Warming: The Complete Briefing* (2ª ed.). Cambridge: Cambridge University Press, p. 127.
39. Beardsley, T. (outubro, 1998). In the Heat of the Night. *Scientific American*, 279 (4), p. 20.
40. Solomon, S., Qin, D., Manning, M., Marquis, M., Averyt, K., Tignot, M., Chen, Z. (2007) Observations: Surface and Atmospheric Change. In *Climate Change 2007: The Physical Science Basis. Contribution of Working Group I to the Fourth Assessment Report of the Intergovernmental Panel on Climate Change*. Cambridge: Cambridge Uni-

versity Press, p. 254. Acessado em http://www.ipcc;ch/´df/assess,emt-report/ar4/wg1/ar4-wg-chapter3.pdf

41. Bernstein, L., Bosch, P., Canziani, O., Chen, Z. Christ, R., Davidson, O., Yole, G. (17 de novembro, 2007). Observed Changes in Climate and Their Effects. In *Climate Change 2007: Synthetis Report. Valencia, Spain: Intergovernmental Panel on Climate Change*, p. 32. Acessado em http://www.ipcc.ch/pdf/assessment-report/ar4_syr.pdf.
42. Webster, P., Holland, G., Gurry, J., & Chang, H. (2005). Changes in Tropical Cyclone Number, Duration, and Intensity in Warming Environment. *Science*, 309 (5742), 1844-1846.
44. Schneeberger, C., Blatter, H., Abe-Ouchi, A., & Wild, M. (2003). Modeling Changes in the Mass Balance of Glaciers of the Northern Hemisphere for a Transient 2xCO2 Scenario. *Journal of Hydrology*, 282 pp. 145-163.
44. Bernstein, L., Bosch, P., Canziani, O., Chen, Z., Christ, R., Davidson, O., Yobe, G. (17 de novembro 2007). *Climate Change 2007: Synhesis Report*. Valencia, Spain: Intergovernmental Panel on Climate Change, p. 49.
45. Parry, M., Canziani, O., Palutikof, J., van der Linden, P., & Hanson, C. (2007). Polar Regions (Artic and Antartic). In *Climate Change 2007: Impacts, Adaptation and Vulnerability. Contribution of Working Group II to the Fourth Assessment Report of the Intergovernmental Panel on Climate Change*. Cambrige: Cambridge University Press, p. 676. Acessado em http://www.ipcc.ch/publication_and_data/ar4wg2/em/ch15.htnl;Instanes, A. (2005). Infrastructure Buildings, Support Systems, and Industrial Facilities. In *Arctic Climate Impact Assessment*. Cambridge: Cambridge University Press. Acessado em http://www.acia.uaf.edu/PDFs/ACIA_Science_Chapters_Final/ACIA_Ch16_Final.pdf.
46. Lean, G. (31 de agosto 2008). For the First Time in Human History, the North Pole Can Be Circumnavegated. *The Independent*. Acessado em http:www.independent.con;uk/environment/climate-change/for-the-first-time-in-human-history--the-north-pole-can-be-circumnavigated-913924.html.
47. Walter, K. M., Zimov, S. A., Chanton, J. P., Verbyla, D., & Chaplin, F. S. (2006). Methane Bubbling from Siberian Thaw Lakes as a Positive Feedback to Climate Warming. Nature, 443 (7) pp. 71-75; Waltyer, K. M., Smith, L. C., & Chapin, F. S. (2007). Methane Bubbling from Northern Lakes: Present and Future Contributions to the Global Methane Budget. *Philosophical Transaction of the Royal Society*, 365, pp. 1657-1676; Mascarelli, A. (5 de março, 2009). *A Sleeping Giant? Nature Reports Climate Change*. Acessado de http://www.nature.com/climate/2009/0904/full/climate.2009.24.html.
48. Hansen, J., Sato, M., Kharecha, P., Beerling, D., Berner, R., Masson-Delmotte, V., Zachos, J. C. (2008). Target Atmospheric CO2: Where Should Humanity Aim? *Open Atmospheric Science Journal*, 2 (1) p.217.
49. Achenbach, J., & Fahrenhold, D. A. (3 de agosto 2010). Oil Spill Dumped 4.9 Million Barrels into Gulf of Mexico, Latest Measure Shows. *Washington Post*. Acessado

e, http://www.washingtonpost.com/wp-dyn/content/article/2010/08/02/AR2-1—8-2-4695.html.
50. CNN Political Unit. (19 de abril, 2011). CNN Poll: Support for Increased Offshore Oil Drilling On Rise. *CNN Political Ticker*. Acessado em abril 19, 2011, de http://politicalticket.blogs.cnn.com/2011/04/19/cnn-poll-support-for-increased--offshore-oil-drilling-on-rise/.
51. Crooks, E. (4 de janeiro 2010). US Oil Groups Seek Easing of Drilling Curbs. *Financial Times*. Acessado em http://www.ft.com/cms//s/0/f313329c-1835--11e0-88c9-00144feab49a.html#axzz1agH4LTi.
52. Crude Oil and Total Petroleum Imports Top 15 Countries. (25 de fevereiro, 2011). *US Energy Information Administratio*n. Acessado em htpp://www.eia.doe.gov/pul/oil_gas/petroleum/data_publications/company_level)imports/current/import.html.
53. Graves, S. W. (2009, setembro 1). The Contract from America. *Contract from America*. Acessado de http:www.thecontract.org/the-contract-from-america/.

## CAPÍTULO 2

1. Getting to $787 Billion. (17 de fevereiro, 2009). *Wall Street Journal*, Acessado em http://online.wsj.com/public/resources/documents/STIMULUS_FIMAL_0217.html.
2. Rankin, J. (30 de setembro, 2010). UE “Must Spend €1 Trillion” on Electricity Grid. European Voice. Acessado em http://www.europeanvoice.com/article/2010/09/electricity-grid-system-needs-1-trillion-investment-/69073.aspx.
3. European Photovoltaic Industry Association (EPIA), (2009), *Solar Photovoltaic Electricity: A Mainstream Power Source in Europe by 2020*. (Preparado para o relatório de 2020). Acessado em http://www.setfor2020.eu/uploads/executivesummary/SET%20For%202020%20Executive%20Summary%20final.pdf.
4. Global Prospects of the Solar Power Station Market: Harness the Sun’s Energy. (2010). Q-Cells. Acessado em http://www.q-cells.com/en/systems/market_potential/index.html.
5. Stevens, H., & Pettey, C. (23 de junho 2008). Gartner Says More Than 1 Billion PCs in Use Worldwide and Headed to 2 Billion Units by 2014. *Gartner*. Acessado de http://www.gartner.com/it/page.jsp?id=703801.
6. Wollman, D. (10 de outubro 2010). Internet Users to Surpass 2 Billion in 2010: UM Report. *Huffington Post*. Acessado em http://www.huffingtonpost.com/2010/10/20/internet-users-to-surpass_n_770405.html.
7. European Photovoltaic Industry Association (EPIA). abril, 2009). *Global Market Outlook for Photovoltaic until 2013*. Bruxelas, Bélgica: Autor, pp. 3-4; Global Wind Energy Council (GWEC). (2009). *Global Wind 2008 Report*. Bruxelas, Bélgica:Autor, p. 10.
8. Lewis, N. S., & Nocera, D. G. (2006). Powering the Planet: Chemical Challenges in Solar Energy Utilization [Abstract]. *Proceedings of the National Academy of Sciences of the United States of America*, 103 (43).

9. European Photovoltaic Industry Association (EPIA). (23 de junho 2010). Roofs Could Technically Generate Up to 40% of EU's Electricity Demand by 2020 (Press release). Acessado em http://www.epia.org/fileadmin/EPIA_docs/public/100623_PR_BIPV_EN.pdf.
10. Zweibel, K. Mason. J., & Fthenakis, V. (16 de dezembro, 2007). A Solar Grand Plan. *Scientific American*, pp. 64-73.
11. European Photovoltaics Industry Association (EPIA). (maio, 2010). *Global Market Outlook for Photovoltaics until 2014*. Bruxelas, Bélgica: Autor. Acessado em http://www.epia.org/fileadmin/EPIA_docs/public/Global_Market_Outlook_for_Photovoltaics_until_2014.pdf.
12. EWEA: Factsheets (2010). *European Wind Energy Association*. Acessado em março 14, 2011, de http://www.ewea.org/index.php?id=1611.
13. United States Department of Energy, Office of Energy Efficiency and Renewable Energy. (maio, 2010). Wind and Water Program: Building a New Energy Future with Wind Power [Brochure]. Acessado de http://www1.ere.energy-gov/windlandhydro/pdfs/eere_wind)_water.pdf.
14. Wald, M. L. (12 de outubro, 2010). Offshore Wind Power Line Wins Praise and Backing. *New York Times*, pp. 1-A3.
15. Archer, C. L., & Jacobson, M. Z. (2005). Evaluation of Global Wind Power. *Journal of Geophysical Research*, 110 (D12110).
16. Dixon, D. (2007). *Assessment of Waterpower Potential and Development Needs*. Palo Alto, CA: Electric Power Research Institute.
17. Green, B.D., & Nix, R. J., (novembro, 2006) Geothermal — The Energy Under Our Feet National Renewable Energy Laboratory Technical Report (Report Nº NREL/TP-840-40665), p. 3. Extraído de http://www.1.eere.energy.gov/geothermal/pdfs/40665.pdf.
18. The Geothermal Energy Association, (2010). Geothermal Energy in 2010. PennEnergy. Extraído de http://www.pennenergy.com/index/power/display/8301455971/articles/power-engineering/volume-114/Issue_7/departments//view-on-/renewable/Geothermal.html.
20. World Bio Energy Association (novembro 2009). WBA Position Paper on Global Potential of Sustainable Biomass for Energy (Press release). Extraído de http://www.worldbioenergy.org/system/file/WBA_PP1_Final%202009-11-30.pdf;
21. Appleyard, D. (1º de junho, 2010). The Big Question: Could Bioenergy Power the World? Renewable Energy World. Extraído de http://www.renewableenergyworld.com/rea/news/article/2010/06/the-big-question-could-bioenergy-power-the--world.
22. Renewable Energy for America: Biomass. (n.d.). Natural Resources Defense Council, extraído de http://www.nrd.org/energy/renewable/biomass.asp#note3.
23. Pimentel, D., & Patzek, T. W. (2005). Ehanol Production Using Corn, Switchgrass, and Wood; Biodiesel Production Using Soybean and Sunflower [Abstract]. Natural Resources Research, 14 (1), 65-76.

24. Tob, P., & Wheelock, C. (2010, Outono). Executive Summary: Waste-toEnergy Technology Markets. Extraído de http://www.pikeresearch.com/wordpress/wp--content/upload/2010/12/WTE-10-Executive-Summary.pdf.
25. Renewable Energy World, "Feed-In Tariffs Go Global". (julho-agosto 2009). Extraído de http://www.earthscan.co.uk/Portals/0/pdfs/Mendonça_Jacobs_REW.pdf/.
26. Rifkin, Jl, Easley, N., & Laitner, J. A. "Skip" (2009). *San Antonio: Leading the Way Forward to the Third Industrial Revolution-Recommendations* (Rep.) p. 26.
27. Ibid.
28. Ekhart, M. T. (3 de dezembro, 2010). Standing Up for Clean Energy. Washington Post. Extraído de http://www;washingtonpost.com/wp-dyn/content/article/2010/12/03/AR2010120305574.html; Yildiz, O. (23 de novembro 2010). Electric Power Annual. *U.S. Energy Information Administration*. Extraído de http://www.eia.doe.gov/cneaf/eletricity/epa/epa_sum.html.
29. Report Calls for Boost to Industry through Open Markets, (13 de outubro, 2010). European Parliament. Dados estatísticos de construções. Extraído em 18 de março de http://www.europarl;europa.eu/news/public/story_page/052-86235-281-10-41-909-20101008STI86176-2010-08-10-2010/defaut_en.htm.
30. Warren, A. (17 de maio, 2009). If we don't know how many buildings are out there, how can we plan cuts in emissions? *Click Green*. Extraído em 4 de abril de 2001, de http://www.clickgreen.org.uk/opinion;opinion/12171-if-we-don%E2%80%99t--know-how-many-buildings-are-out-there,-how-can-we-plan-cuts-in-emissions.html.
31. Martin, A. (15 de novembro, 2007). In Eco-Friendly Factory, Low-Guilt Potato Chips. *New York Times*. Extraído de http://www.nytimes.com/2007/11/15/business/15plant.html.
32. Camus, M. (8 de julho, 2008). world's Largest Rooftop Solar Power Station Being Built in Zaragoza. *GM Media Online*, acessado em http://archives.media.gm.com/archive/documents/domain_138/docld_46878_pr.html.
33. Bouygues Construction. (n.d.). First Positive-Energy Building [Press Release]. Acessado em http://www.bouygues-construction.com/667i/sustainable-developmentnews/first-positive-energy-building.html".
34. Morales, A. (2 de novembro, 2010). Huhne Says Nuclear, Wind at Heart of U.K.'s "Green Revolution", *BusinessWeek*. Acessado em http://www.businessweek.com/news/2010-11—2/huhne-says-nuclear-wind-at-heart-of-u-k-s-green-revolution-.html.
35. CETRI-TIRES, Sviluppo Italia Sicilia, and Universita' Degli Studi Di Palermo--Facolta' Di Ingegneria. Ipotesi Di Piano Di Balorizzazione Energetica, Capacity Buildings per Tecnologie E Potenziale Del Fotovoltaico Sui Teet Siciliani. Tech. Palermo, 2010.
36. Wei, M., Patadia, S., & Kammen, D. M. (2009). Putting Renewables and Energy Efficiency to Work: How Many Jobs Can the Clean Energy Industry Generate in the US? Energy Policy, 38, p. 1. Acessado em http://rael.berkeley.edu/sites/default/files/WeiPatadiaKammen_CleanEnergyJobs_EPolicy2010_0pdf.

37. PRODI, R. (16 de junho, 2003). "The Energy Vector of the Future". Acessado em ftp://ftp/cordis.lu/pub/sustdev/docs/energy/sustedev_h2-keynote_produ.pdf.
38. European Parliament Committee on Industry, Research and Energy. (2008). *Draft Report on the Proposal for a Council Regulation Setting up the Fuel Cells and Hydrogen Joint Undertaking*. Bruxelas: Parlamento Europeu, p. 38.
39. LaMonica, M. (18 de maio, 2009). Cisco: Smart Grid Will Eclipse Size of Internet. *CNET News*. Acessado em http://news.cnet.com/8301-11128_3-10241102-54.html.
40. *The US Smart Grid Revolution, KEMA's Perspectives for JobCreation*. (2008, dezembro 23). Acessado de KEMA. http://www.kema.com/services/consulting;utilily-future/job-report.aspx.
41. Rankin, J. (30 de setembro, 2010). EU "Must Spend €1 Trillion" on Electricity Grid. European Voice. Acessado em http://www.euroipeanvoice.com/article/2010/09/electricity-grid-system-needs-1 trillion-investment-/69073.aspx.
42. Borbely, A., & Kreider, J. F. (2001). *Distributed Generation the Power Paradigm for the New Millennium*. Washington, DC: CRC Press, p. 47.
43. Entrevista com a comissária da Concorrência da EU, Neeli Kroes sobre energia. (22 de março, 2006). *EurActiv*. Acessado de http://www.euractuv.com/en/energy/interview-eu-competition-commissioner-neeli-kroes-energy/article-153617/.
44. Ibid.
45. Ibid.
46. Nuclear Power in France. (17 de dezembro, 2010). *World Nuclear Association*. Acessado em http:/world-nuclear-org/info/default.aspx?id=330&terms-france.
47. Kamenetz, A. (1° de julho, 2009). Why the Microgrid Could Be the Answer to Our Energy Crisis. *Fast Company*. Acessado em http://www.fastcompany.com/magazine/137/beyond-the-grid.html.
48. Litos Strategicv Communication. (n.d.). What the Smart Grid Means to America's Future. U.S. Department of Energy, p. 5.
49. The White House, Department of Energy. (2009, 10 de março). President Obama Announces $2m4 Billion in Funding to Support Next Generation Electric Vehicles [Press release]. Acessado em http://www.whitehouse.gov/briefing-room/Statements-and-Releases/2009/03?page=5.
50. Ramsey, M. (24 de fevereiro, 2011). GE, Siemens Set Challenge to Car Charger Start-Ups. Wall Street Journal. Acessado em http://online, wsj.com/article/SB1000142405274870377570457616255219268415 0.html.
51. PRTM. (10 de dezembro 2008). PRTM Analysis Shows Worldwide Electric Vehicle Value Chain to Reach $300B+ em 2020, Creating More than 1 Million Jobs [Press release]. Acessado em http://www.prtm.com;NewsItem.aspx?id=3609&langtype=1033.
52. Ibid.
53. Lovins, A. Bl. e Williams, B. D. (2000). "From Fuel Cells to a Hydrogen-Based Economy". Public Utilities Fortnightly 25:552.
54. Initiative "H2 Mobility" — Major Companies Sign Yp to Hydrogen Infrastructure Built-up Plan in Germany. (10 de setembro, 2009). Daimler. Acessado em http://

www.daimler.com;dcccom/0-5-658451-1-1236356-1-0-0-0-0-0-13- 7165-0-0-0-0-0-0-0.html.

55. The World Factbook. (2011). *Central Intelligence Agency*. Acessado em http://www.cia.gov/library/publications/the-world-factbook/.
56. European Parliament. (14 de maio, 2007). *Written Declaration Pursuant to Rule 116 of the Rules of Procedure on Establishing a Green Hydrogen Economy and a Third Industrial Revolution in Europe through a Partnership with Committed Regions and Cities. SMEs and Civil Society Organizations*. Acessado em http://hyfleetcute.com/data/MEP%20Gree%20H2%20Declaration.pdf.

## CAPÍTULO 3

1. Nasa Temp. Data. (15 dezembro 2010). Mensagem de e-mail para J. Rothwell.
2. U.S. Energy Information Administration (dezembro 2008). Annual Energy Outlook 2009 Early Release: Tabelas 2, 4, 5 e 18. Extraído de http://eia.doe.gov/oiaf/aeo/aeoref_tab.html.
3. UM-Habitat. (2008). *State of the World's Cities 2008/2009: Harmonious Cities*. Londres: Earthscan.
4. The Principal Agglomerations of the World. (2011, 1º de janeiro). City Population. Extraído de http://www.citypopulation.de/world/Agglomerations.html.
5. World Vital Events Per Time Unit: 2011. (2011). U.S. Census Bureau. Extraído de http://www.census.gov/cgi-bin/ipc/pcwe.
6. Imboff, M.L., Rounoua, L., Ricketts, T., Loucks, C., Harriss, R., & Lawrence, W. T. (2004). Global Patterns in Human Consumption of Net Primary Production. Nature, 429, p. 870-873.
7. World Population: 1950-2050. (28 de dezembro). U.S. Census Bureau. Extraído de http://www.census.gov/po/www/idb/worldpograph.php.
8. Tainter, J. A. (1988). The Collapse of Complex Societies. Cambridge: Cambridge University Press, p. 133.
9. Ibid., p. 145.
10. Harl, K. (2001). Early Medieval and Byzantine Civilization: Constantine to Crusades. Encarta Online Encyclopedia. Extraído de www.tulane.edu/-august/h303/byzantine.html.
11. ICF Consulting. (2005, julho). Alamo Regional Industry Cluster Analysis. San Francisco: Autor; Laitner, S., & Coldberg, M. (1996). *Planning for Success: An Economic Development Guide for Small Communities*. Washington, DC: American Public Power Association.
12. ICF Consulting. (2005, julho). Alamo Regional Industry Cluster Analysis, San Francisco: Autor.
13. Lainter, J. A. & Goldberg, M. (1996). *Planning for Success: An Economic Development Guide for Small Communities*. Washington, DC: American Public Power Association.
14. Ibid., p. 12.

15. Ibid.
16. Ibid., p. 13.
17. Clinton, B. (19 de setembro, 2010). Face the Nation (Transcrição, transmitido pela Televisão). CBS Broadcasting Inc.
18. Rifkin, J., Easleu, N., & Laitner, J. A. "Skip". (2009). *San Antonio: Leading the Way Forward to the Third Industrial Revolution*, p. 59.
19. Harman, G. (6 de janeiro, 2010). Operação: CPS. *San Antonio Current*. Extraído de http://www.sacurrent.com/.
20. Ibid.
21. South Texas Nuclear Project — The Record. (n.d.). *Public Citizen*. Extraído de http://www.citizens.org/Page.aspc?pid=2178.
22. Rifkin, J., Easley, N., & Laitner, J. A. "Skip" (2009). *San Antonio: Leading the Way Forward to the Third Industrial Revolution*, p. 56.
23. Ibid.
24. Harman, G. (6 de janeiro, 2010). Operação: CPS. *San Antonio Current*. Extraído de http://sacurrent.com/news/story.asp?id=70826.
25. Smith, R. (18 de fevereiro, 2010). Small Reactors Generate Big Hopes. Wall Street Journal. Extraído de http://online.wsj.com/articles/SB10001424052748870344800 4575077140214482176.html.
26. Negin, E. (23 de julho, 2010). Energia Renovável Criaria Mais Empregos do que a Energia Nuclear. *Statesman.com*. Extraído de http://www.statesman.com/opinion/negin-renewable-energy-would-create-more-jobs-than-819936.html.
27. Schlissel, D., & Biewald, B. (2008). *Nuclear Power Plant Construction Costs*. Cambridge. MA: Synapse Energy Economics.
28. Rifkin, J., Easley, N., & Laitner, J. A. "Skip". (2009). *San Antonio: Leading the Way Forward to the Third Industrial Revolution*, p. 55.
29. Smith, R. (12 de agosto, 2009). Electricity Prices Plummet. Wall Street Journal. Extraído de http://online.wsj.com/article/SB125003563555022469.html?KEYWO RDS=electricity+prices+plummet.
30. CPS Energy. (10 de maio,2010). *Vision 2020 Plan: Board of Trustees Forward* [Apresentação de slides];
31. Admin. (2 de julho, 2010) GM Expands Initial Volt Launch Market. *IVeho*. Extraído de http://www.iveho.com/2010/07/02/gm-expands-initial-volt-launch-market--2/#more-1064.
32. Our History: Honorary Members. (n.d.). *The International SeaKeepers Society*. Extraído de http://www.seakeepers.org/history-honorary.php.
33. *Monaco en Chiffres*. (2010). Principado de Mônaco, p. 143.
34. Jeremy Rifkin Enterprises. (2009). *Climate Change Master Plan Report for Monaco*.
35. Ibid.
36. Ibid.
37. Ibid.
38. Mônaco, Principado de Mônaco, Departamento de Equipamento, do Ambiente e do Urbanismo e Direção do Ambiente. (2010). *Plan Énergie Climat de La Principauté de Monaco*. Extraído de http://www.paca.development-durable.gouv.fr/IMG/pdf/

Grandes_Lignes_)Du_plan_d_actions_de_la_Principaute_de_Monaco_cle7da677.pdf.

## CAPÍTULO 4

1. Padrões de Finanças Ferroviárias, 1830-1850. (1954, setembro). *Business History Review*, 28: 248-163.
2. Chandler, A. D. Jr. (1977). *The Visible Hand: The Managerial Revolution in American Business*. Cambridge, MA: Belknap Press, p. 91.
3. Burgess, G. H., & Kennedy, M. (1940). *Centennial History of the Pennsylvania Railroad Company*. Filadélfia: Ayer Company, p. 807; U.S. Bureau of Statistics (1894) Statistical Abstract of the United States 1893. Bureau of the Census Library, p. 718, 721.
4. Stover, Jl Fl (1961). American Railroads. Chicago: University of Chicago Press, p. 135; Ripley, W. Z. (1912). Capítulos 14-15. In *Railroads: Rates and Regulations*. Nova York: Longmans, Green, and Co.
5. Chandler, A. D., Jr. (1977). Revolution in Transportation and Communication. In *The Visible Hand: The Managerial Revolution in American Business*. Cambridge, MA: Belknap Press, p. 120.
6. Malone, D. (1946). *Dictionary of American Biography* (Vol. VII). Nova York: Ch. Scribner's Sons, p. 461; Burgess, G. H., Kennedy M. C., "Centennial History of the Pennsylvania Railroad 1846-1946 (1949), The Pennsylvania Railroad Company, Filadélfia, pp. 514-515.
7. Taylor, F. (1947). *The Principles of Scientific Management*, Nova York: W. W. Norton, pp. 235-236.
8. Ibid.
9. Anderson, R. O. (1984). *Fundamentals of the Petroleum Industry*. Norman: University of Oklahoma Press, p. 20.
10. Ibid., pp. 29-30.
11. Annual Energy Review 2009. (19 de agosto.2010). *U.S. Energy Information Administration*. Extraído de http:// www.eia.doe.gov/aer/eh/eh.html.
12. A Brief History> The Bell System. (2010). AT&T. Extraído de http://www.corp.att.com/history/history3.html.
13. DLC: The World's Top 50 Economies: 44 Countries, Six Firms. (2010, 14 de julho). Democratic Leadership Council. Extraído de http://www.dlc.org/ndol_ci.cfm?contentid=255173&kaid=108&subid=900003.
14. Forças Armadas: Engine Charlie. (6 de outubro.1961). *TIME*. Extraído de http://www.time.com/time/magazine/article/0,9171,827790,00.html.
15. The Dramatic Story of Oil's Influence on the World. (1993). *Oregon Focus*. pp. 10-11.
16. Kristof, N.D. (6 de novembro.2010). Our Banana Republic. *New York Times*. Extraído de http://www.nytimes.com/2010/11/07/opinion/07kristof.html?_r=1&ref=nicholasdkristof.

17. Rich, F. (2010, 13 de novembro). Who Will Stand Up to the Superrich? *New York Times*. Extaído de http://www.nytimes.com/2010/11/14/opinion/14rich.html?src=twrhp.
18, Wikipedia: Size Comparisons. (2011, 31 de março). *Wikipedia*. Extraído de http://en.wikipedia.org/wiki/Wikipedia:Size_comparisons.
19. Wikipedia.org Site Info. (n.d.). *Alexa the Web Information Company*. Extraído de http://alexa.com/siteinfo/Wikipedia.org.
20. 3D printing: The Printed World [Editorial]. (2011, 10 de fevereiro). The Economist. Acessado em 29 de março de 2011, de http://www.economist.com/node/18114221?story_id=18114221.
21. Ibid.
22. Etsy Lets Artist Create a Living. (1º de julho, 2008). Rare Bird, Inc. Acessado de http://www.rarebirdinc.com/news/articles/etsy.html.
23. Botsman, R., & Rogers, R. (2010). De Generation Me to Generation We. In *What's Mine Is Yours: The Rise of Collaborative Consumption*. Nova York: HarperBusiness, p. 49; Kalin, R. ( 28 de março, 2011). Etsy Solicitação de Palestra [E-mail para o autor].
24. Microfinance and Vinancial Inclusion. (2010, 19 de dezembro). *Financial Times*. Acessado em http://www.ft.com/cms/s/0/ccO76c20-0b99-11e0-a313-00144feabdc0.html#axzz1EoWZYZ7ga.
25. At a glance, dezembro 2010. (n.d.). Grameen Shkti. Acessado em http://www.gshakti.org/índex.php?option=com_contend&view=article&id=140:ataglancedecember,2010&Itemid=78.
26. About Us. (n.d.). Kiva. Acessado em http://kiva.org/about.
27. Ibid.
28. Facts & History. (n.d.). Kiva. Acessado em http://www.kiva.org/about/fatcs.
29. Community Sopported Agriculture. (n.d.). Local Harvest. Acessado em http://www.localharvest.org/csa/.
30. Keegan, P. (27 de agosto.2009). Car-Rental, Auto Industry REact to Zipcar's Growing Appeal. CNNMoney. Acessado em http://money.cnn.com/2009/08/26/news/companies/zipcar_car_rentals.fortune; Green Benefits. (2011). *Zipcar*. Acessado em http://www.zipcar.com/is-it/greenbenefits.
31. Ibid.
32. Fenton, C. (n.d.). Guiding Principles. CouchSurfing. Acessado em http://www.couchsurfing.org/about.html/guiding.
33. Statistics. (n.d.). CouchSurfing. Acessado em http://www.couchsurfing.org/statistics.html.
34. British Have Smallest Homes in Europe. (2002, 3 de maio). The Move Channe. Acessado em www.themovechannel.com; Housing Vacancy Survey — Annual 2002. (2002). U.S. Census Bureau. Acessado em http://www.census.gov/; Summers, A. A., Cheshire, Pl C., & Senn, L. (1993). *Urban Change in the United States and Western Europe: Comparative Analysis and Policy*. Washington, DC: Urban Institute Press, p. 517.

35. Weingroff, R. F., "Federal-Aid Highway Act of 1956, Creating the Interstate System". (1996). Acessado em http://www.nationa.atlas.gov/articles/transportation/a_highway.html; McNichol. D., (2006). *The Roads that Built America: The Incredible Story of the U.S. Interstate System*. Nova York: Sterling Publishing Co., pp. 112-114.
36. William Haycraft [Entrevistado por D. McNichol]. (14 de janeiro, 21003). Citado em McNichol, D. (2006). *The Roads that Built America*, p. 127.
37. Anthony Caserta, engenheiro de túneis da FHWA [entrevistado por McNichol, D. (2006). *The Roads that Built America*, p. 11.
38. Pernick, Ron e Wilder, Clint (2007). *The Clean Tech Revolution: The Next Big Growth and Investment Opportunity*, p. 280.
39. DeSanctis, G. & Fulk, J. (1000). *Shaping Organization Form: Communication, Connection and Community*. Thousand Oaks, CA? Sage, p. 105.

## CAPÍTULO 5

1. Mallet, V. (27 de março, 2011). Spain: Indignant in Iberia. *Financial Times*. Acessado em http://www.ft.com/intl/cms/s/0/13d1f2b4-8895-11e0-afe1-oo144feabdc0.html#axzz1NwtWyrhu.
2. Ibid.
3. Nuclear Power plants, worldwide. (n.d.). *European Nuclear Society*. Acessado em 18 de abril, 2011, de http://www.euronuclear.org/info/encyclopedia/n/nuclear-power-plant-world-wide.htm; Schlissel, D., & Biewald, B. (2008). *Nuclear Power Plant Construction Costs* (Rep.). Cambridge, MA: Synapse Energy Economics; International Energy Agency. (2010). *Key World Energy Statistics*, p. 6 (Rep.). Paris: IEA.
4. Chris Huhne, Discurso para LSE: Crescimento Verde: A Transição para uma Economia Sustentável. (2 de novembro, 2010). *Department of Energy and Climat Change*. Acessado em 18 de abril, 2011, de http://www.decc.gov.uk/em/content/cms/news/lse_chspeech/lse_chspeech.aspx.
5. Secretário particular de Gregory Barker MP. (2011, 11 de janeiro). RE: Follow up da Conferência de Relefonia em dezembro [E-mail para o autor].
6. Sobre Coops Europe. (2010). *Cooperatives Europe*. Acessado em http://www.coopseurope.coops/spip.php?ribrique18.
7. Escritório do Governador de Massachusetts. (12 de julho de 2010). O Governador Patrick Anuncia Metas Ambiciosas de Energia Renovável e Eficiência de Energia em Toda a Região [Press release]; Acessado em http://www.mass.gov/?pageID=gov3pressrelease&L0=Home&Sid=Agov3&v=pressrelease&f=100712_energy_efficiency_goals&csid-Agov3.
8. Behr, P. (26 de fevereiro, 2010). Battle Lines Harden over New Transmission Policy in Rumbles. *New York Times*. http://www.nytimes.com/cwire/2010/02/26/26climatewire-battle-lines-harden-over-new-transmission-po-77427.html.
9. Wald, M. L. (4 de julho, 2009). Debate on Clean Energy Leads to Regional Divide. *New York Times*, http://www.nytimes.com/2009;7;14;science/earth/14grid.html.

10. Eggen, D., & Kindy, K. (22 de julho de 2010). Three of Every Four Oil and Gas Lobbyists Worked for Federal Government. *Washington Post*, p. A01.
11. Ibid.
12. Fisher, N. (14 de fevereiro, 2011). Cutting Fossil Fuel Subsidies: Third Time's the Charm? Americans for Energy Leadership. Acessado em http://leadenergy.org/2011;02/cutting-fossil-fuel-subsidies-third-times-the-charm/.
13. Broder, J.M. (20 de outubro 2010). Climate Change Doubt Is Tea Party Article of Faith. *New York Times*. Acessado em http://feeds.nytimes.com/click.phdo?i=1ec15f84f5c15c237ad33c5311cd0955.
14. Ibid.
15. Ibid.
16. Callahan, D. (8 de agosto, 2010). As the Green Economy Grows, the "Dirty Rich" Are Fading Away. *Washington Post*, B01.

## CAPÍTULO 6

1. Browne, P. (7 de março, 2010). More Firms Join Desertec Solar Project. Green (blog.). *New York Times*. Acessado em http://green.blogs.nytimes.com-2010/03/17/more-firms-join-desertec-solar-project/?pagemode=print.
2. Humber, Y. & Cook, B. (2007, 18 de abril). Russia Plans World's Longest Tunnel, A Link to Alaska. *Bloomberg*. Acessado em http://www.bloomberg.com/apps/news?pid=newsarchive&sid=a0bsMii8oKXw.
3. Alfred, R. (25 abril 2008): Big Dig Starts for Suez Canal. Wired.com. Acessado em http://www.wired.com/science/discoveries/news/2008/04/dayintech_0435.
4. Interesting Facts. (n.d.). Panama Canal Museum. Acessado em http://panamaca-nalmuseum.org/index.php/history/interesting_facts/.
5. Bangkok Declaration (1967). (n.d.). The Official Website of the Association of Southeast Asian Nations. Acessado em http://www.aseansec.org/1212.html.
6. Celu Declaration on the Acceleration of the Establishment of an ASEANH Community by 2015, Cebu, Philippines, 13 de janeiro, 2007. (n.d.). The Official Website of the Association of Southeast Asian Nations. Acessado em 8 de abril, 2011, de http://www.aseansec.org/19260.htm.
7. Overview. (n.d.). *The Official Website of the Association of Southeast Asian Nations*. Acessado de http://gwww.aseansec.org/64htm.
8. ASEAN Nuclear Power Frameworks and Debates. (15 de abril, 2009). *Nautilus Institute*. Acessado de http://gc.nautilus.org/Nautilus/Australia/reframing/aust-ind--nuclear/ind-np/asean-nuclear-power/asean-framework.
9. Cebu Declaration on East Asian Energy Security, Ceby, Filipinas. *The Official Website of the Association of Southeast Asian Nations*. 15 de janeiro, 2007 (data da declaração). Acessado em http://www.aseansec.org/19319.htm.
10. ASEAN Plano f Action for Energy Cooperation (APAEC) 2010-2015. (8 de novembro, 2010). Asean Centre for Energy Cooperation (APAEC) 2010-2015. (8 de

novembro, 2010). *Asean Centre for Energy*. Acessado em 19 de abril, 2011, de http://www.aseanenergy.org/índex.php/about/work.programmes.

11. Ibid.
12. Ibid.
13. Ibid.
14. Country Comparison: GDP (Purching Power Parity). (n.d.). *Central Intelligence Agency*. Acessado em http://www.cia.gov/library/publications/the-world-factbook/rankorder/2001rank.html.
15. African Union in a Nutshell. (n.d.). African Union. Acessado em http://www.africa--union.org/root/au/AboutAu/au_in_a_nutshell_en.htm.
6. Access to Electricity. (2009). World Energy Outlook. Acessado em http://www.worldenergyoutlook.com/electricity.asp.
17. Africa-EU Energy Partnership. (n.d.). Africa-EU Renewable Energy Co0operation Programme. Bruxelas, Bélgica: European Union Energy Initiative (EUEI), p. 2.; Joint Africa EU Strategy Action Plan 2011-2013. (30 de novembro, 2010). Council of the European Union: Bruxelas, Bélgica.
18. Africa-EU Energy Partnership. (n.d.). Africa-EU Renewable Energy Cooperation Programme. Bruxelas, Bélgica: Eurpean Union Energy Initiative (EUEI). p. 2.
19. First Eteps to Bring Sharan Solar to Europe. (22 de fevereiro, 2010). European Union Information /Website. Acessado em 8 de abril, 2011, de http://www.euractiv.com/en/energy/steps-bring-saharan-solar-europe/article-184274.
20. Pfeiffer, T. (23 agosto de 2009), Europe's Saharan Power Plan: Miracle or Mirage? Reuters. Acessado de http://www.reuters.com/article/idUSTRES57N00920090824.
21. Ryan, Y. (maio, 2010). Should the Sahara's Solar Energy Power Europe? Take Part (blog.). Acessado de http://www.takepárt.com/news/2010/05/14/harnessing-the--saharas-energy-for-europe.
22. Ibid.
23. Rosenthal, E. (24 de dezembro, 2010). African Huts Far From the Grid Glow with Renewable Power. *African Huts Far From the Grid Glow with Renewable Power*. Acessado de http://www.nytimes.com/2010;12;25/science/earth/25fossil.html.
24. Declaration of Margarita: Building the Energy Integration of the South. (17 de abril, 2007). *Comunidad Andina*. Acessado de http://www.comunidadandina.org/ingles/documentos/documents/unasur17-4-07.htm.
25. Energy Information Administration. (2011). *Country Analysis Briefs: Brazil*. US Department of Energy: Washington, DC, pp. 4-8.
26. International Energy Data and Analysis for Brazil. (janeiro, 2011). U.S. Energy Information Adminsitration. Acessado de http://eia.gov/countries/?fps=BR#.
27. South America: Venezuela. (n.d.). Central Intelligence Agency. Acessado de http://www.cia.gov/library/publications/the-world-factbook/geos/ve.html.
28. Romero, S. (17 de setembro, 2006). From a Literary Lion in Caracas, Advice on Must-Reads. New York Times. Acessado de http://query.nytimes.com/gst/fullpage.html?res=950DE1DB1331F934A2575AC0A9609C8B63.

29. Carter, Jimmy, (15 de julho, 1979). "The Crisis of Confidence". Discurso.Presidencial ao Público. Acessado de http://www.pbs.org/wgbh/americanexprerience/features/primary-resources/Carter-crisis/.
30. Ibid.
31. Canada=US Relations: A Unique and Vital Relationship. (n.d.). Government of Canada. Acessado de http://www.canadainternational.gc.ca/can-am/offices-bureaus/welcome-bienvenue.aspx?lang=en&menu_id=146&menu=L.
32. Canada-Ul/sl Energy Relations. (14 de abril, 2009). Government of Canada. Acessado de http://www.canadainternational.gc.ca/Washington/bilat_can/energy-energie.aspx?lang=eng.
33. Imports, Exports and Trade Balance of Goods on a Balance-of-Payments Basis, by ]country or Country Grouping. (10 de junho, 2010). Statistics Canada. Acessado de http://www40.statcan.gc.ca/101/cst01/gblec02a-eng.htm.
34. Rifkin, J., (março, 2005). Continentalism of a Different Stripe: Are Canadian Provinces and the Blue States in the U.S. quietly Forging a Radical New North American Union? This American Says, "Yes". The Walrus. ACessado de http://www.walrusmagazine.com/articles/2005.03-politics-north-american-union/.
35. Region, N.E. (n.d.). Pacific Northwest Economic Region: About Us — Background. Pacific Nortwest Economic Region. Acessado de http://www.pnwet.org/AboutUs/Bacjground.aspx.
36. Cernetig, M. (14 de abril, 2007). Cascadia: More Than a Dream. Discovery Institute. ACessado de http://www.discovery.org.
37. Du Houx, R. (novembro/dezenbvro 2008). New England Governors, Eastern Canadian Premiers Establish Working Partnerships at Conference. Maine Democrat. ACessado de http://www.polarbearandco.com/mainedem/agc.html.
38. Ibid.
39. Escritório do Governador de Massachusetts Deval L. Patrick. (12 de juilho de 2010). O Governador Patrick Anuncia Metas Ambiciosas de Energia Renovável e Eficiência de Energia para Toda a Região [Press Release]. Acessado de http://www.mass.gov/?pageID=gov3pressrelease&L=1&L0=Home&Sid=Agov3&p=pressrelease&cf=100712_energy_efficiency_goals&csid=Agov3.

## CAPÍTULO 7

1. Randall, J. H. (1976). The Making of the Modern Mind: A Survey of the Intellectual Background of the Present Age. Nova York: Columbia University Press, p. 259.
2. Smith Adam. The Essays of Adam Smith. 1776. p. 384. Acessado de http:/books-google+Essays+of+Adam+Smith&hl=en&ei=j6WcTZ-1LsL-J0QHp853mAg&csa=X&oi=b00k_result&cct=result&resnnum=3&cved=0CDoQ6AEwAg#v=onepage&cq=%22the%20greatest%20discovery%22&cf=false.
3. Whitehead, A. N. (1952). Science and the Modern Wrld. Nova York: New American Library, p. 50.

4. Miller, G. T. (1971). *Energetics*, Kinetics, and Life: An Ecological Approach. Belmont, CA: Wadsworth, p. 46.
5. Soddy, F. (1911). *Matter and Energy*. Nova York: H. Holt and Co., p. 10-11.
6. Canterbery, E. R. (2003). *Isaac Newton and the Economics Paradig: Newton, Natural Law and Adam Smith*. In The Making of Economics. River Edge, NJ: World Scientific Pub, p. 75.
7. Laslett, P. (1967). Second Treatise. In *John Locke: Two Treatises of Government* Cambridge: Cambridge University Press, p. 312.
8. Schrödinger, E. (1947). What Is Life? Nova York: Macmillan, p. 72-75.
9. Miller, G. T. (1971). Energetics, Kinetics and Life: An Ecological Approach. Belmont, CA: Wadsworth, p. 291.
10. Ibid.
11. Ensminger, M. F. (1991). Animal Science. Danville, IL: Interstate.
12. Citado em Doyle, J. (1985). Altered Harvest: Agriculture, Genetics and the Fate of the World's Food Supply. Nova York: Viking.
13. Brown, Lester, et al., State of the World 1990. Nova York: Norton, p. 5, tabela 1-1.
14. Cattle Feeding Concentrates in Fewer, Larger Lots, Famline, junho 1990, 2.
15. Steinfeld, H., Gerber, P., Wassenaar, T., Castel, V., Rosales, M., & De Haan, C. (2006). Livestock's Long Shadow, p. xxi (Rep.). Roma:FAO.
16. de Condorcet, Marquis. (1795). Outlines of an Historical View of the Progress of the Human Mind. Londres: J Johnson, pp. 4-5.
17. Ayres, R. U., & Ayres, E. (2010). Crossing the Energy Divide: Moving from Fossil Fuel Dependence to a Clean-Energy Future (p. 11). Upper Saddle River, NJ: Wharton School Pub.
18. Ibid., p. 12-13, 205-206.
19. Ibid., p. 13-14.
20. Ortega Coba e Luis Antonio, e-mail com o autor, 27 abril 2011.
21. The American Physical Society Panel on Public Affairs, & The Materials Research Society. (2011). *Energy Critical Elements: Securing Materials for Emerging Technologies*. Washington, DC: American Physical Society, p. 1.
22. Reeve, A. (1986)Property. Londres: Mcmillan, p. 124; Schlatter, R. 1973; Private Property: The History of an Idea. Nova York: Russel & Russel, p. 154.
23. Eckert, P., & Blanchard, B. (21 janeiro 2010). Clinton Urges Internet Freedon, Condemns Cyber Attacks. *Reuters India*. Acessado de http://in.reuters.com/article/idINIndia-45574120100121.
24. Diehl, J. (25 outubro 2010). Time to Reboot Our Push for Global Internet Freedom. *Washington Post*, p. A19.
25. Dobb, M. M. (1947). *Studies In the Development of Capitalism*. Nova York: International Publishers, p. 143.
26. Internet Usage Statistics. (n.d.). Internet World Stats. Acessado de http://www.internetworldstats.com/stats.htm.
27. Levine, M. (8 março, 2009). Share My Ride, New York Times, p. MM36.

28. Kuznets, S. (1934). "National Income, 1929-1932." 73° Congresso dos EUA Congress, 2ª Sessão, Documento do Senado n. 124, p. 7. Acessado de http://library.bea.gov/cdm4/document-php?CISOROOT=/SOD&CISOPTR=888.
29. Kuznets, S. ( 20 outubro 1962). How to Judge Quality. *New Republic*, p. 29-32.
30. Orme, J. (1978). Time: Psychological Aspects: Time, Rhythms, and Behavior. In T. Carlstein, D. Parkes, & N.J. Thrift (Eds.), *Making Sense of Time*. Nova York: J. Wiley, p. 67.
31. Hammer, K. (1966). Experimental Evidence for the Biological Clock. In J. T. Fraser (Ed.), *The Voices of Time: A Cooperative Survey of Man's Views of Time as Expressed by the Sciences and by the Humanities*. Nova York: G. Braziller; Meerloo, J. A. (1970). *Along the Fourth Dimension: Man's Sense of Time and History*. Nova York: John Day Company, p. 67; Sharp, S. (1981-=1982). Biological Rhythms and the Timing of Death. *Omega Journal of Death and Dying*, 12, p. 15-23.

## CAPÍTULO 8

1. BArringer, F. (26 novembro, 2010). In California, Carports that Can Generate Electricity. *New York Times*, p. A23.
2. Ibid.
3. Zeller, T., Jr. (29 dezembro, 2010). Utilities Seek Fresh Talent for Smart Grids. *New York Times*. Acessado de http://www.nytimes.com/2010/12/30/business/energy-environment/30utility.html?src=busln.
4. Gruchow, P. (1995). *Grass Roots: The Universe of Home*. Minneapolis, MN: Milkweed Editions.
5. Ulrich, R. (1984). View through a Window May Influence Recovery from Surgery. *Science*, 224, p. 421.
6. Barfield, O. (1965). Saving the Appearance: A Study in Idolatry. New York: Harcourt, Brace&World.
7. Arousing Biophilia: A Conversation with E. O. Wilson. *Orion*, Inverno 1991. Acessado de http://arts.envirolink.org/interviews_and_conversations/EOWilson.html.
8. Roszak, T. (1 janeiro 1996). The Nature of Sanity. *Psychology Today*. Acessado em 9 de março de 2011, de http://www.psychologytoday.com/articles/199601/the-nature-sanity.
9. Roszak, T. (1992). *The Voice of the Earth*. Nova York: Simon & Schuster.
10. Bragg, E. A. (1996). Towards Ecological Self: Deep Ecology Meets Construction Self-Theory. *Journal of Environmental Psychology*, 16. p. 93-108.
11. Ibid.
12. Salomon, G. (1993). Chapter 1. In *Distributed Cognitions: Psychological and Educational Considerations*. Cambridge, England: Cambridge University Press, p. 43.
13. Virtual Classroom Discusses War and Peace. (26 março 2003). *Swissinfo*. Acessado de http://www.swissinfo.ch/eng/índex/Virtual_classroom_duscusses_war_and_peace.html?cid=3235036.

14. Winograd, M., & Hais, M. D. (2008). Millennial *Makeover: MySpace, YouTube, and the Future of American Politics.* New Brunswick, NJ: Reutgers University Press.
15. Memory Bridge Classroom Experience. (n.d.). *Memory Bridge: The Foundation for Alzheimer's and Cultural Memory.* Acessado de http://memorybridge.org.
16. Bruffee, K. A. (1999). *Collaborative Learning: Interdependence and the Authority of Knowledge*, 2ª ed. Baltimore, MD: John Hopkins University Press, p. 66.
17. Ibid, p. XIV.
18. Brown, A. L. Ash, D., Rutherford, M., Nakagawa, K., Gordon, A., & Campione, J. C. (1993). *Distributed Cognitions: Psychological and Educational Considerations.* Cambridge: Cambridge Universe Press.
19. Ibid.
20. Ibid.
21. Bruffee, K. A. (1999). Collaborative Learning: Higher Education, Interdependence, and the Authority of Knowledge, 2ª ed. Baltimore, MD: John Hopkins University Press.
22. St. George, D. (19 de junho, 2007). Getting Lost in the Great Outdoors. Washington Post. Acessado de http://www.washingtonpost.com/wp-dyn/content/article/2007/06/18/AR2007061801808.html.
23. Louv, R. (2005). Last Child in the Woods: Saving Our Children from Nature-Deficit Disorder. Chapel Hill, NC: Algonquin Books of Chapel Hill, p. 10.
24. Ibid., pp. 34-50.
25. Pyle, R. M. (1993). The thunder Tree: Lessons from an Urban Wildland. Boston, MA-Houghton Mufflin.
26. Wilson, E. O. (1993). Biophilia and the Conservation Ethic. In S. R. Kellert & E. O. Wilson (Eds.), *The Biophilia HYpothesis.* Washington, DC: Island Press.
27. Lawrence, E. (1993). The Sacred Bee, the Filthy Pig, and the Bat out of Hell: AnImal Symbolismo as Cognitive Biophilia. In S. R. Kellert & . O. Wilson (Eds.) The Biophilia Hypothesis. Washington, DC: Island Press.
28. Kellert, S. R. (2002). Experiencing Nature: Affective, Cognitive and Evaluative Development in Children. In *Children and Nature: Psychological, Sociocultural, and Evolutionary Investigations.* Cambridge, MA: MIT Press, pp. 124-125.
29. Carson, R., & Kelsh, N. (1998). *The Sense of Wonder.* Nova York: Harper-Collins, pp. 54, 100.
30. Taylor, A. F., Wiley, A., Kuo, F., & Sullivan, W. (1998). Growing Up in the Inner City-Green Spaces as Places to Grow. *Environment and Behavior*, 30 (1), pp. 3-27.
31. Physical Activity and Education. (2009). *Alliance for a Healthier Generation.* Acessado de http://healthiergeneration.org/schools.aspx?id=3302.
32. Clay, R. A. (2001). Green Is Good for You. *Monitor on Psychology*, 32 (4), p. 40.
33. Faber Taylor, A., Kuo, F. E., & Sullivan, W. C. (2002, fevereiro). Views of Nature and Self-Discipline: Evidence from Inner City Children. *Journal of Environmental Psychology*, pp. 46-63; Taylor, A. F. Kuo, F. E. & Sullivan, W. C. (janeiro, 2001). Voping with ADD: The Surprising Connection to Green Play Settings. Environmental and Behavior, 33 (1), pp. 54-57.
34. 34. Louv, R. (2005). Last Child in the Woods, p. 203.

35. Lieberman, G. A. & Hoody, L. L. (1998). Closing the Achievement Gap: Using the *Environment as an Integrating Context for Learning*. Poway, CA: Science Wizards.
36. National Wildlife Federation. (n.d.). *Be Out There: Schoolyard Habitats How-to-Guide* [Brochure]. Reston, VA.
37. Wolch, J., Gullo, A., & Lassiter, U. (1997). Changing Attitudes Toward California's Cougars. *Society & Animals*, 5, p. 95-116.
38. Ibid.
39. Louv, R. (2005). Wonder Land: Opening the Fourth Frontier. In *Last Child in the Woods: Saving Our Children from Nature-Deficit Disorder*. Chapel Hill, NC: Algonquin Books of Chapel Hill, p. 243.
40. Beatley, T. (2000). *Green Urbanism: Learning from European Cities*. Washington, DC: Island Press, p. 197.
41. Arousing Biophilia: A Conversation with E. O. Wilson. *Orion*, Inverno 1991. Acessado de http://arts.environlink.org/interviews_and_conversations/EOWilson.html.

## CAPÍTULO 9

1. Bell, J. F. (1985). A History of Economic Thought. Nova York: Ronald Press, p. 285-286.
2. Goodman, P. S. (21 fevereiro, 2010). Depite Signs of Recovery, Chronic Joblessness Rises. New York Times, p. 1.
3. Yellen J. L. (22 fevereiro 2010). The Outlook for nthe Economy and Monetary Policy. Palestra feita em Presentation to the Burnham-Moores Center for Real Estate School of Business Administration, University of San Diego, San Diego, CA.
4. Carson, J. G. (24 outubro 2003). U.S. Weekley Economic Update: Manufacturing Payrills Declining Globally: The Untold Story (Parte 2). AllianceBernstein. Acessado de http://www.alliancevernstein.com.
5. Carson, J. G. (24 outubro 2003). U.S. Weekly Economic Update: Manufacturing Payrolls Declining Globally: The Untold Story (Parte 2). AllianceBernstein. Acessado de httpe://www.alliancebernstein.com.
6. Sherk, J. (12 outubro, 2010). Technology Explains Drop in Manufacturing Jobs. The Heritage Foundation, Acessado de http://www.heritage.org/research/reports/2010/10/technology-explains-drop-in-manufacturing-jobs.
7. Schwartz, N. D. (24 novembro 2003). Will "Made in USA" Fade Away? Yes, We'll Still Have Factories, and Great Ones Too. We Just Might Not Have Many Factory Workers. Why Those Jobs Are Never Coming Back. *CNNMoney.com*. Acessado de http://money.cnn.com/magazines/fortunes/fortune_archive/2003/11/353800/index.htm.
8. Carson, J. G. (24 outubro 2003). U.S. Weekly Economic Update: Manufacturing Payrolls Declining Globally: The Untold Story (Part 2). *AllianceBernstein*. Acessado de http://www.alliancebernstein.com; Carson, J. G. (10 outubro 2003)U.S. Weekly

Economic Update: Manufacturing Payrolls Declining Globally: The Untold Story. *Alliance-Bernstein*. Acessado de http://www.alliancebernstein.com.

9. Kurzweil, R. (2005). The Six Epochs. In *The Singularity Is Near: When Humans Transcend Biology*. Nova York: Viking, p. 7-8.
10. Ibid., p. 11.
11. Ibid., p. 9.
12. Ibid. p. 198-200.
13. Salamon, L. M. (2010). Putting the Civil Society Sector on the Economic ap of the World. *Annals of Public and Cooperative Economics*, 81 (2), p. 187.
14. Ibid., p. 188.
15. Salamon, L. M., Aneher, H. List, R. Toepler, S., & Sokolowski, W. S. (1999). *Global Civil Society: Dimension of the Nonprofit Sector* (Comparative Nonprofit Sector Project, The John Hopkins Center for Civil Society Studies). Acessado de www.jhu.edu/-ccss/pubs/books/gcs.
16. Ibid., p. 189.
17. Schiller, F. In E. M. Wilkinson & L. A. Willoyghby (Trans.). *On the Aesthetic Education of Man, In a Series of Letters*. Oxford: Clarendon Press, 1967.
18. Sartre, J. (1974). *The Writings of Jean-Paul Sartre* (Vol.2). Evanston, IL: Northwestern University Press.

# ÍNDICE REMISSIVO

## N



## O



## P

**GRÁFICA PAYM**
Tel. (011) 4392-3344
paym@terra.com.br